皮书论稿

DISQUISITION ON PISHU

谢寿光 著

社会科学文献出版社
SOCIAL SCIENCES ACADEMIC PRESS (CHINA)

作者简介

谢寿光 笔名谢曙光，中国出版协会副理事长、中国社会学会秘书长、中国社会科学院二级研究员、云南大学特聘教授、国家社会科学基金社会学学科组评审专家。1956 年生于福建武平，1982 年 1 月毕业于厦门大学哲学系，1982~1997 年任职于中国大百科全书出版社，先后担任编辑部主任、社长助理。1997 年 9 月调入中国社会科学院所属社会科学文献出版社，担任主持工作的副社长兼副总编辑，1998 年 10 月任社长兼总编辑，2003 年 10 月起任社长直至 2020 年 11 月退休。1993 年起享受国务院特殊津贴，1996 年被评为全国优秀青年编辑，2009 年获韬奋出版奖。

谢寿光长期致力于学术出版，把一个仅 20 余人的社会科学文献出版社发展成为有近 400 名专业编辑、年出书 2500 多种、销售收入达 3.5 亿元，国际知名、国内一流的专业名社。其开创了以蓝皮书、黄皮书、绿皮书命名的皮书系列品牌，被称为“中国皮书第一人”；长期坚持推动数字出版，领衔组织研发的“皮书数据库”“国别区域大数据平台”等系列专业学术数字产品领跑数字出版领域，成为行业标杆；在国际学术出版领域着力践行国际学术出版能力建设理念，与著名国际学术出版机构建立了长期稳定的良好合作关系，把大批研究当代中国发展的学术图书成果推向国际学术界，成为中国学术“走出去”的典范；在社会学和学术出版研究领域，发表数百篇（部）论著，完成多项国家社会科学基金课题，领衔起草学术图书行业规范等。

前　言

2020年11月3日，中国社会科学院党组正式宣布我卸任延迟两年的社会科学文献出版社社长职务，另一只悬挂两年的鞋子终于落地，自己终于可以转换跑道，专心从事自己几十年一直心系的学术和智库研究了。而皮书就是我在岗时心心念念、一直想全方位探讨和研究的课题。卸任并从体制内退休后，如果要问自己从事近40年学术出版职业生涯中最值得称道、最无法割舍的事，毫无疑问，当属皮书！因为皮书这一原为出版社的内部工作语言，成为被社会普遍接受并引用的名词、术语后，就不再仅仅是普通意义上的图书，而是一种新的图书类型和出版型态，是智库产品的研创、交流、发布平台。

作为皮书品牌的创立者，在实际操盘皮书研创近30年的职业生涯中，我时常在思索：皮书在20世纪90年代出现并在21世纪成为一种现象级存在，并且可以毫不犹豫地肯定它不会也不可能因为我的卸任而中断，很大概率的情况是它会发展的更好，这个信心和底气从何而来？来源于我对时代需求和皮书自身内在特性与逻辑的判断。皮书作为21世纪现象级的存在，每年公开出版近500种，内含1万多名各学科各行业或领域专家参与研发的1万多篇原创专题智库报告，累计皮书作者超过5万名，通过皮书数据库浏览、下载皮书报告的人次超过千万。有不少人称我为“皮书之父”，我认为这是一种调侃，我自己倒是认同“皮书第一人”的说法。

“皮书”的发展是我长期在从事皮书研创出版、打造皮书学术共同体职业生涯中一直在思考、探索的课题，其间先后发表了大量学术文章、会议讲话、培训讲稿、书籍前言或序言等等。基于此，我准备撰写一部系统阐述皮书的图书，甚至连书名都起好了（原定书名为：《皮书论纲》）。但是苦于找不到较为完整的时间，此项计划就一直被搁置了。

2021 年我开始自选转入科研步道，这部《皮书论稿》自然被提上日程。在我的博士后同事孙慧娟博士和皮书研究院执行院长吴丹女士的帮助下，收集整理了近百篇数十万字的文字资料，通过梳理分析发现，自己关于皮书的思考与探索基本上都被这批文字资料涵盖了。为此，我放弃了重新写作的打算，而是把这批文字资料内容重做结构化整理。本书书稿分为“绪论”“皮书的性质、特征、功能与发展趋势”“皮书研创出版规范及其专业化”“皮书与新型智库建设”“皮书研究”五大篇章，每篇按发表的时间次序辑录并加上标题名称，同时整理了“皮书名词术语”和“皮书大事记”作为两份附录置于正文之后。为了便于读者快速了解皮书及本论集内容，我写作了《中国皮书 30 年》一文作为绪论。书名最终确定为《皮书论稿》似乎比原定的论纲更合适些。

由衷感谢我在中国社会学会长期的学会领导同时也曾是我长期的工作领导，更是我的终身挚友李培林教授为这部论集亲自作序。他在 20 世纪 80 年代末从法国巴黎第一大学获得社会学博士学位后回国就任于中国社会科学院社会学研究所。随即，我们因都参与时任社会学所所长陆学艺先生领衔的“中国百县市经济社会调查”而有了学术交集。从 1991 年首部《社会蓝皮书》开始研创时，培林教授就是《社会蓝皮书》的核心成员，我则因与陆学艺教授亦师亦友的关系，也有幸参与《社会蓝皮书》的课题研讨，皮书诞生的“种子”就在此期间萌发。1997 年秋，在我正式主持社会科学文献出版社着手打造皮书系列品牌时，培林教授就是最重要的支持者之一。在数万名皮书研创出版学术共同体的知名学者中，培林教授是担任一部皮书（《社会蓝皮书》）主编时间最长的学者，也是 20 多年来出席皮书年会次数和发表主旨演讲最多的主编，为此，他曾与我一道先后被选为“皮书研创出版二十年”和“皮书年会二十年”的 20 位致敬人物之一。这部关于皮书的论集，无疑也凝聚着他和数万位皮书人的心血和智慧，谨致谢忱!

序

在我国，分析和预测形势的蓝皮书起源于 20 世纪 90 年代初期，当时还只有经济蓝皮书和社会蓝皮书两种，起初之所以叫做蓝皮书，是按照国际惯例，相对于各国政府部门发表的白皮书而言的。1990 年，中国社会科学院经济学科片在总理基金的支持下，由著名经济学家刘国光研究员主持、数量经济和技术研究所所长李京文研究员实际负责，开始进行中国经济形势的分析和预测，并于 1991 年出版了《1992 年中国：经济形势分析与预测》一书，该书在社会上产生极大反响。在这一背景下，次年，当时主管社会政法学科片的中国社会科学院副院长江流教授，提出由社会学研究所牵头，由当时的社会学研究所所长陆学艺教授实际主持，组成“中国社会形势分析与预测课题组”，核心组成员有我、方明、黄平、陆建华，还有负责课题辅助工作的胡刚，我成为核心组的负责人，我与皮书的渊源就始于此。从参与社会蓝皮书策划、写作算起，我亲历、见证了中国皮书诞生近 30 多年来的发展。

后来，中国社会科学院的社会科学文献出版社创造性地发展出“皮书系列”品牌，本书作者谢寿光就是“皮书”的第一操盘手，被誉为“中国皮书第一人”。谢寿光先生长期掌舵学术出版机构，在社会科学文献出版社担任社长 20 多年，把社科文献出版社从人数不到 30 人的小型出版社发展成为社科界国际国内有重大影响力的专业出版机构。谢寿光退休时，社会科学文献出版社不仅是社会学成果主要的出版机构，其“皮书系列”作为创新的出版型态，意义和价值也得到了学界和社会的认同。

著名党史专家金冲及先生曾评价说，“在写作《二十世纪中国史纲》时，我下功夫通读了大量社科文献出版社的蓝皮书，这对我了解改革开放特别是20世纪90年代中后期以来中国经济社会发展状况帮助极大。所以，我愿意将这套著作交由社科文献出版社出版”。改革开放以来，中国经历的巨大社会变迁是前所未有的。“中国经验”的产生，在世界范围内使人们重新思考和审视历史发展前景的可能性。作为我国哲学社会科学的优秀研究成果，皮书已经成为反映我国经济社会各领域年度发展状况的权威出版物，并成为分析预测未来中国各领域发展趋势的重要工具书，成为中国社会科学院乃至中国社会科学界应用对策成果出版发布的平台。这本《皮书论稿》详细论述了“皮书系列”从一个出版社的图书品牌发展到哲学社会科学知名学术平台的全部历程。谢寿光先生具备深厚的社会学积淀，他基于丰富的出版实践和知识生产、知识传播的理论功底，不断进行思考和探索，本书收录了他在多年皮书年会、皮书高级研究班中的演讲，完整记录了皮书品牌从小到大，建立规范的过程。同时，还有关于皮书研究的学术论文，应该说是对皮书理论思考的重要成果，值得学术共同体和皮书读者研读。

建设中国特色新型智库是推进国家治理体系和治理能力现代化、提升国家软实力的重要举措。国内外形势发生的重大变化，给中国特色新型智库建设工作既提供了前所未有的机遇，也提出了前所未有的挑战。皮书是中国社会科学院和哲学社会科学界重要的智库成果。在中国特色新型智库建设的背景下，皮书也迎来了新的发展契机。截至2022年，皮书的出版总品种已达1021种，按书号统计累计出版图书总量达4573部，约含20万篇研究报告。皮书数据库总字数达50亿字，机构用户400多家，个人用户达25万人，皮书研创机构千余家。自2007年起，多种皮书以英文、俄文、日文、韩文等语种在海外出版，总数达256部。可以说，品牌化运作 20 多年来，皮书作为中国哲学社会科学应用对策性研究成果、中国哲学社会科学界的重要学术品牌，为推进中国特色新型智库建设，发挥中国智库影响力做出了重要贡献。本书收录的谢寿光先生关于皮书在推动新型智库建设中发挥重要价值的研究报告及学术演讲，不但清晰描绘了皮书的发展路径，而且对于中国特色新型智库的发展提供了思路。

本书是谢寿光先生 20 多年推动皮书高质量发展的完整记录。书中既有以“皮书”为研究对象的相关概念内涵及外延的界定，也有实操性很强的关于皮书研创规范的出版标准；既有论述严谨的学术论文，也有闪耀着智慧火花的现场演讲实录。通过本书，我们可以跟随作者的笔触，去还原一个学术平台、智库平台从无到有，从小到大发展的全部历史；通过本书，我们可以看到，皮书的发展在推动中国哲学社会科学各领域原创知识体系的构建，在提升中国智库国际影响力中所起的不可或缺的作用。

（全国人大常委、社会建设委员会副主任，中国社科院学部委员、

原副院长，中国社会学会学术委员会主任）

2022 年金秋于北京

目　录

第一篇　绪论

第二篇　皮书的性质、特征、功能与发展趋势

第三篇　皮书研创出版规范及其专业化

第四篇 皮书与新型智库建设

第五篇 皮书研究

附录

第一篇　绪论

导读：在本书的第一部分，作为“皮书”品牌的操盘者，笔者对皮书的起源、特征、定位、规范等发展历程做了一个概述性的介绍。这既是对“皮书”品牌多年发展的高度概括，也是本书详细内容的“引子”。

P1-1
中国皮书三十年

一　皮书溯源

在中国，所谓“皮书”，特指20世纪末以来由中国社会科学院所属社会科学文献出版社（以下简称“社科文献”）出版的蓝皮书、绿皮书、黄皮书等“皮书系列”的简称。它起初是出版社内部使用的工作语言，后被学术共同体和智库接受并使用，经媒体的转换传播，到21世纪初就被社会广泛接受并传播开来。2003年在上海召开的“全国第四次皮书工作会议”上，皮书开始有正式的定义。到2005年河南郑州“第六次全国皮书工作会议”上，皮书这一概念形成比较清晰、完整的表述。

皮书作为概念术语，在中国具有两个层面的含义：一是“国家或专门机构正式发布的重要文件或报告书”，是一种官方文件，代表政府立场，要求事实清楚、立场正确、引文规范、文字简练。二是“以年度为时间单元，关于某一门类、地域或领域的应用对策研究资讯类连续出版物”，它作为一种出版形态存在，具有鲜明的时空和数据特征，强调的是权威、前沿、原创，要求科学、客观，秉持第三方专业立场，直面社会关切，讲究事实，善用数据表达。皮书研创与智库建设高度契合，通常被作为智库建设的平台和抓手，是智库关于某一领域、地域或主题的系列研究，是智库报告的聚合。

皮书从写作类型上看属于研究报告，研究报告分公开发表和非公开发表两大类，公开发表的研究报告又分定期和不定期两大类，不定期发表的研究报告占绝大部分比例。近年中国出版市场中每年定期出版的研究报告有1500种左右，其中社科文献以皮书为标识定期出版的研究报告近500种，约占全国定期研究报告出版物的1/4。由我主编的《皮书手册——写作、编辑出版与评价指南（第四版）》（2020）将皮书明确定义为“对中国与世界发展状况和热点问题进行年度监测，以专业的角度、专家的视野和实证研究方法，针对某一领域或区域现状与发展态势展开分析和预测，具备原创性、实证性、专业性、连续性、前沿性、时效性等特点的公开出版物，由一系列权威研究报告组成。”①

二　皮书的特性与功能

皮书最早虽然是作为纸本图书型态呈现于世的，但它绝不仅仅是人们通常意义上理解的一般纸质图书，它具有与其他出版物不同的特性与功能。

1. 皮书的特性

（1）原创性。原创是皮书的基本特征之一，主要体现在三个方面：第一，数据、资料的原创性，皮书研创者通过实地调研获得一手数据资料，或采集整理公开数据资料如网络上的海量非结构化数据，作为分析研究的基础数据；第二，运用科学、实证的研究方法包括技术工具对数据、资料和经验事实进行分析，得出原创性结论或对策建议；第三，皮书的原创性还体现为书中各篇研究报告都是原创并首发的，为此《皮书手册——写作、编辑出版与评价指南》从2015年发布第一版就做了明确规

① 谢曙光主编《皮书手册：写作、编辑出版与评价指南》（第四版），社会科学文献出版社，2020，第3页。

定，每部皮书内容重复率[①]不得超过 15%，出版社同时制定并严格执行重复率检测流程。

（2）实证性。皮书研创是一种经验研究，即通过对研究对象进行调查分析获取真实的事实和数据，并对事实和数据进行结构化分析，也包括评价、评级或建模预测，进而得出规律性或趋势性结论和对策性建议。皮书原创和写作，主要采用归纳法，注重经验事实和数据分析，不做理论阐述和演绎。

（3）专业性。皮书专业性主要指研创主体的专业性和研创过程的专业性。皮书的主编和作者大多是该研究领域有较大影响力和一定知名度的专家学者。皮书作为智库报告的聚合，通常由专业团队合作完成，要求秉持第三方专业立场，追求客观、公正，除总报告代表主编和研制团队的观点和见解外，其他内容部分并不要求观点一致，并要求作者公开申明自己撰写的报告不代表其所服务的机构。皮书的研究和写作，不同于学术论文、专著、新闻报道和理论文章等，它有一套自身独特的规范和文体。

（4）连续性。皮书是以年度为时间单元持续关注所研究领域问题的专题研究报告，它与一般研究报告最大的区别就是其连续性，每年以相对固定的时间出版发布，所包含的内容包括数据具有显著的年度关联性，也正是这种持续关联性为皮书带来巨大的学术价值，如最早的《经济蓝皮书》（1991 年起持续出版 30 余年）、《社会蓝皮书》（1992 年起持续出版 30 年），垒起来就分别是中国经济、中国社会 30 余年的发展史、变迁史。

（5）前沿性。皮书的前沿性主要体现在两个方面：一是皮书无论是总报告，还是专题报告，必须直面所研究领域或地域的重点、热点问题，以专业的视角、专家的眼光回应当下社会关切，为政府、市场和社会提供

① 皮书内容重复率是指皮书可检测的正文中引用政府公文媒体报道、他人论文、著作、作者本人已发表或部分发表报告的字数占总字数的百分比。

决策参考；二是在国际国内现实问题的理论探讨上应反映学术前沿问题，并能通过数据分析推断和预测所研究领域的发展趋势。

（6）时效性。皮书时效性主要体现在两个方面：一是皮书采集使用的数据资料是最新的动态数据，数据是皮书的生命力之一；二是讲究出版发布的时效，每种皮书的出版时间不仅要相对固定，而且发布时间也要精心设计。一般来说，预测类皮书最佳出版时间是上年 12 月至当年 4 月前，专题类、行业类皮书可选择配合国际、国家、地方或行业重大活动时间节点出版发布。为确保皮书的时效性，当年数据一般截止到第三季度，第四季度用预测数据，下一年度皮书要对上一年度预测性数据进行回溯并校正，以确保皮书数据的完整、准确和连续性。

2. 皮书的功能

皮书之所以有别于一般意义上的图书，不仅取决于自身的特性，同时也取决于自身独特的功能。概括起来有以下五点。

（1）决策参考。皮书作为智库成果的一种基本载体，提供决策参考是其基本的功能之一，尤其在海量信息时代，面对诸多不确定性，皮书研创者以专业和专家的视角，通过科学的方法和工具对所研究的对象进行分析研究，从而为中央和地方各级政府、企事业单位、社会组织及其相关个人的行动提供精准的数据、事实判断和可资参考的建议或解决方案，以提升决策的科学性和准确率。

（2）政策先声。皮书是依其影响力的一种存在，它通过长期持续品牌积淀，逐渐成为引导话语的工具。它不仅可以有效地提升从事皮书研创的研究机构、智库、行业协会等组织的社会影响力，同时还可以作为一种社会测试器使用，即政府部门为引导推动某一新兴产业发展拟出台某项公共政策，可通过专业机构或专家等以第三方名义研创有关皮书或皮书报告并公开出版发布，从而探测社会公众的反应。另外，它还可以通过皮书发布相关内容，引导或营造积极的舆论氛围。

（3）投资指南。皮书研创者通过调研和数据采集分析，对国内国际宏观政治和社会环境、政府决策导向、科技进步和市场变化趋势等问题进行科学分析和预测，其报告能为商业机构、咨询公司提供有价值的基础数据和资料，大大提升投资和商业决策的准确率，减少失误。

（4）话语平台。皮书以及由数万名皮书研创、出版者构成的皮书学术共同体已成为当下中国和外部世界沟通的话语平台和内容资源数据库。内容上，皮书本身浓缩聚合了国内外经济、社会、政治、文化等领域的大量结构化信息、数据，它可以通过平面媒体和网络媒体进行话语转换，即实现从学术话语向大众话语的转换，继而影响决策层，转换为官方话语；同时，媒体可以从皮书中提取有价值的素材和内容，与各领域专家和社会公众进行对话，凝聚社会共识，从而有效参与营造科学、理性的社会舆论氛围。从国际上看，皮书也是国际社会了解当下中国的重要窗口，是提升中国国际化传播能力，建立中国国际话语体系的重要工具。

（5）学术研究基础数据库。皮书原始数据及对所研究领域的连续叠加积累，可为历时性研究和空间性比较研究提供基础性的数据及资料。随着时间的推移，皮书作为连续性出版物的价值将愈来愈高，而皮书数据库必定是研究当代中国不可或缺的基础数据库。

三 皮书的类别

自 1991 年第一部《经济蓝皮书》创办以来的 30 余年间，由社科文献出版的皮书计 1000 多种，全国出版的包括未冠皮书名称但内容和形式与皮书相类似的年度研究报告约 1600 种，其中社科文献出版的皮书约 450 种，内容几乎涵盖当下中国与世界的所有领域。按不同维度划分，皮书大体有以下几类。

1. 按封面颜色区分

白皮书。一般用于官方文告，早在 1992 年国家新闻出版行政部门就明确规定，白皮书名称只能由政府部门使用。

蓝皮书。皮书封面的主体颜色，社科文献策划的皮书中90%的封面都使用蓝色，蓝色象征专业、严谨，受到作者和读者的广泛认同。

绿皮书。封面颜色采用绿色的皮书。社科文献皮书系列中，绿皮书通常用于生态环境、农村旅游、可持续发展等领域主题类型。

黄皮书。封面采用黄色的皮书。社科文献皮书系列中，黄皮书多用于以世界经济、国际政治和国别区域等主题类型。

除以上4种颜色外，还有红皮书、黑皮书、灰皮书、褐皮书、金皮书、紫皮书等等，但社科文献的皮书系列封面仅限于蓝皮书、绿皮书、黄皮书这3种颜色。

2. 按研究对象的空间领域区分

皮书研究对象从空间上看，既有以全球政治和全球经济以及国别区域为对象的皮书，更有以中国全国和区域及省市年度状况为对象的皮书，同时也包含城市、区域及农村专题的皮书。

3. 按研究内容区分

按研究内容的不同领域和主题，皮书可细分为经济、社会政治、文化传媒、地方发展、行业报告、国别区域与全球治理6大类。这6种分类也是社科文献每年对所出版皮书进行评价的分类基础。

4. 按研究方法区分

皮书按研究方法的侧重不同，可分为分析预测、发展报告、评价评估和研究报告四大类型。

（1）分析预测型。要求在对某一领域或区域年度发展现状及特征分析的基础上，注重对发展态势或趋势的预测研判。这类皮书强调分析模型和时效性，并要求对上一年度皮书所做出的预测给出回溯性分析。

（2）发展报告型。侧重对研究领域或区域的年度发展状况及特征、成绩与问题等做分析研制，提供对策建议。与分析预测类皮书相比，该类皮书时效性要求稍弱，有的发展报告型皮书常聚于某一专题研制，年度之间的关联性也比分析预测类皮书弱。

（3）评价评估型。这类皮书主要秉持第三方立场，利用数据模型、建立评价指标体系、研发指数对所研究对象进行客观分析评价或评估。这类皮书内含榜单、排名或评分，社会关注度高，必须对评价评估方法和数据来源做科学说明。

（4）研究报告型。这类皮书主要运用科学研究方法针对某一领域的某一主题进行实证研究，并通过年度性的持续分析发现规律、提供有价值的研究分析和结论。研究报告型皮书应与研究报告论文集做严格的区分，强调时效性、连续性和年度关联性。

四　皮书与相似出版物的区别

皮书作为一种出版形态和图书类型，与相似的图书类型——年鉴、年度报告、研究报告、学术论文集等有明显的区别。

1. 皮书与年鉴

按照百度百科的解释，年鉴是以全面、系统、准确地记述上年度事物运动、发展状况为主要内容的资料性工具书。它汇集一年内的重要事件、文献和统计资料，按照年度连续出版，具有信息密集性特征。皮书与年鉴在年度性、连续性和信息密集性等方面具有相同之处。皮书与年鉴最大的不同在于皮书是动态分析年度发展特点和趋势的专题性、原创首发的研究报告，它不要求全而要求专；年鉴则是对年度发生事件的静态呈现，它是对已有文本资料的汇集、汇编，是一种二手文献资料，它要求全。由此可见，皮书与年鉴在功能和性质方面是完全不同的。

2. 皮书与研究报告

皮书属于研究报告的一种类型，但多数研究报告是非连续性的，并带有主题单一性特征，大多数研究报告只有一个专题。而皮书则是年度连续性的，年度之间的内容都带有时间关联性。同时，皮书并不要求全书有完整自洽的逻辑结构，文体上不采用章节体，它采用的是总分体，即全书由一个年度总报告、若干分报告或专题报告组成，可见皮书是由一个大主题下包含的若干相关主题构成的。正因为如此，我把皮书称为智库报告的聚合，这正是皮书与一般研究报告的区别所在。

3. 皮书与年度工作报告

皮书是以年度为时间单元的报告书，它与政府部门、行业、企业和其他各类机构每年发布的年度报告的最大不同之处在于，它是以客观专业的立场和方法独立研创的年度性研究报告，文体上一般采用第三人称，有一套独有的写作规范和语言风格。而其他年度报告多数是年度工作总结性质，文体上是第一人称，遵循一般公文写作规范。

4. 皮书与学术论文集

皮书研创是一种现实性、应用性学术研究，它与其他学术研究写作一样，必须遵循学术规范，但它与一般学术论文写作的不同之处，在于它需要学术视野但不必像学术论文那样做学科、学理性综述和分析，它主要对事实、数据进行归纳，分类、做结构化处理，而不必做理论阐述和学理推演。而皮书所具有的年度性、连续性，也是一般学术论文集所不必具有的要件。

五　皮书的规范与流程

皮书作为一种公开出版物，不可能没有规范和研创出版发布流程。皮书最早的规范和流程与一般图书的出版规范、流程设计没两样。真正形成皮书独特的规范流程是在 1997 年秋我调入社科文献出版社开启皮书系列化、市场化运作之后。早期的皮书规范流程是在社科文献学术出版的规范、流程大框架下围绕《经济蓝皮书》《社会蓝皮书》《农村绿皮书》和《世界经济黄皮书》这几本核心皮书展开和逐步完善的。社科文献 1998 年开启第二次创业之初就在社内发布使用由我独立撰写的《编辑条例》，随后陆续修订完善形成了一整套编辑出版规范和流程。

皮书规范流程作为其中重要的组成部分，不仅要求社科文献社内认真践行，而且不断推衍至研创写作终端。随着皮书品种规模的不断增多，设计学科和领域愈来愈广泛，作者队伍从数十、数百发展到数千规模，2006年前后就有专门的皮书编辑规范手册和流程，2009年起每年发布《皮书操作手册》，这部手册为规范皮书研创出版起了十分重要的作用，得到皮书作者、编辑的广泛好评，于是2015年在深入征求意见并做修订完善的基础上正式出版，书名为《皮书手册——写作、编辑出版与评价指南》，到2020年第四版出版，标志着皮书的规范和流程体系基本确立。

1. 皮书规范的基本内涵

《皮书手册》第四版分为：皮书研创立项准入、退出和目录管理，主编和作者资质及权利与责任，整体结构及总报告、分报告的内容和文本图表要求，皮书书稿预审和重复率检测及书稿一二三审编辑。对皮书装帧设计制作风格和技术要求，皮书发布推广，皮书数字化与国际化，皮书的评价、评奖等均做了准确、具体、标准化的规定。每项规定都有具体的制度和流程作为支撑，如对于皮书的准入就有一套准入制度和流程，首先研创机构必须填报申请表，根据学科领域内容性质，通过出版社相应的专业分社走社内流程，然后由皮书的品控部门——皮书研究院组织同行专家进行评审，必要时要求申报责任人现场或在线答辩，评审通过后即获得正式研创资格，要求研创者在16个月之内正式出版，如拖期未出则需要重新做准入立项。退出则分研创者主动退出和出版方淘汰两种情况。为有效控制皮书质量，皮书研究院组织同行专家对每年出版的所有皮书进行内容质量及社会影响力综合评审，进入评价排名前100位并连续出版3年的可获优秀皮书评奖资格，后50位的则发出黄色警示，敦促整改，对两年整改不到位的皮书则做退出处理。

为对皮书准入退出形成刚性约束，社科文献从2019年起推出皮书目录管理制度。采取“控数量、保质量、调结构、补短板”的原则，第一，对皮书实行品种总量控制，即每年出版皮书总品种数量不超过500种；第二，对各类皮书进一步严格质量管理，鼓励皮书编辑工作重心前移，深度参与皮书研创环节；第三，动态调整各类皮书出版比重，根据时代发展和国家大局要求推动原有皮书内容转型升级，引导前沿领域、新兴产业研创皮书；第四，补齐皮书选题上的空白和结构缺陷，鼓励“一带一路”、国别区域、新兴科技和新兴业态等领域和主题皮书的研创。皮书目录根据上年度皮书评价结果进行动态调整并公布，实行进出总量平衡。

2. 皮书流程

皮书研创者、编辑出版者经过近 30 年的努力，形成了一整套完整、通畅、高效的流程，并成为《皮书手册》的重要内容。这套流程包括了立项准入及退出、研创写作、审稿定稿、交稿、预处理及三审编辑处理加工、装帧设计印制、发布推广、评价评奖，以及皮书的数字化和国际化等全方位的子流程和环节。更重要的是，所有流程实现了数字化、移动化，并正向智能化方向迈进。

六　皮书发展简史

如果从 1991 年第一部《经济蓝皮书》算起，皮书在中国至今已经发展了 32 年；自 1997 年冬始，社科文献开始对皮书进行系列化、市场化和品牌化运作。截至 2021 年版，连续出版超过 5 年的皮书共有 252 种。其中，连续出版 20 年及以上的皮书有 9 种，连续出版 15~19 年的皮书有 23 种，连续出版 10~14 年、5~9 年的皮书分别有 81 种和 139 种。2021 年版研创机构共 596 家，从 2021 年版皮书新增数量来看，皮书研创单位新增 71 家，皮书作者新增 2180 人。在新增的 71 家研创机构中，新增的高校及高校智库最多，有 27 家；其次是党政部门智库、企业和企业智库，分别有 14 家和 10 家。皮书数据库集成皮书 1 万余种，报告 20 万余篇，总字数约 50 亿字，图表 60 余万张，订阅机构 400 多家，其中海外机构近百家，个人注册用户 25 万多个。

作为皮书品牌的创立者和操盘手，就我的感悟而言，可以把皮书的发展史大体分为 4 个阶段，即前皮书发展阶段，皮书系列化、市场化、品牌化发展阶段，皮书数字化、国际化和平台化阶段，皮书高质量发展阶段。

1. 前皮书发展阶段（1991~1997年）

1990 年时任中共中央总书记江泽民同志在中南海召集 70 多位中国社科院各学科著名专家学者召开座谈会，为落实中央领导的指示精神，时任社科院常务副院长王洛林、副院长刘国光和数量经济与技术经济研究所所长李京文这三位著名经济学家给中央写信请求运用数量经济模型对中国宏观经济进行分析与预测，得到时任国务院总理李鹏同志的批示并从总理基金中每年拨付 50 万人民币资助这项研究，中国社会科学院这 3 位经济学家亲自挂帅，在数量经济和技术经济所组建“中国经济形势分析与预测课题组”，组织当时社科院经济学片的 6 个研究所的专家研究并撰写中国经济形势分析与预测报告，该书完成后当年只印刷了少量，采用蓝色封面装订的内部交流本，简称“经济蓝皮书”。1991 年起在中国社会科学院出版社正式以《经济蓝皮书：中国经济形势分析与预测》为名公开出版。此时，时任中国社科院社会学研究所所长的陆学艺研究员提出要对中国的社会形势进行分析与预测，得到当时分管副院长汝信研究员大力支持，社科院从本院科研经费中每年拨付 10 万元支持这项研究。我当时作为中国大百科全书出版社的编辑因组织编辑《中国大百科全书·社会学》卷和参与协调由中国社科院牵头组织、先后有全国 5000 多名专家学者参加的“中国百县市经济社会调查”并负责出版《中国国情丛书——百县市经济社会调查》，与陆学艺所长结成亦师亦友的关系，有幸参加《社会蓝皮书》课题组的讨论。1992 年《社会蓝皮书：中国社会形势分析与预测》也由中国社会科学出版社正式出版。随后几年由中国社科院世界经济与政治研究所研创的《世界经济蓝皮书》，农村发展所研创的《农村绿皮书》也先后问世。受中国社科院的带动，省市社科院也纷纷开始研制蓝皮书，如上海社科院的《上海经济蓝皮书》，辽宁社科院的《辽宁经济社会蓝皮书》等。到 1996 年，《经济蓝皮书》因市场销售不佳、原出版方兴趣下降等原因，由社科文献接手出版，当时的出版社领导只是把它当作一般图书看待，因担心经济亏损就找到一家广州的书商合作，为增强市场的吸引力，封面突出了“1997 中国经济”，经济蓝皮书字样被弱化，结果市场反映甚佳，总共发行 4 万多册。

这个时期蓝皮书、绿皮书、黄皮书，包括红皮书、灰皮书等各种封面颜色的年度性报告书都已在市面上出现，但都是作为普通图书出版的，编写者以中国社科院和各省市社科院为主，学界和社会层面尚未出现皮书这一概念，这类出版物也未形成什么气候，但皮书的各种要素都基本出现了，所以我把这一时期称为前皮书发展阶段。

2. 皮书系列化、市场化、品牌化发展阶段（1998~2010年）

1997 年 9 月我从中国大百科全书出版社调入社科文献任副社长兼副总编辑，主持全面工作。凭借我对《社会蓝皮书》这类图书价值的深刻认知和感悟，上任之初便着手以《经济蓝皮书》出版为起点，有意识地把这类出版物做系列化、市场化、品牌化运作。首先，明确提出皮书这一名称，把社科院现有蓝皮书、绿皮书和黄皮书统一归纳并在皮书系列下做整体设计，统一标识（logo）、统一开本、统一封面色系和规格、统一编辑规范体例、统一对外宣传推广和市场运作。开始亲自操作新版经济蓝皮书，我明确告知以前合作的书商，《经济蓝皮书》由出版社自己主导运作，书商可以继续参与新华书店主渠道之外的二渠道发行。当年 11 月中旬编辑《经济蓝皮书：1998 年中国经济形势分析与预测》书稿，我立即组织全社部分骨干（当时社科文献包括我在内仅有 23 位员工）全力投入审稿编辑加工、设计制作，前后历经一个月左右时间，赶在当年中央经济工作会议这个关键时间节点上正式出版发行。上市当天我们以“中国社科院经济形势分析与预测课题组”名义组织召开新闻发布会，上百家媒体参加，当晚中央电视台新闻联播做了报道，形成巨大的媒体和社会反响。首印 3 万册销售一空，随即加印 1 万册，到 1998 年 3 月“两会”前后再次热销，这年的《经济蓝皮书》实销3.8万册。继《经济蓝皮书》之后，我们随即以同样方式运作《社会蓝皮书》《世界经济黄皮书》和《农村绿皮书》，到1998年底进入皮书系列的各类皮书接近10种，皮书系列正式形成，皮书名称也由出版社内部的工作语言得到研创专家的认同并接受，经过差不多两年时间媒体的持续传播，被学界社会广泛接受。

在皮书市场化、品牌化运作上，社科文献在出版业界创造了诸多第一。第一次在北京公交车上做皮书系列广告，在当时资金紧张的状况下，选择了皮书核心读者和用户最集中的沿长安街、二环环线、北京站至人民日报、三里河至中关村这四条线路上的公交车持续做车身广告。第一次在京西宾馆、中共党校学员餐厅以及王府井、西单图书大厦门口散发印有皮书系列广告的面巾纸。第一次大批量赠送皮书扑克牌，把经济蓝皮书等主要皮书品种的封面印刷于纸牌上。后来为推广皮书品牌还开发了皮书笔记本、皮书瓶装水、皮书环保手袋、皮书雨伞等广告品，大多至今还在使用。

随着皮书系列的迅速扩张，皮书研创队伍也日益壮大，出版界也开始跟风，各种名目的皮书大量出现，鱼龙混杂，媒体开始批评皮书泡沫现象。为此，组建皮书研创、编辑出版学术共同体，维护皮书品牌便提上议事日程。

2000年春天，我和陆学艺所长等十几位社科院系统的社会学者在广西北海市参加课题调研会，其间讨论了有关皮书研创出版的乱象，认为必须采取措施、凝聚共识，确保皮书事业能健康、良性发展下去，于是我们决定要召开一次皮书研创者、出版者的全国性会议。当时参会的辽宁社科院副院长曹晓峰研究员回到沈阳在不到10天的时间内就告知我，我的老朋友、时任辽宁省社科院院长的赵子祥研究员同意在辽宁省葫芦岛市召开研讨会。于是，社科文献就向社科院主管部门打报告，得到时任科研局局长黄浩涛同志的支持。是年8月上旬，由中国社科院科研局、辽宁省社科院、社科文献出版社和葫芦岛市委市政府联合主办，首次“全国经济社会形势分析与预测暨皮书工作研讨会”顺利召开，来自中国社科院和省市社科院近 40 家单位从事皮书研创的约 50 位专家学者和出版社编辑出席了为期 2 天的会议。与会人员听取《经济蓝皮书》和《社会蓝皮书》主要负责人汪同三、陆学艺做的关于当年经济形势和社会形势的精彩报告，分享交流各自皮书研创出版经验，对如何确保皮书内容质量和皮书持续发展达成重要共识，同时决定每年要在夏秋之交召开一次这样的会议。由此，皮书建设研创出版学术共同体正式起航，会议规模逐年增大，会议内容越来越丰富。2003 年上海会议首次对皮书进行概念界定，2005 年郑州会议上皮书概念有完整的表述，2007 年深圳会议规模首次突破 100 人。2009 年 8 月第十次皮书研讨会在辽宁沈阳和丹东市召开，社科院副院长李扬研究员出席会议并首次颁布优秀皮书奖，皮书评价、评奖正式开启。2011 年初，中国社科院根据时任全国政协副主席、中国社科院陈奎元院长的指示在京西宾馆召开全国皮书主编工作会议，社科院党组成员全体出席，院党组副书记、副院长李慎明代表院党组做了“推动皮书事业健康发展、更好地为党和国家大局服务”的报告，常务副院长王伟光在闭幕式上做了重要讲话。从这次会议起，皮书研创出版工作正式纳入中国社科院应用对策研究的工作大局，中国社会科学院先后颁发若干文件规定，并从经费、成果评价和考核等方面为皮书发展提供了制度化保障。

同年 8 月，第十二次全国皮书研讨会在安徽合肥召开，研讨会正式更名为皮书年会，由中国社科院主办，社科文献和合肥市政协共同承办，参与人数突破 300 人。以“全国皮书主编会议”和“第十次全国皮书年会”为标志，皮书的研创出版发布推广体系全面建成，皮书研创出版学术共同体确立并形成制度化的体制机制，皮书品牌已经牢牢树立。

3. 皮书数字化、国际化、平台化阶段（2011~2018年）

（1）皮书数字化

皮书数字化起步于 2003 年，是年年底社科文献在新版皮书上搭配光盘，该光盘不仅提供全文检索查询，还具备自动叠加功能，是一个关于皮书内容的小型数据库。在取得用户认同的基础上，之后几年相继开通了中国皮书网，2005 年开始规划建设皮书数据库，2009 年在深圳文博会上第一版皮书数据库首发，随纸书搭载的电子光盘改为在纸书封底加上数据库阅读码。2012 年皮书数据库发布第二版，可实现全文检索，2014 年上线的第三版阅读检索体验和服务功能进一步得到全面提升。2018 年开始整合本出版社以外的智库优质数字资源，并开通皮书数据库远程移动登录，携手打造中国最大的智库成果交流发布专业平台。

（2）皮书国际化

皮书国际化主要从两个方面发力：一是中文版皮书和中文皮书数据海外推广，二是优质皮书多语出版。中文版纸质图书主要依托国内几家图书出口公司面向发达国家和港、澳、台地区大学和与中国有关的机构销售，到目前为止，已实现全覆盖和全收藏，有的还成为国家外交礼品。如 2010 年 6 月时任国家副主席的习近平访问澳大利亚时，外交部和当时的新闻出版广电总局就应受赠方澳大利亚国立大学的要求，把当年出版的近 300 种皮书与其他被选中的图书赠送给该大学中国研究图书馆。有数据表明，哈佛大学、斯坦福大学、杜克大学等世界一流大学收藏的中文纸质皮书的数量甚至高于国内许多双一流高校。

皮书数据库的海外推广主要由美国的东方瞭望公司和中国国际图书进出口公司以及台湾地区的一家数据库销售公司代理，社科文献从 2012 年连续几年参与美国亚洲年会，设立展台并举办销售推介活动，取得了较好的推广效果。

皮书的海外多语出版最早起步于 2006 年，社科文献与有 300 多年历史的荷兰 bill 学术出版公司以中国社会科学院年度报告的名义，合作出版《经济蓝皮书》《社会蓝皮书》《法治蓝皮书》《环境绿皮书》《教育蓝皮书》等皮书的英文版并向全球发行，随后陆续与英国、德国、瑞士、俄罗斯、西班牙、韩国等著名学术出版机构出版英、德、俄、西、韩等不同语种的皮书外文版，每年还与在香港的中国和平出版公司出版十几种中文繁体版皮书。在国家有关部委对外翻译项目资助下，每年对外多语翻译出版数量的皮书达 50 多种。下一步皮书国际化的着力点应以机器翻译为底层技术，在皮书数据库上搭建多语阅读和发布平台。

（3）皮书平台化

皮书作为一种智库支撑平台，早在皮书系列起步之际就建立了，随着皮书研创出版品种数量的逐年扩大、品牌影响力的提升、皮书年会的不间断举办，以及皮书数据库不断迭代和国际化程度的提高，皮书远超出作为一本图书的价值和功能，真正成为智库建设和成果交流发布的平台，成为中国特色新型智库建设的重要抓手。在中央确立的 29 家国家高端智库试点单位中，超过 60% 的智库在社科文献管理的平台上出版发布皮书，中国社科院和地方省市社科院均把皮书研创出版纳入创新工程或新型智库建设进行成果考核，大多数高校也把皮书研创成果纳入学科和学术评价范围之中。2017 年皮书研创出版 20 年之际，中国社科院在青海西宁举办第十八次全国皮书年会，时任中国社科院院长的王伟光研究员在开幕讲话中明确提出要把皮书作为哲学社会科学人才培养和智库建设的平台来打造。

4. 皮书高质量发展阶段（2019年至今）

2019 年 8 月，第二十次全国皮书年会在哈尔滨举行，来自全国各皮书研创团队和社科文献的皮书编辑 500 余人参会，中国社科院时任院长谢伏瞻、黑龙江省委时任书记张庆伟、中国社科院副院长蔡昉，以及中宣部出版局、全国哲学社会科学工作办公室负责的同志出席会议开幕式。谢伏瞻院长在讲话中明确提出皮书研创出版进入高质量发展阶段，并提出皮书高质量发展的四大具体要求。高质量研创、出版、发布成为所有皮书人的共识。2020 年 9 月召开的第二十一次全国皮书年会，会议主题就是“高质量发展场景下的皮书研创、出版与传播”，这一年被皮书人定为高质量皮书发展的落实之年。为让皮书学术共同体及时、全面了解皮书的发展状况，社科文献自 2019 年由皮书研究院组建课题组并在当年首次发布《智库成果蓝皮书：中国皮书发展报告》，简称“皮书的皮书”，2020 年在云南皮书年会上发布的第二本《智库成果蓝皮书》，总报告的题目就是《中国皮书高质量发展报告》。是年，皮书目录管理制度也正式实施。社科文献通过推动皮书学术共同体建设，发挥皮书学术委员会的评审功能，依据皮书内容质量、社会影响力等评价结果公布皮书目录，其目标是把皮书品种控制在500种以内，每年进行动态调整。通过目录管理并与研创写作前端管理、皮书预处理、皮书社内三审三校编辑及最终评估等共同组合成整套皮书品控工具箱。

2021年9月，第二十二次全国皮书年会在广州召开，我以中国出版协会副理事长、皮书品牌创始人身份（2020年11月退休）受邀参会并做了《皮书研创的新趋势、新挑战、新任务》的主题报告，我在报告中对皮书进行高质量发展阶段以来所取得成绩进行了概括：①更加关注中国与世界前沿热点、重点课题，对2020年初爆发并持续在全球蔓延的新冠肺炎疫情所造成的影响和世界百年未有之大变局，以及中国全面建成小康社会实现建党百年中华民族伟大复兴的第一个目标进而开启建设中国特色社会主义现代化强国的新征程，各皮书研创团队从各自不同角度深入展开研究，产生了一大批有价值的皮书报告；②国别区域和全球治理皮书及皮书报告明显增多，有效回应了国家对“一带一路”倡议和构建人类命运共同体等重大问题的关切；③有关对公共政策、公共治理，以及第三方估评的量化分析和数据报告类皮书明显增多；④部分研创多年的皮书开始转型升级，如《经济蓝皮书·春季号》就确定对国家“十四五”规划执行状况进行跟踪分析；⑤各类智库越来越重视皮书的平台功能；⑥党政决策机构对皮书的认同度持续提升；⑦皮书的国际影响力、国际关注度明显放大。

时至今日，全球新冠肺炎疫情仍在持续，人类原有的生产、生活状态和秩序已被大大改变，这一状况与近年国际上反全球化、民粹主义泛滥等因素叠加，给人类发展增加了巨大的不确定性；互联网、大数据、云计算、人工智能和区块链等技术的长足进步和广泛应用，又为人们精准把握外部世界，消除不确定性提供了无限的可能和想象空间。所有这一切，都是皮书研创出版者必须面对和应对的时代课题。

今后皮书高质量发展的聚焦和发力点主要有：第一，继续坚持正确的政治方向、学术导向和价值取向；第二，认真落实皮书研创出版发布的一系列制度；第三，突出皮书报告的公共性，坚持以研究重大现实问题，回应社会关切为主攻方向；第四，积极利用数字平台、智能技术，创新皮书内容创作、编辑出版和发布传播方式；第五，把质量作为“生命线”，严格遵循皮书规范；第六，完善并强化科学的皮书成果评价体系，不断推进皮书学术共同体建设。

第二篇　皮书的性质、特征、功能与发展趋势

导读：本篇集结的文章力图回答以下问题：皮书是什么？皮书具备哪些特征？皮书承载哪些重要的功能？皮书未来将如何发展？文章以时间为序排列，在不同时间，皮书的定义、特征、价值功能有表述上的沿袭，也会有不一样的总结，本书都尽可能保留了原文的风格。希望读者可以从中看到时间的价值。

P2-2 皮书论纲*

一 何谓皮书：皮书的定义

皮书是中国社会科学院所属社会科学文献出版社出版的蓝皮书、绿皮书、黄皮书等系列图书的统称。这一名称最初是社科文献出版社内部使用的图书产品称谓，随着该类产品社会影响力的急剧扩大，现已成为媒体和公众使用频率极高的一个词语。

《不列颠百科全书》和《辞海》都对蓝皮书、白皮书下过定义，而对“皮书”从内涵上给予界定，是由我于 2003 年 9 月在上海召开的“第四次全国皮书工作会议”上率先提出来的，随即在 2004 年 8 月哈尔滨举行的“第五次全国皮书工作会议”上进一步完善，到 2005 年 8 月在郑州召开的“第六次全国皮书工作会议”上有了较为完整的表述：皮书是一种以年度为时间单元，关于某一门类、地域或领域的社会科学资讯类连续出版物。

根据上述定义，一种产品若要进入皮书系列，必须具备以下几个特性：

第一，必须是资讯类产品。皮书的读者定位于大学本科及以上学历水

---

* 本文正式发表于谢曙光主编《皮书研究：理论与实践》，社会科学文献出版社，2011，第 3~27 页。

平的专业知识群体，职业分布集中在党政事业单位领导干部、各类企业及社会组织的管理者，以及国外和中国有交往的使领馆、商社、跨国公司、咨询公司从业者。由此可见，皮书不是一种供普通大众阅读的出版物，而是一种根据读者需求不同，供某专业或与之相关人员查阅的资料，是具有很强实用性的资讯类产品。

第二，必须是周期性的连续出版物。皮书的出版不是一次性的，而是连续性的，一次性的产品不能被称为皮书。皮书和研究论文集的区别在于论文集没有内在的逻辑结构，研究信息和数据的时效性和内在逻辑性不能跟皮书进行比较。从严格意义上讲，以一年为时间单位，在中国皮书出版的最好时间为年底至“两会”前，也有以财政年度作为报告期的。此外，所有皮书都要有周期性，即一定的、相对连续的时间跨度。

第三，必须有空间范围，产品的论域必须是某个特定的地域或领域。皮书的对象可以是宏观的，也可以是微观的，可以是总体的，也可以是专题的，但无论如何它们都是有关某个特定的地域或领域。这里所谓“地域”是指无论全球、大洲、全国抑或是一个省、市的分析研究，视野和信息采集都要有空间分布。这里所谓“领域”包括学科和行业，其中学科可以是交叉性的边缘学科，行业可以是新兴的行业。在皮书论述过程中，以某学科或行业内部横向或纵向的空间分布为起点，按某一事件、任务或时间的顺序来分配。

第四，必须使用社会科学的视角和方法。皮书所论及的领域本身也许并不属于社会科学的范畴，如医疗卫生、能源等，但皮书的作者必须用社会科学（如经济学、社会学、政治学等）的视角来审视对象，用社会科学的定量方法（如模型、个案、统计、问卷等）来处理对象。

二　皮书的特性

第一，原创性。皮书不同于年鉴和志书类产品，不是把从各方面收集来的现成资料和数据进行简单罗列。皮书是在利用已有资料的基础上，运用科学、实证的方法梳理和筛选它们。更重要的是，皮书必须要以自己通过调查研究得到的第一手资料作为分析的基础，这样才能最终提供给人们一种具有原创性的真实信息。此外，皮书的原创性还表现在书中的各篇研究报告都是原创并首发的。

第二，实证性。皮书主要强调实证性，即通过归纳大量数据资料，得出相关的结论和建议。是否通过实证调查分析得出结论，成为鉴别出版物是属于皮书还是论文汇编、论文集、报告等的主要标准。从市场反馈的信息来看，凡数据翔实、资料丰富的皮书均大受欢迎，而模型的运用、问卷调查的使用往往能帮助我们获得具有高信度的资料和数据。

第三，前沿性。皮书的前沿性主要体现在两个方面：一是在理论探讨上必须反映学术前沿问题，而且要通过现有数据分析推断它的趋势，预测不一定完全准确，但一定要基于数据和事实的分析；二是在解释现实问题时，必须涉及现实生活中的重点和热点问题，核心内容紧扣政府、媒体和公众关注的问题。

第四，时效性。皮书须对当下的事物和事件进行分析、总结和预测，正是由于这一特性，皮书才会受到社会的强烈关注。所以，这就要求一方面皮书使用的数据资料须是最新的，另一方面皮书的出版时间要慎重选择。例如，有的皮书在年底出版，用第三季度的数据分析，第四季度做预测，下一年度皮书做回溯。但皮书出版时间的选择一定要从市场的角度特别是从使用者的角度来考虑，除非是用于专业研究的可以跨年出版，否则真正最好的时间就是年底和年初。《经济蓝皮书》在每年 11 月 20 日出版，是为赶在中央经济工作会议之前，《社会蓝皮书》是在每年 12 月中下旬前出版。经过这些年的摸索，皮书的最佳出版档期应是每年 11 月份至次年的 3 月份。行业类皮书选择出书时间，最好与行业年会、行业论坛绑定，从而最大限度地扩大皮书的影响力。

第五，权威性。皮书的一个最重要特征是它的权威性，具体包括以下三个方面：第一，作者的权威。皮书的作者是由著名学者和权威研究机构所组成的团队，而非单个人的作品，从而凸显出研究者的群体智慧。另外，皮书的作者中不乏政府部门的官员，但皮书并不代表官方的观点，作者们主要是从社会科学的立场出发，表达个人的研究心得，也正是这一点保证和增强了皮书的权威性。第二，数据的权威。首先皮书要有大量的数据资料，无论来源何处一定要保证真实，每一个课题组一定要掌握一部分自己的数据，不能拼凑，即使一年、两年这样长的时间也要保证权威性。第三，皮书的权威性不仅体现在信息数据的真实权威上，更重要的应该是有“总报告”。没有“总报告”的皮书不能称之为皮书，“总报告”代表的是社会科学的声音，是社会科学家的声音，是专家的声音。无论是政府还是公众，真正关注的点还是“总报告”，所以每个课题组的着力点都应在“总报告”上。每部书都可以有一篇或两篇“总报告”，只有这样才能代表专家的专业观点。

专栏

皮书：推动学术交流和图书功能的转化

——专访社会科学文献出版社社长谢寿光

潘启雯

潘启雯：近年来，有人把您称为中国“皮书第一人”，更有人把您的名字和“皮书”紧紧联系在一起，但大多数读者对何谓皮书、皮书如何分类一直比较模糊，您能谈一谈皮书以及目前的皮书出版情况吗？

谢寿光：“皮书”最早以白皮书的形式出现在18、19世纪的英国，按颜色可分为蓝皮书、绿皮书、黄皮书、白皮书等，其中白皮书一般特指政府文告。而“皮书”在中国作为一种出版型态，最早是由社会科学文献出版社出版的蓝皮书、黄皮书、绿皮书综合演化而来的。像蓝皮书通常代表的是学者的观点或者研究团队（比如金融危机与农村劳动力就业课题组）的学术观点；绿皮书是针对所观察研究的对象，带有可持续的意思，与农业、旅游、环境等有关；黄皮书主要同世界经济、国际问题研究有关，所以我们现在把国际系列绝大部分皮书以黄皮书来标示；红皮书是关于危机警示的研究报告，但我社皮书系列放弃使用红色系。它们的共同特点是：内容涉及经济、社会、文化、教育等，具有极强的现实针对性和原创性。

另外，随着皮书在国际、国内影响的日益增大，它作为资讯类图书的重要一支，将不断推动图书功能从阅读向查阅、使用方向转化。

潘启雯：那你们一开始是怎样策划出版皮书的？其发展的“前世今生”是什么？皮书在今后激烈的市场竞争中如何继续“独领风骚”？

谢寿光：1997 年秋，我从中国大百科全书出版社走马上任社会科学文献出版社的副社长兼副总编辑，主持日常工作。当时，我们出版社在中国出版界可谓默默无闻，年出书不过百种，销售码洋不过一千万元。怎样带领出版社摆脱学术出版的清高与拘谨，同时如何打造出既有品位又能够引起大众关注的学术畅销书，成为摆在我们面前的一道待解难题。

我们出版社“皮书工程”的开篇之作为《经济蓝皮书》，它是一部由中国社会科学院的专家们撰写的对中国经济运行情况的年度分析报告，每年都需要国家给予出版补贴，影响仅限于政府部门和学术圈内。随着中国的改革进入关键期，普通人对经济运行状况的关注程度大大增加，《经济蓝皮书》的撰写者都是国内的一流专家，他们的看法及观点反映了其对中国的现实和未来最高水平的理解与认识，权威且实用，理应有巨大的市场需求。经过反复论证，出版社决定不要国家补贴，从 1997 年开始正式接手运作皮书出版。我们成立了“皮书工作室”，制定出皮书操作手册，规定了皮书运作的每一个环节，从联系课题组、接收书稿到编辑加工、印制营销都有人专门负责。

在皮书编辑过程中，我们出版社除了要求执笔人对社会某一领域进行宏观的分析和预测外，还要注重对影响人们生活的具体敏感问题进行讨论，尽量满足人们对现实问题方面资讯的需求。

目前，我们的皮书成员已经扩大到100多种，占社里整个出书品种的1/5、销售码洋的1/4、利润的1/3。皮书不仅是我社经济增长的一个重要支柱，同时也成为中国社会科学研究的学术品牌之一。每年都有一大批读者翘首期盼皮书的出版，他们希望能够从专家们的研究成果中了解中国社会各个方面的进展情况。

可以说，皮书为政府决策、学者研究、商务发展提供了系统、专业的资讯服务和高价值的决策、研究参考。我们也希望通过皮书这一出版型态的创新与皮书系列的出版，为中国社会科学的繁荣、为中国经济社会的发展贡献自己的力量。

（潘启雯，《中国图书商报》记者。本文原载于《编辑之友》2009年第11期）

P2-3 皮书演化简史*

一 皮书的历史渊源

从词源上看，“皮书”最早起源于17、18世纪的英国，主要指官方或社会组织正式发表的重要文件或报告，并多以白皮书命名。在中国，“皮书”这一概念被社会广泛接受，并被成功运作、发展成为一种全新的出版型态，则要归功于中国社会科学院所属的社会科学文献出版社。

从1997年至今，历经近15年的发展，社科文献出版社已当之无愧地成为中国皮书出版的“标普”。据不完全统计，目前国内以年度报告形式出版、发布的研究成果，每年不低于1000种，可真正能在社会上产生广泛影响的，基本上都是社科文献出版社出版的皮书。

时至今日，在社科文献出版社的成功运作下，“皮书”已成为中国经济社会的“晴雨表”、“风向标”，可最初它仅仅是内部传阅的非正式出版物。

时光回溯到1990年。是年，中国经济增长率降至5%，刘国光、李京

---

* 本章内容选编于谢曙光主编《皮书研究：理论与实践》，社会科学文献出版社，2011，第3~27页。为体现皮书品牌发展中不断总结、反思的过程，关于皮书的表述、语境，均保留了原文。

文等几位中国著名的经济学家便给中央领导写信，建议采用经济模型对中国经济形势进行分析与预测。当年秋天，刘国光、李京文等人将运用经济模型对中国经济形势进行分析与预测所形成的研究成果用蓝色封面装订成册，在内部传阅。为了方便，大家将其称为“蓝皮书”。

翌年，根据中央领导的指示，中国社会科学院专门在数量经济与技术经济研究所成立了“中国经济形势分析与预测”课题组。课题组享受总理预备金专项研究经费的规格与待遇。

1991 年底，“中国经济形势分析与预测”课题组的研究报告首度在中国社会科学出版社正式出版，书名是《1992 年：中国经济形势分析与预测》，业界称之为《经济蓝皮书》。

1991 年《经济蓝皮书》出版以后，中国社会科学院社会学研究所时任所长陆学艺敏锐地意识到，可以对年度中国社会形势进行分析和预测，于是便着手编著《社会蓝皮书》。那时候，我还在中国大百科全书出版社工作。《社会蓝皮书》初创时我也一起参与了讨论，依据的范本是世界银行的发展报告。

随后出版的有《农村绿皮书》《世界经济黄皮书》等。最初，只是为了区别起见，选用了不同的封面颜色。当然，当年中国社会科学院农村发展研究所的领导之所以改用绿色封面出版《农村绿皮书》，也包含有“绿色农业”的用意。

在 1997 年以前，无论是蓝皮书、黄皮书还是绿皮书，基本上都是在社会科学院系统出版、传播。当时，出版社并没有意识到“皮书”的价值和市场有多大，只是将它作为普通的图书来操作，并没有进行市场化的运作，每本书的出版都需要出版资助。

1997 年我调入社科文献出版社之前，《经济蓝皮书》从中国社会科学出版社转到社科文献出版社。我的前任老社长一口应承下来，但事实上，对于该书是否能盈利，他当时心里并没底，因为这时候皮书已经没有出版补贴了。当年，有书商介入，书商将书名改成了《1997 中国经济形势分析与预测》，试图采用市场化手段来运作。结果，这部由中国社会科学院的专家们撰写的对中国经济运行情况的年度分析报告，当年就发行了两万多册。那一年，书商挣到了钱，他的能力是让人佩服的，当然出版社本身也没赔钱。

1997 年 9 月，我从中国大百科全书出版社调入社科文献出版社，任副社长兼副总编辑，主持日常工作。这年《经济蓝皮书》的制作与推广，依然有书商介入，但我跟他强调：第一，书名不能改；第二，严格按照我们的定位来做；第三，你可以参与发行，但主导权在我手里。当年 12 月，《经济蓝皮书》以《1998 年中国经济形势分析与预测》为书名，由社科文献出版社出版发行。因为我与陆学艺所长长期密切的合作关系，1998 年的《社会蓝皮书》直接就转到我手中出版了。

回过头来看，《经济蓝皮书》可谓社科文献出版社“皮书工程”的开篇之作。出版社以此为契机，对“皮书”进行系列化、市场化、品牌化运作，相继推出了经济蓝皮书、社会蓝皮书、农村绿皮书、世界经济黄皮书、城市竞争力蓝皮书等系列皮书，带动了全国性的“皮书热”。

二　皮书的品牌之路

社科文献出版社的“皮书”品牌之路，大体上可以分为如下四个阶段。

第一个阶段（1997~2000 年），皮书品牌创立阶段。

这个阶段的一个主要特色是，开始意识到皮书的价值，把它作为一种非普通的图书来运作，重点抓市场化和系列化。

为了扩大皮书的市场影响力，我们曾经在环绕北京城行驶的四条线路的公交车身上做皮书广告。我记得当时好像有 22 路、320 路、沿着二环路的 44 路，还有一条经过 CBD 往东方向的线路。那次一共投了 20 万元，连续做了一个月的广告。

为了推广皮书，我们还制作了面巾纸，在中央党校、京西宾馆这些高层人士云集的地方发放。随后相继推出皮书扑克、皮书矿泉水、皮书雨伞、皮书记事年历等广告品，在皮书使用人群集中的场所持续投放。传统的发书方式，以及与经销商合作的发行方式，我们当时都做过。

另一个重点就是系列化，即扩大皮书的规模。到 2000 年，我社出版的皮书已经达 22 种。正是由于我们的努力，迅速带起了一股全国性的“皮书热”。

第二个阶段（2001~2005 年），全面确立皮书品牌阶段。

这个阶段大致以葫芦岛会议为起点。2000 年，我社与辽宁省社会科学院、中共葫芦岛市委市政府共同主办了“首次全国皮书工作会议”。为什么要开这个会？我提出，皮书是一项事业，不能把它泛化，更不能把这个品牌做烂，社会科学工作者有责任对皮书的本质特性进行深入的研究。

在这次会议上，正式有了“皮书”这个名称。“皮书”开始从我社内部使用的工作词语上升为一个专门的概念，作为一种公众话语进入并影响社会。

2003 年 9 月，在上海举行的“第四次全国皮书工作会议”上，我首次对皮书的定义进行了阐释：皮书是以年度为时间单元，对某一领域或者某一行业的经济、社会等各种事件进行分析、预测的年度研究报告。

2004 年 8 月，在哈尔滨举行的“第五次全国皮书工作会议”上，皮书的定义得到了进一步完善；2005 年 8 月，在郑州召开的“第六次全国皮书工作会议”上，皮书的定义有了较为完整的表述：皮书是一种以年度为时间单元，关于某一门类、地域或领域的社会科学资讯类连续出版物。

总的来说，从 2000 年葫芦岛会议到 2005 年郑州会议这六年的时间里，皮书品牌建设的主要特点是，明确界定了皮书的内涵和外延，从出版的角度正式提出“皮书”这样一种全新的出版型态——它不是一般性的图书，而是一种连续出版物；它的内容是跨平面媒体的，超越图书、期刊和报纸。它有书的特点，又有期刊的特点，同时还有非常强烈的媒体特征；它所承载的信息都是浓缩的，可以通过其他媒体及时释放并传播。每一次皮书的发布基本上都会带动一个个热门的话题，形成强大的社会效应，这是一般图书所不具备的。

第三个阶段（2006~2008 年），皮书定型化和国际化的阶段。

这个阶段的一个重要标志就是 2006 年我社和荷兰博睿学术出版社（Brill Academic Publishers，以下简称 Brill）正式签署皮书出版协议，促进英文版皮书在全球发行。此前，我社曾将《经济蓝皮书》授权香港中文大学翻译、出版英文版，最终由于语言转换和市场运作的原因没有进行下去。

荷兰 Brill 有近 330 年的历史，是一家在国际上享有崇高声誉的老牌学术出版社，他们有一整套严格的审稿制度，与他们合作，让我们的皮书进入到一个定型化和标准化的阶段。

从 2007 年 8 月深圳"第八次全国皮书工作会议"开始，我们强调皮书研创的规范化与国际化。我们从国际通行的学术出版物标准——芝加哥标准中挑选出合适的条目作为皮书编撰的规范，并据此制作了《皮书操作手册》，以此来规范皮书的编撰格式和装帧设计。

2008 年 9 月，在广西南宁举行的"第九次全国皮书工作会议"上，我社正式颁布了皮书准入标准。与会皮书课题组代表围绕皮书的可持续发展问题进行了深入的探讨。大家一致认为，今后的工作重点应该是着力加强皮书品牌化建设，规范皮书编撰出版，特别是要在增强皮书的原创性、实证性、前沿性、时效性和权威性上下功夫，真正把皮书打造成一个服务经济、服务社会、服务大局的有效平台。

第四个阶段（2009 年至今），皮书品牌的全面建设、维护与创新阶段。

这个阶段大致以 2009 年 8 月在辽宁举行的"第十次全国皮书工作会议"为起点。这次会议上，我们颁发了"首届优秀皮书奖"，在 15 日的主题报告中，我对社科文献出版社皮书的发展历程做了回顾与总结。

随着我社皮书规模的不断扩大，有些专家曾经很严肃地警告我说皮书品种扩张过快，你要注意皮书出版中出现的低水平和质量变差现象。应当说，这些专家提出的警告是很中肯的。

我社出版的《经济蓝皮书》《社会蓝皮书》等精品皮书，已成为享誉业界的知名品牌。但不可否认，随着我社出版皮书种类的增多，其中亦不乏平庸、交叉、重复之作。比如，某一个领域、某一个区域甚至出版过好几本皮书，或者某一个编撰单位同时主编几本皮书，但是研究力量、研究队伍不够，出现大量的内容交叉、重复。这将使我社皮书的整体品牌受到影响，甚至可能把我们十几年的努力毁于一旦。

在这次会议上，我提出，作为皮书出版方，我们必须进入皮书品牌的全面建设与维护阶段。如果仅仅从皮书的数量与品种上来限制皮书的准入，收紧皮书准入的闸门，不见得是一种好办法。皮书为什么会扩张？因为社会有广泛的需求，人们已经意识到，皮书是社会科学研究成果发布的一个重要平台与载体。问题的关键在于，我们必须从体制、机制、渠道等方面采取一系列举措，使之良性、有序、可持续地发展，力争皮书年年有创新、本本有创新。

皮书评价研究中心的成立便是系列举措之一。2009 年 1 月，我社从各部门抽调具有研究能力的工作人员组建了这个兼具皮书评价和研究的部门，这是出版业内首家成立的对一种图书品牌进行评价和研究的部门。其核心工作是对我社出版的皮书从内容质量、媒体报道、经济效益等方面进行整体评价、评奖，并对皮书的出版型态、编撰体系、营销推广等方面内容进行研究。

在增设部门之外，我们还定期、不定期地举办皮书工作会议、专家研讨会来解决皮书研创、出版过程中出现的问题。

2009 年 10 月 12 日，针对我社行业类皮书出版过程中存在的问题，我们邀请在京 20 余位行业类皮书课题组的主编及主创人员就如何进一步维护、打造行业类皮书品牌进行了研讨。与会专家与我社相关部门负责人一起，就如何进一步提高行业类皮书质量，细化和改进行业类皮书的组稿、编写、出版、营销、推广等工作展开了深入的交流。

2010 年 9 月，为了进一步提升皮书这一品牌的学术质量，我社聘请国内各学科领域有一定学术影响力、了解皮书研创出版并持续关注皮书品牌的专家学者组成了皮书学术委员会，为皮书的准入与评价、品牌提升搭建了一个强有力的专家团队平台。

2011 年注定将是皮书研创和出版的重大转折年份！国家“十二五”规划正式把中国社会科学院的哲学社会科学理论创新工程列入其中，皮书系列是首批进入该工程的项目。同时，国家“十二五”图书出版规划也正式把皮书系列纳入其中。

2011 年 2 月 19 日，中国社会科学院在京西宾馆主办“全国皮书研讨会”，来自中国社会科学院各职能局与研究所、地方社会科学院、高等院校和政府有关研究部门的皮书主编和主创人员 300 多人与会，中国社会科学院常务副院长王伟光、副院长李慎明、副院长李扬，中纪委驻社会科学院纪检组组长李秋芳，新闻出版总署副署长邬书林，全国人大财经委副主任吴晓灵等领导出席，王伟光、李慎明、李扬、邬书林等领导先后做重要讲话。会议讨论通过了《皮书主编工作条例》和《皮书编辑出版工作条例》，并决定以中国社会科学院名义制定《皮书项目管理办法（试行）》。这次会议标志着皮书及皮书研创出版从一个具体出版单位的出版产品和出版活动上升为由中国社会科学院牵头的国家哲学社会科学智库产品和创新活动。

2011 年 8 月，我们在安徽举行“第十二次全国皮书工作会议”。这次会议我们将主题锁定在皮书品牌的全面建设、维护与创新上，经中国社会科学院批准，本次会议主题确定为：皮书研创出版的结构优化和分类管理。

三　皮书的功能定位

皮书系列是社会科学文献出版社近十多年来连续推出的大型系列

图书，经过多年的专业化、市场化运作，目前每年出版皮书 150 多种，为中国社会科学院及中国哲学社会科学界发挥思想库、智囊团作用起到了积极作用。皮书系列是社科文献出版社的核心品牌，已成为中国社会科学院的重要品牌，并日益上升为中国社会科学界的知名品牌。

具体分析，皮书具有以下五大功能。

第一，决策参考（智库产品载体）。大量皮书在“两会”期间集中发布，为“两会”代表提供参政议政的依据。目前，政府部门、商业研究机构的学术成果都已在皮书上运作，成为智库产品的有效载体。

第二，政策先声（前期声）。皮书是一个掌握话语权的载体。当政府或有关部门准备出台某项政策时，可以通过皮书的方式来试探一下社会对其的反应；同时也可通过皮书方式出版有关内容，形成一种有利的舆论氛围和态势。

第三，投资指南。通过皮书课题组调研，对国内外宏观环境、政府政策导向、市场发展趋势等问题进行科学解析和预测，为商业机构、咨询公司提供有价值的基础数据和资料。

第四，新闻来源（舆论引导平台）。皮书本身浓缩了国内外经济、社会、文化等领域的大量信息，需要通过平面媒体和网络媒体来转换；而媒体则可从皮书中获取大量的新闻素材和内容，并通过皮书这一内容载体，与各领域专家进行高端对话，从而引导科学、理性的社会舆论。

第五，研究基础库。资料显示，经济学、政治学、社会学、新闻传播学、国际关系与国际政治等社会科学诸学科研究生，以现实问题为论题撰写论文时引用的数据资料大多从皮书中获取，并且部分科研机构和学者也以皮书内容作为获取研究数据的重要途径之一。皮书这种连续性出版物对文化传承具有很大的作用，随着时间的推移，皮书的价值会越来越高，它是研究当代中国最重要的基础数据库之一。

四 皮书数字化的探索与展望

社会科学文献出版社不仅在皮书系列的纸质出版、品牌建设方面下足功夫，还结合全社的数字出版战略在皮书系列的数字出版方面不断探索，进行皮书数据库的建设工作，力争让皮书的价值最大化。出版社对皮书数据库的基本定位是：以皮书系列为基础，全面整合中国道路、中国经验方面的学术资源，将其打造成哲学社会科学工作者发挥“智库”作用、服务中国社会主义现代化建设的重要载体和平台，成为世界了解当今中国社会的一个重要窗口。

1. 皮书数字化的发展历程

2003 年 12 月，皮书首次开发出版数据库光盘（SSDB），每本皮书均附赠一张电子光盘。电子光盘既是电子书，又是数据库，其内容可以实现自动累加，实际上是为皮书用户打造了一个属于自己的个性化定制的数据库。

2007 年 7 月，皮书数据库（个人用户版）建成并发布。

2009 年 5 月，在第五届中国（深圳）国际文化产业博览会上，皮书数据库网络版（机构用户版）正式发布。

2009 年 7 月，在第三届中国数字出版博览会上，皮书数据库被评为 2008~2009 年度数字出版知名品牌。

2009 年 12 月，每本纸质皮书随书附赠的产品从先前的电子光盘变成了皮书数据库的阅读卡。

2011 年 3 月，皮书数据库（二期）全新改版并正式上线，全面整合个人用户版和机构用户版，并在内容资源整合、技术平台建设方面全面升级。

2. 皮书数据库的发展现状

皮书数据库以篇章为基本单位，充分运用中图分类、教育部学科分类、国民经济行业分类、国家行政区划代码分类等多种方法，对皮书内容资源进行数字化加工、知识标引及关联，根据知识点组建不同专题的子库，还可根据用户的需求，进行按需重组，提供定制服务。皮书数据库不仅可根据丛书名、书名、出版时间等图书要素对各种皮书进行查阅，还可利用文章名、文章作者、作者单位、文章摘要、文章关键词等进行检索，并提供在线阅读或下载阅读，文件下载后可进行全文检索。

截至2011年，皮书数据库已有2万多篇文章，总字数超过3亿字，并以每年1亿字的速度增长。据不完全统计，皮书数据库（一期）三年的累计综合访问量达到396万次，随皮书附赠的“阅读卡”合计72万张，面值7290余万元。这说明皮书数据库具有广泛的影响力，对于促进皮书的学术传播、提高皮书的附加价值做出了巨大贡献。

3. 皮书数字化的工作经验

（1）明确自身定位，坚持开展皮书数字化的主导权

社科文献出版社在开展皮书数字化工作时，始终明确自身人文社会科学内容资源供应商和运营商的定位，坚持皮书数字化的主导权，充分挖掘出版社的内容资源，自主或合作开发技术平台，并不断开发市场（客户）资源，全面探索适合自身发展的皮书数字化之路。

为此，出版社始终坚持自主开发皮书系列这一核心资源，着力打造特色品牌，提高产品研发能力；不断进行自主技术平台的研发，基于终端需求尝试不同数字产品形态，探索符合自身产品特色的销售模式；着力培养自己的复合型数字出版人才队伍，并一直致力于数字出版规章制度、工作流程、发展规划的制定与实施。

（2）部门建设和制度建设先行，为开展信息化与数字出版工作铺路搭桥

社科文献出版社早在1999年就成立音像电子部，负责出版社当时的信息化与数字出版工作（2000年更名为网络出版中心，2008年底更名为数字出版中心）。从2010年开始，为了更好地顺应数字出版行业的发展，

基于专业分工和功能定位，又将数字出版中心分为三个部门：数字内容编辑部、信息技术中心和数字产品营销中心，对应于传统出版的编、印、发，分别负责出版社数字出版的三大块业务：内容资源整合、选题策划、编辑加工；技术支持与维护、技术平台建设；数字产品销售与宣传推广。

在部门建设的同时，社科文献出版社也很重视制度建设，为开展信息化与数字出版工作保驾护航。信息化与数字出版工作委员会（前身是2005年初成立的信息化领导小组，之后曾更名为信息化工作委员会），是出版社开展信息化与数字出版工作的领导机构。自成立以来，在信息化与数字出版工作委员会的领导下，社科文献出版社不仅制定了出版社信息化战略和数字出版的中长期发展规划，还先后通过了《信息管理条例》《电子文档管理规定》《数字出版流程管理规定》等规章制度，扎实推进全社信息化与数字出版工作。目前，信息化与数字出版工作委员会已发展成为与编辑委员会同级的出版社领导机构。

（3）营造良好发展环境，以项目带动、会议推进、宣传交流来全面开展皮书数字化工作

在夯实基础的同时，社科文献出版社积极营造良好的外部发展环境，以皮书数据库课题项目向中国社会科学院申请项目立项，赢得了外力支持和项目资助。2008 年 5 月，中国社会科学院常务副院长王伟光指出，要把皮书系列品牌建设作为一个重要组成部分纳入我院哲学社会科学创新体系建设，把其打造成国家工程。2009 年 7 月，在“第十次全国皮书工作研讨会”上，李扬副院长对皮书系列的未来发展寄予厚望：“皮书系列要不断完善内容、提升质量，进一步优化选题结构，不断推进数字化和国际化进程，更好地发挥资讯参考和建言献策的功能，努力将之办成中国人在国际上争取话语权的阵地之一。”2010 年底，顺应中国社会科学院加强数字化建设的重要战略部署，又申请成立皮书数据库重点建设实验室，隶属于中国社会科学院调查与数据信息中心，进一步深化出版社的数字出版工作。2011 年 3 月，在数字出版平台暨皮书数据库（二期）发布会上，李

扬副院长充分肯定了社科文献出版社建立一个拥有自主知识产权的通用数字出版平台、打造全面的数字资源整合能力的数字出版工作目标。李扬副院长还指出，中国社会科学院将把皮书数据库作为“数字社科院”的重要组成部分，把中国社会科学院调查与数据信息中心的大量国情调研、国际问题研究的数据与皮书数据库进行整合，同时共享数字出版平台，力争创造科研与出版结合的典范。

4. 皮书数字化的未来规划

社科文献出版社将数字出版的未来规划分为四个阶段：数字产品与数字出版平台建设阶段、全面提升数字出版能力阶段、实现数字出版效益阶段、完成数字出版转型阶段，并以此来逐步推进数字出版工作。从目前的情况来看，社科文献出版社的数字出版工作尚处于第一阶段。

具体到皮书数字化的未来规划，社科文献出版社将在进行皮书数据库建设的同时，不断加大皮书数字内容资源的整合力度，全面提升皮书数据库的品牌价值。出版社以 2011 年 2 月召开的“全国皮书工作研讨会”为契机，不仅要全面整合皮书系列的内容资源、与皮书系列相关的社内资源，还要整合皮书系列作者的内容资源，以及社外的皮书出版资源，全力打造最大最全的皮书数据库。与海量建设并行的是特色功能的开发，结合皮书系列的质量管理与结构优化，以指标类、预测类的皮书为主体，完善各类指标体系并强化分析预测功能，使皮书数据库真正成为具备“决策参考、政策先声、投资指南、新闻来源和研究基础”功能的专业资讯类数据库权威品牌。

五　皮书“走出去”的实践与思考

在中国政府“走出去”战略的大力支持和推动下，社会科学文献出版社积极参与国际图书出版合作交流，努力将中国优秀的社会科学研究成果推向世界。其中一项重要的工作就是与荷兰 Brill 学术出版公司合作，将皮书系列中的经典之作翻译成英文，在全球范围内发行。

社科文献出版社与 Brill 合作的过程，有一些偶然的因素，也有一些必然的因素。Brill 内部有中国通，他们知道中国最大的社会科学研究基地是中国社会科学院，所以就先找到中国社会科学院。2005 年，Brill 市场部的负责人开始和社科文献出版社接触。我们了解到，Brill 是一家在国际上享有崇高声誉的老牌学术出版社，和我社的出版理念较为吻合。于是，2006 年上半年，我社便与之签署了合作出版协议。

在与 Brill 合作出版的书目选择上，我社从十几年来精心打造的皮书系列中挑选了《中国社会》《中国经济》《中国法治》《中国人口和劳动》等有关国计民生问题的皮书作为合作首选，同时还选择了《中国环境》《中国教育》等当代中国热点问题研究成果合作出版。

Brill 经过充分调研，认为我社皮书连续、全面地反映了当代中国社会科学方面的前沿学术成果，是当今中国学术主流，在国外应该有市场。由此双方之间的皮书合作出版协议顺利签署。

依据合作出版协议，我社承担了皮书英文版的编辑、翻译及审校等一系列最基础和最艰难的工作，Brill 方面负责皮书英文版的市场推广、印制生产、全球发行等工作。在合作的开始阶段，我社承担了相当重的职责，由外方对我社的工作进行评价。然而随着项目的不断深入，我社在合作中占据了越来越重要的地位，取得了更大的话语权。

目前，Brill 除了在全球范围内发行纸质皮书英文版外，还发行电子版皮书。根据我社与 Brill 的多次工作会谈及其所提交的销售报告情况来看，皮书英文版在西方国家的社会影响力与日俱增——无论是纸质产品还是电子产品，皮书均被英国剑桥大学、牛津大学图书馆，荷兰阿姆斯特丹大学、莱顿大学图书馆等欧美多家大学图书馆收藏或订购。自 2008 年起，皮书在海外的销售额快速上升，说明有更多人在关注和研究当代中国，皮书已成为全世界社会科学领域研究当今中国社会和经济等一系列热点问题不可或缺的宝贵资料。

在此，我以《环境绿皮书》为例，来说明我社皮书在“走出去”方面的成效。迄今为止，我社已与 Brill 合作出版了三册《环境绿皮书》，受到了国外专家学者、报刊的高度评价。

2008 年，《环境科学与污染研究》［*Environmental Science and Pollution Research International*（2008）］评价说：“《中国环境》（第一卷）对中国是一本重要的著作，对世界来说也一样重要。”

2009 年第 3 期《中国国际评论》（*China Review International*）评价说：“《中国环境》（第二卷）向西方读者提供了大量关于中国环境所面临的挑战的数据和案例调查，该书可以作为大学有关国际研究和环境政策研究的补充读物。同时，该书对于大学图书馆和公共图书馆也是有价值的。”

《中国社会》评审专家、斯坦福大学教授 Zhou Xueguang 评价说：“《中国环境》（第三卷）是一本充满统计数据、描述和简短分析的资料用书，非常适用于那些商业类和咨询类的学生及研究人员，同时也很适合于图书馆。”

《中国环境》评审专家、美国大学全球环境和政治系教授 Judith Shapiro 指出：“《中国环境》（第三卷）是一本非常有用的参考书。”

……

《环境绿皮书》的海外出版与发行只是我社皮书“走出去”的一个案例。在与 Brill 合作之外，我们还积极与其他国家和地区的出版机构合作，先后出版了韩文版《房地产蓝皮书》、俄文版《经济蓝皮书》。

在推广皮书的同时，我社还积极搭建平台，让皮书作者（他们大多是中国的知名学者）与西方学术精英、世界各国的学者在一起沟通、交流和探讨，在一个平台上对话，将他们对当今中国社会、经济的方方面面的观察、研究所得到的真实情况和真实数据告诉世界。

在 2009 年法兰克福国际书展上，我社和德国阿登纳基金会、Brill 在书展主会场共同举办了主题为“金融危机下的中国经济”的英语学术报告会。这场学术报告会吸引了德国阿登纳基金会亚洲部主任施泰芬·弗里德利希等德国学界、商界知名人士。中国社会科学院学部委员、数量经济与技术经济研究所所长汪同三用英语就美国金融危机对中国的影响、中国能否保持稳定与快速增长等问题发表了主题演讲，人口与劳动经济研究所所长蔡昉以“人口红利对中国经济增长的影响”为题用英语阐述了自己的观点，吸引了在场的西方学界、商界和媒体高度关注，反响甚佳。

皮书的对外出版，是一件非常有价值和意义的事情。它不仅让我社皮书产品“走出去”，而且在中国与世界之间搭建起一个颇有价值和成效的沟通桥梁。美中不足的是，目前“走出去”的皮书品种还不够多，输出的时效性方面还有待提高。今后，我们将进一步优化皮书输出的业务流程，争取中英文皮书同步出版发行，以便让海外读者亦能读到新鲜出炉的中国皮书。客观地说，皮书“走出去”过程中所接收到的反馈信息，反过来加强了我社对皮书研创的认知和理解，促使我们进一步意识到在皮书研创中必须坚守我社一贯秉持的“权威、前沿、原创”出版理念。

P2-4 中国皮书发展十年：品牌与创新之路*

一　中国皮书品牌建设的历史回顾

今年皮书研讨会是第十次，这十年应当说是一个成熟期的开始。对过去的十年、甚至更长的时间，进行回顾与总结是很有必要的，也是非常有意义的。皮书的起始时间是 1990 年，《经济蓝皮书》就诞生于 1990 年。当时中国经济的增长率已经降到 5%，对整个国家的宏观经济的走势需要有科学的分析和预测。刘国光、李京文等几位著名的经济学家便给中央写信，建议对中国经济形势进行分析预测，得到当时的国务院总理李鹏的批示同意，最后在中国社会科学院数量经济和技术经济所成立“经济形势分析与预测课题组”。

当时的成果是秋季报告，完成以后用一个蓝色的封面装订成了书，在内部传阅，没有正式出版。为了方便，大家把它称为“蓝皮书”。第二年的报告是在中国社会科学出版社出版的，那是 1991 年。1991 年《经济蓝皮书》出版以后，当时的社会学所所长陆学艺觉得也需要对年度社会形势进行分析和预测，便开始做《社会蓝皮书》。那时候我还不在社科院，

* 本文根据笔者 2009 年在辽宁沈阳召开的“第十次全国皮书工作研讨会”上所做的主题报告整理。

而在中国大百科全书出版社工作。《社会蓝皮书》初创时我也一起参与了讨论，依据的范本是世界银行的发展报告。随后出版的有《农村绿皮书》。为什么会叫绿皮书？这是因为当年农发所的领导觉得经济有蓝皮书，农村就不用蓝色的，改用绿色封面，也有绿色农业的含义。其他如世界经济为什么是黄皮书，就是为了区别于上述皮书。

在 1997 年以前，无论是蓝皮书、绿皮书还是黄皮书，基本上都是在社会科学院系统出版传播。比如《辽宁蓝皮书》是 1994 年出版的，它受到了中国社会科学院几种皮书的影响。当时的出版社其实并没有意识到这里市场有多大，只是把它当作一个普通的书来做，也没有进行市场化的运作。每一本书的出版，社科院是要给补贴的。1997 年秋我来到社科文献出版社之前，《经济蓝皮书》率先从中国社科出版社转了出来，原因是这个不市场化运作不行，当时社科文献的老社长一口就答应下来，但事实上他当时并没有把握，因为皮书不给补贴了。这个时候有书商介入，把“形势分析”的书名改了，改成“1997 中国”，试图把它加以市场化来做。那一年书商挣到了钱，他的能力是让人佩服的，当然出版社本身也没赔钱。

1997 年秋，我进入社科文献出版社，开始了蓝皮书出版品牌建设之路的起步。1998 年出版那一版的时候，我对书商说：第一，这个名称不能改；第二，严格按照我们的定位来做；第三，你可以参与发行，但主导权在我手里。这时，《社会蓝皮书》因为我与主编陆学艺所长的长期合作关系，直接就转到我手中来出版了。

我们现在总结一下，如果按 1998 年社科文献出版社真正把皮书作为品牌运作算起的话，大体应该分为四个阶段。

第一个阶段，创立阶段，开始品牌化之路。这应该是 1997~2000 年。这个阶段的一个主要特色就是开始意识到皮书的价值，觉得应该把它作为一种品牌书来运作，我们重点抓的就是市场化和系列化。这一阶段基本上是三年左右的时间。当时，我们在北京的四条公交线路的公交车上做皮书广告。我记得当时好像有22路、320路、沿着二环路的44路，还有一条经过现在CBD往东方向的线路，那次一共投了20万元，连续做了一个月的广告。在这段时间，我们为了推广皮书还做了面巾纸，在中央党校、京西宾馆这些高层人士云集的地方发送。传统的发书方式，以及与经销商进行合作的方式等等，我们当时都做过。第二个重点就是系列化，即扩大皮书的规模。到2000年，我们社出版的皮书已经超过25种。也是由于我们的努力，迅速在中国带起一个“皮书热”。

第二个阶段，全面确立品牌阶段。大致以2000年葫芦岛首次皮书会议为界，区别于第一个阶段。这个会议是社科文献出版社与辽宁社会科学院共同主办的。为什么要开这个会？那个时候提出来皮书是一种社会科学事业，不能把它泛化或者把这个品牌做烂了。社会科学工作者本身有这个责任，对皮书的本质特性进行深入的研究。当时我们没想到要影响社会，但提出至少能影响社会科学系统。认为作为主流皮书的编撰者、年度报告的著者要能够自我约束，共同遵守一些规则。而且在这个阶段中，正式有了皮书这个名称。皮书的概念是怎么来的？就是因为我们有20多本蓝皮书、绿皮书，但前面还带有别的名字，我们就简称“皮书”。因此，“皮书”作为一种公众语言和概念，是通过那次全国皮书工作会议正式提出和使用开始的。它有它的宗旨，有它的内在含义。

从2000年的葫芦岛会议起到2005年，前后应该有差不多6年的时间。这6年的时间里，皮书品牌建设的主要特点就是正式把皮书工作语言上升为一个专门的概念。我们在2003年的上海会议上正式给皮书下了一个定义，就是“以年度为单元，对某一领域或者某一行业的经济、社会等各种事件进行分析”。这个定义是我自己概括出来的，于是我们有了正式的文字定义，后来在黑龙江的会议上进一步加以完善。这个阶段对皮书的内涵、外延，从出版的角度，把它作为一种新的出版形态正式提出来了。从出版形态来看，它不是一般性的图书，而是一种连续出版物；它的内容是跨平面媒体的，超越图书、期刊和报纸；它有书的特点，又有期刊的特点，是一个连续性的出版物；它又有非常强烈的媒体特征，它所承载的信息都是浓缩的，可以通过其他媒体及时释放并大范围传播。我们现在可以看到，每一次皮书的发布基本上会带动一个热门的话题，形成一个大的社会效应，这是一般的图书所不具有的功能。

我们把皮书界定为一种新的出版形态。我们成立皮书研究中心，其中有一项重要的课题，就是要对它做形态学的研究。将来“皮书”这个词，我相信下一次“现汉”修订的时候肯定会进入的，大学中可以把它作为一门课程来开设，至少在传媒领域进行研究的时候，绕不开它。我们从事这项研究工作的人应该有一种自豪感，因为这件事情是我们自己参与创造的，每一位都在其中。从形态学的角度来看，皮书不仅仅是每年出版一次的成果，它有更深的背景。这次对皮书的特性、定义、内涵和外延的界定，就是在我们前后 6 年时间的实践过程中进行探索的，每年的年会我们基本上都是围绕这个主题来讨论。

在这个阶段，皮书本身的数量和规模都在进一步扩张。到 2005 年我们做过一项统计，国内每年冠有皮书名称的出版物已经超过 500 种，社科文献出版社当时的皮书品种已经很多，从规模上看是普遍扩张的。另外，我们自觉地认识到皮书这个载体是社会科学工作者服务于现代化建设的一个最佳的载体、平台和手段。

第三个阶段，皮书定型化和国际化的阶段。应该是从 2006 年开始一直到 2008 年。这个划分是我个人作为亲历者提出的。大家可以进行探讨。这个阶段中一个最重要的标志就是 2006 年我们和荷兰 Brill 出版社正式签署英文版的皮书出版协议，推出英文版的皮书在全球发行。皮书的国际化其实很早，最早的探索是就《经济蓝皮书》曾经和香港中文大学合作，授权他们做过翻译，但是最后由于语言转换和市场运作的原因没有进行下去。因为皮书是一个时效性很强的产品，翻译完以后要让西方人能看得懂，确实是非常不容易的。我们经过了这些年的筹备，到了 2006 年正式与荷兰 Brill 出版社签署协议。而荷兰 Brill 出版社到今天有接近 330 年的历史，是一个老牌的、在国际上享有崇高声望的学术出版社，他们有一整套严格的审稿制度，由于与他们合作，反过来让我们的皮书进入到一个定型化和标准化的历程。

从 2007 年深圳年会开始，我们强调的是如何让皮书规范化，符合国际化的要求。出版物通行的国际标准是芝加哥标准，芝加哥标准那么厚一大本，我们从中挑选出符合国际出版物要求的标准作为皮书的编辑规范，所以我们每一篇都要有作者介绍，需要有关键词，它的各种表述方式都是根据国际化的要求反推，为我们中文版编辑引入一个标准化、定型化的规范，如包括我们对字数的控制，对出版时间的把握，都是在这一阶段提出来的。

第四个阶段，从 2009 年开始，也就是从第十次皮书会议开始，我们应该进入一个全面的品牌建设与创新的阶段，包括对皮书进行评价，对每一本皮书的质量、要求进行检测。这次我们设置了 6 个奖项，对优秀的皮书进行奖励。我们社的经济蓝皮书、社会蓝皮书，无论在社科院，还是在社会、媒体，都已经是形成重要影响的一个品牌标志。但是随着在我社出版的皮书超过 100 种以后，如果大量的平庸之作充斥其中，皮书系列的整体品牌绝对受影响，会把我们十几年的努力毁于一旦。从现在的态势来看，有些问题在我们的工作中已经体现出来了，比如某一个领域、某一个区域甚至出过好几本皮书。或者某一个编撰单位同时做几本皮书，但是力量、研究队伍不够，大量的内容内部之间出现交叉、重复，这在以前皮书量少的时候体现不出来，但是到今天这个时候，这个问题就凸显出来了。这就给我们提出一个任务和要求，我们必须进入一个全面进行品牌建设的阶段。我们要对每一本皮书都制定出品牌建设的规划，同时也要让已经形成品牌的这些皮书做到年年有创新。这是我说的第一个大问题，就是对这十年进行简要的回顾。

二 皮书品牌建设的基本要素

第四个阶段正好衔接我说的第二个大问题，就是皮书品牌建设的基本要素问题。到底有哪些基本要素，我看至少概括为七个“必须”。

第一，我们每一个皮书的参与者，无论是编撰者还是出版者，必须充分认识到皮书的基本特性，编写的每一篇报告都要符合皮书本身形成的基本特性。它的基本特性是什么？它是一个资讯类的读物，是社会科学工作者关注当下社会现实的一种成果，它是以实证研究为特点的，而不是做理论分析的。对于皮书的基本特性你必须牢牢把握，它都是浓缩的信息，不需要你对这个事件做理论的分析，而是要你给出结论，而且你所使用的语言是一种归纳性的语言，而不是描述性的。记得在某年的皮书会议上我讲过，皮书的研究方法主要是归纳法，而不是描述、叙述，要充分认识它的基本特性，它不是论文的汇集，它必须要有所关注的领域，要以全方位视角进行总览性的分析，也要对这一行业的热点问题给出专家式的解答。所以它不讲究一种很完备的内在结构。现在有的皮书是按章节表述的，从严格意义上说这些都不太符合要求。当然有些东西是历史形成的，比如《农村绿皮书》，从形式来讲，大概的架构是由总报告、专题报告或者分项报告、相关的附件组成的。我们现在最起码的要求是缺少总报告的皮书不能叫皮书。所以一定要认识到它的特性，要牢牢地把握住。

第二，必须牢牢地锁定皮书的服务对象。皮书是给谁看的，它不是大众读物，而是资讯类产品，更多的是给人家做参考用的。我们当时对经济蓝皮书、社会蓝皮书进行分析时，我们就提出谁是我们的核心用户群的问题？党政领导干部、企业经营的决策者，这些人是主要的，但还有媒体，当然，也不乏大众读者，他们有对它的渴求，但是我们不可能去迎合他们。所以要牢牢地锁定我们所服务的对象。我们也曾经尝试过让皮书进北京地铁，我们做了一年探索以后发现这个路径是错的。后来我分析，坐地铁的人大多不会看皮书。有一部分很理性的读者，像基金经理，他肯定会买经济蓝皮书。为什么？他要了解宏观经济背景，他要决定下一步的投资对策，但这些人是不坐地铁的。后来我们把宣传重点放在机场，皮书对象基本上都是坐飞机的人。这是最简单的例子。

在“两会”期间，大家都希望往里面送书，希望能影响“两会”，但不是那么简单，一般的书是进不去的。我们通过北京市新华书店这个专门为“两会”服务的机构，每年“两会”之前三个月就要把最新出版的皮书的目录拿给他们审查，由他们锁定品种。一般来说，我们出版的皮书基本上每本都能被选上，就在“两会”期间出售。所以要紧紧地锁定我们的服务对象，这也是为什么我们要皮书一定在“两会”之前出版。

第三，必须与政府、行业主管部门或相关社会组织密切合作。这与第二个必须相关，因为我们是为他们服务的。如果不和他们进行密切的合作，那么我就说这个皮书是很难成功的。怎么合作？我想我们要开皮书会议，我们可以交流很多的事情，我们可以告诉政府，我们可以给你提供一个最好的决策咨询平台。现在皮书本身还有一项功能，就是对政策的先行探索，以及做出对策建议。反过来，政府有关部门的设想要变成一种现实，变成一种真正的政策行为，通过皮书这个载体进行发布是很有成效的。

举两个例子。第一个是《合肥省会经济圈蓝皮书》。整个合肥经济圈地区政府的意识特别强，很开明的或者有创新意识的领导已经接受专家的观点、想法，请安徽社科院的专家介入形成了这个报告，但是很难变成一个全国性的行为。在此之前我们知道他们做这个东西，但是你以什么样的方式来进行发布，来表达，这就不一样了。最后我们是以蓝皮书的方式表达，而且选择在十七大之前，我们通过合肥驻京办给安徽参加十七大的代表每个人赠送一本。最后这个合肥经济圈的概念就被广泛地扩散了，为高层所接受并开始全面实施，现在合肥经济圈对带动整个安徽的发展起着重要作用。

第二个例子是关于“福建海西发展战略”。其实在此之前，有学者已经开始论证，最后它在全国范围形成影响，甚至让高层更进一步地认识到这个战略决策，考虑海西发展问题。

皮书有一个好处，它代表学术观点。我们反复声明，即便是政府的官员在蓝皮书里发表报告，也是以个人的名义发表，不是代表他所服务的行业和部门。正是因为这样，达到的效果是超值的，这用一般的方式是做不到的。所以我们一定要和政府、行业和相关领域的全国性组织进行密切合作。比如你做行业报告，如果你不和这个行业的协会或者行业的主管部门进行合作，这个报告往往很难达到预想的效果。

下一步，我们的皮书一个很大的发展空间是各专业或者行业的发展报告，这有待于我们与这些机构进行合作。比如我们正准备和中国律协合作，出版《律师蓝皮书》，他们有很多的声音，有很多的建议需要表达，要让社会认识到他们，这也同样是把自己的工作推向社会，而出版皮书是最佳的选择。

第四，必须紧扣时代的主题和本地区、本行业、本领域的热点问题。这是针对内容来说的。如果你不扣紧时代的主题，讲的问题不在金融危机的大背景下来考虑，肯定达不到预期的目标。如果最重大的、最需要关注的问题，在皮书中都没反映，那皮书价值何在？

第五，必须与媒体形成良性互动。皮书和媒体之间有一种天然的联系，现在各种皮书在北京发布的时候，只要一放出消息，相当一部分媒体都是蜂拥而来。它暗含着巨大的新闻价值。所以我们现在希望各地的地方皮书一定要和当地媒体合作。今年最成功的案例是《陕西蓝皮书》，这是第一个在我们社出版，在西安召开了发布会，并形成了巨大的影响的案例，据当地社科院的人说，从来没有见过社会科学成果有那么多的媒体高度关注。

第六，必须要有一支相对稳定的专业团队。皮书真正要打造品牌，没有一个相对稳定的专业团队肯定做不好。所以大家不要把它仅仅当做一本书，要把它当做一个连续出版物，在这个问题上它和期刊非常类似。期刊要有一个编辑部，所以你要精心打造。大家总觉得社会科学成果发布缺少载体，皮书本身就是最好的载体。

第七，必须选择最佳的出版时机。现在来看，较好的出版时机都是在5月份以前，或者9月份以后，而最好的时机就是在“两会”前后。

P2-5
皮书的功能与价值[*]

皮书在当今中国已成为社会科学服务于社会的重要工具，海量信息时代它在引领人们适应复杂社会生活中发挥着愈来愈重要的作用。

到目前为止，仅社会科学文献出版社每年出版的皮书就超过 120 种，其他出版单位类似皮书性质的年度报告则数以千计。

面对当下中国皮书研创出版的大好局面，投身于皮书事业的研创者、出版者必须冷静、客观地意识到：皮书的研创出版，无论是在内容质量上，还是在数量种类上，远不能满足当今生活于复杂社会中的人们对于有效精准信息的巨大需求，皮书所具有的实际应用价值和理论学术价值远未充分实现。

一　皮书研创出版存在的问题

目前，皮书研创和出版推广中存在的主要问题如下。

一是参差不齐。有的皮书挂羊头卖狗肉，根本不是皮书的内容却打着皮书的名头出版；有些新皮书刚一推出就有很大反响，但其中有几篇研究

* 本文根据笔者 2010 年 9 月在福州召开的“第十一次全国皮书工作研讨会”主题发言提纲和会议总结整理。

报告质量差，造成该皮书总体价值下降。

二是交叉重复。最极端的内容重复现象是有些研究报告出现在好几本皮书中，只在论述角度稍做变动，严重损伤皮书品牌。

三是原创明显不足。某些皮书正式出版之前，内容已在某一论坛甚至媒体上公开发表，极大地削弱了皮书的影响力。所以，我们要求研发团队自己采集皮书数据，实现皮书的原创性。

因此，老牌皮书面临创新挑战，新创皮书有待进一步提升规范性。这就要求皮书的研创者、出版者，进一步提升对皮书价值的认识，采取切实有效措施，创新内容，规范写作，加大推广力度，努力把皮书研创出版事业推向一个新的高度。

二　皮书功能和定位

1. 决策参考（智库产品载体）

大量皮书在“两会”期间集中发布，就是为给“两会”代表提供参政议政的参考。目前，政府部门、商业研究机构的学术成果都已在皮书上运作，成为智库产品的有效载体。

2. 政策先声（前期声）

皮书是一个掌握话语权的载体。当政府或有关部门准备出台某项政策时，可以通过皮书的方式来试探一下社会的反应；同时也可通过皮书出版有关内容，形成一种有利的舆论氛围和态势。

3. 投资指南

通过皮书课题组调研，可为商业机构、咨询公司提供有价值的基础数据和资料。

4. 新闻来源（舆论引导平台）

皮书本身浓缩了大量信息，需要通过平面媒体和网络媒体来转换，而媒体则可从皮书中获取大量的新闻素材和内容。

5. 研究基础库

研究生撰写论文的数据资料很多都是从皮书中获取，中国 20 年的热点问题也可从皮书中查询。皮书这种连续性出版物对文化传承具有很大的作用，随着时间的延长，皮书的价值会越来越高，它是研究当代中国最重要的基础数据库。

三 影响皮书价值实现的几个问题

一是定位模糊。皮书是给社会精英阅读的，不能定位模糊，做成大众读物；二是原创不足；三是缺乏实证数据的分析；四是交叉重复；五是错过最佳出版时机。皮书出版要选择重大契机，岁末年初的价值最高；六是不重视宣传推广。

四 皮书创新的四大方向

1. 研创体制机制创新

到目前为止，社会科学文献出版社出版的皮书存在多种原创机制，比较特别的是上海社科院的模式，他们对每个课题都进行了招标。所以，大家应结合自身特点来创新，不能完全依托政府部门，否则皮书就会变成政府工作报告。此外，还可采取多个作者合写，与研发团队结合，利用社会科学相关课题研究成果等方式。

2. 选题创新

例如，中国社科院亚太研究所研创的 2010 年《亚太蓝皮书》围绕着中国人这一核心读者，选择了“中国周边国家”为主题，引起了政府的高度重视和媒体的巨大反响。所以，我们在每一本皮书的选题中要有选题的论证过程，确定哪些选题要连续追踪，哪些是当年的热点问题。

3. 编辑出版创新

在出版编辑方面要注意发挥出版的团队优势，装帧形式方面可考虑做软皮精装，使之更加国际化。

4. 推广营销方式创新

皮书出版的时候，仅召开论坛、发布会是不够的，要想产生更大反响，还应采取赠书等方式。目前，我社已拥有专业的赠书机制，应让它更好地发挥作用。

五　下一步皮书研创出版的具体措施

1. 加强选题策划，在研创方面下足功夫

在选题策划方面，各皮书课题组要根据自身定位锁定核心读者群，对每篇报告的整体架构进行策划。会后各位代表要提交 2011 年度皮书计划，要确定皮书主题，要继续关注重点、长期关注皮书和热点问题，要有围绕主题、服务大局的热点问题。

2. 健全研创机制、体制

把皮书原创与党和政府或者行业的发展工作大局有机结合起来，把皮书原创与学科建设紧密结合起来，把皮书原创与人才培养相结合。

3. 加大对皮书的宣传推广

重视皮书的宣传推广工作，使每种皮书实现价值最大化。

4. 以社科文献出版社为平台，建立全国皮书研创单位沟通与合作机制

社会科学文献出版社将在以下 9 个方面做好皮书的编辑、出版及推广工作：（1）以皮书评价研究中心为平台，加强对皮书的基本规律、功能定位、原创方法和推广方式的研究，形成一套良好的研究机制。（2）精心办好中国皮书网。（3）开始编制 2011 年的皮书出版计划。（4）完善皮书出版保障机制。（5）进一步制定 2011 ~ 2015 年皮书发展五年规划。（6）完善皮书评价体系。（7）加快皮书数据库建设。（8）完善皮书营销推广模式建设，形成良好合作机制。（9）全方位推进皮书“走出去”。

专栏 皮书价值的实现：转型与创新

承蒙福建师范大学、福建省人民政府发展研究中心、福建东南竞争力研究院等单位的鼎力支持，在这秋风送爽的时节，“2010年中国经济社会形势报告会暨第十一次全国皮书工作研讨会”在美丽的榕城隆重开幕。我谨代表主办单位——中国社科院社会科学文献出版社，向莅临会议指导的中国社会科学院领导、福建省领导、新闻出版总署出版管理司领导、嘉宾表示热烈的欢迎，向为筹办这次会议的承办单位所付出的辛勤劳动表示衷心的感谢。

皮书自从20世纪九十年代问世以来，已经成为一个独特的出版形态，成为社会科学工作者服务于我国社会主义现代化建设重要的载体，得到国内外社会各界的广泛认同。为了规范皮书的研创和出版发行，从2001年起，在辽宁省葫芦岛市召开首届“中国经济社会形势分析和预测暨皮书工作研讨会”，至今已经连续召开了十一届。该会议的规模由原来的四五十人发展到如今的二百余人。会议不仅是规模扩大了，而且内容也在不断创新。通过这个平台大家互相学习和交流，分享各自在皮书编写出版方面的经验和体会，对皮书质量的提升和价值的实现发挥了积极的作用。

本次会议的主题为“皮书价值的实现：皮书的创新与转型”，旨在解决当前在皮书编纂中如何符合党的“十七大”提出的“四大建设”的要求，如何面对复杂的国内外经济社会变化以及海量信息资讯；社会科学专家在复杂变化的社会生活工作中怎么发挥作用；皮书的内容如何适应新形势、新变化，更好地发挥其决策参考的功能和作用。迄今为止，皮书系列中有些核心皮书已有20年的编纂历史，它们有进一步提升内容和质量的要求，而近年来新加入的皮书则应探索如何进一步完善规范和提升。这些问题需要我们与会者的进一步研讨，这是本次会议的主要议题。

随着中国国际地位的提高，大国地位的确立，西方了解中国的需求越来越迫切，蓝皮书成为世界各国了解中国的一个窗口，也成为我国社会科学工作者和国际社会科学以及西方主流社会进行对话的平台，这已是当前非常迫切的需求。我们社会科学文献出版社从2006年开始和荷兰Brill出版公司合作，现在已有七种皮书出版了英文版。2009年在法兰克福书展期间，我们还组织《经济蓝皮书》的主编汪同三和《人口与劳动绿皮书》的主编蔡昉这两位经济学家在法兰克福中国馆主会场和荷兰鹿特丹大学分别作了两场英文演讲，与此同时我和荷兰Brill出版公司的总裁在法兰克福书展上还共同主持了皮书英文电子书正式开通仪式。皮书“走出去”已经取得了良好的开端，如何进一步扩大皮书“走出去”的规模和提高英文版皮书的内容质量，这些问题还需要我们做进一步交流研讨。相信通过大家两天时间的研讨，我们会取得有价值的成果。

反观当前的经济社会形势——2010年的经济社会形势和往年相比显得更加复杂。为了便于各皮书编纂单位深入了解2010年的宏观经济社会背景，我们按惯例邀请了社会学所所长、《社会蓝皮书》主编李培林教授和全国哲学社会科学规划办公室原主任、中国文化软实力研究中心主任张国祚教授分别作两场报告。相信这对各个课题组进行2011年的皮书编纂将产生积极的影响。

今年的全国皮书研讨会选择在福州召开，是有其特殊背景的。福建已经成为国家区域发展战略中的海峡西岸经济区的核心区域，并呈现出良好的发展态势。近五年来，福建的皮书编纂在福建省委省政府的高度重视和支持下，福建师范大学、福建省政府发展研究中心以及福建省社科院等单位，根据自身的特点，积极开展机关皮书的研发。从2007年开始，由福建师范大学为主研创的《省域竞争力蓝皮书》，已经连续出版了四年，但它的影响力已经远远走出福建，站在全国制高点上，每一年的出版都会在全国形成巨大的新闻效应。由于原创团队出色的努力，这本蓝皮书去年被评为优秀皮书，荣获“最佳影响力奖”。在《中国省域竞争力蓝皮书》的带动下，福建省的科研机构陆续出版推出了《海峡西岸蓝皮书》《环海峡经济区蓝皮书》《中国林业竞争力蓝皮书》《福建竞争力蓝皮书》，已纳入我社皮书出版计划的还有福建武夷学院编写的《中国茶叶蓝皮书》，华侨大学编写的《中国华人华侨蓝皮书》。由此可见，福建已成为皮书编纂的重镇，身为福建籍人士的我为此感到自豪。在此，我作为中国皮书的出版人，向福建省委省政府的领导和福建省人民政府发展研究中心、福建师范大学以及广大参与皮书编纂的社会科学工作者表示崇高的敬意！

（本文根据笔者在 2010 年 9 月于福州召开的“第十一次全国皮书工作研讨会”开幕式上的发言整理）

P2-6
皮书的结构优化与分类管理*

一　皮书研创出版现状与结构分析

社会科学文献出版社的皮书系列（以近一年出版的皮书统计）就已超过161种，计4700篇左右研究报告，约计8000万字。这个势头和规模会进一步的扩大和增加，有很多专家和有识之士也曾经提起过，应当控制规模，这个问题后边再谈。从社会的需要方面来说，规模的控制还不到时候，更重要的是，只要是优质的产品，公众与社会有需求，并不嫌多。从内容上看，涵盖经济、社会、政治与法律、文化、环境与生态等现代社会生活的方方面面。

皮书按封面颜色划分：蓝皮书142种，绿皮书13种，黄皮书6种。经常会有同志在问，这个颜色有什么意义。其实我们已经在不同的场合说过，它没有严格的定义，但作为皮书的研创者，应该有自我的类别意识。蓝皮书在国际上通行，是指一种专业机构意见，代表专家的观点。绿皮书主要是内容更加绿色、更加可持续，像农村、旅游、生态和环境等领域往往用的是绿皮书。黄皮书只有6种，一般人都不愿意命名为“黄皮书”。

---

* 本文根据笔者2011年在安徽合肥召开的“第十二次全国皮书年会”主题发言、大会总结发言录音整理。

这次在 2 月 19 号开会的时候，曾经有专家提出来，干脆都统一叫蓝皮书。从我们的愿望来讲，用一种颜色来命名是最理想的，但还得考虑历史原因。《世界经济黄皮书》之所以命名为“黄皮书”是因为当年的世经政治所的所长讲道，《经济蓝皮书》是蓝皮的，《世界经济黄皮书》跟“蓝色”要有区别，因为我研究的是世界经济。所以，硬性统一是不行的。

按内容分：经济类 59 种，行业类 27 种，社会政法类 45 种，文化传媒类 18 种，国际问题类 12 种。这种分类有没有意义？我觉得还是有的。一是找准每一种皮书的定位，也为未来新皮书的确立，留下一些可供参考的空间。下一步有些是需要整合的，有相当一部分是需要新设立的。其中最重要的一块是含主客观评价指标、指数的皮书，其只有 16 种。之所以要特别提出来这一项，是因为皮书最大的影响力应当有主客观评价指标，要有指数，这是我们未来努力的一个方向。在今年 2 月 19 日中国社科院在北京京西宾馆召开的“全国皮书主编工作会议”上，新闻出版广电总局林副局长就明确提出中国是钢产量第一大国，但是钢产量指数不在我们手里；铁矿石消费是第一大国，但铁矿石指数不归中国控制。这与作为第二大经济体的国家是不相称的。社会科学工作者和出版者，都有这方面的义务和责任。而皮书系列，未来的发展方向，应当是加大关于主客观评价指标和指数的类型的研究。现在在整个皮书里面，含有指数的皮书只有 16 种，在结构上显然是不合理的。从这次得奖的，特别是作为 10 种优秀皮书的结构上分析，至少有一半以上皮书含有评价指标指数分析。像《城市竞争力蓝皮书》《省域竞争力蓝皮书》《法治蓝皮书》，像《社会蓝皮书》，都有就业等指标指数。当然它是有风险的，因为对于这些评价，总会有不同的看法，但有争论、有不同的看法是很正常的。社会极需指数，而皮书未来发展的方向和生命力所在，我认为就是指数化、数据化和主客观评价。20 日的研究会议也希望大家认真讨论这个问题。今后我们在理论和发展上，要进一步完善指数，因为这个重要性现在已经不言而喻了。美国信用评级的降低引发全球股市大的动荡，今后如果我们能够定期发布评级和评估报告，那么中国社会科学在应用对策研究上就能够站上制高点。话语权就在这儿。

按研究对象的空间范围划分：地市类 15 种，省域类 33 种，经济区域类 11 种，全国类 86 种，全球和国际类 16 种，应当说这种结构是比较合理的。最近有人提出县一级想要出版皮书，我的看法是可以去做，但社会科学文献出版社可能不会接纳，但是可以对整个县域经济做总体上、宏观上的发布。前些天社科院有人提出，要有对县一级区域整体发展的评估报告，这个我支持。但是就某一个县级市而言，那不会做。我们对地市类皮书要严格控制，重点应该放在后边若干类，特别是现在中国参与全球化程度越来越高，有关国际问题和国内问题往往是联系在一起的。所以我建议，要整合上海在国际问题和全球问题的研究力量，希望上海社科院能有更大的气魄补足这些空白。

按皮书的研创机构划分：中国社会科学院 50 种，地方社会科学院 44 种，高等院校 31 种，政府研究部门 23 种，行业协会及其他社会组织 12 种，党校 1 种。

二　皮书研创出版面临的挑战与问题

（一）挑战

近年来，皮书社会影响力不断放大，这充分反映了海量信息时代人们对精准有效信息的巨大客观需求。在 2000 年，有媒体说皮书现在有泡沫，甚至出版主管部门都提，我不赞同这个说法。一种新的出版形态，一种事物之所以会出现，会引起那么大的影响，而且持续十几年不断地壮大，这不是靠某一个出版机构，或某一个社会科学的研究机构自身就能引发起来的。它的背后其实隐藏着海量信息时代人们对精准信息的需求。所以，现在在任何一个场合，谈到任何问题的时候都会提到最大的资源是什么？信息资源。社会科学研究，想要有话语权，要想自己的生存和发展有巨大的空间，就要掌握信息资源。而信息资源是需要专家去进一步梳理的，不掌握准确、专业的信息在今天的社会生活中根本无法生存。这就说明社会对皮书有需求，也是我们研创出版的皮书的价值所在。在这种情况下，面对这种需求，我们的挑战是什么？可能决策部门和社会公众对皮书的质量要求越来越高，可能你的某一个判断，某一个数据，甚至皮书研讨会上某一次发言，就会引起巨大的社会舆论和反响。在这种情况下，就要保证我们的研究是客观的，数据是准确的，去挖掘有价值的数据和信息。

参与研创和出版皮书的机构和个人呈现暴涨之势。我粗略统计，目前全国每年出版的各类年度研究报告已经超过1000种。尤其是教育部发文要求各高校对这种现实问题研究的连续性出版物给予大力的支持。高校系统里面，有很大一部分社会科学研究者已经投身这方面的研究。包括一些行业协会，甚至很多商业公司，都在做这种年度报告。在这种情况下，业内竞争进一步加剧。同样一个研究，比如说关于城市化，几份报告在全国不同的时间同时发布，这个时候，社会公众相信哪一个？那就要看报告的质量和影响力。而且这种鱼龙混杂现象日益增多，很容易对真正恪守研究的研究者形成挑战，必然对严肃认真的皮书研创出版事业带来相当程度的冲击，我们要认真对待。

社科文献出版社出版的皮书系列列入中国社会科学院哲学社会科学创新工程项目和“十二五”国家重点出版规划项目，已经站在了一个比较高的高点上，也已经拥有了相当的话语权，这个时候皮书的研创出版承载着更多、更严的要求，我们去应对，必须优化我们的结构，提供更加有价值的研究报告。

（二）问题

我想归纳一下皮书发展中面临的问题，大体有以下几点。

第一，定位不准。在现在的100多种皮书里面，有相当一部分皮书并没有明确的定位。你的服务对象是谁？你的使用者有什么样的偏好、要求？有的皮书研创机构及主编、作者对于这些问题并不清楚。在这种情况下，要想推出优质的皮书，几乎是不可能。所以，整个年会，我每一次都讲关于定位的问题。你的定位就是首先要明确，你是为谁服务的，谁会购买你这个信息，你应该通过什么样的方式把它发布出去，让你的价值真正得到实现。

第二，原创不足。原创性是皮书的生命所在，今天是信息获取最便捷的时代，如果一本皮书做成了“资料汇编”，并没有什么价值，可能少数研究者会有用，但价值不大。所以我们从前年开始检测皮书的“内容重复率”，要求皮书原创、首发。一个研创的产品，一个平台，曾经在其他刊物上发表过，在不同的媒体上接受过采访，其核心研究内容已经在社会上广泛传播了，这对皮书品牌的损伤是巨大的。所以我们现在通过知网检测系统，对每一篇报告都会进行检测，一旦发现超过了这个指标，就要退稿修改。最近我们收到一份稿子，是社科院某一个机构研创的，检测完以后发现有8篇报告全部已经发表过了，我们坚决退回去。第二个原创不足的表现就是没有自己的核心数据，用的是国家统计局或者是政府统计部门的数据，不是说这些数据不能用。恰当使用权威统计数据的报告在皮书里面评价得分也不低，但是要想让皮书品牌站在制高点上，除了利用政府部门、统计部门的数据之外，必须要有自己的一部分核心数据：一手原始数据。

第三，整体质量参差不齐。这个现象普遍存在，包括现在获得全国优秀皮书奖的皮书，都存在内部报告质量参差不齐的问题。有的写得非常好，研究报告质量非常高，不仅有全国性的影响，还有国际性的影响，但是就在同样一本皮书里面，就隐藏着低劣之作，这极大损伤整体皮书品牌。皮书不追求完整性，要严格控制字数规模。通过数据库来配套进行交叉，可以出单篇的报告，哪怕报告只有三万字，也可以当一本书来出。不是要求必须出多大的篇幅，一定要把那些低劣的、可要可不要的、没有多少信息量的报告，全部剔除出去。这是目前已经出版的 161 种皮书中发现的最严重的问题。

第四，同类皮书交叉重复的现象严重存在。比如说，在文化媒体皮书系列中，有文化产业，有广电，有传媒，有新媒体，甚至还有动漫，现在正在编的新闻纪录片等等皮书，这些从内容上已经开始交叉，就是同样一个对象，在整个皮书系列，可能会有好多篇这样的东西。比如说像《经济蓝皮书》，它主要讲的是宏观经济的运行，但随着变化，它对收入分配，以及就业也开始涉及，而《社会蓝皮书》长期关注的就是就业和收入分配。怎么才能找出一个方法不再进行交叉？毕竟我们的资源是有限的，而且从总体上来考虑，如果在不同皮书重复发表，也存在可比性，但是在整个皮书品牌里面，假设有大量的交叉、重复，对我们的整体影响是比较大的。这种情况在《区域蓝皮书》系列中表现最突出。同一篇研究报告在不同的皮书里重复发布，同一个作者在不同的皮书里发表研究报告，这个问题我们最近几年发现了几次，已经开始有所改善。但是不同的研究者，研究同一个问题，这种现象比较凸显，这个只有我们共同协作来解决，否则这个问题很难解决。

第五，篇幅过大，平均字数在 40 万左右，这个问题已经到了必须解决的时候了。我们经过测算，包括现在好多领导，其实有大量的皮书是需要调阅的，他们最大的一个感觉是皮书太厚，没有那么多时间看，往往只看总报告和少数几篇有价值的报告，其他的都不看。而且现在已经有数据库和电子书了，所以纸质这块，一定要把字数压下来。其实减少篇幅，能够更好地适应皮书的价值和功能，而且从经济的角度讲，也是合算的，可以提高效率。有些皮书时效性不强可以放到下一个年度，不一定非得都凑齐了。

第六，出版时机掌握不当，拖延现象严重存在。皮书最大的生命力，就是在最佳的时机给人最有价值的信息，而这个不定期问题是我们的软助。目前有一些皮书出版时间是非常严格，像《经济蓝皮书》《社会蓝皮书》《世界经济黄皮书》，他们的出版时间、周期连续5年来没有变化过。像《经济蓝皮书》在11月25日，向社会发布，《社会蓝皮书》一般在12月10日左右，《世界经济黄皮书》在12月15日左右，都是在这个阶段，说明这个时机非常重要。这个时机怎么去把握？需要出版社和各个课题组，来进行探讨，尽可能把它定型化，成为一个周期性的。有一些皮书不是一定要在年底、年初发布，行业内的报告，可能要选择这个行业的周期，或者重大的事件发布。比如《汽车蓝皮书》，它在上海、北京两大车展之间发布最有价值。这就需要皮书研创机构和出版社对各方面数据进行权衡，才能确定最佳的发布时间。

第七，宣传推广力度严重不足。有的皮书不开发布会，内容不与其他的媒体分享，这等于自我消费，这是最没有价值的。我们下一步可能要做一些硬性的规定，包括皮书传播的途径。书的价值要得到实现，关键在于把其中的内容让最需要的人知道。用什么样的方式？媒体是最重要的，也还有一些其他的途径。

三　优化皮书结构，实施分类管理的着力点

第一，进一步提高对皮书的性质、价值的认识，增强维护皮书整体品牌的责任感和使命感。我们现在实际上有几个不同的表述，它是中国社会科学对策应用成果的平台，简要地说，它就是一个智库产品。我建议明年我们年会的主题会提出这个概念，就是皮书与智库平台建设。要把皮书的研创与学科建设与人才的培养结合起来，实际上是与智库建设紧密结合起来。我们应该把握好皮书本身的性质，它是一个智库产品。

第二，完善皮书研创出版的体制、机制。一是严格贯彻《皮书主编工作条例》，皮书不仅仅是产品，要对整个研发团队实行年检制度，按照期刊的方式来管理整个皮书。二是要严格执行《皮书编辑出版工作条

例》，10月份出版社要召开皮书编辑出版工作会议。皮书编辑要实行年检登记。三是要制定中国社会科学院皮书项目的管理办法，以中国社会科学院的名义颁布实施，核心问题是解决皮书作为一种成果怎么认定？必须做到与核心期刊一样，发表在皮书上的成果要和发表在核心期刊上一样对待。获奖的皮书和获奖的报告，明年开始就要两年评一次整体的皮书，三年再评研究报告，明年肯定要发布优秀研究报告，就是对报告要进行评奖。

第三，最大限度地减少平庸伪劣之作混入皮书系列。一个重点举措是皮书的评价，要进一步抬高准入门槛。今年的皮书评价得分只是作为我们内部的参考，不对社会公布。但是再过一两年，就肯定要有末位淘汰。这个机制要严格。你也可以把它作为一般书，但是不能挂皮书的牌子。或者你这个课题组，没有这个能力了，可以换别的课题组来做这个事。准入的门槛已经开始在抬高。新皮书的进入，要让主编或者主要的研创者，在选题论证会上进行当面陈述，虽然成本是加大了，但必须要这样做。不是像原来靠编辑部申报，然后编辑委员会通过就行。皮书有专门的学术委员会和编辑委员会，根据各项指标来严格审查。对于皮书的评价，不仅仅是进行整体的评价，将来要对每一个报告发布以后有没有引用率，有没有反响，都做出客观评价。

第四，培养和造就大批高水平、高素质的研创、编辑和营销推广人才。把皮书研创出版与学科建设人才培养以及智库建设密切结合起来。今天参会的人员有很多都是地方社科院的院长，希望你们把智库建设和皮书的研创真正结合起来，纳入议事日程，从制度框架上进一步去考虑。

第五，构造数字皮书互动平台。一是充分利用好皮书数据库。今天中午，安徽省委副书记、合肥市委书记就和李扬院长提出要求合肥市政协和安徽社科院课题组，最好是建立起数据库。皮书数据库不是一个产品，它是我们各个课题组搭建的一个数字平台，我们会在技术上进一步提升，它不仅仅是一个产品，希望各个课题组，要开始使用起来，然后把它形成一个真正的数据平台，从而提升我们的研究水平和实力。二是利用好皮书网，它首先是为所有的课题组服务的。把皮书网本身当作一个发布平台和交流平台，要进一步完善皮书网的编辑制度，可能将来要请各个课题组约请特约通讯员，甚至是皮书网的记者通过专门的栏目和频道，与课题组进行对接。

第六，加快皮书国际化步伐，让更多的皮书进入全球话语体系。现在和出版社达成合作意向的国际大的出版公司不是一家，而是有好几家，估计到明年就会有几十部英文版的皮书出现。

第七，加快皮书理论和方法研究，进一步提升皮书年会的吸引力。经过 12 年的努力，皮书年会很多重要的成果已经形成了一部正式出版的论文集发给大家了，这一工作会进一步提升。最重要的是，皮书作为智库成果本身就有很多可研究的。评价指标和方法需要进一步在理论和方法的角度上去探讨和提升，只有我们把自身武装好了，才能真正提出有价值、高价值的产品，真正让我们的皮书事业成为中国话语权的制高点，成为最重要的智库产品，这就是我们坚持把皮书作为品牌建设所需要努力的方向。愿与在座的专家们一起努力，为社会科学事业的繁荣做出我们应有的贡献。

专栏　“第十二次全国皮书年会”开幕致辞

尊敬的各位领导、各位专家、新闻界的朋友们：

大家早上好！

今天，来自全国各地从事皮书研创的近 200 名社会科学工作者冒着盛夏酷暑来到合肥，出席由中国社会科学院主办的“2011 年皮书年会”。作为本次年会的组织者，我首先代表社会科学文献出版社向出席会议的领导和嘉宾表示热烈的欢迎，向关心和支持会议顺利召开的中共安徽省委、省政府，合肥市委、市政府致以崇高的敬意，向承办本次会议具体筹备和会务工作的合肥市政协、安徽省社会科学院领导和全体工作人员表示衷心的感谢！

皮书原为中国社会科学院所属社会科学文献出版社的连续性系列出版物，经过十几年的打造，在研创者和出版者的共同努力和社会各界的大力支持下，不仅成为一个图书品牌，而且逐渐上升为中国社会科学院乃至中国社会科学对策应用成果的发布平台。在皮书系列的示范下，目前全国各类研究机构正式发布的年度报告达上千种，而社会科学文献出版社每年出版的各类皮书达 160 余种，平均每周就有两到三部皮书发布，在传播信息、引导舆论和决策参考等方面都起了积极的作用。

今年是皮书研创出版具有标志性意义的年份：皮书系列正式列入“十二五”国家重点出版规划项目和由中国社会科学院承担的国家哲学社会科学创新工程项目。这对皮书研创出版者来说，意味着党和国家以及社会公众对皮书有了更高的要求和期待，我们将肩负起更加重大的责任。

为了保持皮书研创出版事业的健康发展，从 2000 年在辽宁省葫芦岛市召开首次“全国经济社会形势分析与预测暨皮书工作会议”起，到 2010 年已连续举行了 11 次，本次在合肥召开的是第 12 次，我们正式定名为“皮书年会”，并升格为由中国社会科学院主办。这充分反映了中国社会科学院领导对皮书研创出版的重视，同时，也大大增加了开好皮书年会、把皮书研创出版提升到一个新的高度的动力和压力。

此外，为了表彰优秀皮书研创单位，提升皮书的质量与水平，本次皮书年会将颁发第二届“优秀皮书奖”。本次评奖工作是在对 2009~2010 年度出版的 139 部皮书进行客观、严格的评审程序基础上，经皮书评奖专家委员会委员匿名投票，差额评选出“优秀皮书奖”10 名、“优秀皮书奖·提名奖”20 名。需要做出说明的是，我们为了和国家新闻出版总署对接，没有再分出一等奖、二等奖，而是用“优秀皮书奖”和“优秀皮书奖·提名奖”作为奖项名称，而且发放奖金，授予奖牌。

当今社会是一个海量的信息时代，面对皮书获得的巨大社会反响，面对党和国家、社会公众对皮书的更高期待和要求，我们应该清楚地看到皮书研创和出版过程中还存在着差距和问题，需要我们采取强化管理，寻求有效的措施和途径，加以克服。本次年会的主题是“皮书研创出版的结构优化和分类管理”，我们希望通过本次年会把皮书的研创和出版工作向精细化管理推进，试图通过分析皮书的现状找出存在的问题，并针对不同类别皮书的不足对症下药加以治理。

反观当前的经济社会形势——2011 年的经济社会形势和往年相比更加复杂。为了便于各皮书研创单位深入了解 2011 年的宏观经济社会背景，我们按惯例邀请了中国社会科学院李扬副院长、社会学研究所所长李培林作学术报告。相信这对各个课题组进行 2012 年的皮书研创将产生积极的影响。

本次年会选择在合肥召开，是有其特殊的意义。国务院近期批准撤分巢湖市，将巢湖市的主要区域并入合肥，这对做大做强合肥、增强安徽省发展的内生动力具有重大的积极作用。早在 2007 年，合肥市政协和安徽省社会科学院关于合肥经济圈的研究成果就以《中国省会经济圈蓝皮书》的名义正式发布，很大程度上实现了皮书的决策咨政参考作用，推进了我国中东部特大城市圈合肥经济圈的建立。本次年会在合肥召开，也是对该皮书课题组研创工作的肯定。

最后，希望在为期两天的会议过程中，各皮书课题组代表解放思想，集思广益，沟通交流，互相学习，进一步凝聚皮书研创出版事业的共识。预祝本次会议取得圆满成功。谢谢大家！

（本文为笔者 2011 年 8 月在合肥“第十二次全国皮书年会”上的开幕致辞）

四　必须加强皮书研创出版的制度化建设

针对下一步皮书的研创，我提出以下几点建议。

第一，进一步明确、强化皮书意识。真正把皮书研创，置于智库平台建设中去，切实做好皮书的顶层设计，真正建立并完善皮书研创的体制机制。要在不断明确强化皮书意识的基础上，对皮书进行整体规划，包括成果认定、评价机制、出版规范和推广流程等等，把它置于智库建设的高度去考虑。此外，不要把皮书当一个项目看待，它是一个智库建设平台，是一个智库产品，要把皮书的研创和学科建设、人才培养、智库建设进行融合。如今我们面临着大好的皮书研创、出版机遇，社会已经给予皮书很高的期待，只有每一个皮书课题组都从智库平台建设的角度去打造皮书，我们才能把现存的各项问题都解决好。

第二，切实贯彻执行《皮书主编工作条例》和《皮书编辑出版工作条例》，加快出台《中国社会科学院哲学社会科学创新工程皮书项目管理办法（试行）》。我们现在对每一本皮书进行检测评估，要对每一篇的报告检测评估，今后还要对平台验收，要有一套年检的制度。皮书系列是一个整体品牌，如果中间哪个环节出了问题，就可能损伤皮书品牌。所以每一个皮书研创者、出版者，都有维护和发展这一品牌的责任。今后，将从准入和退出机制着手皮书的质量管理，让有研创条件的单位和课题组精心设计皮书内容，加入到皮书系列的品牌中去，让排名靠后的课题组通过交流比较，发现自身存在的差距和不足，从而进行结构调整和质量改进。

第三，要加强皮书自身理论和方法的研究，充分发挥中国皮书网、皮书数据库和皮书年会的功能。现在，我们将多年研究皮书的成果编辑成一部正式出版的论文集《皮书研究：理论与实践》并发给大家学习交流。希望皮书的研创者们，除了研究实体之外，也要研究皮书的理论和方法，特别是在评价、指标体系方面要有所作为。目前，我们不会强求每一本皮书都要有评价指标体系，但是要想拥有话语权，只有在这个方面把握好，才能找到真正的突破点。尤其是行业发展类皮书，严格地讲我觉得都必须有一套评价评级指标体系。而分析和预测类的皮书，虽然不一定要有指标体系，但是也要有独创的数学模型和科学的趋势预测。就数据库建设而言，今后国别类的皮书将与列国志数据库实现直接相关，从而实现资源联动共享。我们可以看到，目前皮书年会已经形成各个皮书课题组之间进行资源共享、合作交流的平台。每年的皮书年会都会取得丰硕的研讨成果，所以我们应该充分运用这个平台。本届年会最大的突破在于，《文化蓝皮书》系列已经开始整合资源，并达成了建设“文化蓝皮书联盟”的共识。因此，要充分利用中国皮书网、皮书数据库和皮书年会这个平台。

第四，加强皮书的发布与推广，最大限度地发挥引导主流舆论的功能。现在是一个海量的信息时代，中央领导以及决策研究班子无法详细阅读每份文件资料。在这种情况下，如果学术研究成果没有得到转化，被领导所认知和采用，那么其学术价值和意义是有限的，没有发挥其资政功能。所以，只有通过媒体报道，皮书观点形成了热点议论和社会反响的时候，领导才能给予关注。目前，社会科学文献出版社拥有很强大的媒体整合能力，可以通过不同形式发布皮书，例如接受媒体采访、发布书讯书评、与论坛结合召开皮书发布会，以及转让发布权。除了运用媒体手段之外，还要向目标人群赠书。作者们要和人大代表、“两会”的政协委员，建立起一套互动的机制，将皮书作参政议政工具送给他们，只有这样才能真正体现皮书的价值。

第五，严格执行皮书的技术规范，从皮书作者主编信息、资料数据出处，到文章的摘要、主题词的标引、英文目录和英文提要，应严格按照国际化标准来要求，实现皮书编写体例的规范。同时，要求今年出版的皮书对上一年皮书的数据和预测有一个回溯和更正，皮书数据库也会进行相应更正校订。此外，要严格控制字数。现在皮书的字数要求是以 25 万字为中位数、以 30 万字为上限，超过上限要阐明理由，或者将超出字数要求的部分以电子书、数据库的形式作为皮书的附属物，例如《法治蓝皮书》每年都附一个数据库。这不仅能减少作者的研创成本，还可以减轻出版社的编辑成本和出版成本。

最后，就贯彻落实这次会议精神，我谈两点意见。

第一，一定要把这次会议的精神传达到位，向各单位的主要领导做好汇报。出版社将把这次年会的研讨成果整理成电子文档，上传到中国皮书网，并以电子邮件形式发送给大家。

第二，对 2012 年的皮书要开始进行策划和部署。希望各个皮书课题组代表回去后尽快进行部署，提交交稿时间和出版计划。社会科学文献出版社将会在 10 月上旬召开社内的 2012 年度皮书工作会议，届时将正式发布《2012 年皮书工作指南》。

P2-7

新时代　新皮书*

——中国皮书研创出版的转型升级

摘　要： 皮书成为时代宠儿，成为社会科学学者特别是智库领域研究者的利器。以皮书研创出版为平台，所形成的智库学术共同体影响力日益扩大，我们得以用一种制度化的共同理念将其连接，并产生很大的价值。新时代皮书研创出版面临结构失衡、专业化程度偏低、可持续的研创机制尚待提升、研创出版学术共同体运作机制尚待完善等问题。新时代皮书转型升级应做到以消除“不确定性”为研创宗旨，以“调结构、补短板”为抓手，积极推动皮书研创出版发展，全面推进皮书数字化、国际化发展战略。创新、专业、坚持，是皮书作为中国智库品牌和出版形态得以确立、成长、发展并影响世界的精神要义。

关键词： 皮书研创　学术共同体　专业化　主题化

* 本文根据笔者2018年8月在山东烟台“第十九次全国皮书年会”上的主题演讲整理，首次发表于谢曙光等：《新时代的皮书：未来与趋势》，社会科学文献出版社，2019，第3～12页。

一 导语：皮书发展迎来新时代

党的十八大以来，以习近平同志为核心的党中央，提出治国理政的新理念、新思路、新战略，在经济、政治、文化、社会和生态文明五大方面做出全面的战略部署，并明确提出繁荣发展中国特色哲学社会科学，实现文化强国的战略目标。党的十九大报告在全面分析党的十八大以来世情、国情、党情深刻变化的基础上，明确宣告：我国进入中国特色社会主义新时代。新时代中国特色社会主义“三步走”的战略宏图为：2020 年全面建成小康社会，2035 年基本实现现代化，2050 年建成中国特色社会主义现代化强国。

“当代中国正经历着我国历史上最为广泛而深刻的社会变革，也正在进行着人类历史上最为宏大而独特的实践创新。这种前无古人的伟大实践，必将给理论创造、学术繁荣提供强大动力和广阔空间。”2016 年 5 月 17 日，习近平总书记在哲学社会科学工作座谈会上的重要讲话不仅为构建中国特色哲学社会科学指明了方向和路径，也为推动中国特色新型智库的创新发展注入了强劲的思想动力。

在全球化面临转折的时代背景下，不确定性成为当今世界的重要特征。而消除不确定性应该是智库、皮书研创者的责任所在，也是皮书得以进一步被接受，其功能得以进一步放大的基础条件。正是因为充满了不确定性，才为皮书研创者留下了大量施展的空间。同时，互联网、大数据正深刻地改变着世界、改变着人类的生活，在这样的时代背景下，皮书成为时代宠儿，成为社会科学特别是智库研究者的利器。

二 新皮书：现状、挑战与未来

1. 皮书研创出版的现状

从最早出现的“经济蓝皮书”算起，皮书至今已连续研创出版 29

年，“皮书”这一概念出现并作为一种出版形态专业化运营已走过了22年的历程。

皮书的出版总品种已接近800种，2018年出版品种达450种。截至2018年底，按书号统计累计皮书出版总量达2951种，约含17万篇研究报告；皮书数据库总字数达38亿字，全年点击量突破200万次。使用皮书数据库的专业机构用户共计1360家，注册个人用户超过9万人。

皮书研创机构近千家，作者总数达4.2万人。2018年皮书年会出席人数超过500人，皮书研创出版学术共同体的智库影响力、社会影响力已经形成并日益壮大。

2. 新时代皮书研创出版面临的问题和挑战

（1）结构不均衡

目前，皮书品种的结构不均衡或者说失衡主要体现在：从行业来看，某些行业领域的聚集度非常高。比如，汽车类蓝皮书品种达到16个，可能还会继续增长，研究对象也十分具体、精细化，但某些行业领域的皮书却仍然空缺。再以“一带一路”倡议题材为例，国际问题与全球治理类皮书会就此议题出现大量的出版需求，所以以此为研究对象的皮书品种也在短时间内增多。中国已成为世界第二大经济体，日益走进世界的中央，逐步担当起人类命运共同体的责任。中国了解世界、了解其他国家的需求日益迫切，而通过研创皮书来推动新国别的研究是最佳途径。可见，国别研究类的皮书品种也可以进一步开拓。

（2）专业化、主题化程度偏低

部分皮书报告内容质量参差不齐，其智库功能的发挥仍然有局限性，欠缺皮书所应承担的使命和定位。只有坚持从专业化、主题化着手，持续研究本领域最具特色的热点问题，皮书的影响力才会全方位地放大。因此，从品牌的影响力来看，部分皮书研创的专业化、主题化程度仍然偏低。

（3）原始独有数据、一手调查数据使用比例不高

经过皮书 20 多年来的专业化运行，用数据说话已经成为皮书研创者所达成的共识。从现有 400 多种皮书来看，很多皮书都积累了很好的原始数据，有的还开发了具有原创价值的数据库。但仍然有些皮书使用原始数据和一手数据的比例较低。皮书研创者开发原创的指标体系对研究对象进行分析，有的皮书在此方面还有待进一步提高。

（4）可持续的研创机制尚待提升

对于未能持续坚持研创的皮书，研创单位应采取措施，给予激励，做好前端工作。新的皮书在准入时，一般必须考察三个要素。第一，从时空来讲，论证的核心是有固定的研究领域，研究对象明确，且不与已有皮书品种重复。第二，有独特的数据来源，能够保障研究报告的原创性。第三，研创团队应具备可持续性。在皮书准入后的管理中，对于持续坚持研创的皮书，在激励机制中应实施鼓励政策。

（5）研创出版学术共同体运作机制尚待完善

2014 年，广州大学广州发展研究院的涂成林教授率先在广州市建立蓝皮书研究会，在广州蓝皮书研究会的基础上，2017 年又组建了广东省区域发展蓝皮书研究会。就全国范围来讲，社会科学文献出版社对于皮书研创出版学术共同体运作机制的完善有着义不容辞的责任。

2018 年，皮书研究院已正式组建理事会制度。理事会主要由皮书学术委员会、皮书理事成员组成。每年的优秀皮书奖是在皮书学术委员会的指导下组织评选出来的。皮书研究院理事会面向全国所有皮书研创机构公开遴选，有一整套规范。由社会科学文献出版社（以下简称“出版社”）担任理事长单位，每年为理事会注入数十万资金。通过理事会，皮书研究院会聘请皮书研创者和皮书编辑为皮书研究院的高级研究员，形成一套高级研究员制度。下一步，社会科学文献出版社将继续投入经费，就皮书研究的课题实施招标。

为了真正把学术共同体的机制创建起来，社会科学文献出版社做了很

多平台建设的工作，包括一年一度的皮书年会、一年两期的皮书研创高级研修班。从这两年来看，皮书研创高级研修班的成效显著。专业化授课对提升皮书的研创水平有很大帮助。2018 年 4 月，河南省社会科学院与社会科学文献出版社皮书研究院共同举办了第三期皮书研创高级研修班。本次培训以“智库参与全球治理与‘一带一路’建设暨国别区域和全球治理类皮书的研创”为主题，邀请国别区域领域的资深皮书作者及专家分享国别区域类皮书的研创过程及经验。培训班不仅吸引了国别区域和全球治理类皮书的研创者们参与，还吸引了其他类型皮书的研创者参与，同时，也有很多准备研创皮书的皮友们积极参会。未来，我们也期待，越来越多的皮友们共同来参与这些平台的建设。

（6）研创出版规范的推广和实施有待加强

《皮书手册》是为皮书研创制定统一出版规范与标准的工具书。自 2016 年首次出版以来，《皮书手册》获得了皮书作者、读者的广泛关注与支持。很多读者、手册的使用者给出版社提出了很好的建议。在广大读者的激励下，出版社已经修订了第三版。通过对皮书研创规范、出版规范的精益求精，进一步助力智库成果的专业化。

作为《皮书手册》研制课题组的责任单位，出版社将加快推进皮书写作模式的创新。作为一种连续性出版物，单种皮书的主题、版式相对固定，研创者重复相同的工作造成效率低下。因此，出版社正在开发皮书编撰软件，将可以由机器解决的问题交给它，而研创者将精力投入研究工作中，在规范流程、保护皮书个性研创的前提下，全面提高皮书编撰效率。

3. 关于新时代皮书转型升级的几点建议

（1）以消除“不确定性”为研创宗旨，以是否提供专业的有效信息为衡量皮书原创内容质量的基本标准。

皮书的研创价值在于有效筛选互联网大数据时代的海量信息。如果不经过专家的整理，人们在当今的信息世界会被大量无效信息轰炸。把消除不确定性作为每本皮书的研创宗旨，这是做皮书与做技术研究的学术论文的最大区别。皮书是在有深厚学术功底的前提下所形成的智库产品，应提供专业、有效的信息，并且有一套研创内容的质量标准。因此，在使用方法上，皮书是使用归纳法而非演绎法。皮书报告是以提供有效信息作为标准，没有有效信息的报告会被剔除，这也是“优秀皮书奖”和“优秀皮书报告奖”的评定标准。

（2）以专业化、主题化作为皮书研创出版的基本定位，以数据分析作为皮书研创写作的基本要义。

专业化是皮书的立足之本，主题化使得皮书能够引起广泛的注意力，能够得到广泛的传播，能够发挥皮书的真正功能。因此，以专业化、主题化作为皮书研创出版的基本定位，“专”比“全”重要。在研创单篇报告时，就该领域发生的事情进行分析、评价并且涵盖基本观点、要素。如果是以主题为核心，以专业化为导向，多数皮书的时效性就不够强。其实，皮书研创未必需要很强的时效性，有些数据获取的时间较晚，在评价时可以考虑皮书能否坚持出版，而不是考虑评价数据时效性不强的问题。

（3）以“调结构、补短板”为抓手积极推动皮书研创出版。

新时代皮书研创的重点方向应是专业性、行业性、专题性的。范围相对较窄的皮书也不应采取“一刀切”的办法，设置规则，让其在质量方面展开竞争。

减少因类型冲突而造成同一主题重复出版的苦恼，皮书研创者要向这个方向努力。补短板的重点在专题性和专业性领域，主要体现在行业类皮书和国际问题类皮书上。比如，鼓励高校教师转型做国别区域研究，因为有很多国家仍然从未被研究过，而对于中国来说，了解合作对象是时代的需要，国家的需要，也是高校学科建设的需要。此外，还应鼓励积极实施行业类皮书和国际问题类皮书的第三方评价。尤其关注已出台的政策、规划，如习近平总书记提出的要在 2020 年全面建成小康社会。研创者可就皮书中涉及全面建成小康社会的若干个指标开展第三方评估，此类皮书应制定新的评价标准，给予其更多的鼓励。

（4）全面推进皮书数字化、国际化发展战略。

皮书的数字化是大势所趋。首先，技术人员应促成皮书数据库的开通使用。其次，让研究者参考皮书数据库中的内容，为研究提供服务。最后，采取措施，将皮书电子书和单篇报告进行数字化和国际化的操作。社会科学文献出版社与一些研究机构已形成密切的战略合作关系，可以通过平台展示电子书。以“邮轮绿皮书”为例，英文版和中文版几乎同步发布。英文版皮书在每年 3 月召开的世界邮轮大会上发布，第一时间在国际社会亮相，才能够真正掌握国际话语权。所以，课题组应倡导具备国际化战略的研创机构，密切利用好皮书研创平台。各皮书课题组可以通过参加社会科学文献出版社组织的各类会议以及在国外召开发布会的形式提升皮书的国际影响力。

2013 年 11 月，在日内瓦联合国环境大厦，《全球环境竞争力绿皮书：全球环境竞争力报告（2013）》成果介绍会在此举行。“这是第一部由发展中国家主导推出的环境绩效评价报告，它打破了过去几十年西方国家在这一领域的话语垄断。”联合国环境规划署专家的评价，令报告主创之一、福建师范大学教授黄茂兴深感振奋。上述事实表明，充分利用并加快皮书的数字化和国际化发展，已是大势所趋。

（5）积极推进皮书出版学术共同体建设。

上文已提及如何推进皮书出版学术共同体建设，此处不再赘述。社会科学文献出版社会采取积极的措施。研创单位组织的很多学术会，甚至举办的发布会，都可以考虑邀请皮友参加。此外，皮友也可以通过参加皮书研究院举办的高级研修班的方式在平台聚集，共同推进皮书出版学术共同体的建设。

（6）推行《皮书研创出版规范》和皮书研创出版发布流程管理。

社会科学文献出版社应进一步厘清平台的责任，打造强大的媒体传播能力。只要课题组有需求，出版社可以提供全方位的媒体支持和传播服务。发挥好平台作用只需做好两件事。第一，严格遵守出版规范。经过长期考虑，出版社内部设计了准入机制、预审机制，严控质量不佳或不规范的皮书报告进入平台。要进一步强化规范的执行，比如注明数据来源、注释和参考文献。第二，个别皮书还要严格执行回溯和预测评估。形势预测类皮书要注意补齐、校准上一年度的数据，将预测结果做一次回溯性的分析，总报告要在规范流程中实行刚性化管理。

（7）打通皮书研创与智库建设、学科建设、人才培养的节点，形成四位一体的平台。

皮书研创者要不断地发展品牌，在新时代，皮书的转型升级一定要从成果导向进入到人才导向、学科建设导向、智库建设导向。只有聚焦团队建设，皮书研创团队才能持续不断地推出最优秀的成果。

三 结语

创新、专业、坚持，是皮书作为中国智库品牌和出版形态得以确立、成长、发展并影响世界的精神要义，皮书这一宝瓶必须不断填充新内容才有可能得以长存，才能达到生命的所在。我们期待全体新时代的皮书人不忘初心，不辱使命，携手并行，不断研创出版新的皮书，不断开创皮书新的、美好的时代！

专栏 第十九次全国皮书年会开幕致辞

各位领导、各位专家，新闻界朋友们：

大家上午好！

今年的皮书年会高朋满座，来自全国各地从事皮书原创的将近600名智库研究者、社会科学工作者共聚山东烟台，出席由中国社科院主办的第十九次全国皮书年会。根据我们的统计，今年的年会出席人数在去年会议基础上再创新高。作为本次年会的承办方，我首先代表社会科学文献出版社向莅临本次会议的领导和嘉宾表示热烈的欢迎，向长期以来关心和支持皮书发展的领导和专家致以崇高的敬意，向为本次年会在烟台顺利召开给予支持的山东省委、省政府、烟台市委市政府，尤其是与我们共同承办年会的合作方山东社会科学院、鲁东大学的领导和全体工作人员表示衷心的感谢。

皮书年会是从事皮书研创的智库学者们交流思想、把握未来研创方向、皮书发展的年度盛会。皮书年会连续召开至今已经走过第 19 个年头，自 2011 年由中国社会科学院主办也已经是第 8 个年头。皮书年会通过高水平的学术报告和精心打造系列平行论坛，已经成为新型智库建设领域的专业学术研讨会，其自身的品牌效应日益呈现，为皮书研创平台建设、皮书内容质量的提升、皮书社会影响的扩大起到了积极的推动作用。

2018 年是中国改革开放 40 年，得益于这个伟大的时代，也得益于中国社会科学院中宣部国家新闻出版署，全国哲学社会科学规划办公室等主管部门领导的支持和帮助，在皮书研创者和出版者的共同努力下，皮书连续 20 余年保持着持续快速发展，成绩斐然。截止到 2018 年 7 月，已出版过的皮书品种近 800 种，按书号统计累计出版总数达 2951 种，收录皮书报告近 17 万篇，数据图表 50 余万张，总字数达 38 亿字，皮书研究机构近千家，参与皮书报告撰写的专家学者总数合计 4.2 万人。使用皮书数据库的专业机构用户共计 1360 家，其中，国内 1235 家，海外 125 家；注册个人用户超过 9 万人……

去年我们在青海共忆皮书专业化 20 年的发展历程，本届年会以“新时代的皮书：未来与趋势”为主题，我们将与所有课题组代表共同探讨新时代皮书的发展方向和未来蓝图。

展望未来，新时代皮书要为中国新型智库建设搭建好平台。党的十八大以来中央在关于加强中国特色新型智库建设意见当中指出，“执政建言，理论创新、理论引导、公共外交，发挥中国特色新型智库在公共外交中的重要作用”，提出应更加充分发挥其价值和功能，为中国特色新型智库建设搭好平台，做好服务。通过对皮书全方位进行规范化管理，树立中国学术出版标准，不断提升皮书的内容质量和社会影响力，搭建起中国智库产品和智库建设的交流服务平台和国际传播平台。

展望未来，新时代皮书要拥抱大数据浪潮。新形势下皮书原创面临着更多的机遇与挑战，移动互联网时代学术出版的形态悄然改变，智库建设成为国家层面重大而紧迫的任务，融合发展成为提升出版业的重要途径：立足多元化的服务需求，提出了发展应大力推广数字技术；引领“互联网+”潮流，全面提升大数据应用水平，发挥各类皮书指数，使之成为中国指数，让中国智库声音响彻世界舞台，为人类发展做出中国的贡献；积极推进数字资源整合以实现数据开放共享，推动大数据发展与智库建设、科研创新的有机结合。

展望未来，新时代的皮书要发时代之先声。党的十九大报告指出，改革开放以来，经过长期努力，中国特色社会主义进入了新时代。这是我国发展新的历史方位，在这个新时代，我国发展产生一系列的新特征，面临着一些前所未有的新挑战，也呈现出未来发展的新趋势，皮书的研创者必须密切注意关注世界格局，讲述中国故事，引导国内外舆论，探索时代发展趋势，切合中国经济社会发展要求，要写大势所趋。

本次年会上将颁发 2017 年度“优秀皮书奖”“优秀皮书报告奖”，并宣布进入中国社会科学院创新工程项目资助的皮书名单。中国社科院副院长蔡昉、中国出版协会常务副理事长邬书林、中国人民大学副校长贺耀敏将给我们做精彩的学术报告和主题演讲，皮书的研创专家和部分获奖皮书的主编代表也将会分享各自皮书规范化、专业化建设的经验，希望在为期两天的会议议程中，各位专家紧紧围绕大会主题，解放思想，集思广益，互相学习，交流经验，将我们共同的皮书事业推向一个新的高潮，让更多优质皮书、更优秀的智库成果服务于我们伟大时代，预祝本次年会取得圆满成功，谢谢大家。

（本文根据笔者在 2018 年 8 月山东烟台“第十九次全国皮书年会”上的开幕致辞整理）

P2-8

皮书研创出版新趋势、新挑战、新任务*

摘　要：面对世界百年之未有之大变局，在中国全面建成小康社会、中华民族实现第一个百年目标的时刻，社会发展站在一个关键历史节点上。国家对智库和智库成果的需求增加，作为基础理论研究和应用对策研究融合发展的平台，皮书的研创、出版和传播面临很多新的挑战，如社会对皮书的内容质量要求越来越高，同类产品的竞争，舆情风险及审查严格等。新征程中，皮书将继续坚持正确的政治方向、学术导向和价值取向；全面落实“调整结构、优化选题”的皮书书目管理制度；突出智库成果的公共性，以研究重大理论和实际问题为主攻方向；积极利用数据平台、智能平台，创新皮书内容创作、生产、发布方式；把质量作为皮书的“生命线”，高度重视报告的写作规范；建立科学的皮书成果评价体系，推进智库共同体成长。

关键词：智库平台　舆情风险　内容质量　学术规范

* 本文根据笔者 2021 年皮书年会主题报告整理，原文发表于《皮书研究：新起程中的皮书研创与出版》，社会科学文献出版社，2022。

2020年初爆发并持续在全球蔓延的新冠肺炎疫情，彻底打破了人类原有的生产、生活状态和秩序，这一状况与近年国际上反全球化、保守主义、民粹主义等因素叠加，给人类发展增加了巨大的不确定性；互联网、大数据、人工智能和区块链等技术的长足进步和广泛使用，又为人们精准把握外部世界、消除不确定性提供了无限的可能和想象空间。所有这一切，都成为皮书研创者和出版者必须面对和应对的时代课题。

刚刚过去的“十三五”时期，中国取得了全面建成小康社会、历史性地解决了绝对贫困问题等一系列伟大成就，实现了第一个百年奋斗目标。2020年以来，百年未有之大变局叠加百年不遇之大疫情，正在深刻地改变着世界政治、经济、社会。新冠肺炎疫情防控常态化下的中国智库发挥了积极的建言献策功能，针对经济社会发展宏观规律、重大公共安全卫生事件，在回应“时代之问”，寻求“破解之道”中努力探索，形成了大量的智库成果，对专业领域、政府决策、社会公众都产生了重要的社会影响。作为以消除不确定性为目标的智库成果，皮书在记录与研判时代重大问题、发挥咨政建言作用、引导社会舆论方向、促进国际合作交流等方面将面临更加复杂的挑战，也必然发挥越来越重要的作用。

截至2021年4月，皮书数据库中有1.2万本书，有21.5万篇报告，涉及41个一级学科，100多个行业，80多个国家，覆盖国际区域有30余个，涉及的中国省级行政区域有34个。在皮书平台聚合的作者中，每年为皮书写稿的作者有1万人左右，很多作者是持续不断地每年为皮书供稿，现在所聚合的作者已经超过10万人，研创机构有近千家。全球皮书数据库用户有1500多家，累计PV量已经接近3000万次。皮书有能力、有条件也有可能为消除外部环境变化给这个时代带来的不确定性，做出皮书的研创者、出版者应有的贡献。

一　皮书发展的新趋势

（一）前沿性：2020年版的皮书热词体现了当下经济社会发展的热点领域

皮书前沿性体现在两个方面：一是在理论探讨上应反映学术前沿问题，并能通过现有数据分析推断该研究领域的发展趋势；二是解释现实问题时，皮书应关注现实生活中的热点、重点问题，致力于解决政府、媒体、公众关注的问题，回应社会关切①。在 2020 年版的 416 种皮书中，排在前 10 位的热词是——“工业化进程”“一带一路”“高质量发展”“‘十四五’规划”等。前 20 位的热词还有——“互联网”“区块链”“大数据”“人工智能”等。除此以外，皮书研创中提到的热词涉及“乡村振兴”“社会治理”“脱贫攻坚”“营商环境”“文旅融合”“科技创新”等领域。皮书的研创成果基本涵盖了当下社会发展关注的关键话题，前沿性更加凸显。

（二）国际化：国别区域与全球治理类的皮书明显增多

自 2019 年谢伏瞻院长明确提出皮书要实现高质量发展以来，社会科学文献出版社不断完善皮书管理制度，在准入退出机制基础上，进一步提出了皮书目录管理制度。对一些出版不规律的皮书进行了限制，同时开拓新的选题。近年来，国别区域与全球治理类皮书明显增多，截至 2021 年 8 月，准入未出版和已出版的皮书共计 67 种。

无论是生态建设领域还是整个经济发展分析，都会涉及国别区域、全球治理，相关的内容在专门的皮书中有所体现。这反映出一方面中国成为

① 谢曙光主编《皮书手册：写作、编辑出版与评价指南》（第四版），社会科学文献出版社，2020。

世界第二大经济体以后，中国元素已经成为全球关心的热点问题，中国的学者、中国的智库研究者在研究国别区域与全球治理问题方面积极贡献智慧；另一方面，在关注国内研究领域热点的时候，一定要把视野放到全球的高度，放到国别区域之间进行对比，实现国别区域与全球治理类皮书在基础理论研究和应用对策研究方面融合发展。

（三）老皮书开始转型升级

出版3年以上的老皮书，出版时间和内容质量相对稳定，是支撑皮书品牌的重要力量。作为及时反映中国及世界最新发展动态的“晴雨表”，皮书应反映当年社会最关切热点问题，给出专业分析，提供对策建议。如何提炼当年度的热点问题和研究主题，进行内容创新，成为每位皮书主编每年需要重点谋划的事情。以《宏观经济蓝皮书：中国经济增长报告》（也称为“春皮”）为例，相对于中国社会科学院经济学部的《经济蓝皮书：中国经济形势分析与预测》（或称之为“秋皮”），是从更深的理论层面分析当年的宏观经济发展情况。为了实现突破和转型，“宏观经济蓝皮书”将关注点放在密切追踪“十四五”规划进程，2022年“宏观经济蓝皮书”将开始对“十四五”规划整个运行状况进行评估。

（四）智库越来越重视皮书的平台作用

皮书作为新型智库建设平台已经得到广泛的认同，皮书的作用和功能已经被中央和地方甚至基层的决策部门高度关注。1996年至今，国家高端智库研创皮书1060部，地方社会科学院智库研创皮书926部，政党、政府系统智库研创皮书550部，重点高校（双一流）智库研创皮书267部。在2021年出版的“智库成果蓝皮书”里做过分析，国家高端智库总共是25家，2018年中央党校和国家行政学院合并以后，现在是24家，其中出版皮书的已经占了60%。

（五）党政机构智库对皮书功能的认识在持续提升

根据《智库成果蓝皮书》发布的数据，政党、政府系统智库研创皮书共550部。政府及其智库机构希望通过皮书平台展示本地的特色，扩大地方的影响力。近年来，各地政府系统智库机构也越来越重视皮书的影响力，通过皮书发挥舆论引导作用，搭建行业研究及特色产业推广平台。

（六）皮书国际影响力、国际关注度越来越高

皮书系列中十多种品牌（合计200多部）持续以英文、俄文等多语种形式出版，实现了中国学术“走出去”，为智库提升国际影响力提供了平台。有300多年历史的荷兰Brill学术出版公司专门以“CASS Yearbook”为丛书名，自2007年开始每年出版多种英文版皮书，扩大了中国智库在海外的学术影响力。同时，多位皮书主编在国际大型书展发声、演讲，实现了与国际学术界的对话与交流。

2019年，社会科学文献出版社皮书国际化工作进一步开展，除“中国社会形势分析与预测”“中国经济形势分析与预测”“中国人口与劳动问题报告”等十余种延续性选题外，新增“‘一带一路’建设发展报告”（阿尔巴尼亚文版，合作机构为阿尔巴尼亚的OMBRA GVG出版社）。该皮书的国际化，丰富了皮书国际化的系列、类别、语言、地区分布以及合作机构。

二　皮书高质量发展面临的新挑战

（一）社会的关注度高，对皮书内容质量的要求也越来越高

经过多年的运作，皮书在社会上已经有了较大的影响力和知名度。随着国家对智库越来越重视，对应用对策性研究成果的需求越来越多，社会对皮书的关注度也越来越高，因此对皮书的内容质量要求也越来越高。目

前，个别皮书中会夹杂一些质量不高的文章，对整本皮书或者皮书品牌产生极大的影响。

（二）数据时代带来的挑战

数据时代，在皮书报告里面，如果不用数据说话，基本都会被抛弃。皮书研究者们怎么形成自己独有的数据来源、数据采集平台、数据分析方法，对皮书研创者和团队来说都是必须深刻考虑的问题。

（三）时效性更强的季度报告、月度报告、行业报告明显增加

信息时代，知识更新的速度不断加快。许多智库研究者善于捕捉社会热点问题，并进行解读和分析，相关行业或者领域的季度报告、月度报告、行业报告会及时在网络或者自媒体上发布。如何进一步适应信息更新越来越快的情况，突出皮书的特色，是每一个皮书研创者必须考虑的问题。

（四）与舆情热点关系密切，而舆情的风险在增加

皮书是靠影响力取胜的，如果不进行传播，不进行发布，关注度就会很低，但是如果皮书关注了社会的热点话题，在引导舆论的同时会带来巨大的舆论风险，如 2020 年的皮书中会涉及对新冠肺炎疫情的分析，在做相关分析时应注意相关表述。

（五）出版审查要求更加严格

2020 年以来，皮书的出版节奏在放慢，有些皮书送审长达一年或以上。在研创环节，每一个皮书主编都要对皮书内容质量进行管控；在出版环节，出版社需要对意识形态进行层层把关。如何让皮书既能保证时效性，又能按时出版，这是我们面临的大挑战。因此，每一篇皮书报告在做整体结构设置时，需要在关注热点问题、难点问题的同时保持正确的政治方向、学术导向，管控好风险，需要做大量脱敏性的工作。

三　皮书高质量发展的新任务

新时代、新征程、新任务，2021 年，中国特色社会主义现代化将开启新征程。皮书研创出版应从以下几个方面聚焦和发力。

（一）继续坚持正确的政治方向、学术导向和价值取向

皮书是服务党和国家决策、服务社会、服务行业发展的重要载体，要继续坚持正确的政治方向、学术导向和价值取向。做好皮书的研创出版首先要提高政治站位，在思想上、政治上、行动上都要与以习近平同志为核心的党中央保持高度一致。要旗帜鲜明讲政治，全面贯彻党的基本理论、基本路线、基本方略，既不走封闭僵化的老路，也不走邪路，皮书决不能出现与党中央精神不一致的言论，决不能为错误思潮提供传播阵地。要坚持马克思主义的指导地位，特别是用习近平新时代中国特色社会主义思想指导皮书发展，不断提高运用这一重要思想分析和解决实际问题的能力，以更宽广的视野、更长远的眼光来思考、把握新时代皮书研创出版工作。要落实意识形态工作责任制，做到守土有责、守土负责、守土尽责，在意识形态领域不出问题是皮书的底线和红线，既要坚持正面宣传阐释马克思主义和党的方针政策，又要旗帜鲜明地批评历史虚物主义等错误思潮①。

（二）全面落实“调整结构、优化选题”的皮书书目管理制度

在“调整结构、优化选题”上，要认真落实 2019 年全国皮书年会提出的“皮书高质量发展”要求，控数量、调结构、补短板，严格实施目

---

① 《中国社会科学院院长谢伏瞻在第二十次全国皮书年会开幕式上的讲话》，皮书数据库，http：//www. pishu. cn/descqgpsnh/kmsfy/536462. shtml。

录管理[①]，进一步完善准入和退出机制。从准入环节来说，2019 年 1～12 月，皮书研究院全年组织专家评审皮书立项选题 12 次，评审皮书申请项目 180 个，通过皮书项目 102 个，暂缓及否决 78 个，通过率为 56.67%。皮书项目的准入评审机制从源头上为控制皮书选题质量提供了保障。从退出环节来看，皮书的退出机制是皮书控制数量、调整结构的重要措施。自 2019 年起，皮书的退出也开始实施定期动态管理。定期淘汰出版不规律、内容质量不高的皮书品种，每月淘汰通过准入但超过 1 年未能正式出版的皮书选题。2019 年，共淘汰皮书 161 种，淘汰皮书选题 59 个。

今后，在皮书的准入环节，一方面要进一步发挥皮书学术共同体、智库共同体的作用，严格实施每本皮书的同行评审；另一方面，在皮书退出环节，要进一步把皮书评价结果与退出管理相结合，全面落实皮书的书目管理制度。

（三）突出智库成果的公共性，以研究重大理论和实际问题为主攻方向

皮书研创要具有前瞻性。对于智库而言，只有聆听时代的声音，回应时代的呼唤，认真研究解决重大紧迫问题才能真正把握住历史脉络，找到发展规律，推动理论创新。在逆全球化浪潮愈演愈烈的背景下，人类如何团结合作，共建人类命运共同体等全球治理问题，尤其需要中国智库发声，需要中国智库提供科学的研究成果作为决策支撑。

皮书研创要具有问题意识。中国特色社会主义进入新时代，社会主要矛盾发生深刻变化，统筹推进“五位一体”总体布局，协调推进“四个全面”战略布局，推进国家治理体系和治理能力现代化，实现“两个一百年”奋斗目标，开启全面建成社会主义现代化强国新征程提出了一系

① 从 2020 年起，社会科学文献出版社每年根据上年出版皮书的评价结果，按规定程序发布“皮书书目”，未进入书目的，将不能以“皮书”名义出版。具体规定详见谢曙光主编《皮书手册：写作、编辑出版与评价指南》（第四版），社会科学文献出版社，2020。

列全新的重大理论和现实问题，迫切需要深入研究并做出有说服力的科学解答，这些都为皮书的研创出版提供了丰富的素材和广阔的空间。皮书的研创出版必须始终着眼坚持和发展中国特色社会主义大局，贴近党和国家决策需求，以研究和回应新时代重大理论和实践问题为主攻方向，推出更多对政策制定有重要参考价值、对事业发展有重要推动作用的优秀成果，要注意补足短板，发掘更多有价值的研创主题，将皮书研究与时代要求、与经济社会发展趋势紧密结合。

（四）积极利用数据平台、智能平台，创新皮书内容创作、生产、发布方式

2019 年 11 月，党的十九届四中全会通过的《中共中央关于坚持和完善中国特色社会主义制度 推进国家治理体系和治理能力现代化若干重大问题的决定》指出："健全劳动、资本、土地、知识、技术、管理、数据等生产要素由市场评价贡献、按贡献决定报酬的机制。"该决定首次提出把数据纳入生产要素，可见数据已经对人类社会的生产方式、生活方式产生了巨大影响。

《关于加强中国特色新型智库建设的意见》把是否具备"功能完备的信息采集分析系统"[①] 作为新型智库的 8 个基本标准之一，可见数据、信息已成为智库的基础要素。在数据采集、信息处理上，以数据说话为特征的皮书研创仍有提升的巨大空间。目前，皮书的数据来源包括：公开发布的官方数据、电子商务等网络平台产生的消费型数据、自有调研数据（一手数据）、行业数据（部门数据）、新闻时政数据、学术论文研究资料等。但相当部分皮书的数据来源相对单一，还是以公开发布的官方统计数据为依据，缺乏自有的数据库建设。各皮书研创机构应开拓数据采集渠道，构建细分领域的专业数据库，确立稳定的、细分化的、专业化的数据

① 中共中央办公厅、国务院办公厅印发《关于加强中国特色新型智库建设的意见》，中国政府网，http：//www.gov.cn/xinwen/2015-01/20/content_ 2807126.htm。

来源。一方面，除了公开发布的官方统计数据以外，与决策咨询部门建立良好互动关系，全面收集部门数据、行业数据；另一方面，也是更重要的，加大自有数据库建设力度，以数据、流量作为皮书研创的基本抓手，采取自采、合作、外包或购买等方式整合数据。

在研究方法上，要使用好数据库和数据资源，积极创造条件建构指标体系，研发本领域、本行业、本专业或专题指数。互联网、人工智能等技术的飞速发展使人类社会无时无刻不在产生数据，大量数据在被生产的同时，并未被有效合理使用。皮书研创机构应依托数据资源，在皮书研创中要保证准确把握时局、引导政策走向就必须未雨绸缪，以数据事实为依据，进行持续性的数据采集工作，及时、全面捕捉各类情报信息，进而加工整理为有价值的决策资料。

在组织研创、报告发布上，要积极使用企业微信、腾讯会议等线上会议工具，推进皮书研创过程中相关会议的线上召开；要创新皮书线上发布模式，可召开视频发布会或语音发布会，并充分利用短视频、微信公众号文章等形式在线发布皮书成果。要以引流为目标，努力促进皮书成果转化。

（五）把质量作为皮书的“生命线”，高度重视报告的写作规范

《皮书手册：写作、编辑出版与评价指南》（第三版）对智库报告的定义为，“智库报告是指由专业智库撰写，基于公共事务领域，对政治、经济、外交、国防、科技、社会等宏观问题或微观问题进行专题研究，旨在为决策机构估计形势、确定目标、制定政策提供建设性的决策依据和行动建议的研究性文献”[①]。从此定义可见，智库报告的写作应遵循公共性、咨政性、研究性、思想性等特点。

目前，皮书中单篇报告写作的规范问题集中体现在两种形式。第一

---

① 谢曙光主编《皮书手册：写作、编辑出版与评价指南》（第三版），社会科学文献出版社，2018。

种，“工作报告式”。有的皮书报告作者来自行业或部门的一线机构，行业数据、部门数据都很丰富，价值很高。但在报告写作中，往往忽视了智库报告的独立性、思想性、咨政性，如果拘泥于本部门的工作经验总结、未来工作思路，就容易把智库报告写成部门或行业的工作总结报告，失去了研究性，尤其是丢失了智库应有的第三方客观立场，其价值大打折扣。第二种，“学术论文式”。有的皮书报告具备科学的研究范式，通过大型社会调查，采集了大量鲜活的一手数据，但报告写作却遵循的是“学术论文”的范式，往往以“研究综述—研究方法—研究结论—研究不足及未来展望”为框架，数据处理方法占据了智库报告的大量篇幅，数据分析及结论却流于表面，未能揭示大型调查数据背后对于公共政策的实际价值。“学术论文式”报告在皮书中大量出现，皮书就会沦为“论文集”，而失去了其咨政价值。

《皮书手册》是为皮书研创制定统一出版规范与标准的工具书，自2015年首次出版以来，获得了皮书作者、读者的广泛关注与支持。2020年，《皮书手册——写作、编辑出版与评价指南》完成修订并发布第四版。通过对皮书研创规范、出版规范的精益求精，助力皮书主编、皮书作者推动智库成果的专业化，尽可能避免“工作报告式”“学术论文式”报告的出现。

（六）建立科学的皮书成果评价体系，推进智库共同体成长

目前，智库成果在科研人员评价体系中受重视程度仍然不高。很多皮书研创单位对于学者参与以皮书为代表的智库成果写作激励不够，有的不能作为个人考核成果，有的即便可以作为成果，但权重占比很低，与实际研究付出的努力及成果所产生的影响力不成正比。各智库研究机构应从制度设计上重视智库成果研创。一方面，制定激励智库成果研创的考核制度，把优秀智库成果作为研究人员的成果及代表作认定依据。另一方面，制定提升智库成果管理质量的相关制度。社会科学文献出版社开发运维的

皮书数据库，自 2020 年起，每季度公布皮书报告的浏览、下载、使用结果，并实现了可按照各皮书研创机构查询结果，从而为皮书的社会影响力评价提供客观数据支持。

以皮书研究院理事会、皮书年会和皮书研创高级研修班为抓手，深度推进皮书研创出版平台建设。要切实采取有效措施，鼓励、支持各地区、领域、系统皮书研创课题组开展研创交流与合作，实现皮书学术共同体数据、资源以及流量共享。要牢固树立平台意识，以皮书课题组为支撑，通过皮书研创出版活动，构建专业和专题领域智库平台，最大限度吸纳国内外本学科领域专家参与皮书研创工作。

第三篇　皮书研创出版规范及其专业化

导读：本篇收录了笔者在皮书年会上的主题演讲及《皮书手册》《皮书研究》中关于皮书研创出版规范及其专业化的内容，不同文章按照时间顺序排列，收录时保留了原文的体例格式及当时的语境，旨在呈现皮书研创规范及其专业化过程中的完整时间轴及发展历程。

P3-9 皮书研创出版需要有一套通用的规范*

“皮书”这个概念在中国具有两个层面的含义。一是“国家或专门机构正式发布的重要文件或报告书”，是一种官方文件，代表政府立场，要求事实清楚、立场明确、行文规范、文字简练。二是“以年度为时间单元，关于某一门类、地域或领域的社会科学资讯类连续出版物”，作为一种出版形态存在，强调的是服务社会、权威专业、跟踪前沿、趋势预判、数据分析。第二层含义是对第一层含义的转化和延伸，目前已经发展成为出版业的一个独特品种。“皮书”概念超越了原有的政府或专门机构发布的重要文件范畴。

“皮书”从官方文件到出版形态，被社会广泛接受，源于 1990 年的“蓝皮书”，即刘国光、李京文等人运用经济模型对中国经济形势进行分析与预测所形成的研究成果，用蓝色封面装订成册，在内部传阅。1991 年，“经济蓝皮书”作为正式出版物开始公开出版发行。建立“皮书”概念，使皮书研创出版实现质的飞跃则肇始于 1998 年社会科学文献出版社（SOCIAL SCIENCES ACADEMIC PRESS，简称 SSAP）开启的皮书市场化、系列化运作。

* 本文系笔者为 2015 年正式出版的《皮书手册：写作、编辑出版与评价指南》（第一版）所撰写的前言，社会科学文献出版社，2015，第 1~4 页。

1997年之后，皮书影响力不断提升，吸引了一大批对中国经济社会发展有抱负、有想法、有热情、有能力的作者投入皮书的内容创作，为皮书带来丰富的内容资源。随着研究团队的相互启发与切磋，皮书内容的视角与切入点不断拓展，研究领域不断细化，社会生活的各个方面都成为研究对象，内容涉及经济、社会、文化、法治、金融、医疗、旅游、人才、教育、行业、地区、国别等，皮书产品不断丰富。除了蓝皮书，皮书还包括侧重于国际问题研究的黄皮书和专注于可持续发展问题研究的绿皮书。随着内容和品种的丰富，读者获得了更具多样性的服务和更为专业、精深的研究成果。出版社的工作贯穿于皮书产品生产的全过程，从选题策划、准入、与作者探讨、修改到编辑加工、印制发行和市场推广，每一个环节都做了细致安排。这几个方面形成合力，相互促进，使得皮书市场十分活跃，为皮书品牌的树立打下了坚实的基础。

作为智库成果及其发布平台，随着全球智库建设的升温，“皮书”已然成为全社会的热词。皮书的读者主要包括党政领导干部、国内外现实问题研究者、相关专业教师和研究生、社会组织管理者、新闻工作者、投资者、对国内外现实问题感兴趣的普通读者等。各类研究机构（政府、科研机构、大学、企业）主编的“皮书”及其连带的内容、观点逐步深入人心，在中国随处可见其踪迹和影响：政府部门的资政参阅，研究人员的研读借鉴，企业领袖的决策参考，顶级新闻媒体的实时发布，投资者的资讯追踪，普通大众的街谈巷议。“皮书”正成为一个平台，为广大对中国经济社会有着深刻理解的专家学者提供一个展示其观点的舞台，为广大对中国现状有着热切渴望的读者提供一个资讯平台，为中国学术与社会发展实践的结合提供一个场域。这一平台所具有的凝聚力正在形成一种无形的力量，吸引着社会各界关注中国的发展，参与中国的发展。

然而，“皮书”的发展始终存在一些问题：在研创方面，内容质量参差不齐，学术规范欠缺，原创性不足，研创过程缺乏统一的、可操作的规范；在出版方面，作者与出版社责、权、利不清晰，编辑体例五花八门，缺乏统一的标准；在评价方面，皮书类成果的评价社会认知度低，尚未形成全国统一的评价方法和标准。

正如美国心理协会出版人格雷·范登博思博士在第六版《APA 格式》前言中所述："统一的写作体例能够帮助我们迅速从文章中提炼出要点和研究发现……写作体例能够帮助大家恰当表述定量研究的结果，选择与分析方法最匹配的图表，以准确且体面的语言描述有关个体。"皮书的研创出版同样急需一整套通用规范，为数以万计的皮书研创者实现沟通交流提供科学、便捷的标准，从而实现皮书品牌的可持续发展。鉴于此，社会科学文献出版社从 2009 年起每年发布《皮书操作手册》（2013 年起改版为《皮书研创·编辑·出版·评价手册》），作为内部工作指南。这些手册为规范皮书研创出版起到了很好的参考作用，也受到了皮书作者、编辑的广泛好评，因此，决定 2015 年修订后正式出版。

在融合前几版《皮书手册》内容的基础上，本次修订在设计思路上借鉴了《芝加哥手册——写作、编辑和出版指南》等国际出版标准，着重从皮书写作、编辑和出版三个方面论述，结合皮书的特殊要求，增加了皮书的权利、许可与版权管理，皮书评价，皮书推广等特定内容。全书共分为八个部分。第一部分通则，是与皮书相关的重要概念界定与全书内容概要；第二部分法律规范、权利责任与版权管理，明晰了皮书研创单位、主编、单篇报告作者、编辑、出版机构的权利与责任；第三部分研创规范，主要从作者和原稿的角度论述了皮书研创的方法及要求；第四部分技术规范，是对皮书体例的统一，作者和编辑都可以直接参考、使用；第五部分编辑出版规范，介绍了皮书编辑和出版流程的相关规则；第六部分评价与评奖，是对社会科学研究成果评价的探索，介绍了皮书的评价指标体系，评价、评奖方法和评价、评奖主体；第七部分发布与推广，介绍了皮书发布与推广的主要方法；第八部分英文规范，说明了皮书常见英文的规范性用法。

《皮书手册》是社会科学文献人长期从事皮书工作的智慧结晶。皮书工作者对皮书发展进行了孜孜探索，付出了辛勤努力。皮书管理者在深入研究基础上形成了一系列皮书规范与评价标准。《皮书手册》研创团队结合出版社的皮书工作，就皮书规范进行了开拓性研究，最终形成这本手册。学术专家和业界专家对手册提供了不吝指导，使手册更具专业性和前沿性。《皮书手册》是《SSAP 手册》的一个重要组成部分。《SSAP 手册》课题组成员参与手册专题研讨，从实践工作角度提供了有价值的见解与帮助。值社会科学文献出版社建社 30 周年和《皮书手册》出版之际，作为主编，我衷心感谢上述各位的辛勤劳动和智力付出！

与往年的每一版《皮书手册》一样，本书尽最大努力提供关于皮书研创、编辑、出版的完善、合理、有效并能经得住考验的方案，旨在帮助相关环节的专业人士正确识别并恰当地使用这些规则。同样，我们也真诚地希望得到来自作者、读者和编辑的意见和建议，帮助我们不断完善这些规则。

愿这本小册子能够抛砖引玉，让更多优质的皮书服务于我们这个波澜壮阔的时代！

2015 年秋于北京马甸

P3-10
皮书研创出版：专业化与规范化*

各位领导，各位专家，新闻界的朋友们：

大家上午好!

今天，来自全国各地从事皮书研创的近400名社会科学工作者、智库专家来到郑州，出席由中国社会科学院主办的“第十七次全国皮书年会”。作为本次年会的承办者，我首先代表社会科学文献出版社向莅临本次会议的领导和嘉宾表示热烈的欢迎！向长期以来关心和支持皮书发展的领导和专家学者致以崇高的敬意！向为本次年会在郑州顺利召开给予支持的河南省委、省政府，与我们共同承办年会的合作方河南省社会科学院、河南大学的领导和全体工作人员表示衷心的感谢!

皮书年会是从事皮书研创的专家学者交流经验、把握未来研创方向、共促皮书繁荣发展的年度盛会。从2000年起，皮书年会召开至今，已经是第17个年头，升级为由中国社会科学院主办，也已经是第6个年头。会议规模也由最初的三四十人发展到三四百人。随着规模不断壮大，皮书年会已经成为皮书研创传播的平台。皮书研创出版与新型智库建设的目标、路径和机制高度契合，皮书研创水平日益成为智库建设的评价指标之

* 本文根据笔者2016年在河南郑州、开封召开的“第十七次全国皮书年会”开幕式上的讲话整理。

一，皮书年会因之也成为新型智库建设的学术研讨会，其自身的品牌效应日益呈现。

在中国社会科学院和新闻出版广电总局等上级领导和主管部门领导的支持、指导和帮助下，在皮书研创者的共同努力下，皮书已然成为中国特色新型智库建设的重要抓手，对政府、企业和各类社会组织的决策参考发挥了不可或缺的重要作用。皮书系列也先后被列入“十二五”“十三五”国家重点出版规划项目和中国社会科学院哲学社会科学创新工程项目，“皮书数据库”获政府出版奖提名奖。部分优秀皮书还得到了国家各类“走出去”项目的支持。

早在2005年8月，“第六次全国皮书工作会议”就是在河南郑州召开的，也就是在那次会议上，皮书的定义有了较为完整的表述：皮书是一种以年度为时间单元，关于某一门类、地域或领域的社会科学资讯类连续出版物。11年过去了，我们重回郑州，经过11年的努力和培育，皮书系列已成为著名的图书品牌和中国哲学社会科学界的知名学术品牌，我们对皮书的认知也在不断加强。

皮书发展十几年来，一方面，皮书的出版品种数持续增长，目前正在出版的皮书有417种；另一方面，在皮书品种数逐年增加的同时，我们一直在加强皮书研创出版的规范性和专业化建设。规范化、专业化的管理，既是300多个研创团队的诉求，也是我们参与皮书事业的责任和担当。所以今年我们年会的主题就是“皮书研创出版：专业化与规范性”，并设置了皮书成果形式的规范性、皮书研究程序的规范性、皮书研创人员的专业化、皮书成果发布的专业化、皮书研创平台建设的专业化等议题。我们希望，通过皮书的规范化管理、专业化提升，使我们皮书的话语权、影响力得到更深层次、更长远的开发，以助力于我们中国特色新型智库建设，助力于中国学术的话语体系建设。

去年皮书年会发布的《皮书手册：写作、编辑出版与评价指南》（征求意见稿），在广大皮书研创者积极响应与支持下，已于2015年11月正式出版，这个手册，我们立志于将其打造成皮书研创的“芝加哥手册”，所以今年在分论坛的议题设置中，有一项议题就是对这个手册进行进一步的征求意见，争取一年或两年对其改版一次。真诚地希望得到来自各位皮书研创者的意见和建议，帮助我们进一步完善这些规则。

这两年来，以皮书系列图书为主体资源的皮书数据库取得了长足的发展。目前，使用皮书数据库的专业机构（含各类智库机构）共计 1134 家，其中国内 1032 家，海外 102 家。皮书数据库的累计 PV（pageview，页面浏览量）达到 290 万余次，皮书报告的点击量（含浏览、在线阅读和下载阅读）累计达到 102 万余次。皮书数据库已经成为研究中国现当代问题的学者和机构必不可少的参考材料。今年年会，我们将首次发布皮书数据库中点击量最多的皮书报告，即皮书数据库影响力指数之报告使用量 TOP100。从这个报告中，我们可以进一步发现，很多皮书报告在业界发挥了巨大的影响力，实现了价值的最大化。我们希望有更多的人下载、使用皮书数据库，我们也将组织专门的团队对皮书数据库的巨量数据资源及文献的使用、引用数据做量化分析，最终成为像 SSCI 那样的关于当代中国研究智库报告的文献索引评价标准。

皮书“走出去”项目日益成熟。截至目前，已出版外文版皮书 100 余种，部分图书是对皮书资源进行整合后出版的，包括对同一种皮书多年的内容进行整合，或者是对相同领域的几本皮书当年内容的整合，所涉及的语种在英、俄、日、韩等的基础上增加了更多的语种，包括马来西亚语、泰国语、印地语、僧伽罗语、阿尔巴尼亚语等。这次年会上社科文献国际分社会有更详细报告向大会汇报。同时，今年也特别设置了一个分论坛，专题讨论皮书“走出去”的专业化流程，希望已经“走出去”或者有“走出去”意向的课题组积极参与这个论坛的讨论。

本次年会上，中国出版协会邬书林常务副理事长和中国社会科学院蔡昉副院长将给我们做精彩的学术报告，很多获奖皮书的主编代表也将会分享各自皮书规范化、专业化建设的经验。

面对国家的需要，皮书研创者和出版者身负更大的责任，需要我们有所担当，以国际化的标准来规范皮书，以高度的专业精神来要求皮书。希望在为期两天的会议议程中，各位与会专家紧紧围绕大会主题，解放思想，集思广益，互相学习，交流经验，将我们共同的皮书事业推向一个新高潮，让更多的优质皮书、更多的优秀智库成果服务于我们所处的这个“需要思想而且一定能够产生思想”的时代！

预祝本次会议取得圆满成功。谢谢大家！

P3-11

不忘初衷，专业前行，把皮书研创出版推向一个新的高度*

尊敬的各位领导、各位皮友：

关于本次会议，河南省社会科学院张占仓院长刚才做出了一个有深度、有高度的总结。跟往年一样，每到闭幕的时候，我首先还是想和大家分享一下感受和体会。

一　关于年会的总体判断：专、精、特

我记得上一届年会总结的时候，我说了“三高”，就是高规格、高层次和高质量，那么这次会议我想也可以用三个字来概括，就是“专、精、特”。

专，就是专业。皮书的专业化发展到今年，已经是第19年。经过19年的成长、磨合，我们现在来提皮书的“专业化”，其内涵极其深刻。正如上午分论坛讨论的时候，我们有地方社会科学院的领导提出：智库时代，皮书面临着全面转型，皮书的专业不仅体现在内容上的专业，更要实现研究方式方法的专业、团队的专业、组织平台的专业，乃至通过皮书这

* 本文根据笔者2016年在河南郑州、开封召开的“第十七次全国皮书年会”的总结发言整理。

样专业的智库产品，建立起专业化的智库。皮书年会的专业化也是皮书整体专业化的重要组成部分。此次年会的组织，也努力实现了这个目标。

精，就是精品。我们这次年会所讨论的主题，大会的高质量的学术报告，以及我们主题演讲和今天上午分论坛的讨论报告，可以说都非常精准、精细、精确。应当说这次交流的质量，的确体现了我们要出精品成果的要求了。

特，就是特色。无论是会议本身的讨论，还是整个会议的组织方式，以及我们整个会议进程的流畅性，包括设计到八朝古都开封、百年名校河南大学来开闭幕式、总结会，都充分体现了皮书年会作为皮书大家庭相聚平台的特色。

通过两天的研讨，应当说已经实现了本次会议议题设置的初衷，就是在皮书研创出版的专业化、规范性上达成了高度的共识，以上是我的一点关于本次会议的个人感受。

二　关于年会成果的整理、推送、分享和转化

按照惯例，通过我们强大的媒体动员能力和传播能力，这两天的相关会议成果已经在新媒体上分享了，主流媒体上我们下一步会陆续释放出更丰富的会议内容。

相信大家已经看到了，去年我们跟光明日报智库版合作，有整版的关于主题演讲的深度报道。这次年会结束以后，皮书研究院会对会议成果进行全方位的整理，通过不同渠道、方式推送、分享。并且把这次论坛上大家所讨论的问题，一一落实到位。

三　对皮书研创单位的几点建议

结合今年年会专业化、规范性的主题，我想就皮书研创工作为我们的

研创单位提几点建议。概括起来，我的建议就是力争做到皮书工作的“五化”。

一是定型化。每一个课题组在研创皮书的过程中，要对研究对象、研究模式、成果推送方式、成果类型等在进一步深入挖掘的基础上形成自身独特的形式。皮书研创要进入一个定型化的阶段。

二是专业化。专业化和定型化直接相关，是指皮书在内容选择上要形成自己的专题研究领域，在研究方法上要科学，在研创团队的建设上要专业。从内容专业化来看，每一本皮书的研究内容不应该是随意的研究报告的组合，而是应该在逐年的摸索中不断形成自身的特色。比如，在形式上，可以是“总分形式”，即总报告加分报告，也可以是全书统一的专题报告；在内容上，可以是关注当下、描述现状的“发展报告”，也可以是寻求规律、展望未来的“分析预测型报告”。专业化的皮书研创，就是要在内容和形式上都遵循皮书通行的规范。

三是数据化。皮书的研究内容，应该基于大数据、专业数据和独立采集的数据。在大数据发展迅猛的当下，皮书作为应用型研究成果，作为经世致用的智库报告，其研究对象、研究基础发生着日新月异的变化，其研究方法需要不断突破和创新。善于运用大数据，在大数据的支撑下分析现有资源，更重要的是采集一手数据、一手信息，从而做出原创性的贡献，获得原创性的发现。

四是平台化。每一位皮书主编、主创团队（课题组）都应该把每一本皮书作为一个平台来打造。“皮书”所凝聚的创作团队一般都是某个领域最强的研究力量、最懂行的实力派。搭建一个立体平台，吸引最权威的作者、创作最优质的研究成果、实现优秀成果价值的最大化，是每一个皮书课题组可持续发展的保障。具体说来，在平台的打造中，要通过制度建设吸引人才，专业提升打磨成果，议题引领传播价值。

五是国际化。皮书的影响力不能局限于中国或者某个区域，必须逐步走向国际化。皮书的国际化，对于出版机构来说，不仅仅是多语种出版、语言转换的问题，而是一个大战略，必须结合中国学者“走出去”、国际学者“引进来”等多种举措。作为出版方，社科文献每年会组织皮书学者通过学术会议等平台到欧美去，参与国际学术研讨、讲述中国经验。对于皮书研创团队来说，开拓思路，吸纳国际优秀智库参与研究、国际权威学者参与写作，都是优秀皮书所应当具备的前沿性的视野和国际化的格局。评价应该具有导向性的作用，在我们的皮书评价指标体系中，也会把国际化特色作为前沿性指标来评价皮书。

四　社会科学文献出版社关于皮书研创出版下一步的工作思路

总思路（目标定位）：精心打造皮书研创出版传播平台，为中国特色新型智库建设和当代中国话语体系构建提供有力支撑。

1. 实施严格的分类管理，全方位推进皮书研创、编辑出版、发布传播专业化，加快推进皮书专业话语体系建设

对皮书的形式、内容、规范做专业的学术研究。皮书所涉领域十分广泛。不同研究对象的皮书，所用研究方法不同、呈现形式也会有差异。因此，分类及分类管理，就显得尤为重要。不断深入地对皮书实施分类，做更加精细化的分类管理是出版社下一步工作的重点。

对皮书规范进行更广泛的传播。当然，在分类管理的基础上，每种皮书都应当遵循国际、国内通行的一套标准。皮书写作规范是我们每一位皮书作者、出版者在实践中不断摸索，最终形成的语言表达方式和行文规范。今年，我们在不断修订《皮书手册》的基础上，将首次策划皮书研创高级研修班，全方位推进皮书的专业化进程。

精心打造皮书研创出版传播平台，为中国特色新型智库建设和中国当代话语体系建设提供有力支撑。持续做好皮书年会、皮书发布会。皮书年会已经坚持召开了 17 年，这 17 年的执着坚持，见证了一代又一代皮书人的努力和付出。当初我筹划皮书年会的初衷，也正是为了把皮书、把皮书年会作为真正的智库产品和智库平台运作起来。皮书、皮书年会是我们每一位皮书人的创造与实践！明年（2017 年）就是皮书专业化运作的 20 年了，是时候好好总结，设立一些皮书人物奖，向这 20 年来一直陪伴我们皮书、看护着我们皮书成长的学者们致敬、致礼！

2. 全面推进皮书写作规范化管理，在改进、完善《皮书手册》的基础上开发皮书写作、检测模板和软件

不断修订规范，推进皮书写作的规范化。每年的皮书年会我们都会在分论坛中设置议题，组织广大皮书作者对《皮书手册》提出修改建议或意见。今年，与会学者又对它提出了很多很好的建议，大家的参与也正是我们可以在比较短的时间创建起这套规范的话语体系的基础。

开发皮书写作模板，服务专业皮书写作。现在国际上自然科学的很多研究报告是有写作模板的，就皮书而言，我们已经开始在布局、在研发，这在国际上来说，我们也处于一种领先地位。我们的思路是，在现有皮书手册的基础上，尽可能争取在短时间里，开发出皮书写作的模板和软件。届时，诸如字体、字号等规则都已经在系统中进行了预设，皮书作者只要按照软件的标准化设置，布局内容，即可呈现最佳成果。

3. 着力改进皮书数据库，并以此为基础与各皮书研创单位合作共建专业皮书研创数据平台

皮书数据的原创性及持续性的积累，能够为深入研究提供基础的数据资源，因此，皮书可以作为获取研究数据的重要工具。随着时间的推移，皮书作为连续性出版物的价值将越来越高，皮书数据库也将成为研究当代中国最重要的基础数据库之一。

为了更好地开发皮书数据库的数据功能，也为了更好地服务于中国特色新型智库的建设，社科文献凭借专业的团队、核心的资源，与各皮书单位合作共建专业皮书研创数据平台已经是势在必行。当前，我们也已经通过皮书数据库与多家研创机构展开了全方位的合作，比如，与黑龙江社会科学院合作的东北亚研究智库平台，与宁夏大学合作的“一带一路”数据库平台，等等。

4. 加快皮书研创出版国际化战略步伐

正如我前面所述，以皮书为主要资源的皮书数据库已经成为研究中国现当代问题的学者和机构必不可少的参考材料。其海外使用机构包括大学图书馆，如哈佛大学、普林斯顿大学、加州伯克利大学、斯坦福大学、杜克大学、约翰·布鲁金斯大学、牛津大学等大学的图书馆；高级智库，如美国国会图书馆（为美国各级政府提供公共及外交政策领域全方位咨询服务的研究机构）。这些都标志着皮书系列已经进入国际知名学术出版产品行列。

从出版社的角度来看，要把皮书的国际化战略落实到每一次具体的学术实践中去。一方面，通过多语种的出版、全球性话题的全球性出版，让我们的皮书思想、皮书成果“走出去”，把皮书的影响力和价值发挥到最大；另一方面，为皮书主编、作者搭建国际学术交流平台，通过主动参与国际学术活动，甚至是策划、主办、承办国际学术论坛，让我们的皮书主编“走出去”，真正为中国国际话语体系建设做贡献。

5. 从社内、社外两方面着手，完善皮书研创出版共享机制

就社科文献而言，我们的皮书研究院、各皮书的编辑部门、市场营销中心，应充分打通各个内部的环节，建立起信息沟通机制。对于未来皮书的专业化方向、规范的不断修订，作为出版方应该有一个思想不断深化、认识不断升级的过程。

每一本皮书在出版社都有属于自己的独一无二的皮书序列号。目前，皮书序列号显示，已经出版过的皮书品种达到了 520 种，这两年，经过陆续的淘汰（三次共淘汰了 110 多种），截至 2016 年 8 月，全国正常研究、出版的皮书品种为 403 种。这 403 种皮书背后就是 300 多家研创机构，近 3 万名作者。我希望，通过皮书数据库（中国皮书网）、皮书年会、皮书研创高级研修班等多个平台把关于皮书的信息、资源共享给每一位皮书的

参与者。

我记得开幕式的时候有400多人，一天半的会议过去了，到今天闭幕式时仍然能有近300人留下来，我相信，这样的会议对大家而言，是有价值的。感谢各位的执着和坚守，感谢一直以来对皮书事业的奉献和对社会科学文献出版社的支持，明年（2017年）大美青海西宁见！

P3-12
皮书规范是学术出版规范体系的组成部分*

2017年，皮书品牌的专业化建设迎来了二十周年。

二十年，从最初一个出版社的学术产品名称到媒体和公众使用频率极高的热点词语，从专业术语到大众话语，从官方文件到独特的出版形态，作为重要的智库成果，“皮书”始终致力于成为信息爆炸时期的信息过滤器，成为经济社会发展的记录仪，成为政策制定、评估、调整的智力源，成为社会科学研究的资料集成库。“皮书”的概念不断延展，“皮书”的种类更加丰富，“皮书”的功能日渐完善。

在中国经济社会结构转型、改革深化的今天，在从传统出版向现代出版跨越的新环境中，“皮书”作为智库类成果的代表，它的成长见证了中国哲学社会科学研究的不断创新与繁荣，更记录了当代中国发展的实践与路径；它的成长，不仅体现了新时代学术出版机构应有的时代担当与责任，更为中国哲学社会科学界解读这个伟大的时代提供了平台与渠道。

原创、实证、专业、连续、前沿、时效，这六大特色一直是皮书努力保持的方向。一本好的皮书需要研创单位、出版机构共同合作，精心雕琢。2016年，“工匠精神”首登总理的政府工作报告。此后，用心、专

---

* 本文系笔者为2017年正式出版的《皮书手册：写作，编辑出版与评价指南》（第二版）所撰写的前言，社会科学文献出版社，2017，第1~4页。

业、严谨等理念深入各行各业，为浮躁的社会开出了一剂良方。

早在2006年，社会科学文献出版社就与具有300多年历史的荷兰Brill学术出版社签订了战略合作伙伴框架协议，将皮书系列中具有代表性的皮书翻译成英语、俄语、韩语、日语等其他语种在西方主流学术界出版发行。从皮书国际化的情况来看，当务之急是构建可与世界进行学术规范融通、对接的中华学术规范体系，着力提升本土学术出版物规范标准和水平。道理显而易见：没有与国际规范对接的学术规范体系，既不能提高学术成果内容质量，也无法真正进入国际学术话语体系，从而对国际社会产生实质的影响。我相信，这是中国学术出版机构的历史担当！

鉴于此，2012年，社会科学文献出版社联合国内50多家知名学术出版机构倡导发展中国学术规范。2014年起，社会科学文献出版社领衔专业团队，先后承担了近10项学术出版规范的起草工作；同时，在出版社建立完备的内部学术出版规范制度，成立“SSAP学术出版规范”课题组，开始编撰《SSAP手册》，并致力于将其打造成中国版的《芝加哥手册》。

这本《皮书手册》就是《SSAP手册》的重要组成部分。尽管本手册是皮书的研创、出版、评价规范，但由于皮书是智库报告最为典型的发表形式，在发行后的两年多时间里，它对整个智库成果的写作起到了引领和示范作用。让我们获益匪浅的是，从皮书读者、作者到资深的皮书编辑，都对我们的手册提出了大量的有价值的修改建议。我们也期待，未来有更多的智库团队使用我们的《皮书手册》来规范智库成果的出版、传播，有更多的智库人、皮书人为《皮书手册》的修订建言献策。

《皮书手册》出版的初衷就是“提供关于皮书研创、编辑、出版的完善、合理、有效并能经得住考验的方案”，并“帮助相关环节的专业人士正确识别并恰当地使用这些规则”。此次再版，我们重点做了以下四个方面的修订。第一，更新并增补案例（示例）。对于皮书的设计、版式每个年度都会有微调，皮书手册理应介绍最新的皮书设计成果，同时，对于摘要、关键词等要件，我们遴选了最新出版皮书中的优秀案例，以资参考。第二，重新布局第三部分“研创规范”中的内容。原先本部分的排篇布局是按照皮书研创时所需处理事项的前后顺序来写，修订时，对这些事项进行了重新梳理、归类，使之更加清晰。第三，在第六部分中增补了关于“皮书评奖”的内容。“优秀皮书奖”的评选工作始于2009年，和皮书评价一样，多年来，对于遴选优秀皮书、引导皮书发展发挥了很大的作用。第四，对于不再适应实际需求的规定、表述进行及时的删改。皮书作为应用型的智库成果，不仅在内容上紧随时代发展的热点，其呈现方式、表达方式亦可谓百花齐放。如何在充分体现每一本皮书独特性、创新性的同时，总结出一套通用的表述规则，是我们不断修订手册的动力。当然，《皮书手册》本身表述的科学性、规范性也是课题组始终孜孜以求的目标，为使《皮书手册》更便于阅读，我们在修订中也重新梳理了文字。

正如我在第一版前言中所提及的，只有通过一整套通用规范，“为数以万计的皮书研创者实现沟通、交流，提供科学、便捷的标准”，我们才有可能实现皮书品牌的可持续发展。在皮书专业化二十年之际，《皮书手册》的再版工作得到了出版界、学术界同仁的智力支持，出版社皮书研究院的同仁、课题组的各位执笔者付出了辛勤的劳动。作为课题组组长和手册的主编，我要向各位为皮书的专业化、规范化付出心力与智慧的皮书主编致敬！感谢各位关心、支持皮书事业发展的学界同仁、皮书读者！

二十年的“皮书”正是好年华，愿每一位皮书人付出的心血与智慧不辜负这个时代！

2017年春于马甸

P3-13 皮书专业化二十年（1997～2017）*

尊敬的伟光院长，尊敬的王建军省长，尊敬的吴尚之副局长，各位领导，各位专家，新闻界的朋友们：

大家上午好！

今年的皮书年会高朋满座，来自全国各地从事皮书研创的500余名社会科学工作者、智库专家共聚青海西宁，出席由中国社会科学院主办的“第十八次全国皮书年会”。作为本次年会的承办者，我首先代表社会科学文献出版社向莅临本次会议的领导和嘉宾表示热烈的欢迎！向长期以来关心和支持皮书发展的领导和专家学者致以崇高的敬意！向为本次年会在西宁顺利召开给予支持的青海省委、省政府，与我们共同承办年会的合作方青海省社会科学院的领导和全体工作人员表示衷心的感谢！

皮书年会是从事皮书研创的智库学者们交流思想，把握未来研创方向，共促皮书繁荣发展的年度盛会。从2000年起，皮书年会连续召开至今，今年已经是第18个年头。自2011年升格为中国社会科学院主办，也已经是第7个年头。

2017年，对于皮书来说，是个具有标志性意义的年份。大家一定看

* 本文根据笔者2017年8月在青海西宁召开的“第十八次全国皮书年会”开幕式上的致辞整理。

到了我们今年年会的主题：皮书专业化二十年（1997~2017）。是的，蓦然回首，皮书的专业化历程已经走过二十年了。作为“皮书”这个概念的提出者，“皮书”从一般图书到系列图书和品牌图书，最终成为智库研究和社会科学应用对策研究知识服务和成果推广平台整个过程的操盘者，我认为，很有必要对这20年所走过的历程进行一番认真的总结。

20年来，从最初的一两个品种，发展到现在每年稳定出版近400个品种；从一个出版社的学术产品名称到媒体热词再到智库成果研创及传播平台，皮书以专业化为主线，进行了系列化、市场化、品牌化、数字化、国际化、平台化的运作，实现了跨越式的发展。特别是在党的十八大以后，以习近平同志为核心的党中央高度重视新型智库建设，皮书也迎来了长足的发展，总品种数较过去10余年翻了一番，达到600余种。“皮书”已经成为中国新型智库建设的抓手，成为国际国内社会各界快速、便捷地了解真实中国的最佳窗口。

20年孜孜以求，“皮书”始终将自己的研究视野与经济社会发展中的前沿热点问题紧密相连。600家研究机构，3万多位分布于800余个研究领域的专家学者参与了研创写作。共有30亿字，50余万张数据图表，15万篇专业报告收录在皮书数据库中，每年下载量近80万次。皮书为中国学术与社会发展实践的结合提供了一个激荡智力、传播思想的入口，皮书作者们用学术的话语、客观翔实的数据谱写出了中国故事壮丽的篇章。

20年跬步千里，“皮书”始终将自己的发展与时代赋予的使命与责任紧紧相连。每年百余场新闻发布会，10万余次中外媒体报道，中、英、俄、日、韩等12个语种共同出版。其所具有的凝聚力正在形成一种无形的力量，吸引着社会各界关注中国的发展，参与中国的发展，是我们向世界传递中国声音、总结中国经验、争取中国国际话语权最主要的平台。

皮书这一系列成就的取得，得益于中国改革开放的伟大时代，也离不开来自中国社会科学院、新闻出版广电总局、全国哲学社会科学规划办公室等主管部门的大力支持和帮助，离不开皮书研创者和出版者的共同努力。本次年会，我们将致敬一批在皮书发展过程中做出突出贡献的研创者和传播者。他们与皮书的故事创造了皮书的历史，他们对皮书的拳拳之心将继续谱写皮书的未来！

20年，在历史的长河中不过是弹指一瞬间，然而，对于人类社会的时间界限而言，20年的时光荏苒，“皮书”品牌已经进入了快速成长的青壮年。全方位进行规范化管理，树立中国的学术出版标准；不断提升皮书的内容质量和影响力，搭建起中国智库产品和智库建设的交流服务平台和国际传播平台；发布各类皮书指数，并使之成为中国指数，让中国智库的声音响彻世界舞台，为人类的发展做出中国的贡献——这是皮书未来发展的图景，我相信，也是每一位皮书人执着追求的目标。

“当代中国正经历着我国历史上最为广泛而深刻的社会变革，也正在进行着人类历史上最为宏大而独特的实践创新。这种前无古人的伟大实践，必将给理论创造、学术繁荣提供强大动力和广阔空间。”

在这个需要思想而且一定能够产生思想的时代，皮书的研创出版一定能20年再出发，创造出新的更大的辉煌！

预祝本次会议取得圆满成功。谢谢大家！

P3-14
皮书二十年再出发*

如果在历史的长河中记录当代的历史，“皮书”这种出版形态在研究中国智库建设史、当代中国出版史、中国哲学社会科学史中是不可绕开的词汇，而我们每个皮书人对皮书所做的一些事，都在书写这个历史。本次年会的特点可以用“三高”来概括：第一，高规格，本次年会的规格在皮书年会的历史上创造了一个新的高度，数位在任学者型正副高部级领导和十几位在会上受到隆重致敬的为皮书做出杰出贡献的知名专家学者出席，来自全国各皮书研创团长500多位皮书人出席；第二，高质量，从主题的设置到学术报告和主题报告专家的选择，再到分论坛的讨论，大家都进行了精心的准备，发表了大量高质量有价值的观点和见解；第三，高影响力，人民网、光明网、中国网、青海电视台等重要媒体都在报道会议盛况，这种影响力还会持续。

可以用一个词来总结“皮书专业化二十年”发展取得的经验，即“坚持”。20年，在历史的长河中不过是弹指一瞬间，“皮书”品牌已经进入了快速成长的青壮年，皮书能否做下去，贵在坚持。这需要大家的共同努力。出版社要严守出版规范，从皮书的准入论证到新实施的皮书书稿

---

* 本文系笔者2017年8月在“第十八次全国皮书年会”闭幕式上的总结摘要。

预审预处理，对皮书要进行全方位的规范性审核，树立中国的学术出版标准。对于研创团队，严把稿件质量关，不仅要克服皮书研创出版过程中遇到的难点和挑战，更要在维护和提升品牌上经得起诱惑。

关于下一步的皮书研创出版工作：一是要，坚持正确的政治导向。认真学习贯彻习近平总书记的“5·17”讲话，牢牢坚持马克思主义对哲学社会科学的指导地位，构建中国特色哲学社会科学学科体系、学术体系、话语体系，为增强我国哲学社会科学国际影响力做出新的更大的贡献。二是，坚持“五化”。即：专业化，皮书的研创要有专业立场、专业视角、专业方法，在内容选择上形成专题研究领域，研究方法要科学，研创团队的建设要专业；规范化，严守皮书的写作规范，包括数据来源、参考文献、摘要和关键词的书写等；数字化，皮书的研究内容，应该基于大数据、专业数据和独立采集的数据，皮书研创要搭建起专业化数据库平台；国际化，不仅限于将皮书转化为英文出版，还要努力进入到国际学术主流话语体系，并实现多语种出版，同时加大全球范围约稿，最终成为世界公认的智库成果中文首发载体；平台化，皮书为哲学社会科学提供最专业的平台，每一位皮书主编、主创团队（课题组）都应该把每一本皮书作为一个平台来打造。

二十年再出发，皮书的下一个二十年应该大放异彩。对出版社皮书未来的发展应从以下 6 个方面去规划：第一，皮书事业要继续传承，要做好未来二十年包括产品、人才、数量等方面的规划；第二，加快推进融合发展，精心打造皮书研创发展平台；第三，逐步推进皮书分类管理，包括综合评价、指标设置、皮书的推介宣传等方面；第四，全面推进皮书写作规范化管理，在改进、完善《皮书手册：写作、编辑出版与评价指南》的基础上开发皮书写作、检测模板；第五，强化皮书的国际传播；第六，加快皮书评价的升级，以更加公平、公正的原则进行客观评价。

P3-15
皮书规范应成为智库成果通行的规范*

党的十八大以来，习近平总书记面对复杂多变的世情，站在中华民族伟大复兴中国梦的高度，明确提出发展中国特色社会主义新型智库的要求，并对此做出一系列重要指示。2016 年 5 月 17 日，习总书记主持召开"哲学社会科学座谈会"，并做了重要讲话，其中，对中国特色新型智库建设提出了更加明确的具体要求，他指出："智库建设要把重点放在提高研究质量、推动内容创新上。要加强决策部门同智库的信息共享和互动交流，把党政部门政策研究同智库对策研究紧密结合起来，引导和推动智库建设健康发展、更好发挥作用。"

党的十八大以来，作为智库成果创新形态的皮书也获得了长足的发展。从数量上来看，社会科学文献出版社出版的皮书品种数从 2012 年的 226 种增加到 2017 年的 410 种，五年的时间增长了 80%；参与皮书研创的学者、作者超过数十万人，皮书报告的篇数达到数十万篇，使用皮书及皮书数据库的读者遍及海内外。从影响力来看，社会科学文献出版社每年举办百余场关于皮书的新闻发布会，中外媒体报道达 10 万余次，还同时发布中、英、俄、日、韩等 12 个语种的版本。此外，皮书还为研创者提供

---

* 本文系笔者为 2018 年正式出版的《皮书手册：写作，编辑出版与评价指南》（第三版）所撰写的前言，社会科学文献出版社，2018，第 1~4 页。

了一个向国内外发声的平台。因为皮书影响力的不断扩大，皮书研创者的思想和声音才能在世界范围内传播。对内，他们用自己的思想影响社会；对外，他们提出中国学者对于国际事务的观点，影响参与人思考问题和解决问题的方向。皮书正在形成一种无形的力量，吸引社会各界关注中国的发展，参与中国的发展，它是我们向世界传递中国声音、总结中国经验、争取中国国际话语权最主要的平台。

皮书手册是为皮书研创制定统一出版规范与标准的工具书。自 2016 年首次出版以来，皮书手册获得了皮书作者、读者的广泛关注与支持，很多手册的使用者给我们提出了很好的建议。两年来，在皮书研制、出版的实践中，我们积累了大量新的规范经验。比如，皮书准入环节实行专家匿名评审、皮书编辑增加专业预审环节，等等。鉴于此，今年我们推出了第三版。我们希望，通过对皮书研创规范、出版规范的精益求精，进一步加强新型智库建设。在第三版中，我们做了以下修订。

第一，在编辑出版流程中，增加预审环节。皮书预审是出版机构在皮书正式进入排版之前，在正常的“三审三校”流程以外，对于皮书报告内容的提前审核。审核的对象是皮书的框架设置、要件、摘要及关键词。此举旨在从皮书的专业形态上提前把关。

第二，对皮书及皮书报告要件的进一步明确。本次修订总结了皮书及皮书报告中必备及可选要件。

第三，规范皮书著述方式。著述方式是对皮书创作形式、责任主体及署名信息的界定。不同著述方式中，皮书报告的责任主体承担的责任不同，本手册建议，作为智库成果类报告，皮书的著述方式可以增加“研创”，突出报告的科学性。

作为皮书手册研制课题组的组长，我将加快推进皮书写作模式的创新。作为一种连续性出版物，单种皮书的主题、版式相对固定，研创者重复相同的工作造成效率低下。因此，我们正在开发皮书编撰软件，将可以由机器解决的问题交给机器，帮助研创者将精力投入研究工作中，在规范流程、保护皮书个性研创的前提下，全面提高皮书编撰效率。同时，为了方便皮书主编管理多篇报告，我们研发的“皮书投约稿系统”也已经进入了试用阶段。

今年年底，我主持的社会科学文献出版社学术出版手册（SSAP 手册）将要付梓出版，这套规范旨在打造中国版的“芝加哥手册”。这本皮书手册也是SSAP 手册的一部分，我们希望在推动学术出版、智库成果出版的过程中不断完善自身，更好地服务于新时代的哲学社会科学事业！

2018 年夏于北京马甸

P3-16
皮书高质量发展要点*

各位皮友：

皮书年会走过了20年，到目前为止，这20年一次没有缺席的也就只有我一个，这20年里，我前前后后可能有四十多场讲话，包括每年的开幕讲话、中间的主题演讲、会议总结。在《新时代的皮书：未来与趋势》的前言和《智库成果蓝皮书》的前言和总报告中，我提出了四个方面。第一，皮书以消除不确定性为研创宗旨，以是否提供专业的、有价值的信息作为衡量皮书研创内容质量的基本要求。第二，专业化、主题化是皮书研创出版的基本定位，数据分析是皮书研创的基本要义。第三，以调结构补短板的方式，积极推动皮书品种的优化。第四，搭建规模化、专业化的智库成果整合发布平台与知识服务平台，以皮书学术共同体全方位聚集流量，依托皮书数据库打造智库成果评价，推进皮书的数字化国际化发展战略，进一步扩大皮书的全球影响力。

具体到操作性层面：

一是实现皮书的高质量发展。作为新时代新皮书的研创出版，应该有一条主线，这个主线就是高质量的发展，高质量的发展应该采取什么样的

---

* 本文根据笔者2019年8月在哈尔滨召开的“第二十二次全国皮书年会”上的总结讲话整理。

措施，总体思路就是创优、集中、系列。许多评审专家提出，目前的皮书中有很多优秀的皮书，但是不乏劣质的皮书，所以要实行总量控制，调结构补短板。将皮书总品种控制在500多种以内，补齐国别区域类皮书和行业类皮书的短板，高质量发展是皮书下一步的走向。

今年5月份在贵阳举办的第五期皮书研创高级研修班上，我曾经讲过数据、流量、平台是皮书研创的本质。第一，数据。智库报告要以数据说话。第二，流量。在数字时代，流量是核心，每一篇报告、每一本皮书的研创，下一步就要看是不是自带流量，能不能自带流量，能不能把流量转化成有效的收益，这是一本优秀皮书的标准。第三，平台。皮书不是一本书，每个皮书研创者一定要把它看作智库平台，出版社打造的是皮书系列，是智库产品的出版、成果交流、对外推广、发布、评价的平台，每一本皮书或者每个皮书系列都应该有一个平台。以上述三个关键词为抓手，实现皮书研创出版的“四化”。“四化”是指专业化、规范化、数字化和国际化。所以越是专业，越是有主题价值的皮书越是最好的皮书。另外，要严格按照皮书写作规范撰写报告，这是皮书能否成为合格出版物最重要的标准，这套标准，越来越被其他非皮书的研创者全方位接受。所以每一个皮书报告的作者，首先要把皮书手册理解透，也希望大家给我们提供好的建议，不断完善《皮书手册：写作、编辑出版与评价指南》。

二是发挥出版社在皮书研创中的基础平台作用。完善准入退出机制；制定严格审稿制度，预审和内容重复率检测中认定为不合格的报告，应退给作者修改；推进皮书编辑的转型，使皮书编辑深度参与皮书的策划与研创，所以各位课题组在确定下一年度皮书提纲和选题时，可以请编辑一起参加讨论，参与到前端课题的策划。

三是以理事会和皮书的投约稿平台为切入点，健全皮书的学术机制。

四是进一步完善皮书的评价和评奖机制。

五是关于皮书委员会如何进一步发挥学术共同体的平台作用。第一，加强皮书年会相关数据分析，提高年会质量。第二，建立皮书研创机构主办或与出版社共同承办平行论坛的长效机制，提高平行论坛质量。第三，发挥皮书研创高级研修班的作用，第六期将围绕皮书总报告的撰写，邀请优秀皮书的总报告执笔人担任研修班讲师。

我与在座皮友们共同打造了一个能够做事、能干成事的学术共同体，是有意义的，在皮书事业的发展中留下浓墨重彩的一笔。最后我要感谢各位 20 年一同前行，感谢本次年会的承办方——黑龙江省社会科学院，也感谢我的同事们以及为这次年会服务的工作人员，更要感谢所有的皮友，谢谢大家！

P3-17
皮书高质量发展必须严格遵循皮书规范*

2020 年，注定是一个不平凡的年份。新冠肺炎疫情席卷全球，彻底打破了人类原有的生产、生活状态和秩序，这一状况与近年国际上反全球化、保守主义、民粹主义盛行等因素叠加，为人类社会的发展增加了巨大的不确定性和变数。

2020 年，也是中国全面建成小康社会的收官之年，同时也是“十三五”规划的收官之年，中国特色社会主义现代化将开启新的征程。未来，互联网、大数据、人工智能和区块链等技术的长足进步和广泛使用，又为人们精准把握外部世界、消除不确定性提供了无限的可能和想象空间。所有这一切，都成为各行各业发展必须面对和应对的时代课题。

对于社会科学文献出版社（以下简称社科文献）而言，2020 年正值建社 35 周年，这是一个从制作产品到创建品牌，从创建品牌再到引领规范，进而明确提出构建出版社自身文化基因的关键年份。8 年前（2012 年），我负责原新闻出版总署学术出版规范行业标准起草时，同时在出版社内部组建了《社会科学文献出版社学术出版手册：写作、编辑、出版指南》（以下简称《SSAP 手册》）课题组，旨在打造“中国版的《芝加

---

* 本文系笔者为《皮书手册：写作，编辑出版与评价指南》（第四版）所撰写的前言，社会科学文献出版社，2020，第 1~4 页。

哥手册》”。

《SSAP 手册》的研制工作在 2020 年初进入提速期。在疫情防控期间，虽然业务交流不能线下进行，我们的员工在春节前后也分散在全球各个城市，但得益于出版社长期以来线上办公系统的部署，我们迅速启动了云会议、云直播等在线办公模式。也是在这种情况下，我们进一步加速推动了《SSAP 手册》的研制。2020 年 8 月，《SSAP 手册系列 · 1——作者手册》正式出版，线上线下同步发布，这标志着社科文献所引领的学术出版规范建设进入了制度化推进的新阶段。

作为《SSAP 手册》重要组成部分的《皮书手册——写作、编辑出版与评价指南》（以下简称《皮书手册》）早在 2016 年就率先出版发布了第一版，之后大致保持每年修订一次的频率。2020 年，随着《SSAP 手册》研制工作的提速，《皮书手册》第四版也随着《作者手册》的正式出版而重新推出。

截至 2019 年，社科文献每年连续出版的皮书近 450 种，皮书总字数达到 12.5 亿字；皮书作者总数近 30000 人；参与皮书研创的智库数量近千家。《皮书手册》是服务于中国智库成果（皮书）研创写作、出版发布、评价推广等全流程的工作指南，旨在“提供关于皮书研创、编辑、出版的完善、合理、有效并能经得住考验的方案”，并帮助相关环节的专业人士正确识别并恰当地使用这些规则。

中国社会科学院院长谢伏瞻在“第二十次全国皮书年会”上对皮书提出了“高质量发展”的要求。在如火如荼的“智库建设”“智库评价”的“热浪”中，智库成果始终是体现智库价值的最终抓手，能否持续产出高质量的智库成果也成为决定智库影响力的主要因素。本次《皮书手册》的修订也在内容上更加突出皮书“高质量”的发展要求，重新梳理框架，并更新皮书发展中的新经验、皮书管理中的新措施。

《皮书手册》第四版共分为 8 个部分。第一部分由原来的“通则”改为“皮书导论”，进一步厘清皮书报告的类别，在皮书报告分类中，增加了“研究报告”，并对研究报告类皮书进行严格的界定和科学的规范，使其区别于普通的“研究论文集”；第二部分和第三部分分别是皮书研创规范和皮书编辑出版规范，这两个部分以“皮书创意的形成→选题的策划→编辑、出版”的时间轴为序，梳理了每个环节的重要事项、具体的操作流程，以及写作中应当遵循的规范；第四部分是皮书发布与推广，此次补充了皮书直播等新的发布方式；第五部分是皮书法律规范、权利责任与版权管理，本次修订强调了皮书品牌知识产权的保护，皮书出版方对皮书享有专有出版权，出版社对皮书相关设计申请了商标专有权，这有助于推动皮书相关品牌的保护，有助于皮书相关项目的申报，皮书研创者和出版者、发布者也有责任和义务共同维护皮书的品牌价值；第六部分是皮书评价与评奖，本次更新了皮书综合评价指标体系；第七部分是皮书数字化发展，介绍了皮书数字化发展的历程，以及皮书数字化的类型及规范；第八部分是皮书国际化发展，在保留上一版皮书英文译文规范的基础上，补充了皮书国际化出版的规范流程，并介绍了皮书国际化传播的路径。

为了进一步控制皮书数量、提升皮书质量、优化现有皮书品牌结构，2020 年，皮书正式启动书目管理制度。依托皮书学术共同体，以皮书综合评价指标为依据，对所有皮书品牌实施评审，通过评审的皮书方可进入皮书出版目录。皮书出版目录实行动态管理，每年评审、定期公布。这一版本的《皮书手册》也补充了皮书书目管理制度、皮书目录反馈单制度等多项为提升皮书质量而探索的新举措。

皮书是中国社会科学界、智库界共同打造的智库品牌，《皮书手册》是以皮书人命名的学术共同体的智慧的结晶。作为《皮书手册》的主编、《皮书手册》研制课题组的组长，我要感谢皮书的研创者对《皮书手册》的长期关注，通过不断提升皮书质量，把有关中国发展、中国经验、中国道路的重要研究成果呈现给世界，并由此提升了中国智库、中国学者的影响力与话语权；我要感谢本书学术专家、业界专家对本书的指导，使《皮书手册》真正站在学术规范研究的专业前沿；我也要感谢 SSAP 项目组的成员特别是皮书研究院的同事们，童根兴副总编辑对整体结构提出了极具价值的修改方案，《SSAP 手册》课题组其他成员参与了《皮书手册》第四版的专题研讨，从实践工作角度提供了有价值的见解与帮助。

我坚信，皮书人携手共同打造的学术共同体、智库共同体，将通过皮书这一成果形式记录、呈现中国特色社会主义伟大实践，并不断推进中国特色新型智库建设及质量发展。我们期待未来有更多的皮书主编、皮书报告作者参与到《皮书手册》的修订工作中来，提出宝贵的意见和建议！《皮书手册》将为不断探索皮书发展中的规范而继续努力！

2020 年 9 月于北京马甸

P3-18
皮书规范、通则*

一　术语与定义

（一）研究报告

研究报告是指由从事科研活动的组织或个人撰写，基于自然科学领域或社会科学领域的基础研究或应用研究的任何主题，旨在推广、传播、交流、利用自然科学或社会科学研究与实践的结果，并提出有关行动建议的研究性文献。

皮书手册所述研究报告主要是指社会科学领域的研究报告，是指用于描述社会科学领域研究的过程、进展和结果，或描述一个社会科学问题状态的文献。

皮书手册所述研究报告可分为学科动态型研究报告、文献综述型研究报告、实体研究型研究报告。学科动态型研究报告是对某个学科的动态发展进行的研究；文献综述型研究报告是针对某个社会问题或主题进行的文献梳理和知识再生产；实体研究型研究报告主要针对具体的社会实体

* 选自谢曙光主编：《皮书手册：写作、编辑出版与评价指南》（第四版），社会科学文献出版社，2020，第1~12页。本书对原标题做了改动。

（如社会组织、企业）或特定空间领域（如国家、省区市）进行实地调查，分析问题、找出规律、探寻趋势，并提出相关对策建议。

（二）智库报告

智库报告是指由专业智库撰写，基于公共事务领域，对政治、经济、外交、国防、科技、社会等宏观问题或微观问题进行专题研究，旨在为决策机构估计形势、确定目标、制定政策提供建设性的决策依据和行动建议的研究性文献。

（三）白皮书

按照第六版《辞海》的定义，白皮书是“一国政府或议会正式发表的、封面为白色的重要文件或报告书”。

一国的官方文书使用何种颜色的封面并无严格的规定，往往是一种习惯或约定俗成。有些国家的这类文书用其他颜色，蓝色的叫蓝皮书（如英国），红色的叫红皮书（如西班牙），黄色的叫黄皮书（如法国），绿色的叫绿皮书（如意大利）。

在我国，白皮书为官方专用。第一部政府白皮书于 1991 年发布。2005 年 5 月至 2020 年 6 月，中国已发布了 129 部白皮书[①]。作为一种官方文件，白皮书代表政府立场，要求事实清楚、立场明确、行文规范、文字简练。

（四）皮书

所谓“皮书”，特指 20 世纪末以来由中国社会科学院所属社会科学文献出版社出版的蓝皮书、绿皮书、黄皮书等的简称。

本手册将其定义为：对中国与世界发展状况和热点问题进行年度监

---

① 中华人民共和国中央人民政府网站，http：//sousuo. gov. cn/column/30214/0. htm，最后访问日期：2020 年 9 月 4 日。

测，以专业的角度、专家的视野和实证研究方法，针对某一领域或区域现状与发展态势展开分析和预测，具备原创性、实证性、专业性、连续性、前沿性、时效性等特点的公开出版物，由一系列权威研究报告组成。

皮书是智库报告的主要形式之一，是同一主题或同一机构（团队）智库报告的聚合。

1. 皮书系列

宽泛地说，皮书系列是社会科学文献出版社编辑出版的蓝皮书、绿皮书、黄皮书等年度专题研究报告的统称。具体到某一研创机构，其编写的多种皮书（通常是同一皮书名称）在习惯上也被称为该研创机构的皮书系列，如中国社会科学院金融研究所的“金融蓝皮书系列”，河南省社会科学院的“河南蓝皮书系列”。

2. 蓝皮书、绿皮书、黄皮书

皮书按封面颜色划分为蓝皮书、绿皮书、黄皮书。蓝皮书是社会科学文献出版社皮书的主体，因此“蓝皮书”常常可以用来指代“皮书”。

二 皮书的特征

（一）原创性

皮书原创性体现在两个方面：第一，数据资料的原创性，皮书是以研创者通过实地调研获得的第一手数据资料作为分析的基础数据；第二，运用科学、实证的研究方法对数据资料进行分析，得出原创性的结论或对策建议。此外，皮书的原创性还表现在书中各篇研究报告都是原创并在皮书中首发。

（二）实证性

皮书研创是一种经验研究，强调实证性，即通过对研究对象进行大量的观察、实验和调查获取客观数据，并对客观数据采用统计、评价评级、模型预测与分析等实证研究方法进行进一步研究，得出客观的结论或对策建议。皮书报告数据翔实，通过社会调查、评价评级、模型预测与分析、大数据等实证研究方法对所研究问题进行分析得出的结论更具有可信度。

（三）专业性

皮书专业性主要指研创主体的专业性和研创行为过程的专业性。皮书的主编和作者是在所涉专业和研究领域有较大影响力和一定知名度的专家学者；皮书的研究和写作，不同于学术论文、专著和理论文章、通俗读物的写作，它是在学术积淀基础上的应用对策类研创、写作等专业活动。

（四）连续性

皮书连续性体现在其以年度为时间单元持续关注所研究领域的某一问题，并进行科学的理论与实践研究，进而形成持续的研究成果。皮书报告为“筑路式”研究，每年（或每两年）针对同一领域、门类、地域发布研究成果。

（五）前沿性

皮书前沿性体现在两个方面：一是在理论探讨上应反映学术前沿问题，并能通过现有数据分析推断该研究领域的发展趋势；二是在解释现实问题时，皮书应关注现实生活中的热点、重点问题，致力于解决政府、媒体、公众关注的问题，回应社会关切。

（六）时效性

皮书时效性体现在三个方面。一是皮书报告使用的数据资料是最新的。利用最新的数据资料进行分析，能够准确地反映研究领域的最新动态。二是出版时间要慎重选择。例如，有的皮书在年底出版，可利用前三季度的数据，对第四季度、当年及下一年度进行数据预测。但皮书的出版时间选择一定要从市场的角度特别是从使用者的角度考虑。多年经验表明，年度预测类皮书的最佳出版时间是每年的11月至次年的3月。三是发布时间要适时。皮书的最佳发布时间是两会前后。特殊的如行业类皮书，应在该行业年会、全行业重要的论坛召开时发布；国际问题类皮书可选择外交领域重要时点进行发布。

三　皮书的功能

（一）决策参考

皮书以专业的视角对某一领域进行分析预测，代表的是专家的第三方观点，是中央及地方政府部门、相关企事业单位、社会组织乃至个人行为的决策参考。

（二）政策先声

皮书是掌握话语权的载体。当政府或有关部门准备出台某项政策时，可以通过发布皮书试探社会对其的反应；也可通过皮书出版发布有关内容，提前营造积极的舆论氛围。

（三）投资指南

皮书课题组通过调研，对国内外宏观环境、政府政策导向、市场发展趋势等问题进行科学解析和预测，其报告能够为商业机构、咨询公司提供有价值的基础数据和资料。

（四）话语平台

皮书已成为获取话语权的重要平台。从国内来看，皮书本身浓缩了国内外经济、社会、文化等领域的大量信息，需要通过平面媒体和网络媒体进行话语转换，即实现从学术话语向大众话语的转换，继而影响决策层，转换为官方话语；同时，媒体可从皮书中获取大量的新闻素材和内容，并通过皮书这一内容载体，与各领域专家和社会公众进行对话，有利于壮大主流舆论、凝聚社会共识，从而引导科学、理性的社会舆论氛围。从国际上看，皮书也是国际社会了解中国的重要窗口，是提升中国对外传播能力和国际影响力、建立对外话语体系、实现公共外交功能的重要工具。

（五）学术研究基础资料库

皮书数据的原创性及持续性的积累，能够为深入研究提供基础的数据资源。因此，皮书可以作为获取研究数据的重要工具。随着时间的推移，皮书作为连续性出版物的价值将越来越高，而皮书数据库也将成为研究当代中国最重要的基础数据库之一。

（六）社会服务智力库

广义的社会服务，可以概括为：为提高社会成员生活福利而提供的各类服务，包括物质性服务和精神性服务。皮书关注社会的先天特性决定了其关注社会问题的解决、社会矛盾的缓和、社会生活方式的改善等重要议题，能够为社会组织等社会服务专业机构提供智力支持。

四 皮书类别

（一）按封面颜色分类

按照封面颜色分类，是皮书最传统的分类法。如前文所述，可分为蓝皮书、绿皮书、黄皮书。不同封面颜色的皮书，研究领域不同。

1. 蓝皮书

以经济、区域、行业、社会等相关领域为主题的皮书，其数量占到总体的90%以上，是皮书的主体。

代表皮书：经济蓝皮书、京津冀蓝皮书、国际城市蓝皮书、房地产蓝皮书、公共服务蓝皮书、青年蓝皮书等。

2. 绿皮书

与生态、环境、农村、旅游等可持续发展主题相关的皮书，约占总数的7%。

代表皮书：气候变化绿皮书、农村绿皮书、旅游绿皮书、环境绿皮书、中小城市绿皮书等。

3. 黄皮书

以国际政治、经济等问题为主题的皮书，在总量中约占3%。

代表皮书：世界经济黄皮书、国际形势黄皮书、拉美黄皮书、G20国家创新竞争力黄皮书等。

（二）按空间领域分类

皮书的研究领域从空间上看，既有立足全球关注他国动态的国际视野，也有立足中国解析区域发展的地方关怀。具体分为全球与地区（国家）类、全国与省区市类、城市与农村类。

1. 全球与地区（国家）类

研究领域：全球及主要国家、地区的经济、社会、文化等。

代表皮书：国际形势黄皮书、日本经济蓝皮书、美国蓝皮书、俄罗斯黄皮书、非洲黄皮书等。

2. 全国与省区市类

研究领域：中国及各省区市的经济、社会、文化、产业等。

代表皮书：西部蓝皮书、区域蓝皮书、河南蓝皮书、上海蓝皮书、温州蓝皮书、深圳蓝皮书等。

3. 城市与农村类

研究领域：中国及世界城市、农村经济社会发展现状。

代表皮书：城市蓝皮书、国际城市蓝皮书、中小城市绿皮书、农村绿皮书等。

（三）按研究内容分类

按照研究内容的不同领域，皮书被分成了六大类。这六种分类也是建立不同评价体系的基础。

1. 经济类

研究领域：宏观经济、区域经济、城市经济、产业经济、部门经济等。

代表皮书：经济蓝皮书、中国省域竞争力蓝皮书、农村绿皮书、工业化蓝皮书、产业蓝皮书、城市蓝皮书、西部蓝皮书等。

2. 社会政法类

研究领域：与社会、政治、法治密切联系的特定领域。

代表皮书：社会蓝皮书、法治蓝皮书、反腐倡廉蓝皮书、人权蓝皮书、老龄蓝皮书、社会心态蓝皮书、教育蓝皮书等。

3. 文化传媒类

研究领域：与文化传媒相关的特定领域。

代表皮书：文化蓝皮书、传媒蓝皮书、新媒体蓝皮书、舆情蓝皮书、纪录片蓝皮书等。

4. 地方发展类

研究领域：中国地方经济、社会、文化、产业等相关领域。

代表皮书：北京蓝皮书、上海蓝皮书、陕西蓝皮书、河南蓝皮书、温州蓝皮书、广州蓝皮书、澳门蓝皮书等。

5. 行业报告类

研究领域：重点行业、新兴行业等国民经济相关产业。

代表皮书：医院蓝皮书、旅游绿皮书、汽车蓝皮书、测绘地理信息蓝皮书、互联网金融蓝皮书等。

6. 国别区域与全球治理类

研究领域：全球及主要国家、地区的经济、社会、文化等相关领域。

代表皮书：国际形势黄皮书、美国蓝皮书、日本蓝皮书、拉美黄皮书、欧洲蓝皮书等。

（四）按研究功能分类

作为智库成果，皮书既可以建立模型、描述现状，也可以探索规律、预测未来。

1. 发展报告型

侧重对某一领域或区域发展现状的描述。

代表皮书：《北京蓝皮书：北京公共服务发展报告》《移动互联网蓝皮书：中国移动互联网发展报告》《国家创新蓝皮书：中国创新发展报告》《青年蓝皮书：中国青年发展报告》等。

2. 分析预测型

在对某一领域或区域发展现状分析的基础上，侧重对研究对象未来发展趋势的预测。凡分析预测类皮书，每年应对上一年度做出的预测给一个回溯性分析。

代表皮书：《经济蓝皮书：中国经济形势分析与预测》《社会蓝皮书：中国社会形势分析与预测》《旅游绿皮书：中国旅游发展分析与预测》《河南蓝皮书：河南社会形势分析与预测》等。

3. 评价（评估）型

利用数据模型、评价指标体系分析某一领域的发展现状，并揭示其特征。

代表皮书：《中国省域竞争力蓝皮书：中国省域经济综合竞争力发展报告》《公共服务蓝皮书：中国城市基本公共服务力评价》《文化蓝皮

书：中国文化消费需求景气评价报告》等。

4. 研究报告型

利用科学的研究方法针对某一领域的某一主题进行实证研究，并通过年度性的持续分析发现规律、提供有价值的智库观点。研究报告型皮书应与研究报告类论文集做出严格区分，报告应体现时效性、年度性。

代表皮书：《社会心态蓝皮书：中国社会心态研究报告》《日本经济蓝皮书：日本经济与中日经贸关系研究报告》《北京人口蓝皮书：北京人口发展研究报告》等。

五 要点概述

皮书从研创到编辑出版、评价推广，已经形成一整套相对成熟的操作方案，本手册余下的内容将从这几个方面详细介绍皮书研创、编辑出版、评价推广的通行规则，本部分先简要介绍相关的重要节点内容。

（一）皮书研创

皮书研创是指皮书的研究、创作（编写/撰写）活动，需要具备时间、团队、空间、数据四要素。所谓时间，是指皮书作为资讯类产品，要求其报告内容具备时效性和研究的持续性；所谓团队，是指为保证皮书的专业性，皮书研创应建立起一个研究领域内最强研究力量组成的研究团队；所谓空间，是指皮书都必须有明确的研究领域及地域；所谓数据，是指皮书研创应建立原创的数据来源、数据库。

（二）皮书规范

皮书写作需要遵循特定的规范。本手册中列出了皮书研创规范（参见第二部分）、皮书编辑出版规范（含具体技术规范，参见第三部分），以供皮书研创者参考遵循。

（三）皮书编辑

皮书编辑工作是专业的编辑活动。本手册中列出了皮书责任编辑任职资格、工作内容、方法、流程（参见第三部分），可供皮书编辑参考遵循。

（四）皮书发布与推广

皮书是面向媒体、面向公众的资讯类产品。加大皮书的推广力度，有利于进一步发挥社会科学研究成果在深化改革、促进社会发展中的作用；有利于培育智库平台，进一步实现社会科学成果的价值最大化。皮书主编（课题组）与出版社均应重视皮书的推广，尤其是发布会的组织策划，应像皮书的研创、出版一样，制订皮书的推广计划（参见第四部分）。

（五）皮书相关法律规范、权利责任与版权管理

皮书作为正式出版物，其研创与出版须严格遵守出版及相关领域同行的法律法规（参见第五部分）。

（六）皮书评价与评奖

皮书评价是运用一整套主客观指标体系对皮书的内容质量、社会影响力等方面进行定量评价和定性评价，是保证皮书质量提升及可持续发展的重要方式，是对社会科学成果评价的积极探索。本手册介绍了皮书评价的指标体系、评价方法、评价主体，以及评奖结果的使用（参见第六部分）。

（七）皮书数字化发展

皮书数字化是皮书生命力和影响力在互联网、大数据时代的拓展和延伸。2003 年以来，为更好地满足用户日趋数字化、移动化的阅读和研究需求，实现皮书价值增值，打造互联网、大数据时代的皮书影响力，社会

科学文献出版社以“皮书系列”为基础，借力不断发展的信息技术，全力打造世界领先的智库成果整合发布与知识服务平台，形成以皮书数据库为核心，中国皮书网、皮书电子书、皮书音视频共同服务于用户的皮书数字化业务格局（参见第七部分）。

（八）皮书国际化发展

皮书系列中十多种品牌持续（合计 232 部）以英文、俄文等多语种的形式出版，实现了中国学术“走出去”，为智库提升国际影响力提供了平台。荷兰 Brill 学术出版社专门以“CASSYearbook”为丛书名，自 2007 年开始每年出版多种英文版皮书，扩大了中国智库在海外的学术影响力。同时，多位皮书主编在国际大型书展发声、演讲，实现了与国际学术界的对话与交流（参见第八部分）。

P3-19
皮书研创出版的命门在于“执着坚持”*

这次皮书年会可以用“挚”这一个字来概括，皮书年会从2000年首次在辽宁省葫芦岛市举办，出席会议最多不到50人，此后逐年增多，本次年会又创新高，出席人数达380人，充分反映了皮书研创出版者近二十年执着的追求。可以用“执子之手”来表示我们与智库的研创者、智库成果的推广者携手努力。本次年会皮书研创智库团队互相合作、分享经验，共同对当下中国的学术话语体系建设进行交流，并达成了鲜明的共识。因时间关系，我最后谈五点总结，供大家会后参考。

一　会议整体评价

本次年会紧扣皮书概念，围绕当下中国学术话语体系建设展开了热烈的讨论，会议主题突出、观点鲜明，有效信息量大，这与大家“执着”的坚持是分不开的。本次年会体现出这样两个特点：

一是出席专家涉及面广。出席本次会议的不仅包括各研究领域的专家，也包括像中共恩施州委书记这样的地方官员，对皮书的话语权都有着

* 本文根据笔者2015年8月在湖北恩施召开的“第十六次全国皮书年会”闭幕式上的总结讲话整理。

深刻的认识。

二是会议内容专业。这与大家的用心、专业是分不开的。同时，也说明，皮书研创出版是20世纪末以来中国特色新型智库建设的一个成功范例。

在这短暂的时间里，我相信大家都收获满满的，对皮书的认知进一步加深，在这个平台上，我们信心更足，让我们高扬皮书的旗帜，为中国话语体系的建设贡献力量。

二　会后对本次会议精神的落实工作

年会后会议精神的落实工作包括：第一，整理和发送会议相关资料，便于大家传达信息。第二，进一步组织有关本次年会的媒体宣传工作，包括皮书网、皮书数据库平台，让更多的人了解本次会议的研讨成果。目前，光明网、光明日报已经发了关于本次会议开幕式的情况。本次会议的精彩发言，也会在光明日报做专版，进一步把我们的声音传递，构建我们的话语权。第三，希望参会的各皮书课题组向所在单位领导汇报本次年会的情况，让更多的领导和同志们认识、认同皮书的价值，并召开相关皮书的工作会议，做好2016年的皮书研创工作。

三　努力提升皮书的影响力和权威性

在提升皮书的影响力和权威性方面，我们一直在努力。一是努力让皮书作者的研究成果进入科研院所以及高校的评价体系，也争取能够进入到科学期刊，这些年我们一直在不断推进这项工作。目前社科院系统关于这方面的工作有了一定的进展，但高校实施起来可能会更加复杂。二是关于皮书奖能不能盖社科院的章，我们也做了很多努力。可以负责任地说，

“优秀皮书奖”评了六届，越来越规范、严谨。从2011年起皮书年会升格为由中国社会科学院主办后，“优秀皮书奖”的最终结果都是经过中国社会科学院院务会议批准通过的。

四 对皮书研创出版的建议

对于下一步皮书研创出版，我提四点建议：

一是从智库建设和中国话语体系建设的战略高度，来做好皮书的顶层设计，无论是地方社会科学院还是其他皮书的研创机构，应像中国社会科学院那样，下决心以皮书作为“新型智库”建设的抓手。从智库建设平台的角度，对整个皮书做整体的规划，尤其是国别类的皮书。

二是要助力完善皮书研创的平台建设。我们现在已经到了开始做平台而不是做一个产品的时候，希望通过大家的努力来整合这个平台。将来整合的不是皮书，而是一个原始的数据库，形成一个平台进行数据共享。例如目前建立的阿拉伯研究数据库，皮书里面有关阿拉伯研究的核心资源，形成一个平台，可以在这个平台上完成我们所有皮书的研创。

三是利用新的技术，特别是在数据时代，做关于皮书作者、主编、皮书研创机构、皮书编辑的资源库，并进行统一的ID编码，建立每一个相关人员的数据库和主页管理，形成智库资源。截止到目前，我们每年出版的皮书将近11000篇报告，撰写报告的研究者超过2万人，这是一个巨大的智库人才资源。

四是社科文献将在多年积累不断完善的基础上，正式出版《皮书手册——写作、编辑出版与评价指南》，希望大家把改进意见反馈回来，通过《皮书手册》规范皮书的研创和出版，建立自身的标准这是所有皮书人的职责，希望大家都去参与。

五　进一步完善皮书的评价评奖体系，形成有效的激励机制

会上大家讨论提到非常多的就是关于皮书的评价、评奖，我们每年、每一次会议都在吸纳各位专家的意见，形成公开合理的评价体系，真正形成一个有效的激励机制。目前，社科文献通过发放奖金的形式对优秀的皮书和皮书报告进行了奖励，有些地方社科院也会追加奖金。我们还会对比较突出的皮书，通过其他方式进行更多的回馈，比如免除本次获奖单位的注册费。今后，设想可以建立一个皮书研创的基金，对皮书研创以及年会提供一些支持。

最后非常感谢湖北大学、恩施市委州委和宣传部以及我们社会科学文献出版社的工作人员，做了很大的努力，我代表全体参会人员对他们表示感谢。也代表承办方对在开会中一些不足的地方，表示歉意！

P3-20 关于皮书总报告研创的几点思考*

摘　要：作为中国最具影响力的智库产品，皮书进入高水平研创、高质量发展的新阶段。作为核心、灵魂的皮书总报告成为皮书高水平研创、高质量发展的关键所在。本文分享了三个方面的内容：一是皮书研创出版的现状，包括研创概况、取得的成就、存在的问题及改进方向等；二是皮书总报告的特性基本要求与类型；三是皮书总报告的具体写作规范。

关键词：皮书　总报告　写作规范

随着中国特色社会主义进入新时代，中国特色新型智库的路径转型也面临新挑战、新要求。皮书作为中国最具影响力的智库产品之一，已进入高水平研创、高质量发展的新阶段。由此，作为核心、灵魂的皮书总报告成为皮书高水平研创、高质量发展的关键所在。

撰写较高水平的皮书总报告不仅仅是时代的要求，更是每一位皮书人必须考虑的事情。随着皮书影响力的扩大，社会对皮书研创的质量要求也

* 本文根据笔者 2019 年 11 月在广州召开的第六期全国皮书研创高级研修班上的发言录音整理。

逐渐提高。如今，皮书研创的纠错成本骤升，倘若存在与党和国家的要求或是与整个中国发展形势不吻合的皮书，那就很有可能对皮书品牌乃至整个社会造成不好的影响。在整体研创品质较高的皮书中存在个别报告有明显瑕疵的情况，会给整部皮书的质量造成极大的破坏。较为典型的事例就是在皮书中故意增添如领导讲话稿之类的内容，这就使得整部皮书出现“四不像”的状况。局部上的瑕疵累积起来就会给整体带来巨大的影响。所以，皮书研创者必须坚持提高质量、控制数量，将目光聚焦在皮书品质的提高上。

过去，皮书研创工作仅仅是针对整部书的质量进行审核，但如今的关注点应当落实到每一篇报告上。一部皮书的质量很大程度上由其总报告的质量决定，这是由皮书篇章的布局决定的。总而言之，总报告是决定整部皮书质量的关键。针对皮书总报告研创的问题，本文提出三点思考。

一　皮书研创出版的现状

1. 概况

从皮书品种的角度看，自 1997 年到 2018 年，皮书品种实现了飞速跨越，逐步在专业化、系列化、市场化、数字化、国际化的道路上奋进不息，成绩斐然。

皮书品种按内容大体可以分成六大类，即经济类（共计 478 部，约占 15%）、社会政法类（共计 434 部，约占 14%）、文化传媒类（共计 228 部，约占 7%）、地方发展类（共计 1107 部，约占 35%）、行业类（共计 564 部，约占 18%）以及国际问题类（共计 321 部，约占 10%）。细化而言，经济类分为宏观经济类（如“经济蓝皮书”）、区域与城市经济类（如“京津冀蓝皮书”）、产业经济类（如“产业蓝皮书”）。社会政法类分为社会类（如“社会蓝皮书”）、政法类（如“法治蓝皮书”）。文化传媒类则涵盖文化类（公共文化、文化产业）、传媒类，其中文化类以“文化蓝皮书”为代表，传媒类以“新媒体蓝皮书”为典型。地方发展类则包括地方经济类、地方社会类、地方文化类，如“广州蓝皮书”“黑龙江蓝皮书”。行业类则主要包括行业及其他类（单一行业报告、行业融合），以“旅游绿皮书”“数字经济蓝皮书”为代表。国际问题类则涵盖国际问题与全球治理类（如“世界经济黄皮书”）、国别与区域类（如“日本蓝皮书”）。

从总报告的数量上看，随着皮书品种的增多，皮书报告的数量增长明显。从 1997 年的 41 篇独立报告到 2018 年的 8832 篇，增长了 214 倍。

根据研究功能及方法划分报告类型，皮书报告主要可以划分为分析预测型（以现状分析、未来预测为必备方法，以历史回顾、对策建议为可选方法）、评估评价型（以研究方法、研究过程、研究结论、对策建议为必备方法）、发展报告型（以过程与现状分析、对策建议为必备方法）。分析预测型报告的主要功能就是对当年度的状况进行分析，并对未来的趋势进行预测，甚至更进一步提出一些政策性的建议。评估评价型报告以城市竞争力、省域竞争力等为评价指标。这一类报告的重点是研究方法、研究过程、指标指数设计以及数据来源，其最终要形成指数报告和评价榜单。发展报告型报告则更多地考虑某个行业或某个领域，以年度为单元对发展过程现状和问题进行分析与描述。

站在字数控制的角度上，皮书研创也经历了一个逐步发展的过程——其平均字数从 2001 年以前的 30 万字以内发展到 2002~2010 年的 45.3 万字。2010 年以后，为提升可读性及信息传递有效性，《皮书操作手册》明确规定，单种皮书总字数不得超过 40 万字，建议在 35 万字内。此后，皮书报告的平均字数得到一定程度的控制。

从事皮书研创的作者也发生了较大的变化，作者数量自 1997 年的 60 人发展到 2018 年的 11422 人，拥有副高级及以上职称的作者数量则由 12 人增加到 7335 人，而拥有博士学历的作者数量从 8 人增加到 4659 人。再观察皮书累计发行量的演变状况，其由 2010 年的 28.54 万册迅速增加到 362.6 万册（截止到 2019 年 11 月 20 日）。

观察皮书数据库的使用情况可以发现，截至 2019 年 10 月 31 日，其收录的皮书数量已经达到 10209 部，收录皮书报告数量达 19.1 万篇，收录图片图表共 55.5 万张。而考虑其用户数据，使用皮书数据库的专业机构（含各类智库机构）近 1400 家、个人用户达 10 万余人、总浏览数已达 1400 万余次。目前，社会科学文献出版社（以下简称“社科文献”）正在努力提高皮书数据库的用户黏性并将其打造成中国智库类数据库的范本。

2. 取得的成就

从所取得的成就来看，第一，皮书已经成为中国最具影响力的智库成果交流与传播发布平台，在促进学术信息交流方面扮演着重要的角色；第二，皮书是决策、咨询的必备参考读物，皮书数据库成为提供决策信息的重要媒介；第三，皮书是引领社会舆论的有效工具，皮书发布往往成为舆论关注的焦点并对公众意见产生重大影响；第四，皮书是当代中国与世界研究的重要学术文献，是世界了解当代中国发展的可信路径，国外从事中国研究的学者和机构，往往将皮书作为获取中国学术信息的重要方式，将皮书数据库作为挖掘学术价值的丰富矿藏。

3. 存在的问题

目前，皮书研创工作主要存在着四类问题。

第一，皮书研创出现了数量与质量不成正比、头部产品占比过小的情况。在市场上表现良好的头部产品不超过 10 部。站在流量的角度统计每部皮书的浏览量，更能发现绝大多数的浏览量往往集中在少数皮书上。

第二，皮书品种结构失衡，研究主题、研究领域交叉重复现象较为普遍。如汽车相关领域的皮书反复出版、与粤港澳大湾区相关的皮书数量过多。皮书研创总体呈现不平衡不协调的局面。

第三，研创长效机制缺失，中途停产皮书比重过高也是较为严重的问题。研创年限多于 5 年的皮书占比较低。这固然存在一种优胜劣汰的客观现象，但同时应当注意到部分研创者为了特定目的而在成功出版过一部皮书后就不再进行研创的现象，对此必须引起皮书人的高度警觉。

第四，皮书学术质量认同度有待提升。研创人员应考虑对出版的皮书和智库报告进行统计评价和成果考核，从而形成某项固定指标并纳入科研成果的考核体系中。

4. 改进方向

从皮书研创出版的改进方向和措施的角度来看，一方面，研创人员应进一步提升对皮书功能、价值的认识，以高质量发展为目标导向，包括采用末位淘汰制、专业化的内部控制机制等手段促进皮书整体质量的提高；另一方面，研创人员则必须调结构、补短板，以数据、流量、平台为抓手，着力推进皮书研创出版长效机制建设。调结构、补短板的核心在于针对研究主题重复的皮书，严格执行竞争性淘汰机制；针对相对空缺的热门领域，则应支持相关皮书的研创出版。以数据、流量、平台为抓手则意味着研创人员应不断推动皮书吸引流量、蹭流量以及流量变现运动，使皮书在新媒体时代更具影响力和竞争力。与此同时，还应发挥好社科文献的平台作用，不断推动皮书研创人员的内部交流、学术合作。

二　皮书总报告的特性、基本要求与类型

1. 总报告的特性

皮书作为智库报告的象征通常采用“总报告—分报告—专题报告”的结构，而总报告是总揽全书的纲领，是全书的灵魂和精髓，在很大程度上，总报告的质量决定了全书的质量。分报告、专题报告则是以总报告为核心展开和深化。

总报告不能理解为全书各部分的综述，而是应当作为独立的部分存在，即脱离了分报告、专题报告等也能够独立成篇出版。

2. 总报告的基本要求

总报告应当完全体现皮书的基本要求，即原创性、实证性、专业性、连续性、前沿性、时效性。关于原创性，应鼓励课题组针对某一主题进行调查研究并逐渐形成文稿。在实证性方面则需要注重对数据的处理和应用，要在真实完整的数据基础上进行分析预测。专业性则意味着：要组织专业的学者、机构运用各自领域的专业知识、研究方法进行学术报告的撰写。至于连续性，研创人员必须考虑主题延续和年度延续两方面的问题，努力在进行专题研究时做好回溯性分析。前沿性和时效性分别意指皮书研创必须关注学术前沿话题、约束创作时间。

除去关注皮书总报告的六个基本要求，撰写总报告还需要把握住其关键点——把握总体、突出主题和用数据说话。首先，把握总体意味着在皮书研创过程中要具备宏观思维。一方面，研创人员应注重主题与各报告以及总报告与分报告之间的逻辑关系；另一方面，研创人员应对所研究领域的主要问题、过往研究成果等有着整体上的认识和理解。其次，皮书的生命和价值主要体现在突出主题。皮书研创不可能做到面面俱到，尤其对于总报告，必须针对最具话题性和影响力的主题、实例进行撰写。最后，用数据说话体现为研创人员能够对数据进行有效搜集整理，在此基础上形成直观的图表并将其运用在报告中，从而增加学术报告的严谨性和说服力。数字时代的当下，取得数据不再是难题，借助数据库、爬虫技术等智能搜索方式都能够获得大量有效数据。除此之外，高校学者也应当通过校企合作等形式建立数据采集系统和数据来源地。在运用数据方面，皮书研创者还应注重采用一些新型的数据展现形式以便提高读者的阅读体验。

3. 总报告的类型

根据类型划分，总报告大致可以区分为四类。第一类是分析与预测报告，以“经济蓝皮书”“社会蓝皮书”“世界经济黄皮书”等为代表。第二类是发展报告，以“新媒体蓝皮书”“日本蓝皮书”等为代表。第三类是研究报告，典型范例是“社会心态蓝皮书”“华侨华人蓝皮书”。第四类是评估（评价）报告，以“法治蓝皮书”“康养蓝皮书”等为代表。其要点是每类皮书总报告必须遵循皮书的一般要求，还必须体现这类皮书报告的专业特色。

三　皮书总报告的具体写作规范

1. 结构

在篇章架构（Division）与目录（Table of Contents）方面，皮书一般由20多篇围绕一个或多个主题而展开的研究报告组成，不同主题、不同类别的研究报告组成不同的篇章。皮书一般分为3~6篇，每篇由3~5个主题相近、类别相似的报告组成。皮书篇章架构的分类与设置应围绕全书研究领域和研究主题展开，避免“篇”不对“题”（书名），各篇章之间应有相对比较清晰、严谨的区分，各篇章中的研究报告应与篇名所反映的主题一致，避免不同主题、不同性质的研究报告归入同一篇章，也不应把主题相近的皮书报告归入不同的篇章。皮书篇章架构可以以“总报告—分报告—专题篇—案例篇”的方式展开，也可以以“总报告—行业篇—区域篇—中外比较篇”的方式展开。皮书一般不使用章节体。皮书的目录由篇章名、总报告（含一级标题）、分报告、作者姓名，以及相应的页码组成。为便于海外读者阅读和使用，皮书除中文目录外，还应有英文目录。同时，还建议有图表目录。

皮书总报告为皮书必备要素，也是呈现本皮书主要观点、体现皮书主要价值的首要报告，甚至可以说，皮书若没有总报告，就不能称之为皮书。皮书总报告一般由皮书课题组成员共同参与，由主编或课题组主要负责人或主要参与者执笔完成。皮书总报告放在皮书正文的最前面，篇幅一般以1.5万~2万字为宜，总报告的一级标题应写在目录里。皮书总报告可以作为独立的研究成果呈现，也可以在全书各个分报告主要研究发现的基础上综合提炼完成。但总报告绝不是对各个分报告的简单拼接，而是有独立的研究目的、研究内容、研究方法和研究结论。分析预测类皮书的总报告应对上一年度形势预测的指标数值、主要结论及上一年度皮书总报告的主要观点进行回溯与总结。

2. 标题

皮书的标题（Title）通常指代单篇报告名称，它需要具备独立性并且完整、规范。与此同时，应从报告名称中提炼报告主题，使其具备可读性和时效性。

皮书报告名称应当避免以下几种情况的出现：一是标题过长，无法明确表达主题内涵；二是理论文章或新闻报道式宣传语言；三是学术论文式标题，不使用“浅析”“浅论”“试论”“关于……的思考”“……概述”等表述；四是与内文的标题重合。

3. 摘要及关键词

皮书摘要以提供皮书报告的主要观点和判断为目的，不加评论和补充解释，阐明、确切地记述皮书报告的重要内容。其基本要素包括研究目的、研究方法、研究结果和研究结论。研创人员应明确研究结果和研究结论，还应尽量避免对于报告或全书的结构的介绍以及避免采用图、表、化学结构式、非公知公用的符号和术语等。

皮书摘要分为全书摘要和单篇报告摘要。全书中文摘要一般以 1000 字左右为宜，放在中文目录前。单篇报告的中文摘要放在研究报告的开头，一般以 500 字以内为宜。英文摘要统一放在书后，并且中英文摘要内容要基本一致。

皮书作为智库成果，其报告的关键词对于智库报告的科学归类、便捷检索有着重要意义。准确的关键词不仅能够鲜明而直观地表达皮书研究报告表述的主题，使读者在看皮书的摘要和正文之前便能够明确皮书研究的主题，而且能够方便读者对报告进行查阅、检索和利用。

关键词应将研究报告的主题概念表达全面，不仅要在研究报告的题名和摘要中抽取，还应分析出研究报告所包含的隐含概念，使选取的关键词能全面地反映研究报告的整体内容。皮书关键词分为全书关键词和单篇报告关键词。建议皮书关键词最多5个，最少3个。关键词之间用一个字符的空格隔开，置于摘要内容下方。

关键词选取要注意以下三种情况。首先，避免使用词义宽泛的“通用词”。一些不具有学科性质的通用词语，如理论、报告、方法、问题、对策、措施、特点、发展、研究、思考等，上述词语往往运用于不同学科、不同领域，所指示的对象也千差万别，缺乏辨识性，所以不能选为关键词。其次，同义词和近义词不能并列为关键词，应当选择比较通用的词；反义词和否定词不能作为关键词，一般选用正面的、肯定的词作为关键词。最后，关键词不能用短句或词组。如“强化金融监管”是句子结构，不能直接用作关键词。

4. 引文、注释及参考文献

引用的重要文献（如马克思和列宁的著作，《毛泽东选集》《邓小平文选》《江泽民文选》，中央文件）均需校核并以最新版本为准。旧时作者的著作或者文章结集出版，可按照当时的版本。一般文献，遇有表述问题时亦需校核，不可随意改动。如果作者引用文字有改动（尤其是引用译著文字有改动时），需要说明理由。

引文标记一般包括以下三种。第一，引用关键词和原文。例如，城市发展空间结构不合理，“城市病”日益突出。第二，引用原意。例如，中国学者翟学伟对社会信任的理论及应用进行了研究，认为目前信任研究存在的问题是：宏观层面上的带有整合性的理论未能浮现。第三，提行引。提行引不加引号，字体字号宜与正文有区别；宜与正文上下空一行；引文段总体左侧缩进两格。

在注释方面，注释按照编排的不同位置，一般分为下列几种：文字排在页下方的是脚注，夹在文中被说明文字后方的是夹注，集中起来排在章末的为章后注，排在表格下或图题下的是表注或图注。皮书中标识文献征引的注释一般采用脚注-编号制（Notes-Bibliography System），即采用当页页下注的方式。

参考文献是指在学术研究过程中，对某一著作或论文的整体的参考或借鉴。皮书中，征引过的文献在注释中已注明，不再出现于文后参考文献中。若有未标明的参考文献，应附于每篇报告后，不标序号，并且依照先论文后专著分别按照作者姓氏排序。参考文献体例与注释一致。

皮书总报告，一般不使用或尽可能少用引文，参考文献指对本报告写作有参考价值或推荐拓展主题的文献。

5. 署名

皮书作为智库报告的聚合，其著述方式、表达方式应当遵循智库报告的一般要求。一个好的智库报告应该采用能够突出皮书报告原创性、实证性、专业性的著述方式，其应符合下列要求。第一，研创。实证性、原创性是皮书内容质量的保证。对于实证性、原创性较强的皮书报告来说，创作主体无论是个人还是机构都建议采用“研创”为著述方式。第二，总报告署名方式。一般在报告首页下方署上参与报告研创的全体课题组的成员，并注明执笔人和统稿人。

参考文献

谢曙光主编《皮书手册：写作、编辑出版与评价指南》（第三版），社会科学文献出版社，2018。

谢曙光主编《新时代的皮书：未来与趋势》，社会科学文献出版社，2019。

谢曙光主编《中国皮书发展报告（2019）》，社会科学文献出版社，2019。

第四篇　皮书与新型智库建设

导读：皮书是重要的智库成果，2012 年以来，伴随中国特色新型智库的发展，皮书迎来了发展的“春天”。皮书作为智库建设的抓手，也为智库培育、提升影响力提供了绝佳的平台。本篇收录的是笔者关于皮书在推动中国特色新型智库建设中发挥重要价值的研究报告或学术演讲。

P4-21
皮书研创与智库建设*

摘　要：智库既是国家软实力的重要体现，也是实现国际话语权的重要平台。随着我国经济社会的不断发展，智库发挥的作用也越来越大。由社会科学文献出版社出版的皮书系列图书，作为一种典型的智库产品，在中国社会科学院和全国社会科学界的共同努力下，经过20多年的打造，不仅成为一种著名的图书品牌，而且成为知名的社会科学应用对策研究成果品牌，皮书的研创有效地推动了研究机构或研发团队的智库建设。

关键词：皮书　智库　智库建设

习近平总书记在2012年中央经济工作会议上指出，要健全决策咨询机制，按照服务决策、适度超前原则，建设高质量智库。2013年4月，习总书记就加强智库建设又作重要批示：智库是国家软实力的重要组成部分，随着形势的发展，智库的作用会越来越大。目前，我国的智库发展还相对滞后，要高度重视、积极探索中国特色新型智库的组织形式和管理方式，采取有效措施，引导各类智库加强自身建设，积极建言献策，为中央

* 本文首次发表于谢曙光主编：《皮书研创与智库建设》，社会科学文献出版社，2014，第32～44页。

科学决策提供高质量的智力支持。

作为应用对策性研究成果（智库产品），社会科学文献出版社策划出版的皮书系列已成为社会科学工作者为现实服务的有效方式之一；成为社会科学工作者的话语工具和引导社会舆论的平台；成为国际国内社会各界快速、便捷了解所关注对象的最佳窗口。因此，对皮书各研创单位和团队来说，加强皮书研创，无疑是落实习总书记关于加强智库建设指示精神的关键举措。

一　皮书特性与智库功能高度契合

皮书是对当前中国与世界热点问题进行年度监测并对中国经济社会发展起到积极推动作用的中国社会科学研究的一种重要成果表达形式，是社会科学工作者服务于中国特色社会主义现代化建设的重要载体，是有关中国发展、中国经验、中国道路的重要智库成果。随着皮书出版年份的增加，研究领域的拓展，内容积累越来越厚重，特别是近年来以皮书数据库建设为主的皮书数字化和以荷兰 Brill 学术出版社合作出版的英文版皮书为主的皮书国际化的深入发展，皮书这一智库性产品将形成更大的集聚和放大作用，其价值更加不可估量。

追溯皮书的起源，其实不难发现，皮书自诞生之日起，就以高端智库产品定位，皮书的本质特性与智库功能的发挥紧密相连。我们可以从最早两本皮书的诞生说起。1990 年，中国经济增长率降至 5%，中国社会科学院刘国光、李京文等几位中国著名的经济学家便给中央领导写信，建议采用经济模型对中国经济形势进行分析与预测。当年秋天，刘国光、李京文等人将运用经济模型对中国经济形势进行分析与预测所形成的研究成果用蓝色封面装订成册，在内部传阅。为了方便，大家将其称为“蓝皮书”。翌年，根据时任中央领导的指示，中国社会科学院专门在数量经济与技术经济研究所成立了“中国经济形势分析与预测”课题组。课题组享受总理预备金专项研究经费的规格与待遇。1991 年底，“中国经济形势分析与预测”课题组的研究报告首度正式出版，书名是《1992 年：中国经济形势分析与预测》，业界称之为《经济蓝皮书》。《经济蓝皮书》出版以后，中国社会科学院社会学研究所时任所长陆学艺敏锐地意识到，可以对年度中国社会形势进行分析和预测，自 1993 年起便着手编著《社会蓝皮书》。

诞生 20 多年来，皮书作为应用型智库成果，受到了中央领导的高度重视，为各级政府部门的决策提供了重要的决策参考。《经济蓝皮书》《社会蓝皮书》《文化蓝皮书》等多种皮书的研究结论和政策建议受到中央领导的批示；每年“两会”期间，社会科学文献出版社皮书都会有数十个品种入选由北京市新华书店举办的面向全国“两会”代表的推荐书目，受到了全国“两会”代表的极大欢迎；皮书系列中的《城市竞争力蓝皮书》《中国省域竞争力蓝皮书》《法治蓝皮书》等一系列知名皮书，受到地方政府相关部门的极大关注。

同时，作为智库产品，皮书对于引导舆论起到了积极的作用。皮书专业性的研究成果受到了媒体的极大关注，通过积极引导社会舆论，皮书的出版大大促进了智库成果的推广与传播。新华社、中新社、中央电视台、中国网、人民日报、光明日报等国内主流媒体多年来跟踪报道社会科学文献出版社重点皮书，与出版社建立了良好的合作关系。

1. 皮书的原创性、实证性突出了智库“思想工厂”的功能

皮书不同于年鉴和志书类产品，不是把从各方面收集来的现成资料和数据进行简单罗列，而是在利用已有资料的基础上，运用科学、实证的方法梳理和筛选它们。更重要的是，皮书必须要以课题组通过调查研究得到的第一手资料作为分析的基础，这样才能最终提供给读者一种具有原创性的真实信息。对于智库来说，通过皮书来发布原创性的研究成果，是对其“思想”性功能的最大体现。

智库在现代社会中最大的价值是什么？答案可以从当前智库得到广泛共识的定义中寻求。智库（Think Tank），又称“思想库”、“脑库”、“外脑”、智囊团，世界上著名智库兰德公司的创始人弗兰克·科尔博莫曾经用“思想工厂”定义智库。1964 年，美国前总统哈里·杜鲁门用“思想库”的提法取代“智囊”，对智库作了更接近于今天理解的表述。中国早期研究智库也始于对“智库”定义的厘清。如薛澜、朱旭峰（2006）[①] 对中国智库含义进行了探讨，给出中国思想库的定义，从理论层面对一些问题进行了分析。从对“智库”定义的界定可以看出，“原创性思想”成果正是智库的最大价值。智库通过研创皮书发布机构原创的数据、观点、报告、思想，乃至自主研发原创数据库，能够最大限度彰显智库的功能。

作为智库产品，皮书的第二个突出的特性是实证性，即在研究中更加强调指标体系的设计、理论模型的运用，通过大量数据的分析，得到相对更加科学、严谨的结论。皮书的这一特性符合高端智库对成果的要求。智库都是由多方面专家、研究人员组成的跨学科的公共研究机构，高端智库成果更要以事实为依据，以数据为基础，搭建原创的数据库，是为决策提供具有参考价值的报告。

2. 皮书的前沿性、时效性突出了智库经世致用的功能

皮书的前沿性、时效性主要体现在两个方面：一是在理论探讨上必须反映学术前沿问题，而且要通过现有数据分析推断它的趋势，预测不一定完全准确，但一定要基于数据和事实的分析；二是在解释现实问题时，必须涉及当下现实生活中的重点和热点问题，核心内容紧扣政府、媒体和公众关注的问题。

做出前瞻性预测无疑正是智库研究的重要功能。20 世纪 50 年代，朝鲜战争爆发前夕，针对“中国是否会出兵朝鲜”的议题，兰德公司得出结论：中国将出兵朝鲜。兰德想将此报告以 200 万美元——一架战斗机的价格卖给美国对华政策研究室，被婉拒。其后，果然中国出兵朝鲜，美国在朝鲜战场遭遇大败，美军司令麦克阿瑟后来感慨地说道，“我们最大的

① 薛澜、朱旭峰：《“中国思想库”：涵义、分类与研究展望》，《科学学研究》2006 年第 3 期。

失策是舍得几百亿美元和数十万美国军人的生命，却吝啬一架战斗机的代价。”对于现代企业管理来说，现代西方管理理论认为，一个资产超过1000万美元的企业，如果没有智囊团的话，其生命周期不会超过5年，只要有一个重大的决策失误，就会葬送这个企业。

3. 皮书的权威性、咨政性突出了智库的社会影响力

皮书的一个最重要特征是它的权威性，具体包括以下两个方面：第一，作者的权威性。皮书的作者是由著名学者和权威研究机构所组成的团队，而非单个人，从而凸显出研究者的群体智慧。另外，皮书的作者中不乏政府部门的官员，但皮书并不代表官方的观点，作者们主要是从社会科学的立场出发，表达个人的研究心得，也正是这一点保证和增强了皮书的权威性。第二，数据的权威性。皮书以大量的数据资料为研究基础，能够最大限度地保证资料来源的可靠性。

皮书作为应用对策性研究成果，为各级政府部门的决策提供了重要的决策参考。《经济蓝皮书》《社会蓝皮书》《文化蓝皮书》等多种皮书的研究结论和政策建议多次受到中央领导的批示；每年“两会”期间，皮书都会有数十个品种入选由北京市新华书店举办的面向全国“两会”代表的推荐书目，受到了全国“两会”代表的极大欢迎；皮书系列中的《城市竞争力蓝皮书》《中国省域竞争力蓝皮书》《法治蓝皮书》等一系列知名皮书，也受到了地方政府相关部门的极大关注。

对于各级智库来说，最大的价值在于为决策者提供政策建议和决策咨询，其目标定位是政府决策者和社会大众，通过各种研究成果和公共媒体影响公共政策的制定和社会舆论。而皮书，正是智库最重要和最有影响力的成果。

二　智库发展与智库建设

1. 世界智库发展特点

最新发布的《2013年全球智库报告》数据显示，全球智库现有6826

家，较2012年6603家略有增加。其中，北美和欧洲地区的智库数量最多，占全球智库的一半以上（北美洲以1984家的数量位居全球第一，欧洲以1818家的数量次之）。以中国、印度为首的亚洲地区智库发展势头强劲，现如今智库数量已经达到1201家，约占全球总量的17.5%。从国家来看，美国智库数量最多，有1828家；中国大陆地区入围426家，位居第二；英国排名第三，有287家。该报告结果还显示，金砖国家智库数量在不断增加。中国大陆地区入围426家智库，在数量上仅次于美国。而在中东和非洲地区，智库规模较小且发展缓慢。

在影响力方面，美国是全球智库领域的绝对领导者。全球十大顶尖智库中，美国占有五个席位，尤其是布鲁金斯学会更是连年稳坐“全球第一智库”的宝座。而英国的智库实力紧随美国之后，有查塔姆社、大赦国际、国际战略研究所三家智库进入全球十大智库排行榜。值得注意的是，全球智库五十强以北美和欧洲智库为主，鲜有亚洲智库的影子，中国大陆地区则仅有中国社会科学院等三家智库入围，日本也只有两家智库进入排名。中国社会科学院排名17位，亚洲排名第一。

从运行机制上看，缺乏资金来源、专业研究人才和合法、独立的地位是阻碍发展中国家智库发展的三个关键问题。发达国家的智库研究定位明确，拥有专长的研究领域、研究目标、稳定的资金来源和服务对象，具有较强的连续性、前沿性和计划性的特点。与之相比，目前发展中国家的智库在发展中以临时、短期性研究合同为主，还没有形成比较稳定的运行模式，智库的资金来源和研究成果质量不稳定。

近年来，发达国家的智库对发展中国家智库的支持也逐渐增强，如向发展中国家的独立政策研究机构提供非限制性的运行经费，在研究方法与技能、沟通与对外联系和组织发展三个方面提供长期帮助。世界银行也主办了一些会议和研讨会，帮助发展中国家和新兴民主国家的智库成为推进社会、政治和经济等方面变革的最有效途径。同时，随着新兴经济体在全球政治经济体系中日益增强的影响和作用，发展中国家之间的智库合作与交流也越来越紧密，如金砖国家智库峰会，对增进共识、扩大合作，促进国际社会对金砖国家的积极认知起到了积极的作用。

2. 中国智库建设

中国现代意义上的智库发展与改革开放进程同步，至今只有 30 年左右的时间。尽管智库数量很多，但与国家决策信息需求相比，仍不足与缺位，已是不争的事实。中国智库在国际舞台上话语权的缺失和影响力的弱小，严重影响中国软实力的构建和公共外交的推进。

政府智囊的角色早在中国历朝历代就有，从门客到幕僚，从谋士到军师，中国古代智囊无论从群体到个人都不曾缺乏。但现代意义上的“智库”概念源于西方“Think Tank（思想库）”一词，侧重指独立于政府的非营利组织。这种智库在中国出现还是在 20 世纪 90 年代，在科技“下海”的浪潮下，一批体制内的知识分子开始组建智库，如曹思源的首钢经济社会发展研究所、樊纲的中国改革发展基金会。

但在国内宽口径统计的近 2000 家智库中，真正的民间智库只占 5%，其余 95%都是吃财政饭的官方智库，官方智库在中国的影响力一直占据了绝对优势，一些早期的民间智库后来也慢慢向官方靠拢。但最近三五年来，半官方智库、企业智库和民间智库大有勃兴之势，博源基金会、中国战略研究会、共识网、凯丰研究院等甚为活跃。

在当代社会，智库对政府决策、企业发展和社会舆论的影响巨大，西方一些媒体认为，智库是继新闻、立法、政府后的“第四部门”，构成国家“软实力”的重要组成部分。而就进入改革发展攻坚时期的我国而言，复杂变化的国内外发展环境与艰巨的改革发展任务，对智库更好地发挥作用有了更为强烈的期许。

从中国国内的官方或半官方智库定位来看，其发挥作用的方式主要有以下几种。

撰写报告或内参。国内智库多以报告和内参的方式建言献策，比如国务院发展研究中心参与《政府工作报告》的起草和调研，国家发改委宏观经济研究院参与每个“五年计划（规划）”的起草，中央党校和中国社科院与党代会报告的起草。除了这些阶段性的纲领性文件外，官方智库通过报送内参的方式向上传递言论，中央党校有直接送达中央有关领导的《思想理论内参》，也有内部发行的《理论动态》。1978 年 5 月 10 日，第 60 期《理论动态》曾发表《实践是检验真理的唯一标准》一文；中国社会科学院有《中国社会科学院要报》（信息专报）；国家行政学院有《咨询与研究》。

承接科研项目。如果说真正得到高层批示的建议是凤毛麟角的话，那么承接政府指派的课题和项目研究是官方智库发挥影响的又一主要渠道。据报道，国家发改委宏观经济研究院每年大约要承接三四百个课题，包括一些突发事件发生之后布置下来的应急性研究课题。

公开演讲。在学术会议、公开场合和媒体上发表观点，也是智库发挥影响的另一渠道。中国改革开放论坛理事长郑必坚的“和平崛起”外交理论就被高层领导人采纳，郑必坚也一直被看成是中共现任领导的核心智囊之一。

学术报告。以个人方式影响决策也是智库学者的一个捷径，从党的十六大开始，中共中央政治局每隔 40 天左右就会邀请不同领域的著名学者去中南海讲课，学者们可以直接将研究成果和政策建议传递给决策层。

三　皮书研创与发布，是中国智库发挥作用的最佳方式之一

作为社会科学应用对策成果（智库产品），经过近 20 年的培育，皮书已然成为社会科学专业工作者为现实服务的有效方式之一；成为社会科学专业工作者的话语工具，是聚合并引导社会舆论的平台；成为国际国内社会各界快速、便捷地了解所关照对象的最佳窗口。皮书系列已成为社会科学文献出版社的著名图书品牌和中国社会科学院乃至中国哲学社会科学

界的知名学术品牌。当前，每年我国年度报告类图书约1000多种，目前集中出版年度报告，并已经形成以社会科学文献出版社“皮书系列”为主的品牌效应。2013年度，社会科学文献出版社出版“皮书系列”图书达到255本。

可以说，皮书作为一种专题性研究报告，以定期连续发布的方式，通过媒体的话语转换和传播，影响社会精英，引导社会舆论，进而引起决策者的关注和吸纳，最终影响决策。它基本上涵盖了智库的主要功能和作用方式。因此，皮书研创就是智库建设的主要抓手和落脚点。研创一部好的皮书和创建一支好的智库，具有相同的意义！

1. 坚持自身的专业定位

进入21世纪以来，世界范围内每年新成立的智库数量大幅减少，智库发展进入内部整合阶段。由于智库之间的激烈竞争，最近几十年来新成立的智库很少有综合性智库，多数智库使用专业化策略定位提升核心竞争优势，围绕某一专业领域，提供针对性的政策建议。智库可以结合自身的专业领域，持续发布专业研究报告，在某一领域内提高议题设置能力。

目前，已经有大多数优秀皮书课题组精心设计研究课题，并把调查研究得到的第一手资料及研究成果整合成数据库，在强大的、不断更新的数据库的基础上，完成每年的皮书报告，给读者提供真实的、原创的学术信息，确保了皮书的原创性，也突出了智库建设的专业性。

2. 要有适度超前的意识

前沿性是皮书报告的研创要求，也是对智库成果的一种要求。智库研创皮书必须坚持在一手数据、资料的基础上，通过科学的模型或评价指标体系，提供适度超前的对未来趋势的预测。例如，美国著名智库的研究不但涉及美国国内经济、社会及其改革问题，而且很多的议题都是全球性的战略性问题。而我国智库很少有鲜明的、突出的全球研究视野，很多的全球性战略议题都是在国外智库研究引起强烈的社会反响后，国内的智库才开始研究，从而在话语权和影响力上落后于国外，并在政策上受制于人。

经过多年的积累，大多优秀的皮书研创团队都形成了固定的研究方向，并始终保持着对相关领域热点问题的敏感度。通过作者团队的多次研讨会议，挖掘当年度的重点热点，从而保证了皮书的前沿性，也能够不断开阔智库本身的研究视野。

3. 要建立相对稳定的研创团队和研创机制

智库除了作为政府的政策研究咨询机构，在西方还有一个称呼：Governmentin Waiting（待命执政团队）。也就是说，智库另一个非常重要的作用就是为执政党培养和贡献人才，智库人员随着换届选举等机会加入政府，而政府成员卸任后也可进入智库。这就是西方著名的“旋转门”机制。中国智库可以通过研创皮书，搭建一个人才发挥作用的宽广平台，用相对稳定的研创机制吸引人才，培养人才。

优秀的皮书研创团队都成立了相对稳定的编委会。把皮书编纂作为学术研究的重要平台，有利于稳定学者队伍，并对同一领域进行“筑路式”的持续性研究，确保了研究成果在本领域的权威性；同时，也培养了一大批青年学者，在持续研究中，成长为领域内的专家。

4. 要积极发挥国际影响力

从世界智库的研究课题范围和国际影响力上看，欧美等发达国家智库主导着国际社会事务的话语权，而发展中国家智库在世界舞台上处于一种集体“失语”的状态。相对而言，目前多数发展中国家的智库仅专注自身发展问题，埋头做国内公共政策研究，很少参与国际性、全球性事务，更很少有机会在国际组织或会议中表达观点，缺乏国际影响力。皮书作为重要的智库产品，近年来通过多语种出版，建立了一定的国际影响力。

皮书系列中十多种品牌以英文、俄文等多语种的形式出版，实现了中国学术“走出去”。有 300 多年历史的荷兰 Brill 学术出版公司专门以“CASS Yearbook”为丛书名，自 2007 年开始每年出版多种英文版皮书，扩大了中国学者在海外的学术影响力。同时，多位皮书主编在国际大型书展实现了与西方主流学术界的对话与交流。如，中国社会科学院副院长、经济蓝皮书主编李扬在伦敦书展发表了英文学术演讲。中国社会科学院学部委员、经济蓝皮书主编汪同三，中国社会科学院人口所所长、人口绿皮书主编蔡昉均在法兰克福书展进行了学术交流。可以说，皮书研创、出版及海外发布活动，极大地推动了中国智库、中国学者的国际影响力。

参考文献

朱旭峰：《中国思想库：政策过程中的影响力研究》，清华大学出版社，2009。

上海社会科学院智库研究中心编写，李安方等编著《中国智库竞争力建设方略》，2010。

贺平：《创建社团型智库　推动中国智库发展》，《社团管理研究》2012 年第 7 期。

夏春海、王力智：《智库研究与国家软实力提升：观照国际经验》，《重庆社会科学》2013 年第 5 期。

谢曙光主编《皮书研究：理论与实践》，社会科学文献出版社，2011。

P4-22
皮书与智库*

各位专家，各位同行：

大家下午好！

有关智库方面的资料和整个的情况，相信在座的各位研究的比我们还透彻。社会科学文献出版社准备要建立博士后工作站。博士后工作站设立以后，再进一步把中国皮书研究院建立起来，这个研究院就是大家共同的平台。下一步我们将做的一件事情，就是要对全球的智库以及中国的智库做评价。

中国和世界智库，热潮即将兴起，热的时候更要冷静，更要理性，下一步会再做一些细致的事情，促进中国智库的健康发展。所以这次年会选择了这一主题。我想讲三点。

第一，关于智库的定义以及发展情况，这里我不展开了。

第二，智库发挥作用的主要方式和皮书研创的发布作为中国智库发挥作用的最佳方式之一。我们应该怎样把皮书和智库联系在一起，它们之间到底是一种什么样的关系？

作为皮书，我们出版的系列皮书，我们把它定义为典型的智库产

---

* 本文根据笔者2013年8月在兰州召开的“第十四次全国皮书年会”上所做的主题报告整理。

品，它在中国社会科学院和全国各级社会科学院的共同努力下，经过20多年的打造成为一种著名的图书品牌和社会科学应用对策的成果品牌，今天，皮书的研创，可以用一句话作明确的判断，它有利地推动了中国研究机构和研发团队的智库建设。在一个多月以前，在全球智库评价里面，中国社科院的排名由原来的第28位到当前的第17位，亚洲第一，提升那么快，和中国社会科学院皮书的发布有直接关系，我听到之后感到非常欣慰，也感到责任重大。对于各个皮书的研创单位和研究团队来说，加强皮书的研创，无疑是落实习总书记关于智库建设指示的一个非常重要举措，或者说是智库建设的一个关键性抓手。这是我今天要说的主要的想法。

智库本身的定义很多，是多方面的专家、研究人员组成的跨学科公共研究机构。是为建设者提供决策建议和决策咨询的。这个目标的定位应当说是一个比较窄的定义，因为更多的是从民间智库的角度来看。但是它的目标定位，我觉得是政府决策和社会大众通过各种研究成果和公共媒体来影响公共政策的制定和社会舆论，通过这个来影响社会舆论的。实质上，智库仅仅是为公共政策和公共决策服务而产生的一种社会组织，这是对智库所作的比较狭义的理解，它更像一个民间智库。我们通常说的智库，大体包括政府智库、官方智库、企业智库、政党智库。这个智库的基本特性主要是思想的创新性、政策的影响力和公众的关注度，等等。它的主要功能是什么？是提供思想产品，是搭建一个公共交流的平台，还是培养公共人才，引导社会舆论？所以，它的工作范畴概括起来包括信息递送、人才培养、交流沟通。每年的皮书年会其实就是一个智库峰会。

关于智库的作用和价值非常多，我们通常举的一个例子就是朝鲜战争，当年兰德公司给了一个报告，预测中国会出兵，后来没有被美国官方接受，最后朝鲜战争爆发。原来仅仅要花150万美金的事，就是一架飞机的钱，舍不得，最后打起来了，损失巨大。几百亿的美金，几十万美国军人，加上韩方、朝方、中方的损失更是不可估量。在中国，因为没有智库发挥作用，所以造成的损失很多都是不可估计的。我们大体估算了一下，智库现在发展的现状，全球现在大概有 6603 家，纳入全球智库评价的就是这些，连续两次全球排位第一的智库是布鲁金斯学会。

从目前世界智库的整个现状来看，西方国家在主导，美国就有 2200 多家智库，排在全球前几位的都是美国的智库。中国的现状是什么？中国智库到现在为止只有 30 年左右的发展时间，按宽口径来统计近 2000 家，其中，民间智库占不到 5%，其余的绝大部分都是吃财政饭的官方智库，官方智库的影响力在中国占有绝对优势。最近三五年来，企业智库和民间智库开始出现勃兴之势。

第一块是企业智库和社会科学院系统。企业智库在金融机构里，各大银行基本都开始设立自己的研究所，或者研究院，这次年会里头就有一家是中建投的研究院。严格意义上，它的研究院就是一个典型的企业智库，包括最近一直跟我们接触谈合作的三一重工，他们也拿出专门的资金来设立研究院，它并不是仅仅只研究三一重工自身的发展，它在研究全球机械制造业，而且希望通过发布蓝皮书性质的报告，来形成它的影响力。所以中国官方的智库第一方阵是社会科学院系统，以中国社会科学院为代表，省地市院、所，地级市开始由原来的社联改造成社会科学研究所（院）。像做蓝皮书的扬州，社科联和社会科学院是合一的。

第二块是大学文科的院校，主要是社会科学类，而且是应用社会科学类型的院系，尤其是今天在座的很多大学，最近几年来教育部社科司由于皮书这种载体在中央和地方发挥的作用越来越大，从 2010 年开始，每年拿出几个亿，支持大学做社会科学的年度性报告产品。

第三块是省市党校和行政学院系统，包括中央党校和国家行政学院，省市党校和行政学院。一般到地级市的党校，其研究的功能就比较弱了。

第四块是政府的政策研究部门，主要是在中央和省市两级设立。

第五是军方的研究系统。

有一个概念是公认的，智库是国家软实力的重要组成部分，所以对于今天的中国来说，智库问题为什么会成为全社会关注的热点问题，和我们时代的需求，和海量信息的出现，和大数据时代直接相关。中国智库发挥作用的路径，第一是撰写报告或者内参。第二是承接科研项目。第三是公开演讲。第四个是学术报告。第五是通过皮书的研创和发布。这些都是当前或者说当下智库发挥作用的最重要的方式，或者是最有效的方式。皮书的四个特点，第一是原创。第二是实证，要通过大量的数据说话。第三是连续发布。第四是必须有决策咨询作用。所以它要影响决策。智库发挥作用和功能最核心的东西是什么？报告。它的最大消费者是各个决策部门。中国社会科学院正式成立以后不久就有《要报》，在我们国家的政治经济生活中，在决策中发挥的作用是巨大的，但是到了最近几年，尽管《要报》得到批示的量还是非常大，但相比之下，由于各个部门，基本上就在中央这个层面，各个部委报送各种内部报告已经是信息泛滥了，不要说领导有那么多时间能看到，就是它的秘书班子，整个在做信息筛选的也没有看到。我们的原副院长朱佳木同志在陈云同志身边工作过，陈云同志一天只看 5 个批件，他必须在大量的所有报上来的各种报告中挑选 5 份出来，多了不看，在这种情况下，靠什么？一个很重要的要靠社会舆论，皮书最重要的作用方式是靠引导社会舆论，在社会上已经炒热了，有关部门的同志，中央领导赶紧把调研报告拿出来看，特别是影响力比较大的皮书，我们都得在发布皮书的时候先准备好电子书，连纸书都来不及。今天上午发布，下午媒体开始连续不断的报道，晚上电话就来了。所以在这种情况下，既然皮书的作用方式已经到了这个时候，今天我们讲智库建设，最重要的是把皮书的研创作为智库建设最主要的抓手和落脚点。所以，我得出一个判断，研创一部好的皮书和创建一流的智库有相同的意义。

第三，怎样才能研创出一部好的皮书呢？我想谈 6 条。

第一，明确坚持自身的专业定位。一本皮书经过 20 多年来得出的结论，越专业的信息，越专业的研究，越有价值，越能引起广泛的关注，如果把皮书当成一本综合性的、什么信息都有的资料，反而是弱化了它的功能和作用。所以这个话我在皮书年会上都说过，坚持专业化，一定要有自己的专业立场，一定要坚定守着你的关照目标，而且你的观测点是连续性的。目前各个省市经济社会这类的皮书，涵盖的面非常宽，一定每一年要有你的亮点和主题，而且要坚持下去。现在通过媒体，每次皮书发布以后，通过媒体的监测，真正引起社会反响，甚至引起监测部门高度关注的就是那么几篇报告，有的报告基本上是没有任何媒体关注。

要确立正确的时空纬度，要有一个时间概念。你是观察一年，还是观察某一个时段。另外要有一个空间概念，这个空间就是你研究的领域，你反映的这个行业，还是反映的这个事件有相对的空间分布的地方，不要无限的延伸。所以我经常说，现在在国际上真正引起人家兴趣的，包括期刊、大学学报，综合性的没人看，而你专业类的研究报告才是真正让人家引起高度关注的。所以我想，好皮书，一个一流智库只能做专业智库，你没法做一个综合性的智库。

第二，要有适度的超前意识。社会科学的研究者应该是每天早上报晓第二遍的公鸡。鸡叫第一遍，大家刚刚入睡，让人都烦，肯定把报晓的公鸡给杀了，第三遍的报晓公鸡天已经亮了就没什么价值，所以怎么掌握好这个时间节点十分关键。一定要适度超前，这就是需要我们把握的，任何的智库报告都是这样的。

第三，要建立相对稳定的研创团队，要有一套很好的研创机制。

第四，要坚持连续研创持续发布。

第五，要用事实说话，用数据说话，努力使用大数据。明年年会的主题可能会考虑“大数据时代与皮书研创”。我们尽量要求我们的皮书要有排行，要有评价指标，要有这类数据的支撑，真正能打造出我们的概念，我们的指数，要往这个方向努力。所以今天我们是承担着重任的，这个皮书的研创，皮书的最终目标，要做成系列的中国指数。

第六，关于皮书的发布一定要选择最恰当的时机。

我今天的发言就到这里。主要是要引起大家更多的思考和讨论，更细的一些工作我下一步继续和大家一起来研究，有了成果会和大家一起分享的。

P4-23
关于中国特色新型智库建设的几点思考*

党的十八大以来，习近平总书记面对当代复杂多变的世情，站在中华民族伟大复兴中国梦的高度，首次明确提出发展中国特色社会主义新型智库的要求，并为此做出一系列重要指示。2015 年 1 月 20 日，中共中央办公厅、国务院办公厅发布了《关于加强中国特色新型智库建设的意见》（以下简称《意见》），提出到 2020 年目标是“重点建设一批具有较大影响力和国际知名度的高端智库”；2015 年 11 月 9 日，中央深改组第十八次会议审议通过了《国家高端智库建设试点工作方案》；2015 年 12 月，国家高端智库建设试点工作启动会在京举行，共有 25 家机构入选首批国家高端智库建设试点单位；2016 年 5 月 17 日，习总书记主持召开“哲学社会科学座谈会”，并作了长篇重要讲话，其中，对中国特色新型智库建设提出了更加明确的具体要求，他指出：“智库建设要把重点放在提高研究质量、推动内容创新上。要加强决策部门同智库的信息共享和互动交流，把党政部门政策研究同智库对策研究紧密结合起来，引导和推动智库建设健康发展、更好发挥作用。”

可见，建设和发展中国特色新型智库，已经成为以习近平同志为核心

* 本文根据笔者学术报告整理。

的党中央治国理政新思想、新战略、新实践不可或缺的重要内容。中华大地正在兴起前所未有的智库建设热潮。

一　中国智库建设的现状和困境

1. 关于智库的基础性研究

——背景

中国智库建设应从基本信息做起。经过前期研究发现，中国智库的定义十分混乱，哪些机构是智库，中国有多少家智库，都没有一个确切的说法，甚至没有一个粗略的估计。我们认为没有摸清家底，不论是中国智库建设，还是搞智库研究，都是纸上谈兵，因此有必要先摸清中国智库发展现状，采集中国智库基本信息。

——智库定义

在2015年版《中国智库名录》中，“智库”是指公共事务决策咨询机构，独立于决策部门，对政治、经济、外交、国防、科技、社会等方面的问题进行专题研究，为决策机构估计形势、确定目标、制定政策提供依据和解决方案，并进行决策评估和政策解读。“内脑”（如国务院研究室）以及学术研究教学、培训、管理咨询等为主的机构不属于我们定义的智库。

——智库认定标准

目前中国缺乏认定智库的标准与体系，我们通过调查、筛选、摸底，形成一套基本的认定标准，以机构的成果和功能为核心。如果一家机构通过现状调查、议题设置与论证，形成了咨询报告、政策方案、规划设计、调研数据等用于提供政策建议、决策评估、政策解读的研究成果，我们基本认定它是智库。以蓝皮书、绿皮书、黄皮书为封面标识的“皮书”，是一种以年度为时间单元的连续性出版物，在中国有近30年的出版历史，每年出版好几百种，现已成为得到公认的、显性化的智库产品，能否持续研创和发布皮书是我们判定一家机构是否为智库的标准之一。

——智库分类

类型化分析是采集智库备选名单、研究智库特点、确定智库判定标准、深入研究智库从而建设智库的重要前期步骤。

对于中国智库分类，学术界一般参照国外经验分为官方智库、民间智库、半官方智库；两办《意见》并未明确提及智库分类及其标准，只是提到，“到2020年，统筹推进党政部门、社科院、党校行政学院、高校、军队、科研院所和企业、社会智库协调发展，形成定位明晰、特色鲜明、规模适度、布局合理的中国特色新型智库体系”。严格意义上讲，这并不是智库分类，“社科院”与“科研院所”分列是否合适，各部委自设的学校行政学院属于“党政部门”还是“学校行政学院”，有的“科研院所”本身还是企业。这些问题并没有厘清。两办《意见》中没有了“民间智库”的提法，跟我们的观点不谋而合。我们经过最初的研究与筛查，发现“官方智库”“民间智库”不足以反映中国社会结构，甚至有引导曲解中国特色智库的嫌疑。一是，官民之分有对立的意涵，是古代的叫法，现代社会已经不合时宜；二是，“官方”之意不清楚，官方指政府、权力方，还是组织者、组办方，现代意义上的官方范围已经拓展，相应的“民间”也就没有明确的含义了，这样二者很难有明确的界限。因此，我们在两办《意见》出台之前，就提出了“社会智库”的概念，并将其作为智库的一个分类。

智库包括政府部门智库、政党系统智库、科研院所智库、高校智库、社会智库、合作智库。我们认为生长在中国土壤上的智库，必然会体现中国社会结构特征，按照智库存在的系统，我们将其分为上面几类。其中，合作智库是我们的创新性提法，这类智库由不同系统智库合作构建，成为独立一类，有其独特性质和特征。为了深刻描述智库，上述六个智库类别下，又分为若干个小类，比如，社会智库分为社会团队智库、民办非企业智库、企业智库等；合作智库分为政研合作、政校合作、研企合作等。

由于条件所限，2015 年版《中国智库名录》收录的范围仅包括：党政系统省部级以上机构所属智库，国家级科研机构研究所或院级以上研究中心智库，985 和 211 高校校级以上智库及其他高校智库，社会团体民办非企业智库。采集截止时间为 2015 年 3 月 10 日。

《中国智库名录（2015）》收录 1137 家智库，按照智库所属系统分为六类：政府部门智库（248 家）、政党系统智库（49 家）、科研院所智库（123 家）、高校智库（444 家）、社会智库（184 家）、合作智库（89 家）。

具体如下：

政府部门智库（指政府各部门所属事业单位智库）包括：国务院所属智库、省/市/区政府所属智库。

政党系统智库（指中国共产党党委系统所属事业单位智库）包括：中国共产党中共中央各部门所属智库、中国共产党直属事业单位所属智库、省/市/区委党校。

科研院所智库（指具备智库功能的科研院所）包括：全国性科研院所智库、地方性科研院所智库。

高校智库（指依托于高校研究力量、设立于高校的智库）包括：985 高校智库、211 高校智库、其他高校智库。

社会智库（指依托社会力量设立的社会组织智库）包括：社会团体智库、民办非企业智库、企业智库、平台智库（指不创作智库产品、重在为建言者提供发声平台）。

合作智库（指两家以上政府部门、科研院所、高校、企业、社会组织等机构合作建立的智库）包括：政研合作智库、政校合作智库、政企合作智库、研校合作智库、研社合作智库、研企合作智库、校校合作智库、校社合作智库、校党合作智库、校企合作智库、中外合作智库。

2015 年，可以说是中国智库元年，中国智库发生了很多变化，我们正在着手修订，拟于2016年底出版《中国智库名录（2016）》。

2. 建设新型智库的机遇与挑战

——思想共识

党的十八大以来，建设新型智库逐步成为共识，智库价值得到充分肯定，智库需求高涨。

——国家行动

2015年12月，国家高端智库建设试点工作启动会在京举行，共有25家机构入选首批国家高端智库建设试点单位。

——资金保障

达成了思想的共识，有了国家行动的支持，智库发展的资金投入加大。

——关键问题亟待破题

当然，何谓新型智库的“新”？如何建立新型智库？这些关键问题尚未破题。

——体制困扰

困扰智库发展的体制、机制、资源等因素未破解，在资金用于人力成本的使用上，甚至在倒退。

——实现路径缺失

智库本身在操作层面并无切实可行的路径。

二　新型智库建设中的几个案例

1. 中国与全球化智库

成立时间：2008年

现任第一负责人：王辉耀

主管单位：中国人才研究会

主要研究领域：国际人才；企业国际化；华侨华商；创新创业；国际

移民；国际关系

情况简介：

中国与全球化智库（Center for China & Globalization）简称CCG，是中国领先的国际化智库。总部位于北京，在广州、青岛、深圳/东莞成立了三个研究院，在上海设立了办事机构，在香港、华盛顿、纽约、伦敦、法兰克福、巴黎和悉尼设海外代表。

CCG致力于中国的全球化战略、人才国际化和企业国际化等领域的研究，是中央人才工作协调小组办公室人才理论研究基地，是中联部“一带一路”智库联盟理事单位，并被国家授予博士后科研工作站资质。在全球最具影响力的美国宾夕法尼亚大学《全球智库报告2015》中，CCG位列全球智库综合排名第110位，并入选全球最值得关注智库百强；在中国顶级智库排行榜中名列第七，居社会智库首位。

2. 中国人民大学重阳金融研究院

成立时间：2013年1月

现任第一负责人：陈雨露

主管单位：中国人民大学

主要研究领域：宏观经济；金融投资；G20研究；丝绸之路经济带

情况介绍：

中国人民大学重阳金融研究院（人大重阳），是上海重阳投资管理股份有限公司董事长裘国根先生向母校捐款2亿元的主要资助项目。作为中国特色新型智库，人大重阳旨在把脉金融，钻研学术，关注现实，建言国家，服务大众。人大重阳聘请了来自10多个国家的85名前政要、银行家、知名学者为高级研究员，与30多个国家的智库开展实质合作。

目前，人大重阳被中国官方认定为G20智库峰会（T20）共同牵头智库、中国金融学会绿色金融专业委员会秘书处、“一带一路”中国智库合作联盟常务理事、中国-伊朗官学共建“一带一路”中方牵头智库。2014年以来，人大重阳连续两年被选入由美国宾州大学推出的、国际公认度最高的《全球智库报告》的“全球顶级智库150强”（仅七家中国智库连续入围）。

3. 麦可思研究院

成立时间：2006年

现任第一负责人：王伯庆

主要研究领域：高等教育管理数据与咨询

情况介绍：

麦可思研究院诞生于大学校园的海归创业企业，是中国首家提供高等教育管理数据与解决方案的专业公司，也是高校、社会大众、用人单位和政府公认的第三方权威数据机构，每年编著出版《中国大学生就业报告》（就业蓝皮书），且长期为国内多所高等院校提供年度数据跟踪与解决方案服务，是教育部、人社部、司法部、中国科协、中国社会科学院、中国机械工程学会、中国民办教育协会高等教育专业委员会、中国职教学会质量保证与评估研究会、世界银行、哈佛大学中国教育论坛等机构的合作单位。麦可思也是北京师范大学教育学部高等教育研究所、清华大学教育研究院、北京大学教育学院、中国人民大学教育学院、西南财经大学经济学院等机构的产学研合作基地。

4. 中国国际经济交流中心

成立时间：2009年3月

现任第一负责人：曾培炎

主管单位：国家发展和改革委员会

主要研究领域：世界经济发展趋势；国际金融；国际贸易；跨国投资；国家宏观经济；财政金融；外资外贸；区域经济；产业发展；经营管理。

情况介绍：中国国际经济交流中心（China Center for International Economic Exchanges，简称：中心，英文缩写：CCIEE）是经中华人民共和国政府批准成立的国际性经济研究、交流和咨询服务机构，是集经济研究领域高端人才并广泛联系各方面经济研究力量的综合性社团组织。中心由国家发展和改革委员会主管，经国家民政部登记注册。中心理事长由国务院前副总理曾培炎先生出任。

中国国际经济交流中心将着眼于国际经济方面的重大热点焦点问题，开展战略性、宏观性、前瞻性研究，不断形成一批针对性强、可操作性强的研究成果。同时，中心将架设国际经济交流合作的桥梁，加强同国内外智库、政府、企业之间的联系，为扩大中外经济合作服务。

5. 察哈尔学会

成立时间于 2009 年 10 月

现任第一负责人：韩方明

主管单位为河北省张家口市尚义县科学技术局

主要研究领域：公共外交；城市外交；冲突与和解

察哈尔学会是一家由民间资本成立的非官方、无党派、独立思想库。总部设在河北省尚义县察哈尔牧场。察哈尔学会致力于打造一个具有国际影响力的中国独立思想库。为政府的重大外交决策提供政策建议和创新思想，影响政策和舆论；为政府、研究机构、企业、社会公众之间构建一个沟通、交流的平台；协助决策者增强对国际发展趋势的理解，有效地应对不断变化的国际关系，增强世界各国之间的互相理解，加强在政治、经济和社会等问题上的国际对话与合作。

6. 宁夏大学中国阿拉伯国家研究院

成立时间：2014 年 12 月（2016 年 5 月更名）

现任第一负责人：李绍先

主管单位：宁夏大学

主要研究领域：中阿外交和国际问题、中阿博览会机制和政策、中阿金融合作、中阿技术转移机制、中阿产业合作、中阿人文交流。

宁夏大学中国阿拉伯国家研究院是经宁夏回族自治区人民政府批准成立的高校研究机构，以主动服务国家“一带一路”倡议为使命，立足宁夏、服务国家、面向阿拉伯世界，深入开展中阿合作战略性政策研究问题研究，在产业、项目、技术、资源、市场等方面为企业“走出去”“引进来”提供高质量决策咨询，打造集学术研究、决策咨询、人才培养为一体的重点研究基地，力争成为国内一流、有世界影响力的对阿研究新型智库，为深化中阿人文交流开辟新的渠道，为加强中阿战略对话搭建新的平台，为提升中阿经贸合作水平提供有力的智力支持。

三　大数据时代新型智库建设的几个关键词

专业化。立足省情、院情确定机构自身的专业定位。

团队。选拔知名专家搭建核心团队。

数据平台。构建数据平台，整合内外资源。

抓手。以研发皮书作为智库建设主要抓手。

P4-24
智库报告是中国特色新型智库实现创新价值的重要抓手*

“当代中国正经历着我国历史上最为广泛而深刻的社会变革，也正在进行着人类历史上最为宏大而独特的实践创新。这种前无古人的伟大实践，必将给理论创造、学术繁荣提供强大动力和广阔空间。”2016 年 5 月 17 日，习近平总书记在哲学社会科学工作座谈会上的重要讲话不仅为构建中国特色哲学社会科学指明了方向和路径，也为推动中国特色新型智库的创新发展注入了强劲的思想动力。

党的十九大报告进一步提出要“深化马克思主义理论研究和建设，加快构建中国特色哲学社会科学，加强中国特色新型智库建设。”治世兴邦、强国富民，作为现代国家治理体系中的重要角色，中国特色新型智库的作用日益凸显。当前，各级各类智库建设如火如荼。科学的智库建设既需要实践经验，也需要理论研究。与智库实践同步的是，围绕智库所进行的基础研究，比如智库概念的厘清、智库分类的明晰、智库成果的专业化等成果也越来越丰富。

我带领团队自 2014 年起开始对中国智库进行全面调查和研究，通过

---

* 本文摘自笔者所撰《中国智库成果名录 No. 1》前言，社会科学文献出版社，2018，第 1~3 页。

确定智库认定标准，全方位采集公开信息资料，建立中国智库数据库，推动智库信息化建设，增强智库作为单个机构和整体的社会影响力。通过持续编辑出版《中国智库成果名录》，为智库产品需求者提供信息，促进智库交易市场发育；为智库研究人员提供基础性研究资料，推进中国特色新型智库研究进展。

能够体现智库价值，充分发挥智库作用的重要抓手就是智库成果。智库成果是智库研究人员智力成果的集中体现，也是服务党和政府、服务社会、服务行业科学决策的主要载体。智库成果既包括公开出版、发行的报告，也包括以“内参”等内部报告形式提交的报告。但从成果评价的角度来看，内部报告的影响力数据很难获取，也难以确立统一的标准对其进行测量，而相比之下，公开出版的研究报告，尤其是能够定期、持续出版的年度性研究报告，不仅能够通过积累数据、不断发声，建立起持久的影响力，而且容易建立统一的指标测度和评价。因此，本书所收录的智库成果限定于由专业智库撰写，基于公共事务领域，对政治、经济、外交、国防、科技、社会等宏观或微观问题进行专题研究，旨在为决策机构评估形势、确定目标、制定政策提供正式出版的建设性决策依据和行动建议的研究性文献。

伴随着中国特色新型智库的发展，智库成果近年来也取得了长足的进步。我自2015年起带领研究团队，对我国公开出版的智库报告做了持续研究。研究结果显示，2014年正式出版的智库报告共797种，占2014年全年新书品种（25.58万种）的比例仅为0.3%，占当年学术图书品种（1.6万种[①]）的比例也不足5%。可见，正式出版、发布的智库报告数量在当年正式出版物及学术图书中的占比都很少。而我们这本智库成果名录采集的是2016年正式出版的智库报告信息，总数为1954个，涉及出版社共有301家，涉及作者3000多位（包括个人、机构或课题组），涉及作者

① 谢曙光等：《学术出版研究——中国学术图书质量与学术出版能力评价》，社会科学文献出版社，2018。

单位1500多家。可见，短短两年的时间，从数量来看，公开出版的智库成果发展迅速。

当然，即便是发展迅速，智库每年公开发布的成果数量也并不算多，占每年新书总量（25万种左右）的比例还不到0.8%。还有大量报告是以内部报告等非公开出版物的形式创作的。公开发表的出版物数量不足、质量不高制约了智库的公共性。而智库报告正式发表方能更广范围的影响行业、影响公众、影响社会。正式公开发表的智库报告质量是衡量智库创新水平和社会影响力的主要标准。

把年度性智库报告打造为反映我国经济社会各领域年度发展状况的权威出版物，并使其成为分析预测未来中国各领域发展趋势的重要工具书，这将推动智库进一步发挥“思想库”“智囊团”的作用。仅以我所在的社会科学文献出版社出版的“皮书系列”为例，作为智库类报告，不仅得到了各级政府的高度重视，也受到了媒体的广泛关注。现在，平均下来，几乎每隔一天就有一部皮书发布，就有智库发声，实现了智库的社会影响力。也因此，皮书得到了全国智库研究和哲学社会科学研究机构的广泛重视，很多智库都将其放在为党和国家的大局服务、为中国特色社会主义建设服务、为传播我国哲学社会科学成果服务的战略位置。

社会科学文献出版社皮书研究院是服务于中国智库建设与学术出版的独具特色的社会智库，致力于为皮书研究、智库分析、学术出版等各项事业提供全方位的智力支持。2017年，社会科学文献出版社与南京大学中国社会科学研究评价中心联合，成立了“南京大学-社会科学文献出版社学术出版测评联合实验室”，双方将在学术出版和学术成果评价方面展开深度合作。

作为国内第一本对智库成果进行全方位梳理的成果，本书力图解决以下问题。

第一，全面整理智库成果出版信息，为智库成果评价提供数据支持。由于对智库成果的界定不明晰，学术界对历年出版的智库成果的数量并没有明确的统计。《中国智库成果名录 No. 1》在对智库成果内涵进行界定的基础上，通过数据采集以及实证研究，以 2016 年中国大陆出版社出版的图书为样本，对 2016 年智库成果的整体出版情况进行了分析，这为了解目前我国智库成果的出版现状，乃至后续的智库成果评价、内容质量提升提供了基础数据支撑。书中收录了 300 多家出版社 2016 年出版的近 2000 种公共政策类研究报告，内容涉及政治、经济、文化、国际问题与全球治理、生态等领域。

第二，将智库成果及其作者、作者单位等基础信息进行串联，为未来智库评价提供基础数据信息。《中国智库成果名录 No. 1》采集的基础信息包括书名、丛书名、ISBN、著（编）者、研创机构、出版社、出版日期。为方便读者检索，《中国智库成果名录 No. 1》提供了出版社索引方式。《中国智库成果名录 No. 1》不仅提供智库成果的书名、出版时间，而且也提供智库成果的编著者及研创机构信息，这将为进一步科学评价智库，从成果上衡量智库的创新能力，从实践中总结智库建设的成果经验，提供基础信息库。

未来，我们会遴选连续出版三年以上的重点智库成果，通过联络重点出版机构、重点研创机构，逐步构建智库成果全文数据库。我们将把智库成果评价作为重要研究领域，不断探索、开创科学的智库成果评价体系，为推动中国智库发展及智库评价事业提供基础信息平台，并进而在实践上推动智库进行内容创新，为中国特色新型智库建设提供智力支持。

P4-25

中国特色智库建设：学术出版机构的五大功能*

党的十八大以来，特别是2015年1月中共中央办公厅、国务院办公厅印发《关于加强中国特色新型智库建设的意见》后，中央有关部门和各省市政府开始布局中国特色新型智库建设。社会各界对此做出积极反应。智库机构在努力转型，寻求新的发展路径；原来不具备智库功能的研究机构或具有普通咨询功能的机构在努力挖掘开发自身的智库潜质；智库研究者在探索中国特色新型智库定义、特征和建设方略；新闻媒体在为中国特色新型智库建设进行广泛宣传。但其中却乏有学术出版机构的身影和声音，也鲜见在中国特色新型智库建设中加入学术出版机构元素的想法和见解。这与发达国家智库建设和发展状况形成巨大反差，对于中国智库建设无疑是少了一份拳拳奉献之心和一支有效的建设力量。

实际上，学术出版机构参与智库运行与发展已有国际先例和国内经验。世界著名智库布鲁金斯学会拥有自己的出版机构，是布鲁金斯学会推广本机构智库产品的渠道、影响社会的窗口和与外部交流的平台。世界大多著名智库，或自办出版业务，或与某知名出版机构长期保持稳定的合作

* 本文根据笔者学术报告整理。

关系。彭博和路透这两家最大的专业数据服务公司和传媒集团，不仅为全球各类专业智库提供数据服务，其自身也是知名智库。国内顶级智库中国社会科学院、国务院发展研究中心等也都拥有自己的出版社、期刊社，对其研究成果的积累和影响力、公信力的提升做出了较大贡献。但是学术出版机构的作用远不止这些，还可以有更大可发挥的空间。这可以凝练为五大功能。

功能一：促进智库人才的培养与积累。学术出版机构通过专业编辑聚集了许多知识体系完备的学者。学者在其研究领域的长期积累，最终会形成一套独特的知识体系，这往往难以由几篇期刊文章或报纸观点涵盖。学者一般会选择专著来系统展示和保存这套知识体系。这需要通过学术出版机构来实现。虽然智库成果的基础是学术研究，智库专家首先是学者，但学者却不一定都是智库专家。这就需要某种触发和转化机制。学术出版机构具备这方面的能力。比如，许多学者通过在社科文献出版社出版“皮书”而成长为颇具影响力的智库专家。

功能二：促进智库产品转化与定价。智库成果的供需在一个开放式的环境下展开，可以使智库自发地通过现状调查设置合乎需求的议题，并通过充分的分析论证，形成可用于政策建议、决策评估、政策解读的咨询报告、政策方案、规划设计、调研报告、数据分析等研究成果。同时，政府可以获得更为全面、更具竞争力的研究成果。然而，目前我国智库研究多为任务型或订单型，智库的研究工作多为后发式，缺乏前端的主动调研和政策需求预判，难以完成更为丰富的问题发现与应对措施成果。究其原因，我国尚未形成思想市场和政策市场，智库成果并未真正被认为是产品，供、需之间还没有形成一套完备的交易规则和定价机制。社科文献出版社将“皮书”打造为智库产品，通过市场推广这些产品，也只是在智库成果的产品化和定价机制方面做了一小步探索。这对中国智库产品定价机制的形成有所启发。

功能三：搭建智库交流平台。智库进行前瞻性的议题设置、科学全面的议题论证、及时高效的政策设计、准确的政策评估和具有高水平传播效力的政策解读，离不开与决策者、其他智库、社会公众的思想与信息交流。同时，智库成果的完成是多学科、多领域综合运用的结果，智库往往需要调动各方面的力量，与其他机构展开合作来补充自己的短板。摩擦较小、交易成本较低的交流方式是搭建一个统一的交流平台。学术出版机构是连接学者和其成果需求者的中间环节，在智库产品创作和生产过程中也具有同样的功能：将从市场获取的智库产品需求信息传递给智库，加强供需沟通；为智库推荐可合作的相关智库或智库专家，加强智库研究协同；将自己加工整理的专业性数据信息提供给智库，提升智库产品创作的效率（例如，社科文献出版社研发的“皮书数据库”“列国志数据库”等系列数据库，设计的数据信息产品线，正在为政府、企业和社会组织，以及大学、科研院所等智库产品研创者提供专业、多元、精准、便捷的研究资料和素材）；向社会传播智库产品，实现智库价值，并在这个过程中采集反馈信息，服务于智库的新一轮研究。这一中间角色使学术出版机构具备了搭建智库交流平台的资源和能力。

功能四：公允评价智库产品。为了打造和维系本机构的品牌影响，学术出版机构会自觉地形成筛选淘汰机制，评价学术成果。评价机制越严格，评价结果越公允，越有助于其品牌价值的提升。例如，社科文献出版社的皮书评价和评奖开创了应用性研究成果的标准与规范，因其客观公正而提升了皮书的内容质量和皮书的品牌价值。对于以出版形式存在的智库产品而言，学术出版机构将成为合格的评价者和把关者。

功能五：促进智库国际影响力的提升。智库提升国际影响力，除了通过参与国际活动和对外宣传等途径获得国际知名度外，还需要让世界认识其产品和内涵。有国际推广能力的学术出版机构能够引导、帮助智库成就高水平的智库产品，其国际合作伙伴往往也是学术出版机构，借助他们专业的传播渠道和平台，更有助于提升中国智库在国际上的影响力。

从国内外智库发展的情况看，学术出版机构的这五大功能对于中国特色新型智库建设大有裨益。为此，首先应将学术出版机构纳入中国特色新型智库建设的总体框架，认定其在智库产品生产、评价、传播，智库专家培养，智库影响力提升，智库国际合作中的重要地位，明确其功能定位和未来发展方向，建设学术出版机构与其他智库建设主体的联动协同机制。

其次，支持学术出版机构整合智库产品资源，培养编辑、内容策划人才，出版智库产品，进行智库产品数字化，搭建海内外传播推广平台。将学术出版机构出版的智库产品纳入各种国家级和省部级评奖、评价活动，给予这种智库产品社会普遍认可的身份。

再次，支持学术出版机构参与中国智库评价考核工作，为其获取评价资料和智库基础信息提供便利，认可其作为第三方评价的公允性，采纳其科学的评价结果。

最后，支持学术出版机构参与国际话语体系和公共外交建设，给予其参与国际学术交流和出版活动更多支持，鼓励其与国外著名智库深度合作，建立特殊的公共外交渠道，如搭建国际智库产品交流平台，以智库外交促进中国国际话语体系建设，同时提升公共外交水平。

总之，学术出版机构不是中国特色新型智库建设的围观者，也不应只是参与者，而应成为中国特色新型智库的建设者，充分发挥其特有的五大功能。这对于中国智库建设的全盘来说，将打开一个新局面。

P4-26

皮书研创是智库建设的重要抓手*

作为重要的智库产品，皮书是对当前中国与世界热点问题进行年度监测并对中国经济社会发展起到积极推动作用的中国社会科学研究的一种重要成果表达形式，是社会科学工作者服务于中国特色社会主义现代化建设的重要载体，是有关中国发展、中国经验、中国道路的哲学社会科学重要研究成果。

从 1991 年底第一本《经济蓝皮书》诞生算起，社会科学文献出版社皮书系列经过二十多年的培育、发展，规模不断扩大，仅 2013 年版的各类皮书已达 254 种，2014 年有望突破 300 种。皮书系列内容涵盖经济、社会、政治、文化、生态环境等现实生活的诸多方面和领域，其美誉度和社会影响力不断提升。当前，皮书不仅成为社会科学文献出版社的图书品牌，而且成为中国社会科学院的学术品牌，并逐步成为中国社会科学成果知名发布平台和世界了解当代中国的重要话语平台！随着皮书出版年份的增加，研究领域的拓展，内容积累越来越厚重，特别是近年来以皮书数据库建设为主的皮书数字化和以荷兰 Brill 学术出版社合作出版的英文版皮书为主的皮书国际化的深入发展，皮书这一智库性产品将形成更大的集聚

* 本文摘编自笔者所撰《皮书研创与智库建设》一书前言，社会科学文献出版社，2014，第 1~4 页。

和放大作用，其价值更加不可估量。

这些皮书所取得的成绩对于皮书出版者来说，既是一种莫大的肯定和鼓舞，更是一种巨大的压力和责任。毕竟，皮书作为一种自觉的研创和出版活动不过二十多年的时间，它仍然不得不面对自身发展中的缺陷与问题；与国家和公众的需求相比，它的能力尚存在差距；与国际标准相比，它的要求还相距甚远！作为一名皮书出版人，在将皮书作为一种出版型态和智库品牌打造的二十多年中，忧患意识始终与我相伴相随。这种忧患意识也在不断激励着我和我的团队以及日益壮大的合作伙伴，不断探索和完善皮书的研创和出版体制、机制、技术规范和评价办法。从 2000 年夏天开始，我们每年召开一次全国性的皮书年会，组织皮书研创专家和编辑就皮书研创、出版和发布推广等理论和实践的方方面面进行深入研讨和交流。

2011 年首部皮书研究系列丛书《皮书研究：理论与实践》出版后，得到了皮书研创者、使用者和出版同行的广泛关注与好评，坚定了我和我的团队在研创出版皮书的同时，对皮书本身进行研究的信心和底气。近三年来，我们进一步对皮书研究和评价工作做了一系列顶层设计和制度性安排。2014 年，我们在出版社原皮书评价研究中心的基础上，成立了皮书研究院。皮书研究院作为独立的第三方，对皮书从内容质量、社会影响力监测等方面进行整体评价，并组织优秀皮书奖的评选。同时，对皮书的出版型态、编辑规范、品牌推广等方面内容进行研究，相关研究成果既有在《中国图书评论》等核心期刊上刊发的论文，也有正式出版的研究著作。皮书研究院的成立不仅为构建研究型出版社奠定了基础，更为皮书研创、评价、品牌管理提供了顶层设计的基础和制度性保障。

本书的主题是：皮书研创与智库建设。这一主题的设置源于 2012 年以来，中国社会科学界面临的智库建设的迫切任务，更源于皮书自诞生以来的智库产品的天性。

本书是对 2011 年（最近三年）以来关于皮书研创与智库建设最新研

究成果的一次全面集结。其中，既有中国社会科学院、国家新闻出版广电总局等主管领导对皮书未来的顶层设计与宏图展望，又有皮书实际运作者对皮书未来品牌维护、价值评价的现实思考；既有皮书主编对皮书实际创作过程的总结、提炼，又有皮书编辑对皮书内容的二次开发与分析。可以说，本书既为皮书的进一步发展描绘了宏图，更为皮书的研创工作提供了专业指南。

本书是对落实习总书记关于加强智库建设指示精神的一次有益尝试。习近平总书记在 2012 年中央经济工作会议上就曾指出，要健全决策咨询机制，按照服务决策、适度超前原则，建设高质量智库。皮书作为一种专题性研究报告，以定期连续发布的方式，通过媒体的话语转换和传播，影响社会精英，引导社会舆论，凝聚大众共识，进而引起决策者的关注和吸纳，最终影响决策。它基本上涵盖了智库的主要功能和作用方式。因此，本书指出，皮书研创就是智库建设的主要抓手和落脚点。研创一部好的皮书和创建一支好的智库，具有相同的意义！

“皮书”二十年来的发展，离不开中国社会科学院各位领导、学者，尤其是王伟光院长、李扬副院长、李培林副院长的全心投入与大力支持，离不开国家新闻出版广电总局原副总局长邬书林几十年如一日的关心与爱护，离不开全国哲学社会科学规划办公室的长期关怀，更离不开每一位皮书研创者的呕心沥血、兢兢业业，在此，向他们致以诚挚的敬意和谢意。

愿《皮书研究》系列丛书真正起到抛砖引玉的作用，让更多的优质皮书、更多的优秀智库服务于我们所处的这个波澜壮阔的时代。

P4-27
皮书研创与行业智库影响力的提升*

一　行业类皮书发展概况

截至目前，行业类蓝皮书共有 133 种。根据研创单位分类，行业协会、行业智库是著作最多的单位，共占比为 22.6%。

（一）研创单位分类

行业类皮书的研创者涵盖行业协会或科研机构、社科院、政府及其智库、企业等单位。根据研创单位分类，可以将行业类皮书分为 29 类。其中，以行业协会、行业智库为代表的行业协会或科研机构出版皮书最多，数量为 47 种，占比为 35.3%；以社科院智库为代表的社科院出版皮书数量排名第二，高达 31 种，占比为 23.3%；排在第三位的是政府及其智库，出版 20 种皮书，占比为 15.0%。

表 1　行业类蓝皮书根据研创单位分类情况

序号	研创单位	皮书数
1	行业协会	15

* 本文根据笔者 2018 年在广州“中国医院竞争力大会”所做学术报告整理。

续表

序号	研创单位	皮书数
2	行业智库	15
3	社科院智库	13
4	高校智库	12
5	企业智库	12
6	社科院	12
7	政府部门	7
8	政府智库	7
9	企业	5
10	行业协会、政府智库	4
11	行业研究机构	4
12	社科院智库、企业智库	4
13	行业协会、企业	3
14	行业协会、党校智库	2
15	行业智库、高校智库	2
16	社会智库	2
17	政府	2
18	高校	1
19	行业协会、社科院智库	1
20	行业研究机构、企业	1
21	科学院	1
22	媒体智库	1
23	企业、行业协会	1
24	社科院智库、高校智库	1
25	社科院智库、企业智库、行业协会	1
26	政府、高校智库	1
27	政府部门、高校智库	1
28	政府部门、社科院	1
29	政府智库、行业协会、企业	1
	总计	133

数据来源：皮书研究院。

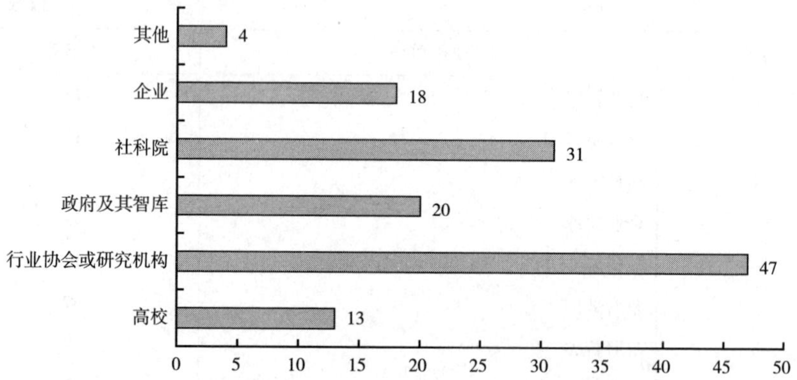

图 1 行业类蓝皮书根据研创单位性质分类情况

数据来源：皮书研究院。

（二）行业类型分类

根据《国民经济行业分类》，我国行业涵盖：采矿业、制造业、电力、热力、燃气及水生产和供应业等 20 个行业。其中，行业类皮书涉及 17 类：租赁和商业服务业皮书数量最多，高达 21 种，占比为 15.22%；金融业皮书次之，数量为 19 种，占比为 13.77%；制造业，文化、体育和娱乐业并列第三，数量均为 18 种，分别占比为 13.04%；电力、热力、燃气及水生产和供应业数量最少，仅有一种，占比为 0.72%。

表 2 行业类蓝皮书涉及的行业类别

序号	行业类型	数量	占比(%)
1	农、林、牧、渔	6	4.35
2	采矿业	4	2.90
3	制造业	18	13.04
4	电力、热力、燃气及水生产和供应业	1	0.72
5	批发和零售业	2	1.45
6	交通运输、仓储和邮政业	2	1.45
7	住宿和餐饮业	1	0.72

续表

序号	行业类型	数量	占比(%)
8	信息传输、软件和信息技术服务业	14	10.14
9	金融业	19	13.77
10	房地产业	1	0.72
11	租赁和商业服务业	21	15.22
12	科学研究和技术服务业	10	7.25
13	水利、环境和公共设施管理业	3	2.17
14	居民服务、修理和其他服务业	2	1.45
15	卫生和社会工作	6	4.35
16	文化、体育和娱乐业	18	13.04
17	公共管理、社会保障和社会组织	10	7.25
	合计	138	100.00

数据来源：皮书研究院。

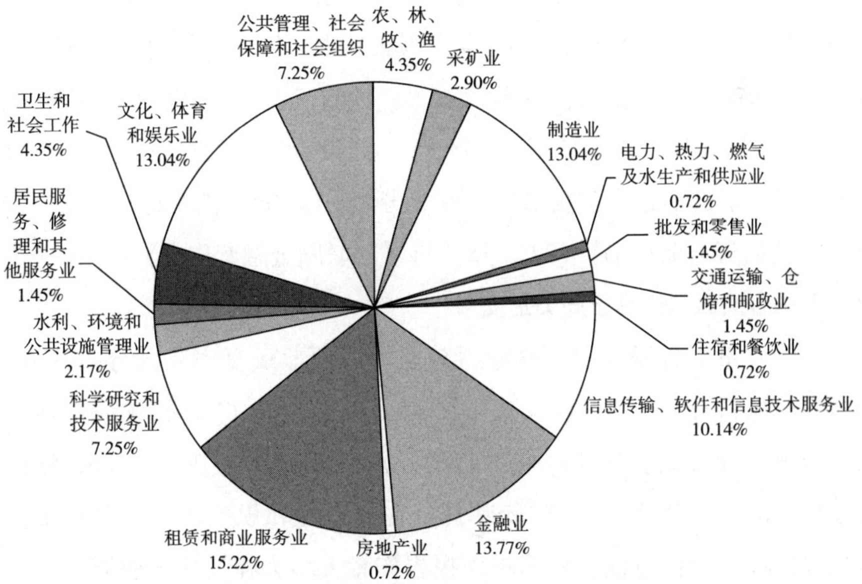

图 2 行业类蓝皮书根据行业类型分类情况

数据来源：皮书研究院。

二 《医院蓝皮书》发展概况

截至目前，“医院蓝皮书”共连续出版两年，其中包括：《医院蓝皮书：中国医院竞争力报告（2016）》《医院蓝皮书：中国医院竞争力报告（2017）》。针对综合评价得分进行全面分析，发现其具有以下特征。

（一）综合评价得分全面分析

1. 类别内部排名区间相对靠前

2016 年 3 月，《医院蓝皮书》首次出版便在皮书评价上取得不俗成绩。在行业类别（2016 年版）68 本皮书中，综合得分（内容质量得分+社会影响力得分）为 84.4，排名第三，仅次于《房地产蓝皮书》（88.3 分）、《新能源汽车蓝皮书》（85.82 分）两本皮书。其中，内容质量得分为 58.1，排名第四，仅次于《社会责任管理蓝皮书》（59.5 分）、《世界能源蓝皮书》（59.2 分）和《房地产蓝皮书》（58.8 分）；社会影响力得分为 26.3，排名第五，仅次于《房地产蓝皮书》（29.5 分）、《新能源汽车蓝皮书》（28.0 分）、《药品流通蓝皮书》（27.2 分）与《互联网金融蓝皮书》（27.0 分）。

2. 内容质量得分高于同类别皮书

内容质量得分涵盖内容原始得分、加分项、重复率三部分。一方面，在内容原始得分上，《医院蓝皮书》得分较低，以 78 分的成绩排名第十三，与《企业社会责任蓝皮书》（85 分）、《房地产蓝皮书》（82 分）等得分较高的皮书相比，《医院蓝皮书》在专业性和规范性上失分较多。究其原因，在专业性方面，皮书单篇报告作者大多为在读硕士或博士生，不符合“有副高及以上职称或具有博士学位的作者”这一客观要求；在规范性方面，单篇报告缺少中英文摘要和关键词，不符合皮书写作规范。

另一方面，在加分项、重复率得分上，《医院蓝皮书》较为突出。特别是在加分项方面，《医院蓝皮书》以 5 分的成绩排名第一，主要是因为总报告与多篇分报告使用原创的评价评级指标体系，并利用最新的数据资料进行统计分析、评价排名。同时，《医院蓝皮书》全书重复率为 6%，符合皮书出版规范。《医院蓝皮书：中国医院竞争力报告（2017）》延续 2016 年版的写作方法，总报告与多篇分报告使用原创的评价评级指标体系，并利用最新的数据资料进行统计分析、评价排名，并获得 5 分加分。

3. 内容专业性仍需提升

2017 年 4 月，《医院蓝皮书：中国医院竞争力报告（2017）》出版。相较于 2016 年，2017 年出版的皮书在规范性得分上有所提升，在实证性、时效性方面保持优势，但在专业性得分上仍然失分较多，15 分满分的标准下，仅得 10 分。结合 2017 年皮书客观指标评价细则，发现其在总报告中无作者信息标注，不符合“总报告执笔人应为主编、副主编”的客观标准。

4. 社会影响力得分高于同类别皮书

社会影响力得分涵盖媒体影响力、下载率、品牌贡献度三部分。相较于下载率、品牌贡献度的突出表现，即《医院蓝皮书》均以 5 分的成绩排名第一；但其在媒体影响力方面表现较弱，以 16.8 分的成绩排名第十八。而《医院蓝皮书》在媒体影响力的扩大上仍有空间，也使其在总排名上落后于《房地产蓝皮书》与《新能源汽车蓝皮书》。

（二）媒体评价得分全面分析

从 2016 年和 2017 年的评价结果看，“医院蓝皮书”媒体影响力得分如下所述：2016 年媒体影响力得分 84 分；2017 年媒体影响力得分 69 分。2016 年“医院蓝皮书”综合排名为 56，分类排名为 3，2017 年“医院蓝皮书”综合排名为 93，分类排名为 2。可以看出，综合排名大幅度下降，但分类排名提前了 1 位（见表 3）。

表3　医院蓝皮书排名情况

综合排名	分类排名	书名
56	3	中国医院竞争力报告(2016)
93	2	中国医院竞争力报告(2017)

数据来源：皮书研究院。

如表4和表5所示，从2016年和2017年的评价结果看，“医院蓝皮书”媒体影响力得分有待提升。医院蓝皮书虽然连续两年召开了发布会，但总体得分不理想。结合2018年皮书媒体影响力评价指标体系，分析两年对比分数下降的原因，如下所示：

表4　中国医院竞争力报告（2016）媒体影响力得分

单位：分

传统媒体曝光率	网页检索量	视频检索量	微博检索量	皮书报告期刊发表情况(引用率)	总分
45(45)	15(15)	4(10)	20(20)	0(10)	84(100)

说明：括号内为各项指标权重数据来源：皮书研究院。

表5　中国医院竞争力报告（2017）媒体影响力得分

单位：分

传统媒体曝光率	网页检索量	视频检索量	微博传播能力	微信传播能力	皮书报告期刊发表情况(引用率)	总分
40(40)	9(10)	0(10)	10(15)	10(15)	0(10)	69(100)

说明：括号内为各项指标权重。数据来源：皮书研究院。

1. 传统媒体曝光率、网页检索量得分较理想

其中，传统媒体影响力连续两年为满分，说明课题组非常重视平面媒体的宣传，能够做到及时召开发布会，及时就蓝皮书的社会影响力进行宣传。从监测的结果看，新闻稿数量较多，媒体报道的数量也相对较多，说明课题组广泛地联络新闻媒体，加大了蓝皮书的宣传力度。

2. 视频检索情况得分较低

2016 年为 4 分，2017 年为 0 分，呈逐年下降趋势。可见，视频宣传这个渠道并不稳定。

3. 新媒体传播情况落差较大

微博检索量 2016 年为满分，2017 年新媒体指标进行了修改，添加了微博公众号、微信公众号的运营情况，以及微信群活跃度三项指标，《医院蓝皮书》这三项指标的成绩不甚理想。可以通过开设与皮书相关的微博、微信公众号，建立皮书作者微信群，建立皮书作者的长效沟通平台等方式，提升新媒体得分。

三　行业类皮书发展的建议

（一）提高内容质量

仅以 2016 年皮书评价结果为例，行业类皮书在全部类别皮书中排名靠后。全部皮书前 50 名中，只有两本皮书隶属于行业领域，其中，行业类排名第一位的《房地产蓝皮书》在所有皮书中排在第二十三位；《新能源汽车蓝皮书》在所有皮书中排在第四十一位。通过与全部类别皮书的横向对比，发现行业类皮书在加分项、下载率、品牌贡献度三方面得分较高，但在内容原始得分中失分较多。因此，建议行业类皮书提升内容专业性，在总报告、分报告写作过程中，多使用主编、副主编作为执笔人；提高内容实证性，在写作过程中，对研究对象进行大量的观察、实验和调查，或通过对公开出版以及未公开发表数据的整理、分析，获取客观材料，得出结论和对策建议；提升研究难度，根据研究内容，通过构建评价体系、模型分析，引入新型分析方法。

（二）提升媒体影响力

结合2018年皮书媒体影响力评价指标体系，提出提高媒体影响力得分的建议，如下所示：

1. 有效进行发布会管理。规范皮书新闻稿的撰写。在新闻稿中加上主编和主编单位信息，既能扩大本研究报告的影响力，也能扩大本单位和主编的影响力；新闻稿不要太长，把握好研究报告内容与当前热点的结合；新闻稿的撰写要分类，充分结合研究报告的主题内容进行报道。

2. 传统媒体曝光率有待提高。从监测的结果看，新闻稿数量较少，媒体报道的数量也相对较少，课题可以更加广泛地联络新闻媒体，加大蓝皮书的宣传力度。

3. 加强新媒体的利用。比如，开设与皮书相关的微博、微信公众号，建立皮书作者微信群，建立皮书作者的长效沟通平台。建议在发布会1~2周内多在微博、微信公众号就皮书进行宣传。

（三）提升数据影响力

目前，皮书数据库已经成为研究中国现当代问题的学者和机构必不可少的参考材料。其海外使用机构包括大学图书馆，如哈佛大学、普林斯顿大学、伯克利大学、斯坦福大学、杜克大学、约翰布鲁金斯大学、牛津大学等大学的图书馆；高级智库，如美国国会图书馆（为美国各级政府提供公共及外交政策领域全方位咨询服务的研究机构）。这也标志着皮书系列已经进入国际知名学术出版产品行列。目前，社会科学文献出版社的年度皮书达到400多种。截至2017年2月，以皮书为核心资源皮书数据库总字数达到26.5亿字，累计研究报告13.6万篇，使用机构1000多家，页面浏览量近416万次，皮书报告点击量近151万次。行业类皮书可以借着皮书数据库日益提升数据影响力的“东风”，在完善内容质量、提升媒体宣传的基础上，提升本类别皮书的国内国际影响力。

P4-28
皮书研创与中国话语体系建设*

尊敬的培林院长、书林常务副理事长，各位领导，各位专家，新闻界的朋友们：

大家早上好！

今天，来自全国各地从事皮书研创的380余名社会科学工作者、智库专家来到恩施，出席由中国社会科学院主办的“第十六次全国皮书年会”。作为本次年会的承办者，我首先代表社会科学文献出版社向莅临本次会议的领导和嘉宾表示热烈的欢迎！向长期以来关心和支持皮书发展的领导和专家学者致以崇高的敬意！向为本次年会在恩施顺利召开给予支持的湖北省委、省政府，恩施州委、州政府和与我们共同承办年会的合作方湖北大学的领导和全体工作人员表示衷心的感谢！

皮书年会是从事皮书研创的专家学者交流经验、把握未来研创方向、共促皮书繁荣发展的年度盛会。从2000年起，皮书年会召开至今，已经是第16个年头。升级为由中国社会科学院主办，也已经是第5个年头。

这16年，在中国社会科学院党组和国家新闻出版广电总局、全国哲学社会科学规划办公室等相关部门的领导支持、指导和帮助下，在皮书研

* 本文根据笔者2015年在湖北恩施召开的“第十六次全国皮书年会”上的开幕致辞整理，题目为这次年会的主题。

创者和出版者的共同努力下，皮书不仅实现了规模品种的稳步增长，还实现了内容质量和社会影响力的不断提升，成为中国社会科学院乃至中国社会科学界智库成果出版发布的平台，受到中央高层领导人的高度重视和国内外社会各界的普遍关注。皮书系列也先后被列入“十二五”国家重点出版规划项目和中国社会科学院哲学社会科学创新工程项目。部分优秀皮书还得到了国家各类“走出去”项目的支持。

党的十八大以来，党和国家高度重视智库发展，对智库的思想成果和产品提出更高要求，需要智库为我国全面深化改革发展建言献策，向世界讲好中国故事，介绍中国发展经验，为提升中国在国际上的话语权提供智力支持。皮书是一种具有鲜明中国话语特征并被国际社会关注和接受的智库报告，在政府决策、智库思想交流、社会推广、媒体转化、引导舆论、传递中国话语等方面发挥着重要作用。皮书研创出版，已成为中国特色新型智库建设的重要抓手和智库成果重要的发布平台。面对国家的需要，皮书研创者和出版者身负更大的责任。需要我们有所担当，将皮书的内容做细、做精，将皮书的出版推广做得更好。

本次皮书年会以“皮书研创与中国话语体系建设”为主题，设置了“智库平台在中国话语体系中的核心功能与建设方略”“智库产品与中国话语体系建设”“皮书在中国话语体系中的角色与功能”等议题，就是希望大家共同讨论皮书工作者在新的发展形势下承担什么样的责任，面临什么样的发展机遇，皮书研创者应该怎样借助皮书这一智库产品与平台为国献智，应该怎样通过皮书提升我国的话语权。希望我们经过讨论，能够找到皮书发展、智库发展新的增长点。

本次年会上，我们还将发布《皮书手册：写作、编辑出版与评价指南》（征求意见稿）。这是为规范皮书研创与发展的一项举措。社科文献的研创团队，经过广泛的引证与研讨，在原有的内部皮书工作手册的基础上，创作完成征求意见稿，希望在这次皮书年会上，征求广大皮书研创者的专业意见，形成这份共同行动方案，使我们在皮书工作中有规可依，使皮书智库产品更加标准与规范。

最后，希望在为期两天的会议议程中，各位与会专家紧紧围绕大会主题，解放思想，集思广益，互相学习，交流经验，将我们共同的皮书事业推向一个新高潮！

预祝本次会议取得圆满成功。谢谢大家！

P4-29
皮书是中国新型智库的重要成果形式*

人类社会的每一次重大跃进，人类文明的每一次重大发展，都离不开哲学社会科学的知识变革和思想先导。当代中国正经历着我国历史上最为广泛而深刻的社会变革，必将给理论创新、学术繁荣提供强大动力和广阔空间。

当今中国，各级各类智库建设如火如荼，优秀智库成果不断涌现。从形式上看，智库成果既包括公开出版、发行的“公共产品”，也包括以“内参”等内部报告形式提交的报告。但从成果评价的角度来看，内部报告的影响力数据很难获得也难以确立统一的标准进行测度，而相比之下，公开出版的研究报告，尤其是皮书这种能够定期、持续出版的年度性研究报告，不仅能够通过积累数据、不断发声，建立起持久的影响力，而且容易建立统一的指标测度和评价体系。智库成果是智库研究人员智力成果的集中体现，也是服务国家、服务社会、服务行业科学决策的主要载体。科学的智库建设既需要对实践经验不断总结，也需要对智库成果进行分析研究。

皮书是中国特色新型智库的重要成果形式。蓦然回首，皮书的专业化

---

* 本书系笔者为《智库成果蓝皮书：中国皮书发展报告（2019）》撰写的前言，社会科学文献出版社，2019，第1~4页。

历程已经走过20余年。从最初的一两个品种，发展到现在每年稳定出版400多个品种；从一个出版社的学术产品名称到媒体热词再到智库成果研创及传播平台，皮书以专业化为主线，进行了系列化、市场化、品牌化、数字化、国际化、平台化的运作，实现了跨越式的发展。20多年的孜孜以求，皮书已经成为中国新型智库建设的重要抓手，始终将自己的研究视野与经济社会发展中的前沿热点问题紧密相连，始终将自己的发展与时代赋予的使命与责任紧紧相连。不仅为推进中国特色新型智库建设，发挥党和国家"思想库""智囊团"的作用做出了重要贡献，也为广大哲学社会科学工作者、智库研究者开展应用研究、服务于中国特色社会主义建设提供了宽广的智库成果出版与传播平台。其所具有的凝聚力正在形成一种无形的力量，吸引国际社会关注中国的发展，皮书也成为总结中国经验、向世界传递中国声音的重要平台，成为国际社会快速、便捷地了解真实中国的最佳窗口。

作为重要的智库成果形式，皮书之所以能够作为独特的出版形态在众多的学术出版作品中脱颖而出，很大程度上源于其作为智库报告所具备的独有的特征。它不是一般性的图书，而是一种连续出版物，它的内容是跨平面媒体的，超越图书、期刊和报纸。它有书的特点，又有期刊的特点，同时还有非常强烈的媒体特征；它所承载的信息都是浓缩的，可以通过其他媒体及时释放并传播，对国民经济发展中的重点和前沿问题进行深入分析，是经济社会发展的"风向标"，形成强大的社会效应，这是一般图书所不具备的。

皮书系列发展到今天，不仅出版社浇筑了大量的物力、心力，我们的合作者更是付出了令人难以企及的毅力和坚持。截至目前，皮书已成为覆盖700余个研究领域、涵盖800余个出版总品种、连通近千家研创机构、4万多名研究者、数据库总字数超过40亿字、约含20万篇研究报告、年均1万余名作者、累计10万余次中外媒体报道、12个语种共同出版的卓越智库成果。这也为我们对皮书这种智库成果进行研究积累了丰富的数据资源，数据价值巨大。2019 年是皮书年会二十年，在这个重要的节点，对 1998 年（皮书专业化起始年）以来公开出版发布的皮书做一次全面的梳理与分析，对皮书的发展进行阶段性的总结是一件很有意义的事情。由此，《智库成果蓝皮书：中国皮书发展报告（2019）》应运而生。本书以皮书、皮书报告、皮书数据库为研究对象，正文共包含 12 篇文章，分为总报告、分报告、评价篇、专题篇四个部分。总报告主要对 1998 年以来皮书的发展路径及现状进行了描述，并对皮书的未来发展进行了展望；分报告主要是在总报告研究的基础上，对经济类、社会政法类、行业类、国别区域与全球治理类、文化传媒类皮书的智库成果进行了梳理分析；评价篇从皮书评价的视角，对皮书的内容评价、媒体评价、内容重复率检测进行了总结；专题篇包括皮书的数字化、国际化以及媒体传播力等内容。作为第一本对皮书进行全方位梳理的著作，出版社成立课题组，作者均为出版社皮书研究院、博士后科研工作站研究人员以及皮书编辑，很好地实现了“编研旋转门”。研究内容既有对智库成果内容与数据的深度开发与分析，又有对皮书评价与影响力的探索与总结；既总结了皮书新近的发展现状，更对皮书未来的发展思路提出了建设性意见。

20 多年来，作为重要的智库成果，“皮书”的概念不断延展，“皮书”的种类更加丰富，“皮书”的功能日益呈现、放大，皮书研创出版日渐规范、完善，其不足和缺陷也愈加清晰。建设中国特色社会主义伟大事业的时代和以互联网、大数据、人工智能为标志的新技术革命，对皮书研创出版提出更高的要求。新时代、新皮书，皮书事业下一步的发展应从以下三个方面发力：第一，以高质量发展为主线，优化皮书品种结构，助力提升研创出版质量。第二，成立皮书研究院理事会，动员更广泛的学术力量参与皮书研创事业、智库建设事业，特吸纳皮书课题组以及对皮书研创、出版感兴趣，并在某一研究领域具备领先水平的单位为皮书研究院理事会成员，建立一个多方参与、多元合作的智库研究共同体。第三，深耕数据资源，在现有皮书数据库的基础上建构中国最大的智库成果数据平台。皮书数据的原创性及持续性的积累，能够为深入研究提供基础的数据资源，随着时间的推移，皮书作为连续性出版物的价值将越来越高，而皮书数据库已经成为研究中国现当代问题的学者和机构必不可少的参考材料。可深耕数据库内容资源，开发新价值，进行内容创新，为中国特色新型智库建设提供智力支持。

研创出版这部关于皮书的皮书，旨在为数万以皮书作者、主编、编辑为主的学术共同体和所有皮书用户提供一部全方位了解皮书研创出版的年度工具书。但由于我们能力所限，加上准备和写作时间过于仓促（为赶在 8 月皮书年会 20 周年之际出版），本皮书无疑存在不少的缺陷和疏漏，望同行和读者批评指正，以资研创团队在下一部皮书中及时改正、完善。

2019 年 7 月

第五篇　皮书研究

导读：本篇收录的是作者关于“皮书”内容或研创方法的研究及论述。作者综合文化传媒学、社会学、经济学等多学科视角对皮书自身数据、内容及其影响力展开了全方位的研究。笔者希望，关于“皮书”本身的研究能够成为文化传媒学、社会学以及智库界的重要议题。

P5-30
《经济蓝皮书》全面分析中国经济“2000年问题”*

目前，关注2000年中国经济走向成了人们共同的兴趣点。这本享有一定声誉的关于预测与分析的蓝皮书尚未出版，书中的总报告及分报告的一些内容就被一些媒体及其他企事业单位设法取得，以便先睹为快。香港、澳门等地对此书的订购量也有明显增加。今年的蓝皮书对2000年的分析预测更为精细和翔实，这一变化已明显地反映在书名上，即只称“2000年”，而不像以往那样称“1999~2000年”。

该书的主要内容包括：由中国社会科学院部分知名学者共同制作的2000年中国经济形势分析与预测总报告；“综合预测篇”，该篇集中了国家发展计划委员会、中国人民银行、国家经贸委、人民大学等官员、学者预测分析；“政策分析篇”集中了中国社科院、国务院发展研究中心、国家统计局等相关课题组对2000年政策选择的分析及建议；“财政金融篇”，包括中国社科院、国家财政部、国家税务总局、北大光华管理学院、上海财经大学等机构对2000年财政金融形势与政

* 本文根据笔者2000年12月在北京中国社科院召开的“中国经济形势分析与预测暨《2000年经济蓝皮书》发布会”上的发言整理。

策选择的预测分析；还有“产业部门篇”“地区发展篇”“香港经济篇”等。

该书的总报告称，2000年的经济增长将保持在7.58%之间；农业增长将保持在3.5%左右的水平上；第二产业的增长保持在9%左右的水平上，其中重工业的增长将略快于轻工业增长；第三产业增长将保持在略高于7%的水平上。这一预测得以实现的前提是，目前采取的宏观调控政策的方向和力度在今年底及2000年不发生重大的变化，同时国际经济环境趋于逐步恢复的趋势不出现大的反复，国内不出现重大的自然灾害和其他重大事件。2000年全社会固定资产投资将达到34140亿元，投资增长率不是很高，但投资率却在进一步上升，这是值得注意的问题，2000年的各种价格指数将止跌回升，这种较好预测结果的根据是持续采取扩张性的财政政策和一系列促进最终需求的政策起到和将起到较为明显的拉动作用，只要我们宏观调控力度适宜，价格上升幅度都不会很大，预计2000年社会商品零售价格的年变动率将为0.1%。城镇居民收入由于国家收入分配政策的调整会有较明显的需求提高，但是农村居民收入不仅增长速度低于城镇居民，而且还有可能减缓。2000年财政收入和财政支出的增速将会有所接近，居民储蓄虽然仍会有所增长，但由于连续降低银行利率，开征利息税等金融政策的调整，居民储蓄的增长速度将会低于前几年，2000年对外贸易总格局仍将会有一定数量的贸易顺差，进口增长速度仍将快于出口增长速度，但是出口仍能保持正增长，总的来看，中国的国民经济2000年将基本停止连续多年增速下滑的趋势，有可能出现一定程度的增速回升。这种止跌回升将受各种不确定因素影响而不稳定。

针对以上预测，书中提示目前需要注意的问题和政策建议是：首先治理及调控措施要协调配套，如目前采取的扩张性财政政策主要是为了刺激短期需求，财政投资较大部分应主要用于基础设施建设这种长期目标；处理好加快国有企业改革减员增效的必要性与目前进口量显著增加趋势之间的关系；处理好提高农民收入需求与城市化进程滞后现状的关系等。其次，目前引起我们重视的“瓶颈”是：技术创新的外生性和创新能力不足的“瓶颈”；人力资源素质偏低的“瓶颈”；城市化与工业化发展脱节的“瓶颈”等。

P5-31
皮书话语是当代中国最鲜活的学术话语之一*

从最初一个出版社的学术产品名称到媒体和公众使用频率极高的热点词语，从专业术语到大众话语，从官方文件到独特的出版形态，近二十年来，作为重要的智库产品，“皮书”的概念不断延展，“皮书”的种类更加丰富，“皮书”的功能日渐完善。截至2016年3月，社会科学文献出版社累计出版皮书1963种，累计发布研究报告近10万余篇。皮书已经成为智库报告的主要形式，是同一主题或同一机构智库报告的聚合，并逐渐成为智库建设的“标配”。

把我们正在亲历的今天放到历史长河中畅想一下，我相信，在百年后世，当人们回头来研究21世纪初的中国史、中国智库建设史、中国出版史，“皮书系列”图书及其所打造的当代中国研究的数据平台都是一个无法绕过的“事件”。作为“皮书”的出版者和操盘手，我不仅关注每一本皮书的影响力，更希望能够把更多皮书课题组的写作经验、平台建设经验积累下来，分享出来。基于此，以“皮书”这一独特的出版形态为研究对象，探寻智库类研究报告的出版规律、研创标准，为中国智库建设、智库产品研究出谋划策，为中国学术传播史、出版

* 本文系笔者为《皮书与中国话语体系建设》一书所撰写的前言，社会科学文献出版社，2016，第1~4页。

史留下一些值得后世参考的智慧的果实，这正是“皮书研究”系列丛书出版的初衷。

如今，这套“皮书研究”丛书的第三本即将付梓，作为这套丛书的主编和主要作者，不仅欣喜，更有很多感慨。“三”这个数字在中国传统文化中具有博大的内涵，正所谓“一生二，二生三，三生万物”。我经常在皮书发布会上会发出一个感慨，人生很多事儿会有“七年之痒”，而对于皮书创作来说，跨过一个持续研究的坎儿需要三年，如果能够坚持迈过皮书研创的“三年之痒”，则一本皮书的创作将能够带来一个平台的美好未来。祈愿“皮书研究”此后也能一马平川！

本书的主题是“皮书与中国话语体系建设”。习近平总书记在 2013 年全国宣传思想工作会议上指出，要加强话语体系建设，着力打造融通中外的新概念、新范畴、新表述，增强在国际上的话语权。今年的“皮书研究”选择这样一个主题，也是契合了当下哲学社会科学研究的一个重要使命，那就是：植根中国，面向世界，开放包容，融通中外，努力构建充分体现中国特色、中国风格、中国气派的哲学社会科学话语体系，增强中国学术的国际话语权。皮书作为实体聚焦研究当下中国发展的智库成果，无疑是中国学术话语体系不可或缺的组成部分，甚至可以说，皮书话语是当代中国最鲜活的学术话语之一。本书旨在探讨皮书研创平台作为智库，皮书作为智库产品，在中国话语体系建设、参与国际话语体系构建中所起的作用。

皮书系列发展到今天，不仅浇筑了出版社大量的心力，我们的合作者——400 多家智库机构（皮书研创单位）更是付出了令人难以企及的毅力和坚持，与我们共同培育了 300 多种持续发布的权威智库报告。正如我在“皮书研究”系列丛书第一本《皮书研究：理论与实践》的前言中所述，皮书不仅是社会科学文献出版社的图书品牌，而且是“成为中国社会科学院的学术品牌，并逐渐向中国社会科学成果知名发布平台和世界了解当代中国的重要媒体库演进!”

这两年来，以皮书系列产品为主体资源的“皮书数据库”取得了长足的发展。截至 2016 年 3 月，皮书数据库资源总量包括 4544 本图书，95000 篇专业智库报告；总字数达到 21. 3 亿字；目前，使用皮书数据库的专业机构（含各类智库机构）共计 1093 家，其中，海外机构超过 100 家；点击量累计达到 64 万余次。皮书数据库已经成为研究中国现当代问题的学者和机构必不可少的参考材料。其海外使用机构包括大学图书馆，如哈佛大学、普林斯顿大学、伯克利大学、斯坦福大学、杜克大学、约翰布鲁金斯大学、牛津大学等；高级智库，如美国国会图书馆（为美国各级政府提供公共及外交政策领域全方位咨询服务的研究机构）、美国外交关系委员会等。这也标志着皮书已经进入国际知名学术出版产品行列。

“皮书”二十年来的发展，离不开中国社会科学院各位领导、学者，尤其是全国政协原副主席陈奎元、院长王伟光、原副院长李扬、副院长李培林、副院长蔡昉的全心投入与大力支持，离不开国家新闻出版广电总局原副局长邬书林十几年如一日的关心与爱护，离不开全国哲学社会科学规划办公室的长期关怀和关注，更离不开每一位皮书研创者的呕心沥血、兢兢业业，在此，向他们致以诚挚的敬意和谢意。

本书正文共 25 篇文章，分为专论篇、皮书与智库建设篇、皮书研创篇、皮书编辑与评价篇、品牌战略与数字化篇五个部分。书中既有中国社会科学院等主管单位领导对皮书未来发展的顶层设计与期许，又有实际的皮书运作者分享如何通过皮书讲好“中国故事”，如何通过皮书研创参与国际话语体系建设；既有对皮书内容的二次开发与分析，又有对优秀皮书报告的基本要素与行文特点的探索；既总结了皮书新近的发展现状，更展望了皮书未来的宏图大计。

本书附录集结了关于皮书管理的最新规定，皮书近两年来发展中的大事记，以及最近两年（第六届、第七届）优秀皮书奖的获奖名单，均由皮书研究院统一整理完成。

愿“皮书研究”系列丛书真正起到抛砖引玉的作用，让更多的优质皮书、更多的优秀智库服务于我们所处的这个需要思想而且一定能够产生思想的时代。

2016 年 7 月于北京马甸

P5-32
皮书与当代中国研究*

摘　要：出版的软实力通常体现在出版物的影响力上，发端于社会科学文献出版社的“皮书”，作为一种连续性出版物，不到20年的时间发展成为一个在中国乃至国际发挥独特影响力的出版形态。“皮书”这一最初在出版社内部使用的工作用词，也逐渐成为社会广泛使用的通用名词。

从研究主题、研究的空间领域、研究方法三个方面对皮书种类进行结构化分析，可以归纳出皮书具备的区别于其他学术出版物的特征，即原创首发、实证客观、专业权威、连续出版、注重前沿、更快更新。

“皮书”既可以是国情研究中经济社会发展的记录仪，社会科学研究中的资料集成库，也可以为政策制定、评估、调整提供智力基础，为社会公众在海量信息时代获取有效信息提供过滤器。

作为一种创新的应用对策类研究模式、出版形态，皮书的未来定位于智库产品，皮书将成为中国学术、中国智库发挥国际影响力的重

* 本文最初是应约为北美东亚图书馆研究会主编的《当代中国学术出版》英文版撰写，合作者为笔者同事皮书研究院执行院长吴丹，中文首次发表于《出版广角》2016年第12期，本书的全文来自谢曙光等：《皮书与中国话语体系建设》，社会科学文献出版社，2016，第15~33页。

要工具，皮书平台将成为学术共同体的建设空间。

关键词： 皮书　智库报告　社会科学　学术出版　出版软实力

出版的软实力通常体现在出版物的影响力上，“皮书”正是一个在中国乃至国际发挥独特影响力的出版形态。从最初一个出版社的学术产品名称到媒体和公众使用频率极高的热点词语，从专业术语到大众话语，从官方文件到特殊的出版形态，近二十年来，“皮书”的概念不断延展，“皮书”的种类更加丰富，“皮书”的功能日渐完善。本文将从皮书的起源、定义说起，力图对皮书的种类、作者、地域做一个全景式、结构化的分析，并通过对皮书功能的深入挖掘，展望皮书未来，探寻皮书价值最大化，乃至提升中国学术国际影响力的路径。旨在说明，皮书系列图书及其皮书数据库，是认知和研究当下中国的最为可靠、最具价值的窗口和平台。

一　皮书的缘起与概念

1. 皮书在中国的起源

从词源上看，“皮书”最早起源于17、18世纪的英国，主要指官方或社会组织正式发表的重要文件或报告，并多以白皮书命名。第六版《辞海》把白皮书定义为“一国政府或议会正式发表的、封面为白色的重要文件或报告书”。

在中国，“皮书”这一概念从官方文件到出版形态，其发展历程要追溯到1990年。是年，刘国光、李京文等著名经济学家通过中国社会科学院数量经济和技术经济研究所联合经济学科学机关研究所运用数量经济模型对中国经济形势进行分析与预测，撰写出一系列研究报告，这些报告当年未公开出版，而是用蓝色封面装订成册，送有关部门和学校传阅，并成立“中国经济形势分析与预测”课题组，故被称为“蓝皮书”。1991年底，“中国经济形势分析与预测”课题组的研究报告首度正式出版，书名是《1992 年：中国经济形势分析与预测》，业界称之为“经济蓝皮书”。这就是第一本“皮书”的由来。此后，中国社会科学院社会学研究所时任所长陆学艺教授敏锐地意识到，可以对年度中国社会形势进行分析和预测，于是在中国社会科学院主管领导的支持下，着手研创“社会蓝皮书”。当年，笔者还在中国大百科全书出版社工作。“社会蓝皮书”初创时笔者也一起参与了讨论，该蓝皮书编纂的范本是当时世界银行的发展报告。随后几年，由中国社会科学院农村发展研究所和世界经济与政治研究所分别主持研创的“农村绿皮书”“世界经济黄皮书”等陆续出版。但只在机关学科领域和实际工作部门宣传，社会影响不大。

正式把以图书封面颜色为标志对蓝皮书、绿皮书、黄皮书进行系列化、市场化、规范化运作的时间节点发生在 1997 年秋。是时，笔者从中国大百科全书出版社调入社会科学文献出版社主持工作，开启该社第二次创业的开篇工作就是以皮书系列为统称，运用专业精神和方法，市场化运作蓝皮书、绿皮书、黄皮书。而 1999 年皮书系列所出版的品种数就超过 15 种。伴随皮书品种的逐步增加，“皮书”起初是只在这一出版社内部使用的工作名称，后逐渐成为社会广泛接受的专有名词，特指 20 世纪末以来由中国社会科学院所属社会科学文献出版社出版的蓝皮书、绿皮书、黄皮书等以年度为单元连续出版的专题研究报告。

2. 皮书概念的厘清

“皮书”这个概念在中国具有两个层面的含义。一是“国家或专门机构正式发布的重要文件或报告书”，是一种官方文件，以白色或其他特殊颜色做封面，代表政府立场，讲究的是事实清楚、立场明确、行文规范、文字简练，不带文学色彩。二是“以年度为时间单元，关于某一门类、地域或领域的社会科学资讯类连续出版物”[①]，封面颜色以蓝色居多，内

① 谢曙光主编《皮书研究：理论与实践》，社会科学文献出版社，2011 年，第 1 页。

容强调权威、前沿。作为一种出版形态存在，皮书具有原创、专业立场、专家视角、数据说话的特征。

2000 年，在首次全国皮书工作会议上，正式诞生“皮书”这个名称。“皮书”开始从一个出版社内部使用的工作词语转化为一个专门的呈现学术成果形态的概念，作为一种公众话语进入并影响社会。

2003 年 9 月，第四次全国皮书工作会议首次对“皮书”的定义进行了阐释：皮书是以年度为时间单元，对某一领域或者某一行业的经济、社会等各种事件进行分析、预测的年度研究报告。①

2005 年 8 月，在第六次全国皮书工作会议上，皮书的定义有了较为完整的表述：皮书是一种以年度为时间单元，关于某一门类、地域或领域的社会科学资讯类连续出版物。

2006~2015 年，皮书进入快速发展的十年。皮书概念的内涵和外延进一步明确，“皮书”作为全新的出版形态被确立——“皮书是对中国与世界发展状况和热点问题进行年度监测，以专业的角度、专家的视野和实证研究方法，针对某一领域或区域现状与发展态势展开分析和预测，具备前沿性、原创性、实证性、连续性、时效性等特点的公开出版物，由一系列权威研究报告组成。”② 皮书是智库报告主要形式之一，是同一主题智库报告的聚合。

二 皮书的种类

当前中国以皮书或类皮书的形式（如发展报告、年度报告等）出版、发布的成果，每年 1000 多种，坚持连续出版的 600 多种。其中，到 2015 年底，社会科学文献出版社是出版皮书类成果最多的出版社。本文以社会科学文献出版社的皮书为例，分析现有皮书的结构化特征。

---

① 笔者在第四次全国皮书工作会议上的发言。

② 谢曙光主编《皮书手册：写作、编辑出版与评价指南》，社会科学文献出版社，2015。

1. 按照研究主题的分类

从内容来看，皮书涵盖了社会科学的大部分专业研究领域，因此，按照研究主题分类是皮书最主要的分类法。根据研究主题的不同，皮书可以分为经济、社会政法、文化传媒、地方发展、行业报告、国际问题六大类，其占比如图 1 所示。

经济类，包括宏观经济、区域经济、产业经济、部门经济等。代表皮书有："区域蓝皮书""产业蓝皮书""中国总部经济蓝皮书""京津冀蓝皮书"等。

社会政法类，包括与社会、法治、文明密切联系的特定领域。代表皮书有："法治蓝皮书""人权蓝皮书""公共服务蓝皮书""社会心态蓝皮书""生态文明绿皮书"等。

文化传媒类，包括文化产业、传媒产业、公共文化等研究领域。代表皮书有："新媒体蓝皮书""移动互联网蓝皮书""文化蓝皮书""新媒体社会责任蓝皮书""全球传媒蓝皮书"等。

地方发展类，包括中国省市经济、社会、文化、产业等领域。代表皮书有："北京蓝皮书""上海蓝皮书""贵州蓝皮书""河南蓝皮书""广州蓝皮书""黑龙江蓝皮书""陕西蓝皮书"等。

行业报告类，包括产业经济、行业发展等。代表皮书有："房地产蓝皮书""金融监管蓝皮书""互联网金融蓝皮书"等。

国际问题类，包括全球及主要国家、地区发展的经济、社会、文化等领域。代表皮书有："美国蓝皮书""日本蓝皮书""欧洲蓝皮书""德国蓝皮书""韩国蓝皮书"等。

2. 按照研究空间领域的分类

按照研究的空间领域，皮书可分为全球与地区（国家）、全国与省区市、城市与农村三大类。

全球与地区（国家）类，研究的是全球及主要国家、地区发展的经济、社会、文化等。代表皮书有："世界经济黄皮书""国际形势黄皮书"

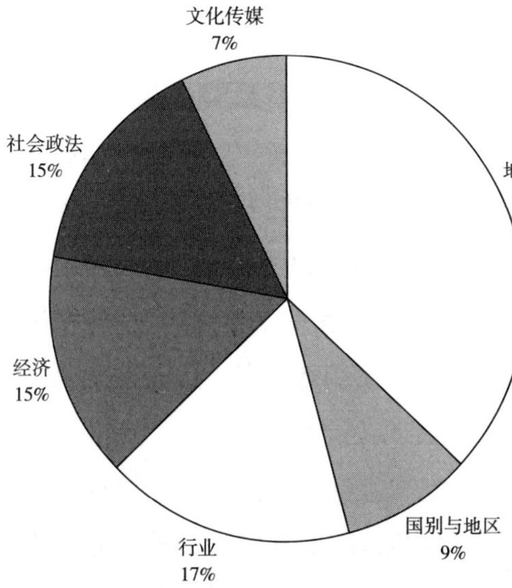

图1 皮书按内容分类占比

“非洲黄皮书”“日本蓝皮书”“亚太蓝皮书”等。

全国与省区市类，研究中国及其经济区域或各省市区的经济、社会、文化、产业等。代表皮书有：“河北经济蓝皮书”“西北蓝皮书”“中三角蓝皮书”“四川蓝皮书”“中部蓝皮书”等。

城市与农村类，研究的是中国及世界城市、农村经济社会发展规律。代表皮书有：“城市蓝皮书”“中小城市绿皮书”“国际城市蓝皮书”等。

3. 按照研究功能及方法的分类

按照研究功能及方法，皮书可以分为发展报告、分析预测、评估评价三个类型。

发展报告型，侧重于对某一领域或区域发展现状的描述。代表皮书有：《国家创新蓝皮书：中国创新发展报告》《金融蓝皮书：中国金融发展报告》《劳动保障蓝皮书：中国劳动保障发展报告》《传媒蓝皮书：中国传媒产业发展报告》《美国蓝皮书：美国研究报告》等。

分析预测型，在对某一领域或区域发展现状分析的基础上，侧重对研究对象未来发展趋势的预测。代表皮书有：《世界经济黄皮书：世界经济分析与预测》《经济蓝皮书：中国经济形势分析与预测》《社会蓝皮书：中国社会形势分析与预测》《农村绿皮书：中国农村经济形势分析与预测》《广州蓝皮书：中国广州经济形势分析与预测》等。

评估评价型，利用数据模型、评价指标体系分析某一领域的发展现状，揭示其特征的研究报告。代表皮书有："中国省域竞争力蓝皮书""环境竞争力绿皮书""G20 国家创新竞争力黄皮书"等。

4. 按照封面颜色分类

按不同的封面颜色，皮书可以分为蓝皮书、绿皮书、黄皮书等。

蓝色，象征着严谨与科学，蓝皮书作为一种专业机构的出版物是智库产品的代表，在国际上通行。因此在皮书系列中，经济、行业、社会政法类等 90%左右的品种为蓝皮书。代表皮书有："教育蓝皮书""社会建设蓝皮书""新能源汽车蓝皮书""新兴经济体蓝皮书""汽车蓝皮书"等。

绿色，意味着生命与未来，关注人类的可持续发展是绿皮书的宗旨。因此，与生态、环境、农村、旅游等主题相关的品种为绿皮书，在皮书系列中占比为 7%左右。代表皮书有："环境绿皮书""气候变化绿皮书""旅游绿皮书""生态城市绿皮书"等。

黄色，代表着开放与包容，关注国际问题是黄皮书的宗旨，黄皮书多是以国际区域性政治、经济等问题为主题的研究报告，在皮书系列中占比为 3%左右。代表皮书有："国际形势黄皮书""中东黄皮书""拉美黄皮书""俄罗斯黄皮书"等。

三　皮书区别于其他出版物的特征

皮书之所以能够作为独特的出版形态在众多的学术出版作品中脱颖而出，很大程度上源于其作为智库报告所具备的独有的特征。它不是一般性的图书，而是一种连续出版物，它的内容是跨平面媒体的，超越图书、期刊和报纸。它有书的特点，又有期刊的特点，同时还有非常强烈的媒体特征，它所承载的信息都是浓缩的，可以通过其他媒体及时释放并传播。每一次皮书的发布基本上都会带动一个热门的话题，形成强大的社会效应，这是一般图书所不具备的。

1. 原创首发

原创性是皮书区别于年鉴、志书类图书的重要特性。皮书的写作不是把从各方面收集来的资料和数据进行简单的罗列或梳理，而是在取得第一手数据的同时，要有自己的理论假设和研究框架，且对数据进行结构化的分析，并提供有价值的观点。

皮书原创性体现在两个方面：第一，数据资料的原创，研创团队通过实地调研获得的第一手数据资料作为分析的基础数据；第二，研究方法或结论的原创，即运用科学、实证的研究方法对数据资料进行分析，得出原创性的结论或对策建议。

2. 实证客观

实证，是社会科学研究的重要方法之一。皮书研创倡导实证研究，即通过对研究对象进行大量的观察、实验和调查获取客观数据，并对客观数据采用统计、评价评级、模型预测与分析等实证研究方法进行进一步研究，得出客观的结论或对策建议。皮书报告数据翔实，通过评价评级、模型等实证分析方法对研究问题进行分析得出的结论更具有可信度。故而，皮书报告一般具有很强的实证性。

3. 专业权威

如果说客观性的数据是皮书特色，同样，专业化的数据筛选、解读更能发挥一个智力作品的价值。皮书专业性体现为主编和作者的专业性。皮书的主编和作者是所涉专业和研究领域有较大影响力和一定知名度的专家学者。

出版方在皮书项目立项前就对研创单位及作者有严格的要求。如：

“皮书研创单位应以研究为主，并在该领域具有权威性；皮书主编应是本皮书所涉领域的权威学者。”这种作品出版之前的介入，保证了皮书主编和作者的专业性。目前，皮书主编和作者多来自高端研究机构（如中国社会科学院和地方社会科学院）、一流高校、政府智库。皮书研创机构来源分布如图 2 所示。

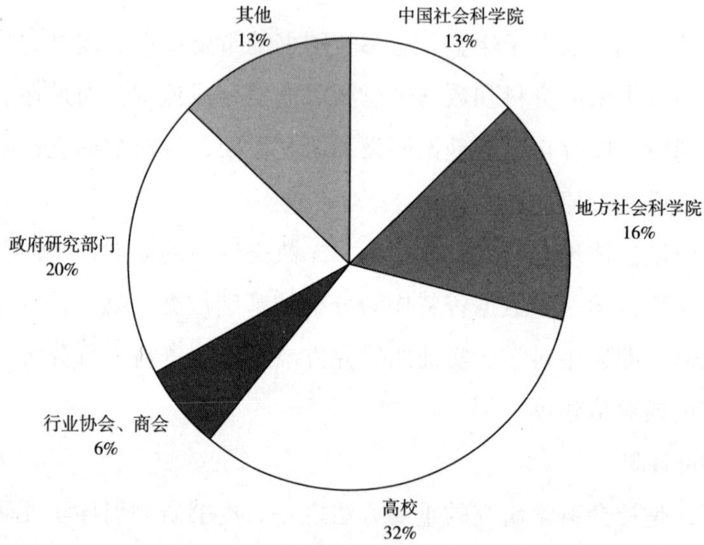

图 2　皮书研创机构来源分布（截至 2016 年 3 月）

4. 连续出版

皮书连续性体现在其以年度为单位持续关注所研究领域的某一问题，并进行科学的理论与实践研究，进而形成持续的研究成果。皮书报告每年（或每两年）对同一领域、门类、地域发布研究成果。

从出版时间的连续性来看，自 1991 年起，“经济蓝皮书”已连续出版了 25 年；“社会蓝皮书”“农村绿皮书”“世界经济黄皮书”等重点皮书也已出版了 20 年以上。

5. 关注前沿

皮书前沿性体现在两个方面：一是在理论探讨上应反映学术前沿问

题，并能通过现有数据分析推断该研究领域的发展趋势；二是解释现实问题时，皮书关注现实生活中的热点、重点问题，致力于解决政府、媒体、公众关注的问题。

6. 及时更新

与其他类型的出版物相比，皮书具有更强的时效性。具体体现在三个方面：一是数据最新。皮书报告使用的数据资料在可获得的条件下一定是最新的。利用最新的数据资料进行分析，能够准确地反映研究领域的最新动态。二是及时出版。每年的 11 月至次年的 3 月是皮书出版的高峰期，在这个时期出版的皮书可以及时响应国际国内重要会议和当年度重大舆论事件。三是适时发布。恰当的发布时机包括：重要会议前后，相关节日前后，行业论坛期间。

四　皮书对于国情了解和社科研究的特殊功能

美国管理学家、统计学家爱德华·戴明有句名言：“除了上帝，任何人都必须用数据来说话。”美国的联邦政府构建了世界上最大的数据帝国。这些数据有三个来源：一是业务管理的数据，二是社情民意的数据，三是物理环境的数据。以社情民意数据为例，在 1940 年罗斯福引进民意调查后，美国政府为了了解社会开展了大量的专业调查，其中劳工统计局的“国家纵向调查”（National Longitudinal Survey），就是以时间轴为单位，在确定调查对象后，对其进行长期的跟踪、反复的问卷，收集大量的数据，然后进行统计分析。随着数据的积累，一个以个人成长为中心、越来越大的社会画卷也开始展开。这种以一个国家为单位的大型社会调查，是研究一个社会长期变迁不可或缺的重要资源，也为政策的制定、调整和评价提供了重要的参考和依据。[①] 除了联邦政府内部及

① 徐子沛：《大数据》，广西师范大学出版社，2012。

其资助的研究机构的调查，美国的独立智库每年都为社会创造出数以万计的各种专业调查报告，这些报告为社会各个领域的发展提供了大量有价值的数据。

在中国，近20年来，以“皮书”为代表的年度研究报告是重要的智库成果表现形式之一，它因具有前沿性、实证性、持续性等天然的特点成为研究者和研究团队青睐的成果表达模式。

1. 国情研究：中国经济社会发展的记录仪

从皮书的内容分类可以看出，皮书研究囊括了中国经济、社会、文化等领域。而皮书研究正是以时间轴为单位，在确定调查对象后，对其进行长期的跟踪、反复的测试，收集大量的数据，然后进行结构化的统计分析。因此，“皮书”既可以对经济社会发展中的重大问题进行现状表述，为深入研究提供重要的数据依据，又可提出较好的解决思路和对策，为现实发展提供巨大的实际应用的能量。

2. 资政决策：政策制定、评估、调整的智力源

皮书研究的对象是国内外经济社会发展的现实问题，一个很重要的目的是发现问题、分析问题和解决问题。皮书研创团队既有深厚的理论功底，又有对现实问题的敏锐观察力，很多正在为政府提供智力服务。他们在皮书中展示的研究成果在一定程度上可以反映出政策趋向，发挥政策预报的功能，便于政策在正式发布前取得社会认可，利于政策的推行，同时，皮书的专业研究报告也可以为政策评估、调整提供依据。皮书研创团队对现实问题的调查为政府开辟了信息渠道，其对策建议成为政府进行决策的重要参考。

3. 学术科研：社会科学研究的资料集成库

皮书针对某个问题的基础信息以及皮书研创者对数据的分析与重新展现，构成关于这个问题的一个小型数据库，为国内外现实问题研究者提供了不同层级的研究资料。皮书的研究方法和分析结果又成为研究人员进行深度研究的参考。

皮书数据的原创性及持续性的积累，能够为深入研究提供基础的数据资源，因此，皮书可以作为获取研究数据的重要工具。随着时间的推移，皮书作为连续性出版物的价值将越来越高，而皮书数据库也将成为研究当代中国最重要的基础数据库之一。

4. 社会公众：信息爆炸时期的信息过滤器

在信息泛滥的网络社会，皮书中呈现的基础信息和分析数据同时为社会各界带来多个层面的有效信息。社会组织管理者可以依据这些信息，判断政策趋势和市场走向，最终形成运营和管理决策；新闻工作者从这些信息中获取内涵丰富的新闻来源，发挥舆论引导作用；投资者可以从皮书中挖掘投资资讯，将其作为投资指南。

五 皮书的未来设想

在中国，“皮书”已然成为全社会层面的热门词汇。皮书的读者主要包括党政领导干部、国内外现实问题研究者、相关专业教师和研究生、社会组织管理者、新闻工作者、投资者、对国内外现实问题感兴趣的普通读者等。各类研究机构（政府、科研机构、大学、企业）、“皮书”及其连带的内容、观点、学者思想正深入人心：政府部门资政参阅，研究人员研读借鉴，社会组织决策参考，新闻媒体实时发布，投资者资讯追踪，普通大众街谈巷议。“皮书”正成为一个平台，为广大对中国经济社会有着深刻理解的理论工作者提供了一个展示其观点的舞台，为广大对中国现状有着热切渴望的读者提供了一个咨询台，为中国学术与社会发展实践的结合提供了一个会所。这一平台所具有的凝聚力正在形成一种无形的力量，吸引着社会各界关注中国的发展，参与中国的发展。

1. 一种创新的应用对策类研究、出版模式

皮书研创者与出版社从学术积淀、市场需求等角度，根据国内外社会现实问题确定选题方向。研究者组成研创团队，集合多方智力，协同完成

数据采集、信息整理和对策研讨。出版社凭借其推广平台，将此类研究成果在社会上广泛推广，最大限度上提升对策类研究成果的影响力，将其社会效用最大化。

首先，统一出版规范与标准。作为独特的应用对策类研究成果和智库产品，皮书的研究内容必然是个性特征明显的。然而，正如美国心理协会出版人格雷·范登博思博士在第六版《APA 格式》前言中所述："统一的写作体例能够帮助我们迅速从文章中提炼出要点和研究发现……写作体例能够帮助大家恰当表述定量研究的结果，选择与分析方法最匹配的图表，以准确且令人感到体面的语言描述有关个体。"随着研创队伍的不断扩大，皮书的研创出版同样急需一整套通用规范，为数以万计的皮书研创者实现沟通交流提供科学便捷的标准，从而实现皮书品牌的可持续发展。鉴于此，社会科学文献出版社从 2009 年起开始每年发布《皮书操作手册》（2013 年起改版为《皮书手册：研创·编辑出版与评价指南》）作为内部工作指南，并于 2015 年正式出版。这些手册为规范皮书研创出版起到了很好的参考作用，也受到了皮书作者、编辑的广泛好评。①

其次，推进写作模式的创新。作为一种连续性出版物，单种皮书的主题、版式相对固定，研创者重复相同的工作造成效率低下。因此，可考虑开发皮书编撰软件，将可以由机器解决的问题交给它，而研创者将精力投到研究工作中，在规范流程、保护皮书个性研创的前提下，全面提高皮书编撰效率。

2. 重要的智库产品平台

皮书正成为智库工作的平台：智库交流平台、智库产品互通平台、智库与社会交互平台、智库信息整合平台。随着中国特色新型智库建设的深入开展，该智库平台必须时时做出调整，相应的平台功能必须进一步深化。

皮书研创的运作模式体现了智库成果产生的基本内核，即团队协作、

① 谢曙光主编《皮书手册：写作、编辑出版与评价指南》，社会科学文献出版社，2015，第 2 页。

考察现实、预测未来、提出对策。皮书是智库产品的一种，是向社会公布重要智库成果的方式。因而，皮书成为智库接触社会、影响社会、协调社会的渠道和平台。皮书的出版有助于中国特色新型智库建设。

3. 学术共同体的建设空间

在皮书研创、出版工作基础上，进一步推进学术共同体和互动社区建设。以皮书出版为平台，围绕皮书研创这一核心环节，促进皮书作者、皮书机构、皮书受众之间的交流认知以及在问题关怀、价值取向、研究方法、学术标准等方面形成共识，进而建立起一个公共学术生活空间。

随着社会的多元化、复杂化，针对某个问题的调查、研究和解决，单一品种的皮书很难完成。对皮书内容进行分割、重组，形成需要的新成果，将有助于解决上述问题。现实中，这种需要将更加频繁。皮书内容的数字化，使得分割、重组更加便捷，使这种做法成为可能。社会科学文献出版社已经在这方面做了有益的探索。

4. 中国学术、中国智库发挥国际影响力的重要工具

皮书为其研创者提供了一个向国内外发声的平台。随着皮书影响力的不断扩大，皮书研创者的思想和声音在世界范围内传播。对内，他们以自己的思想影响社会；对外，他们发出中国学者对于国际事务的观点，影响参与人思考问题和解决问题的方向。皮书的出版，有助于中国学者提高国际话语能力。

2006 年，社会科学文献出版社和荷兰博睿学术出版社（Brill Academic Publishers，Brill）正式签署皮书出版协议，第一本英文版皮书在全球发行，标志着皮书进入了国际化的发展阶段。

至 2015 年，已出版外文版皮书 80 余种，除繁体中文外，涉及英文、日文、韩文、俄文等多语种。连续出版的年度性外文版皮书达 30 余种。与 Brill 合作的英文版皮书于 2011 年改版为“中国研究视角”系列丛书，已出版 37 本，内容涉及中国经济、社会、法治、环境、教育、劳动与人口、应对气候变化、低碳等多个领域。与 Springer 出版社合作的“当代中国经济

报告”系列，包括中国城市发展报告、中国经济增长报告、印度洋地区发展报告、中国低碳经济发展报告、中国经济形势分析与预测、京津冀发展报告、中国企业的社会责任报告、中国省域经济综合竞争力发展报告。

国际关系系列，包括中国与美国关系、中国与欧洲关系、中国与俄罗斯关系、中国与拉丁美洲关系、中国与周边关系、中国与非洲关系、中国与中东关系、中国与新兴国家关系、中国与东盟关系。英文以外，其他外文版皮书还包括：中国房地产发展报告（韩文）、中国传媒产业发展报告（韩文）、中国环境发展报告（日文）、中国殡葬事业发展报告（日文）、中国经济形势分析与预测（俄文）。

如果说外文版皮书的出版为国际社会了解中国打开了一个窗，那么，皮书数据库的海外推广则实现了皮书资源的全球化使用。皮书数据库已经成为研究中国现当代问题的学者和机构必不可少的参考材料。其海外使用机构包括大学图书馆，如哈佛大学、普林斯顿大学、伯克利大学、斯坦福大学、杜克大学、约翰布鲁金斯大学、牛津大学等大学的图书馆；高级智库，如美国国会图书馆（为美国各级政府提供公共及外交政策领域全方位咨询服务的研究机构）。这也标志着皮书系列已经进入国际知名学术出版产品行列。

皮书作为重要的智库成果，承载着传播思想、传承文明的功能，皮书的影响力在一定程度上反映了中国学术出版的影响力。深怀对学术的敬畏之心，恪守对学术出版的专业精神，努力担当发展中国学术、承担人类文明传承的大任，这是中国学术出版机构的应有之义，也是所有皮书研创者、出版者、使用者的座右铭。

参考文献

能向群、肖东发：《年鉴与皮书之争》，《出版经济》2004年第12期。

刘玉萍：《皮书：推动学术出版的能力建设》，《中国社会科学报》，2011 年 1 月 6 日。
孙海悦：《皮书出版需走品牌建设之路》，《中国新闻出版报》，2011 年 3 月 7 日。
谢曙光主编《皮书研究：理论与实践》，社会科学文献出版社，2011。
谢曙光主编《皮书研创与智库建设》，社会科学文献出版社，2014。
谢曙光主编《皮书手册：写作、编辑出版与评价指南》，社会科学文献出版社，2015。

P5-33

皮书研创与当代中国研究*

党的十八大以来，作为智库成果创新型态的皮书获得了长足的发展。从数量上来看，社会科学文献出版社出版的皮书品种数从 2012 年的 226 种增加到 2017 年的 410 种，五年的时间增长了 80%；参与皮书研创的学者、作者超过数万人，皮书报告的篇数达到数十万篇，使用皮书及皮书数据库的读者遍及海内外。从影响力上来看，皮书为其研创者提供了一个向国内外发声的平台。随着皮书影响力的不断扩大，皮书研创者的思想和声音在世界范围内传播。对内，他们以自己的思想影响社会；对外，他们发出中国学者对于国际事务的观点，影响参与人思考问题和解决问题的方向。皮书的出版，对于中国学者提高国际话语能力发挥了重要作用。

在第十九次全国皮书年会即将召开之际，“皮书研究”系列的第五本:《皮书研创与当代中国研究》也即将付梓。本书的主题是“皮书研创与当代中国研究”。我们认为，皮书之于中国研究乃至世界经济社会研究，至少具有以下五大功能。

第一，国情研究的功能。皮书是经济社会发展的记录仪。从皮书的内容分类可以看出，皮书的研究囊括了中国经济、社会、文化、生态环境等

* 本文系笔者为《皮书研创与当代中国研究》所撰写的前言，社会科学文献出版社，2018，第 1~5 页。

全领域。而皮书的研究正是以时间轴为单位，在确定调查对象后，对其进行长期的跟踪、反复的测试，收集大量的数据，然后进行结构化的统计分析。因此，“皮书”既可以对经济社会发展中的重大问题进行现状表述，为深入研究提供重要的数据依据；又可以提出较好的解决思路和对策，为现实发展提供巨大的实际应用的能量。

第二，资政决策的功能。皮书研创的对象是国内外经济社会发展的现实问题，一个很重要的目的是发现问题、分析问题和解决问题。皮书研创团队既有深厚的理论功底，又有对现实问题的敏锐观察力，可以为政府提供智力服务。他们在皮书中展示的研究成果在一定程度上可以反映出政策趋向，发挥政策预报的功能，便于政策在正式发布前取得社会认可，利于政策的推行。皮书研创团队对现实问题的调查为政府开辟了信息渠道，其对策建议成为政府进行决策的重要参考。

第三，政策评估的功能。除了能够提供政策及决策建议以外，皮书也是政策制定、评估、调整的智力源。皮书研创主体以智库机构、智库平台为主，大多承担着对政策进行第三方评估的功能。智库机构可以通过发布专业的皮书研究报告来对政策实施的效果进行量化指标的分析，从而为政策评估、调整提供依据。

第四，学术科研的功能。皮书是社会科学研究资料的集成库。皮书针对某个问题的基础信息进行剖析以及皮书研创者对数据的分析与重新展现，构成关于这个问题的一个小型数据库，为国内外现实问题研究者提供了不同层级的研究资料。皮书的研究方法和分析结果又成为研究人员进行深度研究的参考。皮书数据的原创性及持续性的积累，能够为深入研究提供基础的数据资源，因此，皮书可以作为获取研究数据的重要工具。随着时间的推移，皮书作为连续性出版物的价值将越来越高，而皮书数据库也将成为研究当代中国最重要的基础数据库之一。

第五，信息过滤器的功能。对于社会公众而言，在信息泛滥的网络社会，皮书中呈现的基础信息和数据分析同时为社会各界带来多个层面的有效信息。社会组织管理者可以依据这些信息，判断政策趋势和市场走向，最终形成运营和管理决策；新闻工作者从这些信息中获取内涵丰富的新闻来源，发挥舆论引导作用；投资者可以从皮书中挖掘投资资讯，将其作为投资指南。

在发展中不断总结，不断促进“皮书”品牌自身的成长，是“皮书研究”系列出版的初衷。正如我在第一版前言中所说，在将皮书作为一种出版型态并进行品牌打造的过程中，“忧患意识始终与我相伴相随，由此不断激励我和我的团队以及日益壮大的合作伙伴，不断探索和完善皮书研创规范、皮书评价办法、皮书出版体制。”对“皮书”本身的研究也已经成为研究中国人文社会科学的巨大宝藏。2017 年以来，我们开展了“皮书专业化二十年”系列活动，这里包括皮书博物馆的策划、皮书品牌故事的梳理、皮书发展二十年中重要人物的“致敬”，以及我们“皮书研究”系列的出版等。

本书集结了知名学者、资深皮书主编、长期关注皮书报道的媒体人以及皮书出版人的文章。中国社会科学院原院长王伟光以“多出高质量的中国特色新型智库成果为实现中华民族复兴的中国梦提供智力支撑”为主题在第十八次全国皮书年会上做了专题讲话，明确了皮书的使命和未来发展方向；中国社会科学院副院长、社会学家李培林对新时代中国特色社会学及社会形势分析研究进行了深入探讨；经济学家汪同三撰文“让中国经济预测不再是占星术”为题，回忆了第一本“经济蓝皮书”的诞生；光明日报智库版主任王斯敏带领团队撰写了“刻画科研年轮讲述精彩中国——社会科学文献出版社 20 载皮书专业化建设纪实”，从媒体的角度，重现了皮书品牌一路发展的历程。

全书共 22 篇文章，共分为六个部分。第一部分是“皮书专业化二十年”，此部分共有 4 篇文章，精选了皮书专业化二十年的研究成果；第二部分是“专论”，此部分共有 4 篇文章，分别从社会学（社会形势分析）、社会治理、大数据、网络文化安全等主题阐述了“中国研究”的主题；

第三部分是“皮书与国别研究”，此部分共有 4 篇文章，精选了以“国别区域和全球治理类皮书的研创”为主题的 2018 年皮书研创高级研修班的讲师的课程内容；第四部分是“智库平台建设”，此部分共有 6 篇文章，分别从高校智库、社科院智库、地方智库、文化传媒类智库等不同维度阐释了皮书与智库平台建设的相关性；第五部分是“研创规范”，研创规范是皮书研究中的重要方向之一，对于该如何建立起智库报告的写作规范，有 4 篇文章回答了相关问题；第六部分是“附录”，我们把皮书专业化 20 年致敬人物及媒体致敬词作为重要史料，向所有关心皮书、陪伴皮书成长的同仁致敬！

祝愿新时代的皮书为中国研究，为哲学社会科学的发展做出更大贡献！

P5-34

高质量发展场景下的皮书研创，出版与传播*

2020年，注定是一个不平凡的年份。一场新型冠状肺炎疫情席卷全球，彻底打破了人类原有的生产、生活状态和秩序！在以习近平同志为核心的中国共产党的正确领导下，中国的疫情防控工作取得了阶段性战略性成果，经济社会发展也在逐步恢复中。我们今年的全国皮书年会比往年推迟了1个多月，今天终于在美丽的春城昆明召开了！按照疫情防控的要求，此次线下会议人数严格控制在500人以内，同时，本次会议也开通了腾讯会议线上会议平台。因人数受限，不能来现场开会的“皮友”们，可以通过云端参加本次会议。在此，我代表承办方向莅临本次会议的领导和嘉宾表示热烈的欢迎！向长期以来关心和支持皮书发展的领导及专家学者致以崇高的敬意！向为本次年会在昆明顺利召开给予支持的云南省委省政府、与我们共同承办年会的合作方云南大学的领导和全体工作人员表示衷心的感谢！向因人数受限而未能来现场参会的“皮友”们致以深深的歉意！

经过二十多年的沉淀，皮书进入了高质量发展阶段。所以，本次年会的主题是：“高质量发展场景下的皮书研创、出版与传播”。2020年是皮

* 本文根据笔者2020年9月在云南昆明召开的“第二十一次全国皮书年会”开幕式上的致辞整理。

书高质量发展的落实之年。中国社会科学院院领导高度重视，谢伏瞻院长领衔担任《经济蓝皮书》主编，推动老皮书焕发新活力，2020 年版经济蓝皮书甫一发布，就产生巨大的社会影响，出现了多年未见的加印两次，总发行量接近 2 万册的现象。在去年的第 20 次全国皮书年会上，谢伏瞻院长进一步提出了推动皮书高质量发展的四大要求，皮书高质量发展正式进入制度化轨道。

2020 年，皮书目录管理制度正式施行。出版社通过推动皮书学术共同体的建设，发挥皮书学术委员会的评审功能，依据皮书内容质量评价、社会影响力评价等同行评审结果公布“皮书书目”。皮书书目实施动态管理，每年调整、定期公布。我们的目标是把皮书品种数控制在 500 种以内，把皮书目录管理与皮书前端管理、皮书审稿和皮书评价相结合，严格把控目录中皮书的内容质量，继续推进“控数量、调结构、补短板、提质量”的十二字管理方针。2020 年版皮书目录中有 465 种皮书，已通过中国社会科学报公布，这次大会期间，在场外的液晶屏上也会展示详细信息。

着力加强皮书的前端管理是皮书高质量发展的重要路径。主编团队要重视皮书的年度选题，鼓励编辑参与皮书的年度选题策划，从选题上要突出前瞻性，要结合当下经济社会的热点问题、难点问题展开深入研究；要实行严格的预审制度、撤稿制度，提升皮书报告写作的规范性，尤其是对策建议的内容要有科学性、长远性；要建立完善的、与时俱进的皮书出版、发布、数字化、国际化流程；对于好的皮书管理的经验要及时总结、反馈，加强培训。2020 年，《皮书手册：写作、编辑出版与评价指南》（第四版）也刚刚完成修订。本手册通过对皮书研创规范、出版规范的精益求精，助力皮书主编、皮书作者推动智库成果质量的提升。

皮书年会已经走过了 20 年的历程，不仅助力于皮书本身的发展，也成为新型智库建设交流的重要平台，成为广大“皮友”进行学术认知、互动交流的“学术嘉年华”。本次会议议程有些微调，各位线上、线下的会议代表均可通过我们的年会小程序、年会微信群看到我们本次会议议程。昨天晚上，我们年会的直播活动首次在皮书年会亮相；在接下来的会议中，赵奇秘书长将发表重要讲话；会议邀请到经济学家李雪松和社会学家陈光金做专题学术报告。同时，年会设立了大会学术论坛和 10 个平行论坛，供广大“皮友”交流、讨论。今年，会议将继续发布由我领衔研创的《智库成果蓝皮书：中国皮书发展报告（2020）》。这是一本关于皮书的皮书，本年度对 2019 年版皮书做了一次全面的梳理与分析，通过清晰的数据呈现来分享皮书的成长历程。

2020 年，是中国全面建成小康社会的收官之年，同时也是“十三五”规划的收官之年，中国特色社会主义现代化将开启新的征程。面对新的时代、新的征程，不确定性成为当下世界的共识，作为以消除不确定性为目标的智库成果，皮书在记录与研判时代重大问题、发挥咨政建言作用、引导社会舆论方向、促进国际合作交流等方面将面临更加复杂的挑战，也必然发挥越来越重要的作用。皮书人应该有高度的自觉，充分利用互联网、大数据、人工智能和区块链等技术进步，整合专业数据和大数据，为人们精准把握外部世界，消除不确定性提供智力支持！为提出更加符合现实发展规律的政策建议，研创出更高质量的智库成果而努力！这也是本次会议的主旨所在，我们期待，在这次会议上，各位参会代表能就高质量发展场景下的皮书研创、出版与传播展开深入的讨论，达成更大范围的共识，贡献更多的智慧！

祝愿本次会议取得圆满成功，谢谢大家！

P5-35
应开展对皮书自身的研究*

一个在一家成立不过二十余年的学术出版机构内部使用的工作语词，短短十几年何以迅速成为媒体和公众广泛接受并流行开来的术语？一种以蓝、绿、黄色为封面标识的年度系列图书，为何成为政府官员、商界精英、各类专业研究人员和传媒人士期待与搜寻的读物？其中经过传媒推出的话题在网络上为何常能搜出数十万甚至上百万的点击率？

这一殊荣非“皮书”莫属！

所谓“皮书”，特指20世纪末以来由中国社会科学院所属社会科学文献出版社出版的蓝皮书、绿皮书、黄皮书等年度专题研究报告，是以年度为时间单元，关于某一领域、门类或地域的社会科学研究资讯类连续出版物。作为一种出版形式，皮书源自17、18世纪的英国，当时的官方对外发布的文告通常被称作白皮书。在中国，皮书发端于20世纪90年代初中国社会科学院著名经济学家刘国光、李京文主编的经济蓝皮书，而成为一种正式称谓，则源于社会科学文献出版社20世纪90年代中后期系列化、市场化和品牌化运作下经济蓝皮书、社会蓝皮书、农村经济绿皮书、世界经济黄皮书等皮书系列的出现。经过十几年的努力，皮书系列的规模

---

* 本文系笔者为《皮书研究：理论与实践》所撰写的前言，社会科学文献出版社，2011，第1~2页。

不断扩大，目前每年出版的各类皮书已超过 150 种，内容涵盖经济、社会、政治、文化、生态环境等现实生活的诸多方面和领域，其美誉度和社会影响力也不断提升、扩大。皮书系列不仅成为社会科学文献出版社的图书品牌，而且成为中国社会科学院的学术品牌，并逐渐向中国社会科学成果知名发布平台和世界了解当代中国的重要媒体库演进！这对于一个皮书出版人来说，既是莫大的肯定和鼓舞，更是一种巨大的压力和责任。毕竟皮书作为一种自觉的研创和出版活动不过十几年的时间，它存在的缺陷和问题也不少，与国家和公众的需求尚存在差距，与国际标准还相距甚远！

其实，在将皮书作为一种出版型态和概念科学品牌打造的十几年中，忧患意识始终与我相伴相随，由此不断激励我和我的团队以及日益壮大的合作伙伴，不断探索和完善皮书的研创与出版体制、机制、技术规范及评价办法。从 2000 年夏天开始，我们每年召开一次全国性的皮书年会，组织皮书研创专家和编辑就皮书研创、出版和发布推广等理论和实践的方方面面进行深入研讨与交流。2005 年社会科学文献出版社开通中国皮书网，为皮书研创者和编辑提供日常交流的平台，经过几年的建设和不断改版升级，中国皮书网于 2009 年被业内评为“最具商业价值网站”之一。

十几年来的皮书研创、出版实践及其理论的研讨，积淀了大量有关皮书本身这一社会科学成果形式和出版型态的文章与资料，将其筛选整理出版，对推进皮书的研创、出版事业无疑具有积极意义，同时对于学术传播史、出版史也不乏研究价值。这正是我们出版本书的初衷。

皮书无论是作为社会科学成果发布平台，还是作为一种出版型态，抑或作为一种海量信息时代引导知识话语的媒体，都给研究者留下了很大的研究空间。我本人一直对它存有研究冲动，然而由于皮书出版的日益壮大和对社会学的专业使命，无法集中更多的时间和精力投身于对皮书本身的研究，这本书中“皮书论纲”栏目内的几篇文章也主要是在张静鸥、刘荣两位同事的帮助下根据这些年有关皮书的讲话稿整理完成的。为此，向她们致以诚挚的谢意。作为主编，我还要感谢范广伟、蔡继辉、胡涛这几位皮书评价研究中心的同事为本书编辑出版所付出的努力！愿这本书真正起到抛砖引玉的作用，让更多的优质皮书服务于我们所处的这个波澜壮阔的时代。

谢曙光

2011 年 8 月于北京马甸

P5-36
皮书研创与国别区域研究*

摘　要： 开展国别与区域研究，对于服务国家战略和外交大局，全面推进“一带一路”建设，具有十分重要的意义。社会科学文献出版社的“皮书系列”具有专业性、连续性、实证性、原创性、前沿性、时效性等特征。国别与区域类的皮书更是定位准确、内容充实、数据充分，与国别类研究高度契合，同时具备智库研究和学术研究的品格，可作为研究国别与区域问题的重要抓手和平台。社会科学文献出版社作为国别与区域类皮书研创的知识和服务平台，对国内学术界以及政府部门更精准地了解世界各地区和各国的发展起到重要的推动作用。

关键词： 皮书研创　国别与区域　知识服务平台

随着中国对外开放、国际交流的不断深化，当前国际格局也随之发生剧烈的变化，中国正经历由一个区域性国家转变为世界性国家的重大转折期。中国对国别与区域问题的研究是了解世界和研究世界的学术工具。开

* 本文根据作者 2018 年 4 月在第三期全国皮书研创高级研修班（2018）授课 PPT 和录音整理而成。

展国别与区域研究，对于服务国家战略和外交大局、全面推进“一带一路”建设具有十分重要的意义。这对学术界也提出了新的要求，高等院校、科研院所、研究机构要快速“抢占地盘”，在本研究领域形成突破。皮书作为一种专题性研究报告，以定期连续发布的方式，通过媒体的话语转换和传播，引导社会舆论，引起机关决策者的关注，最终影响决策。因此，皮书研创可作为学术界关注和研究国别与区域问题的重要抓手和平台。

一　国别与区域研究已成为当下中国的显学

中国学术界最早对国别与区域的研究始于 1841 年魏源编撰的《海国图志》。此书是魏源受林则徐嘱托而编撰的一部描述世界地理和历史知识的综合性图书，是中国了解外部世界的窗口，也是根据国人的需求来开展国别与区域研究的萌芽。在“一带一路”的倡议提出后，中国不仅要了解外部世界，还要通过国别与区域研究，对某个区域和国家的发展情况，以及对这些区域和国家的历史、文化、政治、经济、外交以及国民性有着规律性认知，更要关注中国的周边国家。除此之外，中国还要从世界史、国际关系、国际政治等角度对世界各地区和各国有更精准的了解，并形成独立的研究体系。

1. 时代背景

对国别与区域的研究主要包括国际环境和国内环境两个方面，二者密切相关。国际环境的主要功效体现为两点：第一，世界需要中国的学者担当推进全球化的责任，中国学者对国别与区域的研究使这种责任完全凸显；第二，有助于中国进一步了解世界。在习近平主席提出的新时代背景下，中国肩负着统筹国际环境和国内环境的重任，通过推进“一带一路”建设构建“人类命运共同体”。同样，根据“新时代”的特色，对国别与区域问题应该进一步深入研究并重构。

（1）国际环境

在国别与区域的研究中，国际环境需要关注三个方面：第一，世界多极化格局进入深入发展阶段，中国的大国地位显著提升，中国的发展已对整个世界格局产生巨大的影响。2017 年 1 月 17 日，习近平主席在瑞士达沃斯国际会议中心出席“世界经济论坛”年会开幕式，并发表了题为“共担时代责任共促全球发展”的主旨演讲，赞扬中国提倡包容性文化，称中国不仅在口头上支持全球化，并且还将付诸行动。这次演讲引起了国际范围内很大的反响，推进了中国的全球化，加快了将世界进步的焦点转移到中国的步伐。第二，经济全球化日益复杂，逆全球化潮流伺机而动。2017 年 3 月 5 日，李克强总理在第十二届全国人大第五次会议上所做的政府工作报告中着重提及了逆全球化，指出中国要“推进‘一带一路’建设，与沿线国家加强战略对接、务实合作”。“一带一路”是中国对“逆全球化”倾向开出的一剂良方。第三，社会信息化高速推进，大数据时代影响广泛。大数据时代的来临，客观上为学术成果的研创、呈现和传播提供了极大的发展空间。同时，大数据的出现和广泛运用，彻底改变了人们对世界的宏观和微观认知，给社会科学的研究乃至人类的生产、生活带来颠覆性的改变。

（2）国内环境

在国别与区域研究中，国内环境需要关注三个方面：第一，中华民族日益发展壮大，进入伟大复兴的阶段。各种利好措施迅速落地，各个行业和板块的迅速发展应接不暇，中国对外部世界日益发生的变化亦有了紧迫感。同时，随着中国经济的高速发展和国际地位的显著提高，中国与世界的联系也越发紧密，迫切需要我们更全面系统、深入细致地了解世界。第二，中国改革开放持续深化，既不缺乏资金，又不缺乏技术。因此，国别与区域研究要从中国的视角看待世界，为人文社会科学的发展提供基础条件和保障。第三，中国特色新型智库的建设有了进一步的发展，从国家层面、企业层面、社会层面来看，智库所扮演的角色愈加重要。因此，区域与国别研究不是临时性的工作，而是要从长远发展的深层次进行考量。

2. 主要特征

国别与区域研究的特征包括四个方面：第一，覆盖范围要广。国别与区域研究的学科是地区性大国向全球性大国转型发展过程中的内在要求和必然产物，要从以大国强国、热门国家、周边国家、友好国家研究为主最终转向各国全覆盖研究。第二，研究方式要转变。从聚焦对象国历史、文学、语言等领域的分学科研究转向带有跨学科性质的各国国情综合研究。在中国改革开放初期，在当时的世界格局下，对对象国历史、文学、语言等领域的分学科研究有其合理性。若时下依然按照以历史、文学、语言等分学科研究为主，则无法适应当下的发展。中国需要从跨学科性质的视角对各国国情进行综合研究来体现中国的世界责任担当，巩固中国的大国地位。第三，从一般性国际关系、国际政治研究转向更加深入的区域合作与全球治理的专题研究。未来，国别与区域研究不能用“镜中自我”的方式，要拓展眼界，将区域合作、全球治理等纳入区域与国别研究系统中来，真正根植到现有成熟的学科体系中。第四，从定性研究转向以数据分析为特征的经验研究或实证研究。过去，国别与区域研究是以二手资料为主，各国环境的日益复杂使得海外调研成为研究的必要条件。2016 年，中国社会科学院开始支持专家去各国进行实地调研来完成国别与区域的研究工作。

3. 典型案例

20 世纪 70 年代，美国最早对全球开展全方位研究的工作，不仅成立了专门的研究部门，而且开始对阿拉伯、非洲等国家进行研究。1993 年，为了让中国更加了解外部世界，中国社会科学院前院长胡绳提出编撰《国际百科全书》和《列国志》。1998 年，中国社会科学院开始启动《列国志》的编撰工作。截至 2010 年，第一期全部完成，第二期“修订版”正在有序地进行。2013 年，“一带一路”倡议的提出使得中国在全球的职责发生了很大的变化，中国要尽大国责任，在世界大舞台上发挥更大的作用。一些研究机构和培训基地也相继建立。2012 年，教育部国别和区域研究培育基地只有42家。而到了2017年，教育部国别和区域研究中心则达300多家，基本实现了“一带一路”沿线国家的全覆盖。2013年，聊城大学太平洋岛国研究中心建立。太平洋岛国研究中心在短短五年内出版了《列国志》太平洋岛国系列13卷，搭建了国内首个“太平洋岛国研究智库平台”，创办了集刊《太平洋岛国研究》，编撰了“太平洋岛国蓝皮书”。截至目前，太平洋岛国研究中心已成为中国最有影响力的岛国研究中心，教育部和外交部纷纷与其寻求合作。

二　皮书研创是国别与区域研究的基本抓手

1. 国别与区域类皮书书目统计概况

（1）按研究地域统计

截至2018年，社会科学文献出版社已出版皮书达760种（含淘汰皮书），有空白点的皮书会继续竞标，为下一步皮书的出版打基础。其中，国别与区域类皮书品种数达53种，国际问题与全球治理类皮书共25种。皮书的脚印遍布七大洲，超过二十个国家。社会科学文献出版社与学术界正在共同努力，力争全覆盖国别类重点研究方向，不漏掉任何一个国家。

（2）按出版情况统计

截至2018年，按出版情况统计，78种国别与区域类皮书已经出版或已经通过准入即将出版。其中，已经出版的皮书有56种，占71.79%，通过准入即将出版的皮书有22种，占28.21%（见表1）。

表1　出版情况统计

出版状态	数量(种)	占比(%)
已经出版	56	71.79
通过准入即将出版	22	28.21
合计	78	100

数据来源：社会科学文献出版社皮书研究院统计。

（3）按研创单位统计

截至2018年，按研创单位统计，社科院系统出版的国别与区域类皮书占41.07%，高校占57.14%，其他科研机构占1.79%。从图1可以看出，国别与区域类皮书的主要研究力量集中在高校。高校已认识到研创国别与区域类皮书的重要性，从研究历史、语言、文学转为研究国别与区域，各高校的外语学院逐渐转型，成为主要研究力量。

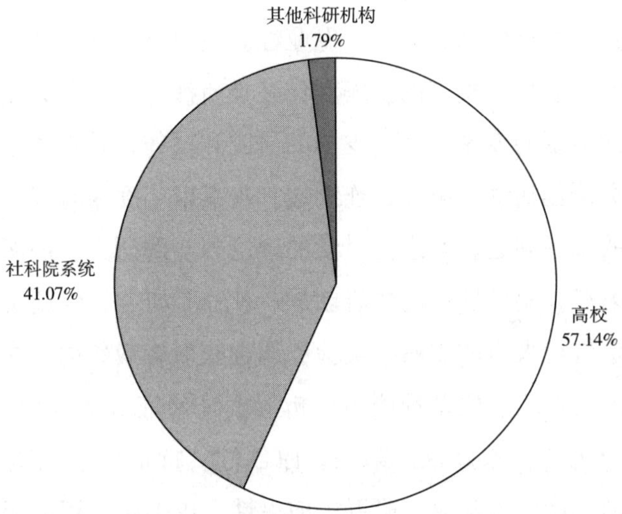

图1 研创单位统计情况

资料来源：社会科学文献出版社皮书研究院统计。

（4）按已出版年份（ISBN计数）统计

截至2018年，从表2可以看出，按已出版年份（ISBN计数）统计，已出版16~20年的皮书有5种，占6.41%；已出版11~15年的皮书有4种，占5.13%；已出版6~10年的皮书有13种，占16.67%；已出版0~5年的皮书有56种，占71.79%。从发展趋势看，近年来国别与区域类皮书的出版数量逐年增多。

表 2 已出版年份（ISBN 计数）统计情况

项目	已出版年份	皮书种类(种)	占比(%)
1	0~5 年	56	71.79
2	6~10 年	13	16.67
3	11~15 年	4	5.13
4	16~20 年	5	6.41

资料来源：社会科学文献出版社皮书研究院统计。

2. 皮书的六大特征

皮书的六大特征包括：第一，专业性。主要指研创主体的专业性和研创行为过程的专业性。皮书的主编和作者是所涉专业及研究领域有较大影响力与一定知名度的专家学者；皮书的研究和写作，是在学术积淀基础上的应用对策类研创活动。第二，连续性。皮书以年度为时间单元持续关注所研究领域的某一问题，并进行科学的理论与实践研究，进而形成持续的研究成果。第三，实证性。皮书研创是一种经验研究，强调实证性，即通过对研究对象进行大量的观察、实验和调查获取客观数据，并对客观数据采用统计、评价评级、模型预测与分析等实证研究方法进行进一步研究，得出客观的结论或对策建议。第四，原创性。特指皮书涵盖一手数据资料、原创性结论或对策建议。第五，前沿性。皮书是在理论探讨上反映学术前沿问题，并能通过现有数据分析该研究领域的发展趋势，关注现实生活中的热点、重点问题，致力于解决政府、媒体、公众关注的问题，回应社会关切。第六，时效性。皮书报告使用的数据资料是最新的，利用最新的数据资料进行分析，能够准确地反映研究领域的最新动态。

3. 皮书研创抓手作用的体现

第一，国别与区域类的皮书研创与对国际问题的关注高度契合。国别与区域研究不只是研究历史、语言和文学，更需要关注当下，关注时事。研究范围涉及经济、政治、社会、文化等领域。第二，皮书研创同时具备智库研究和学术研究的品格。学术出版机构是连接学者和成果需求者的中间环节，在智库产品创作和生产过程中也具有同样的功能。出版者把从市场获取的智库产品需求信息传递给智库，以加强供需沟通；还将自己加工整理的专业性数据信息提供给智库，以提升智库产品创作的效率。皮书对某一类型的问题能够持续研究多年，每年反映政治、经济和社会等主题。例如，“加拿大蓝皮书”的作者持续研究加拿大教育。因此，蓝皮书的作者便成为加拿大教育方面最有话语权的学者。2017 年在青海西宁召开的全国皮书年会，中国社会科学院李培林副院长做了“中国社会形势研究 25 年记述”的总报告，阐述了中国 25 年的社会变迁史，并含有详细的数据分析。第三，以皮书研创方式切入国别与区域研究，便于快速积聚和整合研究资源，成果产出时间短、成果传播效率高。皮书研创的成果以智库成果的形式向社会传播，实现智库价值，并在这个过程中采集反馈信息，服务于智库的新一轮研究。这一中间角色使学术出版机构具备了搭建智库交流平台的能力。

三　国别与区域类皮书研创的知识服务与支持

1. 社会科学文献出版社是国别与区域类皮书研创的知识服务平台

社会科学文献出版社不是传统意义上的出版社，在大数据时代一直坚持转型发展，已成为为国别与区域研究提供知识服务的平台。社会科学文献出版社凭借多年来积累的学术资源，在将学术成果数字化后做成专题数据库，打造成研究平台。与此同时，社会科学文献出版社以蓝皮书为切入点，研发数据、架构平台；与数据公司不断寻求合作，使爬虫技术与机器翻译结合，努力建造国别与区域研究的大数据平台。迄今为止，社会科学文献出版社已出版外文版皮书近百种，除繁体中文外，还涉及英文、日文、韩文、俄文等多个语种。

社会科学文献出版社具有平台优势，既可以以皮书研创的形式发布，也可以以单篇报告形式发布，还可以在集刊平台发布。而数据库中的每篇报告，力争纸质版和数字版同时发布。与此同时，社会科学文献出版社通过与国际最权威的出版公司合作，将研创成果转换成英文、日文、俄文等语种。社会科学文献出版社一直致力于搭建国别与区域皮书研创的知识服务平台，并形成了很大的优势，与从事国别与区域研究的学者、机构展开了多方合作。其开发的皮书数据库，已被美国国家图书馆、哈佛大学图书馆、斯坦福大学图书馆、德国国家图书馆等采购，成为世界研究当下中国的最重要的基础数据库。社会科学文献出版社的知识服务平台在海量数据采集与加工、多语种翻译、机器翻译、精准翻译等方面也有强大的优势。

2. 国别与区域类皮书研创要避免三个误区

国别与区域类皮书研创要避免三个误区。第一，皮书不是文件报告，也不仅仅为相关的政府部门提供报告参考。皮书要务实，避免大而空，避免写成相关部门的文件汇编。第二，皮书不是年鉴。年鉴是静态记录和描述，而皮书是动态的、专题性的深度研究。年鉴是对年度事件的记述与统计，而皮书强调问题意识，要求对年度形势进行判断，用数据说话，对热点重点问题进行解析，从而得出结论及对策建议。第三，皮书不是论文集。论文集可以表达不同主题，也可对同一主题表达不同见解，而皮书是对同一主题从不同视角与层面进行分析，是智库集体思想的结晶，其体例格式、概念表述、观点结论均要统一。

3. 国别与区域类皮书研创要抓住五个要点

国别与区域类皮书研创要抓住五个要点。第一，定位要准确。皮书由中国学者研创，要有中国立场和中国视角。推动国别与区域研究，要从中国的内生视角去思考国别与区域研究的基本构型，找到国别与区域研究与现有知识体系的关系，做到纲举目张。第二，报告内容要包括年度综合、专题分析、主题论述，层次要分明，内容要充分。第三，妥善解决数据采集难题，保证数据的准确性。第四，建立与对象国的研究合作机制。第五，选择最佳发布时间和传播方式。皮书不仅在中国发布，也会在对象国发布。在双方国家同时召开发布会，也是代表中国声音的最佳时机。由此可见，国别类皮书最容易产生影响的方式是媒体评价。

参考文献

李晨阳：《区域国别研究的学科化》，《世界知识》2018 年第 2 期。

李晨阳：《区域国别研究需要多维视角》，《世界知识》2017 年第 24 期。

郭树勇：《加强区域国别研究》，《人民日报》2016 年 2 月 15 日。

谢曙光主编《皮书手册：写作、编辑出版与评价指南》（第二版），社会科学文献出版社，2017。

谢曙光：《学术出版与中国国际话语体系的构建》，《出版发行研究》2014 年第 5 期。

谢曙光：《大数据时代的学术出版》，《中国编辑》2017 年第 4 期。

P5-37 数据、流量与皮书研创出版*

摘　要：按数据分析深度，皮书可以形成三类智库报告：描述性分析报告、预测性分析报告、专题定量+定性分析报告。第一，用数据说话是皮书的本质特征。在皮书研创过程中，应牢固树立数据意识，以是否用数据说话、是否用数据表达作为皮书报告撰写的基本标准。第二，流量是衡量皮书社会影响力的基本标准。皮书研创者、出版者必须全方位确立和提升流量意识，把流量作为衡量皮书社会影响力的基本指标。

关键词：大数据　流量　皮书研创

大数据、新媒体、融媒体已经成为当下久经不退的热门词语，基于大数据的机器人写作已经开始产品化。不久前，国际学术出版巨头德国施普林格出版集团发布的一部由机器人写作的关于锂电池的学术专著将这些问题抛给了研创者：人文社会科学研究是否还需要人力岗位？皮书研创是否

* 本文根据笔者 2019 年 5 月在贵州召开的第五期全国皮书研创高级研修班上的授课讲稿录音整理而成，首次正式发表于《皮书与智库共同体建设》，社会科学文献出版社，2020，第 241～249 页。

还需要专家？未来，皮书研创是否还有人力参与的空间？新译科技公司开发的翻译软件给予了这些问题最好的回答：软件为译者插上了翅膀，原本以一年甚至数年为周期的译著出版在机器的参与下大大缩短了流程，人工则是在机器的协助下进一步发挥着参与和提炼的作用。笔者的回答是：智能时代，专家和智库的作用和功能不仅不会被削弱和取代，反而会被放大，产出率更高，准确性更强。

与之相似，人工智能为皮书研创尤其是数据收集整合提供了机遇。皮书是以数据为特性，面向政府、行业和社会公众公开发布的智库报告，可以说，用数据说话是皮书的本质特征。如何在数字时代充分利用大数据技术和新媒体传播手段提高研创质量和传播效率，是每位皮书研创者和出版传播者必须面对和思考的问题。此外，流量是衡量皮书社会影响力的基本标准，故而皮书推广的效果最终取决于其能否带来流量，能否蹭流量。针对上述问题，本文从三个方面进行剖析。

一　概念辨析

1. 大数据（BigData）

大数据又称巨量资料，根据美国高德纳咨询公司（Gartner Group）的解释，是指需要新处理模式才能具有更强的决策力、洞察力和流程优化能力的海量、高增长率和多样化的信息资产。大数据概念最早是由维克托·迈尔-舍恩伯格和肯尼思·库克耶在编写《大数据时代：生活、工作与思维的大变革》中提出的，指不用随机分析法（抽样调查），而是采用所有数据进行分析处理。

大数据的体量巨大，用人工的手段难以处理。并且，它是高速运转的，其类型包括网络日志、视频、图片、地理位置信息等。此外，它的形式多样，技术人员借助各种工具手段合理利用，并且对其准确分析，就会带来很高的价值回报。

综上所述，大数据的主要特性是：连续性（Continuity）、关联性（Relevance）、全面性（Comprehensiveness）和实时性（Real-time）。

2. 数据（Data）

百度百科对数据的定义是：事实或观察的结果，它是对客观事物的逻辑归纳，是用于表示客观事物的未经加工的原始素材。而从哲学的角度说，世界是物质的，物质是可以用数字表达的，因此可以说，世界也是数字的世界。按数据产生的角度，数据可以分为生产型数据，如输变电数据、交通数据；消费型数据，如淘宝、京东交易数据。而皮书研究涉及的数据主要包括统计数据（全球、全国、地方、行业）、调查数据；而按数据的权属可分为公开数据（公共数据）、非公开数据（商业数据）。皮书研创的重点，如果从权属角度来看是公开数据，但实际上还有很大一部分是非公开的商业数据。目前，皮书研创过程中依靠本身取得的原始数据已经拥有了相当庞大的规模，但更应当注重的是从商业中获取交易数据。

3. 新媒体（New Media）

新媒体是基于互联网、数字技术支撑的媒体形态。它是相对于报刊、广播、电视等传统媒体而言的，包括数字报刊、数字影视、数字广播，以及网站、微博等社交平台。简言之，新媒体就是数字化媒体。

4. 流量（Flow）

流量是一个网络信息技术名词。它是指受众在一定时间内浏览网站、微博等新媒体的统计指标，包括用户数量（IP 地址数）、页面浏览量、网站用户停留时间等。而在数字时代，流量是衡量公众影响力的一个关键指标。

二　皮书研创如何获取数据

利用数据进行皮书研创，按其数据分析深度，大体可以依次形成三类智库报告。一是描述性分析报告，即关于现状的数据描述，如某一年度大学生就业状况；二是预测性分析报告，如“经济蓝皮书”的总报告；三是专题定量+定性分析报告，如《社会蓝皮书：2012 年中国社会形势分析与预测》的总报告——“中国社会进入新成长阶段”。

如果皮书系列能够大量发布专题定量+定性分析报告，那么皮书研创工作就真正达到了一个新的高度。所以，当前皮书研创的目标就是让皮书报告朝着专题定量+定性分析报告的方向发展。而在皮书研创数据获取方面，主要有四点体会可供分享。

1. 牢固树立数据意识

研创人员要牢固树立数据意识，以是否用数据说话、是否用数据表达作为皮书报告撰写的基本标准。在皮书初审标准中，首先应核查其是否用数据说话，并应该更加严格限制皮书的准入，即把是否具备稳定的数据来源作为皮书准入的必要条件。数据应当成为评价皮书的最高标准，判断一部皮书是否合格，首先就需要观察其数据来源，以及数据获取的稳定性。如果难以取得数据，或者数据获取不可持续，那么皮书审核自然难以通过。因为皮书是连续性出版物，倘若没有连续性，那么只能以单篇智库报告的形式出版，而不能使用皮书这一名称。从 2019 年下半年皮书的预审开始，任何不用数据说话、不以数据表达的报告，都将会在重复率检测时直接被否决并不能进入复审。

2. 数据获取方式

皮书研创者获取数据的方式各不相同，一部分研创者拥有调查团队，另一部分研创者依靠合作方，但更重要的方式是直接通过自采、购买、合作构建数据采集平台。例如，南开大学经济学院的某位教授在研究中国企业在海外投资的进展过程中先后前往中华人民共和国商务部和中国国际贸易促进委员会寻访数据但并无收获，他便借助 UNDB 数据以及自身学院的力量构建了一个数据库，受到上述部门和机构的重视。社会科学文献出版社（以下简称“社科文献”）建立的国别区域与全球治理数据平台本身就有实时跟踪采集数据的数据库。研究者只要努力整理原始数据，就可以获得需要的研究数据。而每位研究者在做任何一部皮书的过程中都需要建立一个数据采集平台，如中国社会科学院社会学研究所每两年的数据调查以及北京大学关于民生的调查就是通过自建平台采集数据，进而形成质量较高的原始调查数据。此外，还可以按科学的调查方式采集数据，再根据研究需要进行专题数据采集。但最好的方式还是借助校企合作模式，如与腾讯、阿里巴巴、京东等企业建立合作关系并获得数据，经技术人员自行处理后，建立起数据采集平台。所以，获取数据的方式众多，关键在于是否有寻找到路径的慧眼。

3. 专业处理信息

皮书研创很重要的工作就是数据的结构化处理，因为采集来的数据都是非结构化数据。所以，对数据进行结构化处理就成为皮书研创的基本功。技术人员还应根据数据特征选择适合的分析方法对数据进行处理，并且构建原创性的数据分析指标体系。为此，这些年来社科文献一直鼓励研创人员运用指数或第三方进行评价，此举不仅在皮书研创中得到鼓励，更在整个评价中被作为加分项。例如，北京体育大学希望全方位在此平台上出版各种体育类的皮书，就一定要考虑自我设定目标，建立起一些指标体系或者评价体系，若能在每年皮书研创中发布指数，那更是再好不过。

4. 善用图表

应不断鼓励皮书研创人员尽可能以图表方式表述研究成果，部分皮书已经开始朝这一目标靠拢。例如，社科文献与中国科学院遥感与数字地球研究所合作研创的皮书就是应用空间地理信息的各种图表来进行表述。除此之外，社科文献还将在评价体系里设置一些加分项目，将推动更多皮书进行可视化处理，甚至某些皮书可以采用全媒体发布形式。所以，当前的皮书尽管以纸质报告的形式呈现，但背后更多的是数据库应用的结果，更有价值的是背后数据库的实时支撑以及给予用户的数据分析。

三　皮书出版传播如何获取最大流量

所有皮书的研创者、出版者必须全方位确立和提升流量的意识，把流量作为衡量皮书社会影响力的基本指标。树立这一意识很重要，这也是皮书研创成果需要通过发布会来展示的原因之一。召开皮书发布会不仅因为它是需要经领导批示的智库产品，更是因为其对于决策起到重要的参考作用。将领导批示作为衡量指标之一，既有其历史原因，又具有一定的合理性。试问，如果仅仅按照这一标准，皮书研创难道不会充满风险？因此，要以对社会的影响力作为评价皮书的首要标准。在传统报纸的阅览量呈现下滑趋势的背景下，社会影响力的关键就在于能够产生多大的流量，以流量来衡量影响力是最为精准的。在这种情况下，如果确定以流量作为社会影响力的衡量指标，那么，每一位皮书研创者从最开始写作时就应当考虑到流量问题。召集有影响力的人来进行皮书研创，正是考虑到作者本人能够为其作品带来一定流量，提高皮书产品的影响力。皮书研创人员不仅要考虑到被蹭流量的问题，更应当注重蹭流量的问题，即考虑将流量放大的举措。这需要充分利用网络提升皮书产品的流量。

值得思索的是，皮书研创者和出版者如何发挥社科文献平台功能，构建皮书学术共同体，进而全方位、最大限度地聚合流量。社科文献经过20多年的打造，其形象应当不仅仅是出版商，更是数据服务商，是一个吸引流量、蹭流量的数据平台。

如何发挥好社科文献的平台功能？就目前而言，主要通过皮书准入和出版、皮书数据库的同步发布和使用、皮书研创高级研修班的举办等形式。下一步，社科文献还将考虑其他方案。第一，建立皮书理事会。这一举措将在2019年黑龙江皮书年会上针对其功能和机制进一步完善。第二，聘请一批皮书高级研究员参与皮书学术共同体合作及项目研究，并推动其对平台的运用进而吸引流量。第三，建立皮书投约稿平台，以便吸纳全球学者投稿，并建立整套研究生态链条。总之，笔者希望通过社科文献这个研究平台和学术共同体来聚合流量，让每一部皮书、每一位皮书人发挥最大的影响。

最后要阐述的一件事情，就是要加快完善社科文献的平台功能，构建起以皮书流量统计分析为基础的智库报告评价体系。如前文所述，2019年将发布的"智库成果蓝皮书"就是以皮书流量统计分析为基础的。在此基础上还将建立一个涵盖目前近5万名皮书研创者的榜单，以数据流量指标评判每名学者所处的位置。例如，公布TOP50或者TOP100皮书高倍引力的学者。社科文献将对纳入统计中接近20万篇的报告进行评价，以每篇报告作为一个独立的评价单元，根据其一定年限内的浏览量、引用率以及被引次数进行评价并予以公布，由此形成智库平台专门的评价标准。

总而言之，社科文献是学术研究、皮书研创的平台。希望在这个平台上能够成就一批智库研究的专家，产生一批杰出人才。今天参加研修班的都是青年才俊，而在这个时代，一个人要想在智库研究上名声显著，不同于以往时期需要长期坐冷板凳专注于学术工作。借助皮书平台，三年到五年的时间就能够成为某个研究领域最有影响力的专家，这是由很多的事例支撑得出的结论。笔者诚恳期望，面对困难和不足，大家能够通过这一平台互帮互助，努力把皮书研创和出版传播推向一个新的高度！

参考文献

谢曙光主编《皮书手册：写作、编辑出版与评价指南》（第三版），社会科学文献出版社，2018。

谢曙光主编《皮书研创与当代中国研究》，社会科学文献出版社，2018。

P5-38
大数据时代的皮书研创*

尊敬的各位领导，各位专家，新闻界的朋友们，大家早上好！

今天，来自全国各地从事皮书研创的300余名社会科学工作者冒着盛夏酷暑来到“避暑之都”贵阳，出席由中国社会科学院主办的“第十五次全国皮书年会”。作为本次年会的组织者，我首先代表社会科学文献出版社向莅临本次会议的领导和嘉宾表示热烈的欢迎，向长期以来关心和支持皮书发展的领导和专家学者致以崇高的敬意，向为本次年会在贵阳顺利召开给予大力支持和指导的贵州省委、省政府和承办年会的贵州省社会科学院的领导和全体工作人员表示衷心的感谢！

今年是皮书年会召开的第15个年头，这对于皮书研创来说是具有标志性意义的。回首过往，15年前，为了保持皮书研创出版事业的健康发展，给各皮书研创专家学者们搭建学习与交流的平台，2000年在辽宁省葫芦岛市召开了首次“全国经济社会形势分析与预测暨皮书工作会议”。这一年成为皮书年会的纪元年。自此，在每年7~9月期间召开的皮书工作会议便成为皮书研创专家学者们共聚一堂、共商皮书发展大计的主题学术交流盛会。寒来暑往，时至在合肥召开的第12次皮书年会，我们正式

* 本文系笔者在2014年8月召开的“第十五次全国皮书年会”上的开幕致辞。

将这一年度盛会定名为“皮书年会”，并升格为由中国社会科学院主办。这充分反映了中国社会科学院领导对皮书研创出版的重视，同时也把皮书研创出版提升到一个新的高度。

值得欣喜的是，这15年也见证了皮书的跨越式发展。在中国社会科学院和国家新闻出版广电总局、全国哲学社会科学规划办公室等相关主管部门的大力支持和帮助下，在皮书研创者和出版者的共同努力下，皮书不仅实现了规模品种的稳步增长，2013年达到249种，还实现了内容质量和社会影响力的不断提升，成为中国社会科学院乃至中国社会科学界对策应用成果发布的智库平台，引起了中央高层领导人的高度重视和国外学术界的普遍关注。皮书取得的这些成绩，获得了相关主管单位和领导的广泛认可。皮书系列不仅列入“十二五”国家重点出版规划项目，还成为中国社会科学院哲学社会科学创新工程项目。这对皮书研创出版者来说，意味着党和国家以及社会公众对皮书有了更高的要求和期待，我们将肩负起更加重大的责任。

本次皮书年会以“大数据时代的皮书研创”为主题，是有其时代和社会背景的。在十二届全国人大二次会议开幕会上，李克强总理所作的政府工作报告中明确指出，要设立新兴产业创业创新平台，在大数据等方面赶超先进，引领未来产业发展。但目前，我国数据信息的整合和结构化还处在探索阶段，尤其是出版行业中的数字出版往往被误解为纸质图书的简单电子化。由此可见，在海量信息充斥着当今社会的大数据时代，面对数字技术对传统出版的挑战，皮书这一智库产品如何利用新技术实现内容的结构化和形式的数字化，从众多学术出版物中脱颖而出获得更大社会反响，更好地为政府部门提供决策参考，这是未来一段时期内皮书研创者和出版者需要不断研究、共同探讨的重要议题。这就需要我们怀揣着对学术的敬畏之心，秉承着勇于利用新技术的创新精神，通过分析大数据时代背景下皮书的现存问题，对症下药，加以治理，全方位推进具有中国特色的新型皮书智库建设。这不仅是我们身为哲学社会科学界工作者的职责所在，更是这个时代赋予我们的争取中华国际话语权的历史使命。

最后，希望在为期两天的会议议程中，各位参会代表围绕“大数据时代的皮书研创”这一主题，解放思想，集思广益，互相学习，交流经验，为皮书这一智库产品的发展建言献策，共同将皮书事业推向一个新高潮！

预祝本次会议取得圆满成功。谢谢大家！

大数据与皮书研创

一　问题的提出

——皮书作为一种智库产品，在中国研创出版已历经二十多年，社会对它的认知度和期待值越来越高。

——大数据时代的来临，客观上为皮书的研创和成果呈现、传播提供极大无限的提升空间。

——大数据的出现和广泛运用，彻底改变了人们对世界的宏观和微观认知，给社会科学研究乃至人类的生产、生活带来颠覆性的改变，作为社会科学应用对策成果之一的皮书，无论其研创或是出版发布，无疑必须适应这一革命性的变化！

本报告试图就大数据与皮书的研创、出版做初步的探讨。

二　大数据的主要特征

1. 什么是大数据

大数据（big data），或称巨量资料，指的是所涉及的资料量规模巨大到无法通过目前主流软件工具，在合理时间内达到撷取、管理、处理，并整理成为帮助企业经营决策更积极目的的资讯。　——百度百科

“大数据”是需要新处理模式才能具有更强的决策力、洞察发现力和流程优化能力的海量、高增长率和多样化的信息资产。

——Gartner（高德纳咨询公司）

大数据指不用随机分析法（抽样调查）这样的捷径，而采用所有数据的方法。

——维克托·迈尔-舍恩伯格及肯尼斯·库克耶编写的《大数据时代》

2. 大数据的主要特征

《大数据时代》一书概括大数据的特点4V：

Volume（大量）、Velocity（高速）、Variety（多样）、Value（价值）。

大数据的主要特性：1 连续性，2 关联性，3 全面性（非结构化），4 实时性。

三 大数据与皮书研创

1. 大数据可以取代皮书研创吗？

答案是否定的。理由是：

——大数据是历史数据，它无法直接满足人们对未来可能或将要发生事物的预知性需求，而根据已知，分析预测未知，恰恰是皮书的首要意义。

——大数据是非结构化数据，而对数据做结构化处理和分析，则是皮书研创的精髓所在！

皮书的本质特征是，由数据说话的智库报告。

皮书研创的4个基本要素：时间、空间、团队、数据。

2. 大数据时代如何研创皮书

（1）牢固树立数据意识；

（2）建构稳定、可持续的；数据来源和数据获取方式；

（3）建构自己的数据分析框架或指标体系，坚持对数据做结构化处理；

（4）尽可能以图表方式表述研究成果。

本内容为2014年8月在贵阳“第十五次全国皮书年会”上的主题发言提纲。

P5-39
数读社会蓝皮书：1998～2017*

“社会蓝皮书”是由中国社会科学院著名社会学家领衔，成立“中国社会形势分析与预测”课题组，集合社会学界多位学者以“中国社会形势”为研究对象的年度性智库报告。“社会蓝皮书”对中国社会形势发展中的热点问题进行年度监测，从专业的角度、学者的视野，运用社会科学的研究方法，针对社会发展中的“大趋势”展开分析和预测。中国社会科学院社会学研究所原所长陆学艺先生担任主编 20 年，中国社会科学院李培林副院长从第 3 本蓝皮书起担任副主编，2002 年起担任主编，并 13 次执笔撰写总报告至今。

截至目前，“社会蓝皮书”已发布 25 本，2017 年是社会科学文献出版社实施皮书专业化品牌运作、实现数字化传播的第 20 年。在这个重要的节点，对“社会蓝皮书”公开出版尤其是 1998 年以来发布的智库报告及其产生的影响力做一次全面的梳理、分析和评估，对“社会蓝皮书”本身的总结不仅是一件有意义的事，而且能为更多的皮书及智库成果提供好的参照与镜鉴。

* 本文首发于《皮书专业化二十年（1997～2017）》，社会科学文献出版社，2017，第 36～57 页。

本文分析所用文本数据来源于皮书数据库[①]和“社会蓝皮书”课题组[②]，包含“社会蓝皮书”自《1998 年：中国社会形势分析与预测》至《2017 年中国社会形势分析与预测》所有的单篇报告篇名及作者。共获得单篇报告 484 篇；对于作者，我们统计了所有报告的署名作者，共计 262 位；对于研创单位，本文只统计第一作者（或署名执笔人）的工作单位。本文检索内容涵盖所有单篇报告的标题、关键词、作者、第一作者工作单位等内容。将全部内容分类整理、编码形成数据库，并从基础数据、研创团队、研究方法三个方面对内容进行文献计量分析。

本文第四部分“社会蓝皮书”传播影响力数据中，关于“社会蓝皮书”的点击量、下载量数据来源于皮书数据库；“社会蓝皮书”的被引数据来源于谷歌学术；关于“社会蓝皮书”的媒体报道数据来源于讯酷搜索软件。

一　“社会蓝皮书”发布的基础数据分析

由社会科学文献出版社策划出版的《皮书手册：写作、编辑出版与评价指南》中，给智库报告做了一个相对完整的定义。该书认为，智库报告是指“由专业智库撰写，基于公共事务领域，对政治、经济、外交、国防、科技、社会等宏观或微观问题进行专题研究，旨在为决策机构估计形式、确定目标、制定政策提供建设性的决策依据和行动建议的研究性文献”。[③] 皮书是智库报告的集合。自 20 世纪 90 年代末推出以“经济蓝皮书”为开端的皮书系列以来，社会科学文献出版社至今已出版皮书 2000 多部，内容涵盖政治、经济、文化、社会、法治、金融等领域。

① 数据收集方法如下：在皮书数据库首页搜索栏中，以“社会蓝皮书”为主题词，年份 1996~2017 年进行检索，共检索到 20 本图书，选中 20 个检索结果，点击导出文献，进入“导出”界面。系统自动生成 Excel 表格，形成文献初始数据。

② 由于版权的原因，1993~1997 年的“社会蓝皮书”尚未进入皮书数据库，本文参照分析时所用到的相关书名、目录由“社会蓝皮书”课题组提供，特此致谢。

③ 谢曙光主编《皮书手册：写作、编辑出版与评价指南》，社会科学文献出版社，2015，第 1 页。

“社会蓝皮书”发布以来，报告数量均衡、质量稳定。1998~2017年，20年来“社会蓝皮书”共发布智库报告484篇，平均每年发布24篇。从图1和表1可看出，报告篇数最多的是1999年出版的，共32篇；其他年份的报告数量在19~30篇，且大多年份报告篇数在25篇以内。

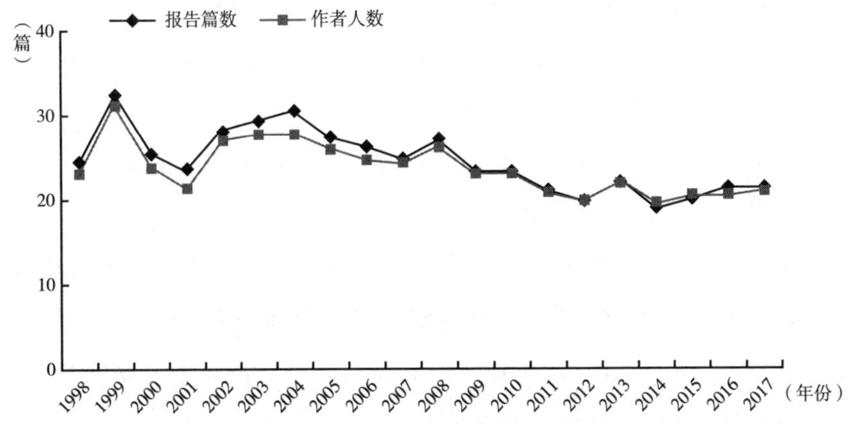

图1 “社会蓝皮书”20年智库报告篇数及作者人数分布

表1 1998~2017年版“社会蓝皮书”报告篇数及作者人数

年份	报告篇数(篇)	作者人数(人)	出版年份(年)	报告篇数(篇)	作者人数(人)
1998	24	23	2008	26	26
1999	32	31	2009	23	23
2000	25	24	2010	23	23
2001	23	22	2011	21	21
2002	28	27	2012	20	20
2003	29	28	2013	22	22
2004	30	28	2014	19	19
2005	27	26	2015	20	20
2006	26	25	2016	21	20
2007	24	24	2017	21	21

1. “社会蓝皮书”持续且稳定的发布，积累了宝贵的社情民意数据

美国管理学家、统计学家爱德华·戴明有句名言：“除了上帝，任何人都必须用数据来说话。”美国联邦政府构建了世界上最大的数据帝国。

这些数据有三个来源：一是业务管理的数据；二是社情民意的数据；三是物理环境的数据。以社情民意数据为例，在 1940 年罗斯福引进民意调查后，美国政府为了了解社会开展了大量的专业调查，其中劳工统计局的“国家纵向调查（National Longitudinal Surveys）”，就是以时间轴为单位，在确定调查对象后，对其进行长期的跟踪、反复的问卷访谈，收集大量的数据，然后进行统计分析。随着数据的积累，一个以个人成长为中心、越来越大的社会画卷也开始展开。这种以一个国家为单位的大型社会调查，是研究一个社会长期变迁不可或缺的重要资源，也为政策的制定、调整和评价提供了重要的参考和依据。①

连续发布 25 年的“社会蓝皮书”作为社会科学文献出版社皮书系列中最为亮丽的“皮书之星”，持续、稳定是其最难能可贵的“品质”。表 2 的数据说明，截至 2017 年 7 月，皮书系列已出版过的皮书品牌共计 628 种（含已淘汰品种），其中，连续发布 20 年以上的，只有 3 种；连续发布 10~19 年的，有 53 种；连续发布 5~9 年的，有 136 种；大部分皮书发布均未满 5 年，共 436 种。“社会蓝皮书”已经持续发布 25 年了，从表 3 可以看出，自 1998 年起，其出版时间均稳定在当年 1 月或上年的 12 月，发布时间均在其出版后半个月内。

表 2　皮书系列持续出版年份及品种数

单位：种

持续发布年份	皮书品种数
20 年以上	3
10~19 年	53
5~9 年	136
5 年以下	436
合计	628

资料来源：皮书研究院统计。

① 徐子沛：《大数据》，广西师范大学出版社，2012，第 1~3 页。

表 3 “社会蓝皮书”1998~2017 年出版时间

书名	主编、副主编	出版时间
2017 年中国社会形势分析与预测	李培林、陈光金、张翼、李炜、范雷、田丰	2016-12-01
2016 年中国社会形势分析与预测	李培林、陈光金、张翼、李炜、许欣欣	2015-12-01
2015 年中国社会形势分析与预测	李培林、陈光金、张翼、李炜、许欣欣	2014-12-01
2014 年中国社会形势分析与预测	李培林、陈光金、张翼、李炜、许欣欣	2013-12-01
2013 年中国社会形势分析与预测	陆学艺、李培林、陈光金、李炜、许欣欣	2012-12-01
2012 年中国社会形势分析与预测	汝信、陆学艺、李培林、陈光金、李炜、许欣欣	2012-01-01
2011 年中国社会形势分析与预测	汝信、陆学艺、李培林、陈光金、李炜、许欣欣	2011-01-01
2010 年中国社会形势分析与预测	汝信、陆学艺、李培林、陈光金、李炜、许欣欣	2009-12-01
2009 年中国社会形势分析与预测	汝信、陆学艺、李培林、陈光金、李炜、许欣欣	2008-12-01
2008 年中国社会形势分析与预测	汝信、陆学艺、李培林、陈光金、李炜、许欣欣	2008-01-01
2007 年中国社会形势分析与预测	汝信、陆学艺、李培林、陈光金、李炜、许欣欣	2006-12-01
2006 年中国社会形势分析与预测	汝信、陆学艺、李培林、黄平、陈金光	2005-12-01
2005 年中国社会形势分析与预测	汝信、陆学艺、李培林、黄平、陆建华	2004-12-01
2004 年中国社会形势分析与预测	汝信、陆学艺、李培林、黄平、陆建华	2004-01-01
2003 年中国社会形势分析与预测	汝信、陆学艺、李培林、黄平、陆建华	2003-01-01
2002 年中国社会形势分析与预测	汝信、陆学艺、李培林、黄平、陆建华	2002-01-01
2001 年中国社会形势分析与预测	汝信、陆学艺、单天伦、李培林、黄平、陆建华	2001-01-01
2000 年中国社会形势分析与预测	汝信、陆学艺、单天伦、李培林、黄平、陆建华	2000-01-01
1999 年中国社会形势分析与预测	汝信、陆学艺、单天伦、李培林、黄平、陆建华	1999-01-01
1998 年中国社会形势分析与预测	汝信、陆学艺、单天伦、李培林、黄平、陆建华	1998-01-01

资料来源：皮书数据库。

2. “社会蓝皮书”报告的原创性是其高品质的保证

原创性是皮书区别于年鉴、志书类图书的重要特性。皮书的写作不是把从各方面收集来的资料和数据进行简单的罗列或梳理，而是在取得第一手数据的同时，要有自己的理论假设和研究框架，并对数据进行结构化的分析，而且提供有价值的观点。[①]

根据社会科学文献出版社皮书评价指标体系，皮书的原创和首发通过

① 谢寿光、吴丹：《皮书与当代中国研究》，《出版广角》2016 年第 13 期。

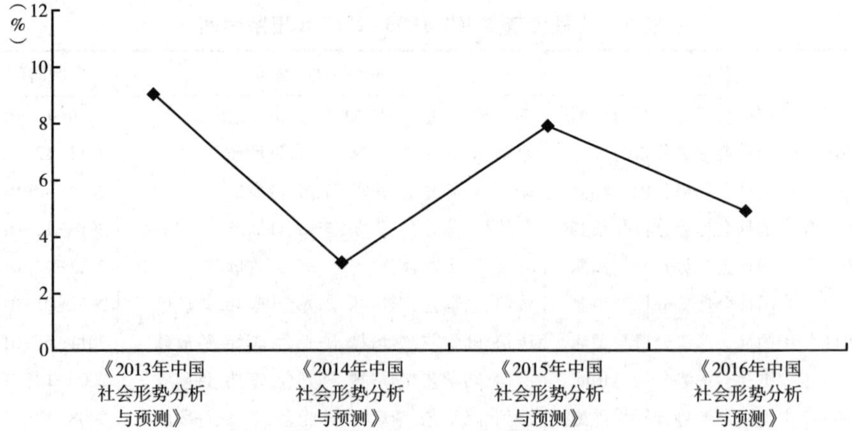

图2 “社会蓝皮书”近四年内容重复率检测结果

其内容重复率[①]指标可以测度。从2013~2016年的“社会蓝皮书”印后内容重复率数据[②]我们可以看出，“社会蓝皮书”的全书内容重复率始终保持在10%以内（见图2）。这个数据说明，所检测的每本“社会蓝皮书”都能保证其90%的内容是原创、首发的，其全书引用政府公文、媒体报道、他人论文、著作，以及作者本人已发表或部分发表报告的字数总和占该报告总字数的比例均不超过10%。

3. “社会蓝皮书”规范性逐年提升

作为持续发布的“资深皮书”，“社会蓝皮书”每年除了在报告选题设置、方法论述以及对当年社会形势趋势性分析上力求严谨外，对学术规范的要求更是始终没有放松。从表4可见，2008年起，“社会蓝皮书”补充了全书中英文摘要、主要编撰者简介；单篇报告也进一步规范，开始有摘要、关键词；自2016年起，“社会蓝皮书”开始有全文规范的参考文献。

① 皮书的内容重复率是指皮书可检测的正文中引用政府公文、媒体报道、他人论文、著作、作者本人已发表或部分发表报告的字数占该报告总字数的百分比。

② 皮书内容重复率使用的软件为中国知网学术不端检测软件，是目前市场通用的、引文数据库较为齐全的引文检测软件。

表4 历年"社会蓝皮书"的学术要件规范性

书名	主要编撰者简介	全书中英文摘要	单篇报告中英文摘要、关键词	引文注释（脚注）	参考文献
1998年：中国社会形势分析与预测	0	0	0	1	0
1999年：中国社会形势分析与预测	0	0	0	1	0.5
2000年：中国社会形势分析与预测	0	0	0	1	0.5
2001年：中国社会形势分析与预测	0	0	0	1	0.5
2002年：中国社会形势分析与预测	0	0	0	1	0
2003年：中国社会形势分析与预测	0	0	0	1	0
2004年：中国社会形势分析与预测	0	0	0	1	0
2005年：中国社会形势分析与预测	0	0	0	1	0
2006年：中国社会形势分析与预测	0	0	0	1	0.5
2007年：中国社会形势分析与预测	0	0	0	1	0
2008年：中国社会形势分析与预测	1	1	1	1	0.5
2009年：中国社会形势分析与预测	1	1	1	1	0
2010年：中国社会形势分析与预测	1	1	1	1	0
2011年：中国社会形势分析与预测	1	1	1	1	0
2012年：中国社会形势分析与预测	1	1	1	1	0.5
2013年：中国社会形势分析与预测	1	1	1	1	0.5
2014年：中国社会形势分析与预测	1	1	1	1	0.5
2015年：中国社会形势分析与预测	1	1	1	1	0.5
2016年：中国社会形势分析与预测	1	1	1	1	1
2017年：中国社会形势分析与预测	1	1	1	1	1

说明：表格中的"1"是指该要素主齐全且规范；"0.5"是指该要素有，但不完整；"0"是指该要素缺失。

二 "社会蓝皮书"研创团队分析

1. 核心作者团队

核心作者团队是一本皮书持续高质量产出的基础。1998~2017年版的"社会蓝皮书"的484篇报告的署名作者共有262位。其中，共有18位署名第一作者的报告篇数达到10篇及以上（见图3）。

从表 5 可以看到，25 年总报告的第一署名均为课题组。这说明，“社会蓝皮书”的编撰尤其是总报告的研究、创作多为集体智慧的结晶，总报告的执笔人均为蓝皮书主编，其中担任总报告执笔人最多的为李培林，共计 13 次（含独立署名 1 次）。

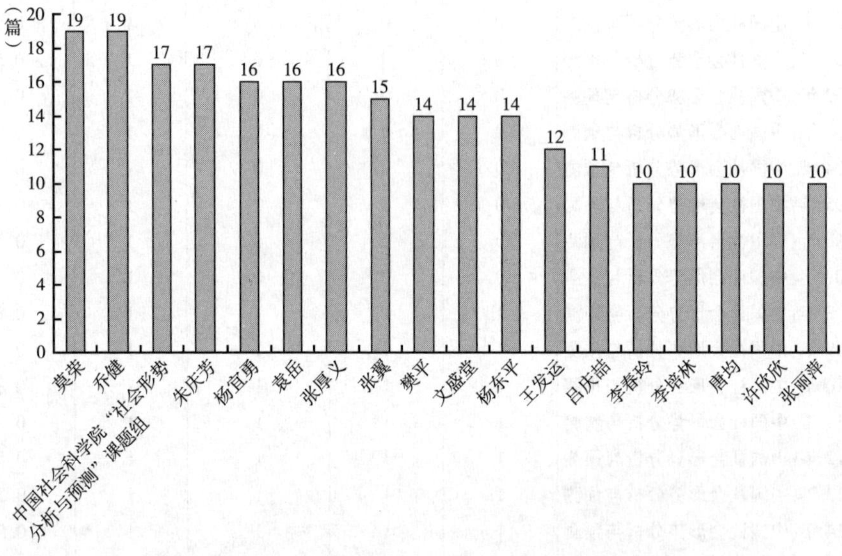

图 3　署名报告数量在 10 篇及以上的第一作者

说明：本数据仅统计署名为第一作者的报告数量。部分作者作为执笔人撰写报告，但书中署名第一作者为“课题组”的，均不算作个人独立报告，未计入统计。

表 5　“社会蓝皮书” 25 年总报告署名

报告名称	第一署名	执笔人			
1992~1993 年中国：社会形势分析与预测总报告	中国社会科学院“社会形势分析与预测”课题组				
1993~1994 年中国：社会形势分析与预测总报告	中国社会科学院“社会形势分析与预测”课题组	陆建华			
1994~1995 年中国：社会形势分析与预测总报告	中国社会科学院“社会形势分析与预测”课题组	李培林			
1995~1996 年中国：社会形势分析与预测总报告	中国社会科学院“社会形势分析与预测”课题组	黄平			

续表

报告名称	第一署名	执笔人			
1996~1997 年中国：社会形势分析与预测总报告	中国社会科学院“社会形势分析与预测”课题组	罗红光	陆建华		
1997~1998 年中国：社会形势分析与预测总报告	中国社会科学院“社会形势分析与预测”课题组	李培林			
1998~1999 年中国：社会形势分析与预测总报告	中国社会科学院“社会形势分析与预测”课题组	陆建华			
走向新世纪的中国——1999~2000 年中国社会形势分析与预测总报告	中国社会科学院“社会形势分析与预测”课题组	单天伦	陆学艺		
中国在改革开放新阶段的选择——2000~2001 年中国社会形势分析与预测	中国社会科学院“社会形势分析与预测”课题组	李培林			
社会发展进程步入全新的开放阶段——2001~2002 年中国社会形势分析与预测	中国社会科学院“社会形势分析与预测”课题组	陆建华			
开创社会协调发展的新局面——2002~2003 年中国社会形势分析与预测总报告	中国社会科学院“社会形势分析与预测”课题组	黄平			
走向全国、协调、可持续发展的中国社会——2003~2004 年中国社会形势分析与预测	中国社会科学院“社会形势分析与预测”课题组	陆学艺			
构建和谐社会：科学发展观指导下的中国——2004~2005 年中国社会形势分析与预测	中国社会科学院“社会形势分析与预测”课题组	李培林			
中国站在新的历史起点上——2005~2006 年中国社会形势分析与预测总报告	中国社会科学院“社会形势分析与预测”课题组	李培林			
中国进入全面建设和谐社会新阶段——2006~2007 年中国社会形势分析与预测	中国社会科学院“社会形势分析与预测”课题组	李培林	陈光金		
中国加快以改善民生为重点的社会建设——2007~2008 年中国社会形势分析与预测	中国社会科学院“社会形势分析与预测”课题组	李培林	陈光金		
力挽狂澜：中国社会发展迎接新挑战——2008~2009 年中国社会形势分析与预测	中国社会科学院“社会形势分析与预测”课题组	李培林	陈光金		

续表

报告名称	第一署名	执笔人			
中国进入发展的新成长阶段——2009~2010年中国社会形势分析与预测	中国社会科学院“社会形势分析与预测”课题组	李培林	陈光金		
新成长阶段的中国社会建设——2010~2011年中国社会形势分析与预测	中国社会科学院“社会形势分析与预测”课题组	李培林	陈光金	李炜	田丰
城市引领中国新成长阶段——2011~2012年中国社会形势分析与预测	中国社会科学院“社会形势分析与预测”课题组	李培林			
迈向全面建成小康社会的新阶段——2012~2013年中国社会形势分析与预测	中国社会科学院“社会形势分析与预测”课题组	李培林	陈光金		
在全面深化改革中创新社会治理——2013~2014年中国社会形势分析与预测	中国社会科学院“社会形势分析与预测”课题组	李培林	张翼		
中国社会朝着更加注重质量提升的发展导向迈进——2014~2015年中国社会形势分析与预测	中国社会科学院“社会形势分析与预测”课题组	陈光金			
迈入全面建成小康社会决胜阶段——2015~2016年中国社会形势分析与预测	中国社会科学院“社会形势分析与预测”课题组	陈光金			

2. “社会蓝皮书”报告作者的新增率和重复率

作者增复量是指在一定时期内，蓝皮书中新作者和老作者所发表报告篇数在总篇数中的占比。发表过一篇报告的为新作者，发表过两篇及以上报告的作者为老作者，新作者的增加和老作者的稳定是保证“社会蓝皮书”活力和质量的重要因素。

从表6可见，统计期20年中，“社会蓝皮书”的老作者比例始终保持在80%以上。这意味着，一方面，“社会蓝皮书”的主要研创团队始终保持稳定；另一方面，“社会蓝皮书”对新生作者团队的发展可以考虑继续加大培养。

表 6　“社会蓝皮书”报告作者的新增率和重复率

单位：篇，%

项目	报告总篇数(N)	新作者报告篇数(C)	老作者报告篇数(B)	新增率(C/N)	重复率(B/N)
总计	484	76	408	15.7	84.3
1998~2007 年	268	52	216	19.4	80.6
2008~2017 年	216	32	184	14.8	85.2

三　“社会蓝皮书”研究方法梳理

1999 年“社会蓝皮书”中《1998~1999 年：中国就业、收入和信息产业的分析和预测》一文关于研究方法的一段说明文字就曾指出：“对社会形势的判断和预测，能否依赖更加计量化的规范步骤，这在学术上是一个很有争议的问题。因为严格地讲，在社会科学领域，由于社会现象的复杂性，没有考虑到的相关变量和无法实现操作化的相关变量总是存在的，这样，任何基于一定理论假设的模型和方程都不可能是封闭的。这就意味着，社会科学领域任何的模型测算结果，都存在无法消除的误差和解释上的较大弹性。然而，社会统计技术的飞速发展及其在社会领域的广泛应用，拓展了社会科学研究的空间和深度，这方面的不断探索、尝试和完善，对社会科学的发展已经和即将产生巨大影响。”① 可以说，“社会蓝皮书”中报告的研究方法在不断摸索地尝试通过运用社会调查、社会统计、大数据分析等定量或实证分析技术，提高报告的实证性和现实取向。本文对“社会蓝皮书”1998~2017 年 484 篇报告的研究方法进行了梳理，如图 4 所示，在这 484 篇报告中，完全使用实证或定量研究方法的

① 许欣欣、李培林：《1998~1999 年：中国就业、收入和信息产业的分析与预测》，载汝信、陆学艺、单天伦主编《1999 年：中国社会形势分析与预测》，社会科学文献出版社，1999，第 18 页。

报告有131篇[①]；使用了混合研究方法的，一共有347篇；二者占报告总数量的98.8%。而完全使用理论演绎进行定性研究的文章仅有6篇，且多为早期（2004年前）的文章。该数据说明，20多年来，“社会蓝皮书”始终坚持对社会科学研究方法的探索，并已经走出了一条独特的、有效结合量化研究的智库报告研究之路。

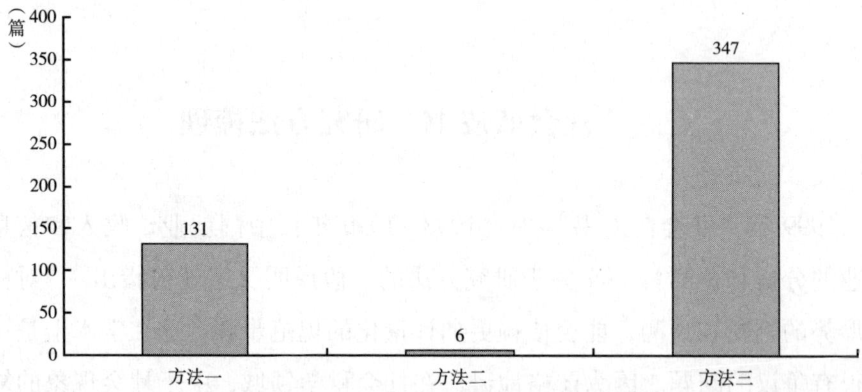

图4 “社会蓝皮书”报告研究方法统计

说明：图中“方法一”是指报告使用的研究方法为实证或定量研究方法（131篇），即使用一手的社会调查数据，建立指标体系或预测模型（如人口未来发展趋势）；“方法二”是指报告使用的研究方法为定性研究（6篇），即理论性分析。“方法三”是指使报告使用混合研究方法（347篇），即包括使用定量的国家统计局数据、部门统计数据或其他社会调查研究数据，进行二次加工和分析，或使用研究媒体已公开的案例，进行分析。

四 “社会蓝皮书”传播数据分析

1. “社会蓝皮书”在皮书数据库中的传播：奠定学科地位

皮书数据库致力于打造当代中国研究的智库成果整合、发布与知识服务平台，是以大型连续性学术成果——皮书系列为基础，整合中国发展与

① 自《2008年中国社会形势分析与预测》起，“社会蓝皮书”每年新增了关于互联网舆情分析的报告，如《2007年中国互联网舆情分析报告》《2008年中国互联网舆情分析报告》，这些报告均以互联网文本为研究对象，也作为实证分析的一种模式。

中国道路、世界经济与国际政治研究资源及媒体资讯构建而成的在线数字产品。皮书数据库涵盖图书、报告、数据、图表、视频、资讯等资源类型。截至2017年3月，库内收录图书6597本，报告13.6万篇，图片图表50.8万个，字数达30.1亿字。使用机构有千余家，年点击量超过200万次，累计页面浏览量有476万次。不仅中国上千家高校和科研机构，而且哈佛大学、普林斯顿大学、耶鲁大学等世界著名大学及许多国际知名智库都把“皮书数据库”作为重要的学术资源。

“社会蓝皮书”从1998年起在社会科学文献出版社出版后，其电子版均纳入了皮书数据库，成为皮书数据库中对中国社会形势分析与预测的权威资源。截至2017年6月，“社会蓝皮书”总点击量和下载量达到24814次。其中，最受关注的报告点击量和下载量之和达到了1313次（见表7）。

表7 “社会蓝皮书”单篇报告点击量、下载量排名（前20名）

单位：次

书名	报告名	报告作者	点击量+下载量
2016年中国社会形势分析与预测	中国“十二五”教育成就与“十三五”教育发展展望	李春玲	1313
2016年中国社会形势分析与预测	当前中国社会质量状况调查报告	中国社会科学院社会状况综合调查	1069
2015年中国社会形势分析与预测	2014~2015年中国社会形势分析与预测	中国社会科学院“社会形势分析与预测”课题组	905
2016年中国社会形势分析与预测	2015年中国互联网舆情分析报告	祝华新	485
2016年中国社会形势分析与预测	北京、上海、广州社会中间阶层调查报告	上海研究院城市社会治理研究中心课题组	437
2015年中国社会形势分析与预测	2014年农民工调查报告	刘林平	398
2017年中国社会形势分析与预测	2016年中国城乡居民收入和消费报告	吕庆喆	390
2017年中国社会形势分析与预测	扩大中等收入群体建设现代橄榄形社会——2016~2017年中国社会形势分析与预测	中国社会科学院“社会形势分析与预测”课题组	390

续表

书名	报告名	报告作者	点击量+下载量
2016年中国社会形势分析与预测	中国家庭户规模和结构状况调查报告	国家卫生计生委家庭发展司	384
2016年中国社会形势分析与预测	中国城乡居民二孩生育意愿与生育计划调查报告	张丽萍	377
2015年中国社会形势分析与预测	2014年中国互联网舆情分析报告	祝华新	376
2016年中国社会形势分析与预测	2015年医疗卫生事业发展报告	房莉杰	341
2016年中国社会形势分析与预测	迈入全面建成小康社会决胜阶段——2015~2016年中国社会形势分析与预测	中国社会科学院“社会形势分析与预测”课题组	320
2016年中国社会形势分析与预测	2015年中国城乡居民收入和消费状况	吕庆喆	309
2016年中国社会形势分析与预测	2015年中国农民生产生活基本状况调查	邹宇春	293
2017年中国社会形势分析与预测	2016年中国医疗卫生事业发展报告	房莉杰	259
2015年中国社会形势分析与预测	2014年中国城市居民生活质量指数报告	袁岳	245
2015年中国社会形势分析与预测	中国收入差距变化及其未来发展趋势	杨宜勇	238
2015年中国社会形势分析与预测	2014年中国医疗卫生事业改革发展报告	房莉杰	216
2016年中国社会形势分析与预测	2015年中国就业:创新创业促进就业	莫荣	207

从“社会蓝皮书”中点击量、下载量排名靠前的单篇报告来看，除了总报告外，教育、互联网舆情、中间阶层、农民工等热点社会问题的报告受关注程度较高。

2.“社会蓝皮书”在谷歌学术中的被引数据：扩大学科影响力

被引率一直是学界判断文章影响力的重要指标。与期刊文章不同的是，由于电子资源的版权原因，皮书的转引率很难检测，所能检测到的转引率仅能作为一个不甚全面的参照指标。

本文搜索了谷歌学术中“社会蓝皮书”的被引数据，从表 8 可见，“社会蓝皮书”的被检测文章仅为 36 篇，但被引次数达到了 163 次。从 H 指数来看，至少有 7 篇文章被引用过 7 次以上。就图书而言，这个可检测到的被引数据还是能够说明“社会蓝皮书”在业界所产生的重要影响力的。

表 8 “社会蓝皮书”1992~2017 年在谷歌学术中的被引数据

指标	查询结果	指标	查询结果
报告篇数	36	报告数/作者	34.50
被引次数	163	被引次数/年份	7.76
年份	21	被引次数/年份	7.76
每篇报告平均引用次数	4.53	H 指数	7

说明：谷歌学术是由谷歌公司针对学术内容建立的引文索引数据库，作为全球最大的跨语言学术内容引文索引数据库，已成为全球学者最重要的检索工具之一。谷歌学术的数据建立在其强大准确地搜索引擎技术上，是与 Web of Science 和 Scopus 并列的重要引文索引分析工具。

资料来源：谷歌学术，2017 年 5 月 12 日。

3. “社会蓝皮书”的媒体传播：极大地推动了智库影响力

显而易见的是，作为起源于中国社会科学院的智库报告，“社会蓝皮书”研创之目标非但不是学术界内自娱自乐，出于报告的现实性，写作皮书的学者还尽可能地用通俗易懂的语言把艰涩高深的理论、模型简单化，希望能够把学术界对于经济社会各个领域的思想成果普及给社会公众。

“社会蓝皮书”自第一本以来，就尤其重视皮书内容的发布。每本皮书发布都会掀起当天新闻报道的高潮。本文统计了 2017 年版“社会蓝皮书”的新闻媒体报道数据。2016 年 12 月 21 日，2017 年版“社会蓝皮书”发布。当天新闻报道达到 420 条，一周后，迎来媒体报道的峰值 429 条，发布一个月内，新闻媒体报道近千条（见图5）。从报道地域来看，“社会蓝皮书”的媒体影响力辐射全国（见图6）。从报道媒体来看，不仅包括《人民日报》、《光明日报》和中央电视台等国家一级媒体，还包括新浪、搜狐、网易等新媒体，很多热点报告如《中国高校毕业生工作与专业相关度》《北上广新社会阶层调查》等被多家媒体多次转载，关于“收入分配”的相关报告观点则被多家金融信息网站推为“头条”。

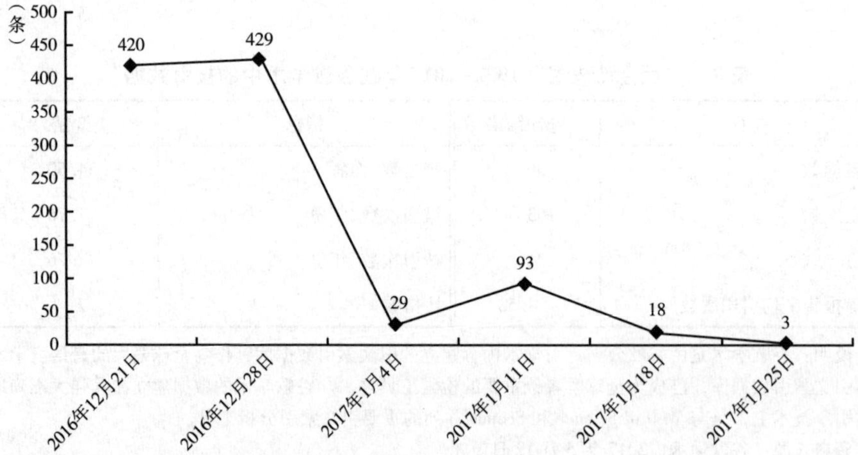

图5　2017年“社会蓝皮书”媒体新闻报道时间轴分布

说明：本数据来源于讯酷搜索软件。
资料来源：社会科学文献出版社学术传播中心统计。

4.“社会蓝皮书”的国际化传播：中国话语体系建设的先行者

“社会蓝皮书”是皮书系列中最先出版英文版的皮书之一。2007年，第一本“社会蓝皮书”英文版——The China Society Year book（2006）——由具有三百多年历史的博睿学术出版社（Brill Academic Publishers）出版。至今，英文版“社会蓝皮书”已连续出版了10本（第十本即将出版）。可以说，外文版“社会蓝皮书”的翻译出版为国际社会了解中国打开了一扇窗户。

皮书数据库的海外使用机构有大学图书馆，如哈佛大学、普林斯顿大

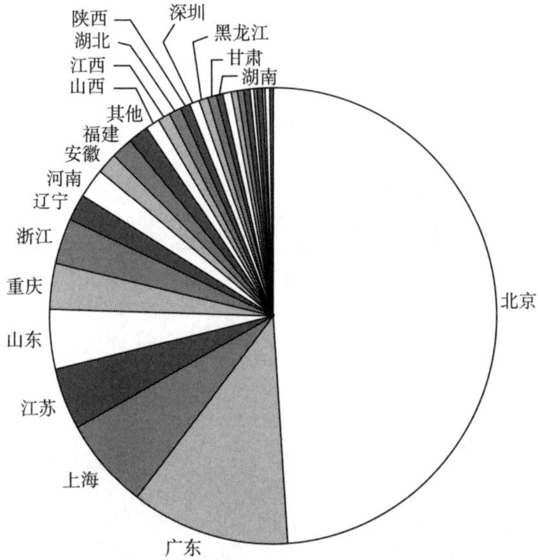

图6 2017年“社会蓝皮书”媒体报道区域分布

说明：本数据来源于讯酷搜索软件。

资料来源：社会科学文献出版社学术传播中心统计。

学、伯克利大学、斯坦福大学、杜克大学、约翰布鲁金斯大学、牛津大学等大学的图书馆；也有高级智库，如美国国会图书馆（为美国各级政府提供公共及外交政策领域全方位咨询服务的研究机构）。“社会蓝皮书”在海外机构的实际点击量（见表9），标志着其已进入国际知名学术成果行列。

表9 “社会蓝皮书”海外点击量（1998~2007年）

单位：次

书名	合计
Analysis and Forecast on China's Social Development(1998)	5
Analysis and Forecast on China's Social Development(1999)	5
Analysis and Forecast on China's Social Development(2000)	5
Analysis and Forecast on China's Social Development(2001)	5
Analysis and Forecast on China's Social Development(2002)	5
Analysis and Forecast on China's Social Development(2003)	5

续表

书名	合计
Analysis and Forecast on China's Social Development(2004)	5
Analysis and Forecast on China's Social Development(2005)	5
Analysis and Forecast on China's Social Development(2006)	5
Analysis and Forecast on China's Social Development(2007)	5

资料来源：社会科学文献出版社传播中心统计。

P5-40
皮书研究进入新纪元*

2020年注定是人类历史上不平凡的一年。至今仍在全球蔓延的新冠肺炎疫情带给世人的一个关键词就是“改变”，即所有人生活方式、工作方式的改变。

2020年，既是中国全面建成小康社会的收官之年，同时也是“十三五”规划的收官之年，中国特色社会主义现代化将开启新的征程。未来，互联网、大数据、人工智能和区块链技术的长足进步与广泛使用，又为人们精准把握外部世界、消除不确定性提供了无限的可能和想象空间。所有这一切，都成为各行各业发展必须面对和应对的时代课题。

作为与现实联系最紧密的智库成果，皮书在记录与研判时代重大问题、发挥咨政建言作用、引导社会舆论方向、促进国际合作交流等方面将发挥越来越重要的作用。截至2020年6月，皮书已累计出版900多种，合计3700多部，总字数达到13.6亿字。皮书作者总数近3万人，参与皮书研创的智库数量近千家。“皮书”作为一种重要的智库成果表达形式，已经成为哲学社会科学工作者服务于中国特色社会主义现代化建设的重要载体。

伴随“皮书”品牌自身不断成长的需求，在发展中不断总结，以

---

* 本文系笔者为《皮书与智库共同体建设》所撰写的前言，2020年版，第1~4页。

“皮书”为研究对象的科研成果也越来越多。本年度，皮书研究院将继续发布《智库成果蓝皮书：中国皮书发展报告（2020）》《皮书手册：写作、编辑出版与评价指南》（第四版），以及皮书人对皮书自身的研究成果——《皮书研究系列七：皮书与智库共同体建设》。

作为服务于皮书研创机构、皮书作者、皮书读者的专业学术报告的集结，“皮书研究系列”目前已连续出版七部，其对“皮书”本身的研究逐步成为研究中国人文社会科学的巨大宝藏。本书以“皮书与智库共同体建设”为主题，探讨皮书作为智库产品，在学术共同体建设、智库建设、中国话语体系建设、参与国际话语体系构建中所起的作用。

本书共26篇文章，包括专论、皮书研创与学术共同体建设、皮书研创与智库建设、皮书研创规范、皮书研创方法与经验、皮书研创中的数据应用六个栏目和附录部分。

“专论”中收录的第一篇文章是第二十次全国皮书年会开幕式上谢伏瞻院长的讲话。谢院长在讲话中提出“要把质量作为皮书的生命线”，并对新时代如何做好皮书的研创出版工作提出了明确要求。谢院长的讲话在皮书学术共同体中产生了巨大影响，特辑录于本书，以飨读者。“专论”的第二篇是中国社会科学院蔡昉副院长在第二十次全国皮书年会上的学术报告，讨论的主题是“东北地区如何利用自身规模经济优势实现自身的赶超目标”，这篇学术报告在会后也正式刊发，特辑录于本书。

“皮书研创与学术共同体建设”中收录的是皮书主编对皮书相关领域研究的论文。其中，既有对皮书推进学术共同体建设的经验梳理，又有对皮书如何推动学术共同体建设的总结反思，以及对皮书研创与学术共同体建设的互动式发展、皮书研创打造首都高端智库建设的总结。“皮书研创与智库建设”中收录的是第二十次全国皮书年会以及第六期全国皮书研创高级研修班上的专家发言，与会专家分别就皮书研创促进地方特色智库建设、地方社会科学院推动新型城市智库高质量发展、皮书智库建设与地方城镇化高质量发展有机结合、关于脱贫攻坚的智库建议、绿色发展的核心要义与政策取向、5G 条件下传播的机遇与应对进行了阐述。“皮书研创规范”中收录的是第六期全国皮书研创高级研修班的讲课主题内容，重点关注皮书总报告的研创规范、皮书单篇报告的研创要求和学术规范。“皮书研创方法与经验”中收录的是皮书主编、皮书作者对皮书研创方法的思考以及经验案例，其中，中国社会科学院日本研究所所长杨伯江研究员论述了国别类皮书总报告在撰写中应把握好几对关系的处理；中国社会科学院美国研究所所长倪峰研究员以“美国蓝皮书”为例，重点阐述皮书研创与智库建设应紧密结合，以便打造更大的平台；其余作者分别就皮书助力智库与学科建设、中国人文发展研究的人工智能化探索、“遥感监测绿皮书”、体育类皮书，以及“新三板蓝皮书”的策划、研创与质量评价等议题分别做了详细说明。“皮书研创中的数据应用”中收录的是第五期全国皮书研创高级研修班讲师的高质量论文，以及出版机构的专业人员对于数据助推皮书研创高质量发展的出色案例。知名社会学家、北京大学邱泽奇教授以“对大数据的理解与误解”为题，探讨了大数据在学术研究中的作用；《贵州大数据战略发展报告》主编吴大华研究员分享了以皮书形式对贵州省发展大数据战略的全面总结，探索了皮书研创优化发展的全新出版形态。

附录部分是荣获第十届“优秀皮书奖”“优秀皮书报告奖”一等奖的获奖名单、皮书年会 20 周年纪念专题以及皮书最近 10 年的大事记。

总的来看，本书收录了上一年度关于皮书的最新研究性成果，进一步丰富、深化了皮书相关的理论、认识，很多创新的观点已经对皮书发展的实践产生了重要的指导作用。作为本书主编，我要感谢本书每篇论文的作者对皮书事业的支持与指导！感谢蔡继辉、吴丹、丁阿丽、白云这几位来自皮书研究院的同事为本书的编辑、出版所付出的努力！相信本书的出版能够为进一步推动皮书高质量发展提供新的指南，引发新的思考！

2020 年 9 月于北京马甸

P5-41
中国皮书发展报告（1997~2019）*

摘　要： 在中国，皮书最早发端于1990年，1997年开始由社会科学文献出版社进行专业化运营，20多年来，皮书发展迎来了大时代，成为中国最具影响力的智库成果品牌。党的十八大以来，中国特色社会主义进入新时代，中国发展、中国经验为皮书研创提供了动力与广阔空间，中国特色新型智库建设为皮书研创搭建了利好平台，助力中国话语体系建设成为皮书研创重要使命。当然，也应该看到，皮书发展仍然面临结构失衡、专业化程度不够、一手数据使用比例不高、学术共同体运作机制尚待完善、皮书研创规范的推广有待加强等挑战。未来，建议皮书研创中应以消除“不确定性”为研创宗旨，以是否提供专业的有效信息为衡量皮书原创内容质量的基本标准；以专业化、主题化作为皮书研创出版的基本定位，以数据分析作为皮书研创的基本要义；以“调结构、补短板”为抓手，积极推动皮书品种的优化；全面推进皮书数字化、国际化发展战略；推进皮书研创出版学术共同体建设；推广《皮书手册：写作、编辑出版与评价指南》，实现皮书研创出版发布的全流程专业

* 本文为《智库成果蓝皮书：中国皮书发展报告（2019）》总报告，载于谢曙光主编《智库成果蓝皮书：中国皮书发展报告（2019）》，社会科学文献出版社，2019，第1~33页。

化管理。

关键词： 皮书　智库成果　学术影响力　社会影响力

一　中国皮书发展路径及研究现状分析

“皮书”作为一种出版形态，在中国的专业化发展已有20多年。在大众话语中，“皮书”往往被赋予两个层面的内涵。首先一个含义是指“国家或专门机构正式发布的重要文件或报告书”，这层含义是强调皮书作为一种官方文件或机构报告，代表政府或独立机构立场，讲究的是立场明确、事实清楚、行文规范、文字简练，不带文学色彩。伴随着20多年的专业发展，皮书的概念已经远远超越了原有的“重要文件、官方文件”的范畴。目前，皮书更为人熟知的另一个层面的含义则是“以年度为时间单元，关于某一门类、地域或领域的社会科学资讯类连续出版物”，强调的是第三方立场、服务社会、权威专业、客观科学、数据准确、趋势预判。

（一）皮书起源及其发展

从词源上来看，“皮书”最早起源于17、18世纪的英国，当时的“皮书”多指官方正式发表的重要文件或报告，并以“白皮书”命名的居多。在第六版《辞海》中，白皮书被定义为“一国政府或议会正式发表的、封面为白色的重要文件或报告书”。

在中国，“皮书”是如何从官方文件发展为一种固定的出版形态的呢？本报告将对“皮书”的发展脉络进行一个时间维度的梳理（见表1）。从表1可以看出，皮书发展20多年来，经过了多个重要的发展节点。

表1　皮书发展脉络梳理

时间	标志性事件	发展经过
1990年	第一本内部传阅的"蓝皮书"诞生	经济学家刘国光、李京文等人运用经济模型对中国经济形势进行分析与预测，并成立"中国经济形势分析与预测"课题组，撰写出一系列研究报告，这些报告用蓝色封面装订成册，故被称为"蓝皮书"。起初，这些研究报告只在内部传阅
1991年	第一本正式出版的"皮书"诞生	"中国经济形势分析与预测"课题组的研究报告首度正式出版，书名是《1992年：中国经济形势分析与预测》，业界称之为"经济蓝皮书"
1992年	以《世界银行发展报告》为模板的"社会蓝皮书"诞生	中国社会科学院社会学研究所时任所长陆学艺教授敏锐地意识到，可以对年度中国社会形势进行分析和预测，于是便着手编著"社会蓝皮书"。该蓝皮书是以《世界银行发展报告》为模板
1997年	皮书开始由社会科学文献出版社出版，并进行专业化运营	谢寿光调入社会科学文献出版社任副社长兼副总编辑，主持日常工作。"经济蓝皮书""社会蓝皮书"分别以《1998年中国经济形势分析与预测》《1998年中国社会形势分析与预测》为书名，正式由社会科学文献出版社出版、发行
1998~1999年	皮书品牌创立	社会科学文献出版社开始把皮书作为出版品牌进行策划，重点推进皮书的市场化、系列化
2000~2005年	全面树立皮书品牌	以2000年的"第一次全国皮书工作会议"为标志，皮书作为一项出版事业被确立，至2000年底，皮书品种突破20种。皮书的基本定义在2005年8月召开的"第六次全国皮书工作会议"上有了较为完整的表述："皮书是一种以年度为时间单元，关于某一门类、地域或领域的社会科学资讯类连续出版物。"
2006~2008年	皮书的定型化和国际化：英文版皮书正式在全球发行，第一版《皮书手册》开始执行	2006年，社会科学文献出版社与荷兰博睿学术出版社（Brill）正式签署皮书出版协议，英文版皮书正式在全球发行；2007年，从国际通行的学术出版物标准——《芝加哥手册》中挑选合适的条目作为皮书编撰的规范，并据此制作了出版社内部执行的《皮书手册》
2009~2013年	皮书品牌的全面维护、建设：皮书及皮书研创出版从一个具体出版单位的出版产品和出版活动正式上升为由中国社会科学院牵头的国家哲学社会科学智库产品和创新活动	2009年，皮书评价研究中心成立，这是出版业内成立的首家对一个图书品牌进行日常评价与发展研究的科研机构；2009年，首届"优秀皮书奖"评选并颁发；2009年，皮书评价指标体系发布；2009年，皮书数据库（机构用户版）正式发布；2011年，由中国社会科学院主办的"2011年全国皮书研讨会"在京西宾馆举行，会议通过《皮书主编工作条例》《皮书编辑出版工作条例》；2011年起，皮书工作会议升格为由中国社会科学院主办，并正式更名为"全国皮书年会"；2011年起，"皮书系列"正式成为新闻出版总署"十二五"国家重点出版规划项目；2012年，《中国社会科学院皮书资助规定（试行）》颁布执行
2014年至今	皮书品牌的创新	以2014年《中国社会科学院皮书管理办法》正式颁布实施为标志，皮书品牌进入创新时期。2014年，皮书品种突破300种

1997 年是皮书发展中具有重要历史意义的一年。在此之前，“经济蓝皮书”“社会蓝皮书”虽然在学术界产生了一定影响，但无论是作者团队还是出版方，都尚未认识到皮书所具备的真正价值。直到 1997 年，参与了“社会蓝皮书”策划过程的谢寿光调入社会科学文献出版社（以下简称“社科文献”）主持日常工作。谢寿光把原由书商主导出版的“经济蓝皮书”和在另一家出版社出版的“社会蓝皮书”争取到社科文献进行专业化的品牌运作，并开始把皮书作为一个特殊的出版形态进行市场化、系列化运营。谢寿光早在 1997 年就提出：20 世纪末以来，人类对于知识的需求将朝着更加专业化和多元化的方向发展，尤其是对专业化的深度资讯、主题性的细分领域、个性化的研究成果等需求将成倍增加。在海量信息时代，太需要“经济蓝皮书”“社会蓝皮书”这样的以年度为时间分析维度的持续发布的发展报告，来为社会民众提供科学数据、严谨分析，并为领导者、不同行业的从业者、决策者提供咨询与参考。正是沿着这样的发展思路，在国家还没有正式提出“智库建设”发展战略的时候，皮书就在谢寿光社长的运营下，成为国内优秀智库的成果代表，推动着中国智库的发展。今天，皮书更是成为智库建设的重要抓手。

经过多年的专业化运营，伴随皮书品种的逐步增加，“皮书”不再仅仅是出版业内的一个单纯的图书品牌，它的概念逐步清晰，内涵逐步丰富。2014 年，皮书品种突破 300 种。同年，《中国社会科学院皮书管理办法》正式颁布实施，皮书品牌进入创新时期。2015 年，皮书的定义被确定为：“皮书是对中国与世界发展状况和热点问题进行年度监测，以专业的角度、专家的视野和实证研究方法，针对某一领域或区域现状与发展态势展开分析和预测，具备前沿性、原创性、实证性、连续性、时效性等特点的公开出版物，由一系列权威研究报告组成。”皮书被认为是智库报告主要形式之一，是同一主题智库报告的聚合。

（二）智库成果的崛起

智者，才也；智库者，经世致用之脑库。门客、幕僚等政策研究和咨询制度在中国历史悠久。随着人类历史发展、政治体制变迁、信息化时代到来，社会发展面临多种不确定因素，对人类智慧提出了更高要求，现代智库应运而生，并成蓬勃之势。党的十八大以来，以习近平同志为核心的党中央开启的中国特色社会主义新时代需要更具前瞻性、包容性的战略设计，对智库发展及其产品提出了巨大需求。自 2013 年 4 月习近平总书记就加强智库建设做出重要批示后，党的十八届三中全会明确提出“加强中国特色新型智库建设，建立健全决策咨询制度”。2015 年 1 月，中共中央办公厅、国务院办公厅共同印发《关于加强中国特色新型智库建设的意见》，对中国特色新型智库建设做出具体部署。此后，伴随智库建设的热潮，智库成果也开始蓬勃发展。

“当代中国正经历着我国历史上最为广泛而深刻的社会变革，也正在进行着人类历史上最为宏大而独特的实践创新。这种前无古人的伟大实践，必将给理论创造、学术繁荣提供强大动力和广阔空间。”2016 年 5 月 17 日，习近平总书记在哲学社会科学工作座谈会上的重要讲话明确了中国特色新型智库建设是哲学社会科学创新工程，并再次强调“各级党委和政府要发挥哲学社会科学在治国理政中的重要作用”，指出“智库建设要把重点放在提高研究质量、推动内容创新上”。

智库成果是体现智库价值、发挥智库作用的基本标志。智库成果是智库研究人员智力成果的集中体现，也是服务党和政府、服务社会、服务行业科学决策的主要载体。智库成果既包括公开出版、发行的报告，也包括以“内参”等内部报告形式提交的报告。但从成果评价的角度来看，内部报告的影响力数据很难获得，也难以确立统一的标准对其进行测量，而相比之下，公开出版的研究报告，尤其是能够定期、持续出版的年度性研究报告，不仅能够通过积累数据、不断发声，建立起持久的影响力，而且容易建立统一的指标测度和评价体系。在《中国智库成果名录（No. 1）》前言中，智库成果被定义为："由专业智库撰写，基于公共事务领域，对政治、经济、外交、国防、科技、社会等宏观或微观问题进行专题研究，旨在为决策机构评估形势、确定目标、制定政策提供建设性的决策依据和行动建议的研究性文献。"

伴随着中国特色新型智库的发展，智库成果近年来也取得了长足的进步。笔者带领研究团队自2015年起，对我国公开出版的智库报告做了持续研究。研究结果如图1所示，在2014年，正式出版的智库报告总量还不多，一共有797种，占2014年全年新书品种（2558万种）的比例仅为0.3%，占当年学术图书品种（16万种）的比例也不足5%；可见正式出版、发布的智库报告数量在当年的正式出版物及学术图书中的占比都很少。而《中国智库成果名录（No. 1）》采集的是2016年正式出版的智库报告信息，总数为1954种，出版智库成果的出版社共有303家，涉及作者3172位（包括个人、机构或课题组），涉及作者单位1511家。可见，短短两年的时间，从数量来看，公开出版的智库成果发展迅速。

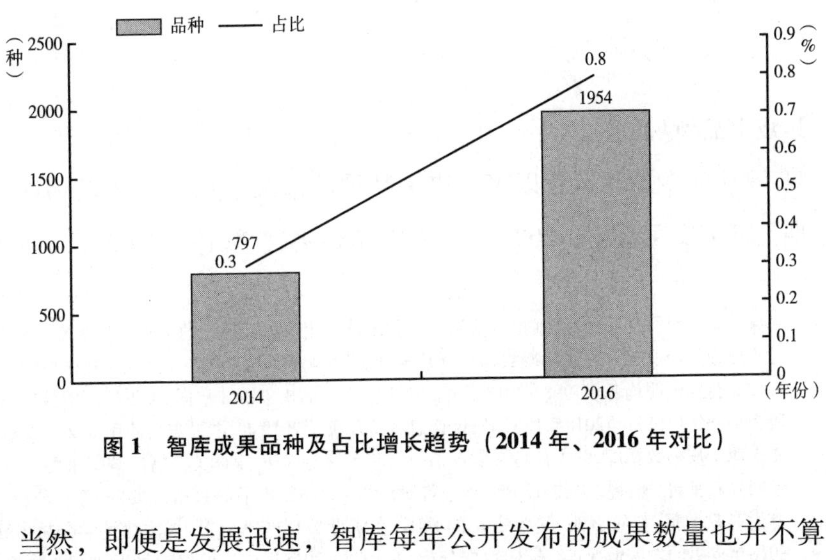

图1　智库成果品种及占比增长趋势（2014年、2016年对比）

当然，即便是发展迅速，智库每年公开发布的成果数量也并不算多，占每年新书总量（25万种左右）的比例还不到0.8%，还有大量报告是以内部报告等非公开出版物的形式创作的。公开发表的出版物数量不足、质量不高制约了智库的公共性。而智库报告正式发表方能更广范围的影响行业、影响公众、影响社会。正式公开发表的智库报告质量是衡量智库创新水平和社会影响力的主要标准。

把年度性智库报告打造为反映我国经济社会各领域年度发展状况的权威出版物，并使其成为分析预测未来中国各领域发展趋势的重要工具书，这将推动智库进一步发挥“思想库”“智囊团”的作用。

作为智库类报告的重要代表，“皮书”不仅得到了学术界、智库和各级党政部门的高度重视，也受到了媒体的广泛关注。最近几年，几乎每隔一天就有一种皮书发布，就有智库发声，实现了智库的社会影响力。也因此，皮书得到了全国智库研究和哲学社会科学研究机构的广泛重视，很多智库都将其放在为党和国家的大局服务、为中国特色社会主义建设服务、为传播我国哲学社会科学成果服务的战略位置。

本蓝皮书即以社科文献出版的“皮书系列”为研究对象，分析智库报告的研究内容、评价智库报告的内容质量。

（三）皮书数据分析

1. 皮书品种①的增长

自 1997 年专业化运营以来，皮书品种的增长经历了几个较为明显的跨越期。从表 2 可看出，2003 年，皮书品种突破 20 种；2009 年，皮书品

① 为保持统计口径的延续性，本报告使用的品种统计以皮书封面标记的版本年份为准，与以图书实际出版年份的统计方法所得数据会有差异，但不影响趋势分析的准确性。本书总报告及分报告如无特殊说明均基于1998～2018年由社科文献出版的皮书统计数据。报告的基础数据采集时段为1998年1月1日至2018年12月31日，信息采集年度为2019年。本报告所使用的文本及数据主要来源于皮书数据库，并由社科文献皮书研究院审核与确认。媒体关注情况数据来源于各主流新闻发布平台。所涉皮书共3133部。本报告对1998～2018年皮书的数据采集、汇总和分析，严格遵循尊重数据、尊重客观、科学求实的原则，在统计数据的基础上，采用统计学分析方法，对2018年皮书的发展情况进行横向数据分析，对1998～2018年皮书的发展情况进行纵向整体分析，以求严谨客观地反映出版情况的发展变化及趋势。

种突破100种，第一个100种，花了整整12年，而从100种发展到200种，只用了不到3年（2012年，皮书品种达到227种）；2009年以后，几乎每三年，皮书品种即增加100种，到2018年，达到441种。从图2也可直观看出，2009年以后，皮书品种增长速度一直较快。

表2 皮书品种发展（1997~2018年）

单位：种

序号	年份	出版数量
1	1997	1
2	1998	5
3	1999	9
4	2000	9
5	2001	16
6	2002	19
7	2003	22
8	2004	28
9	2005	38
10	2006	69
11	2007	87
12	2008	88
13	2009	113
14	2010	133
15	2011	185
16	2012	227
17	2013	256
18	2014	297
19	2015	329
20	2016	362
21	2017	393
22	2018	441
合计		3132

2. 皮书的分类及占比

皮书的分类一直是皮书研究的重要内容。尤其是皮书品种规模不断增加，研究对象更加丰富多样且不断体现差异化，以及研创方法不断创新，都会给皮书的分类带来各种挑战。可以说，皮书分类是皮书评价的基础，也是提升不同类别皮书质量的保障。从不同的划分维度来说，皮书可以有多种分类方式，比如：按照研究对象的主题来划分，也可按照研究的空间领域划分，或按照研究方法来划分。在本报告中，将对不同维度的皮书分类进行数据化研究。

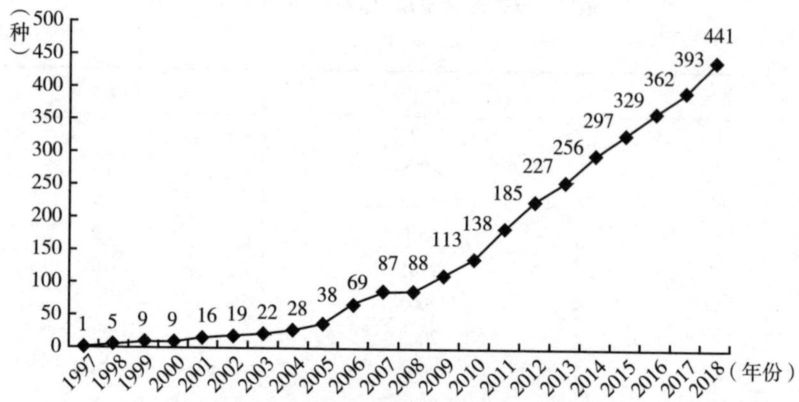

图 2　皮书品种增长趋势（1997~2018 年）

（1）按皮书报告研究对象的主题、内容来划分

从皮书研究对象的主题和内容来看，它能够涵盖社会科学的大部分专业研究领域。因此，按照研究对象主题、内容进行分类是皮书最主要的分类法。根据研究对象主题的不同，在早期的分类中，皮书是按照六大类别来划分的，分别为经济类、社会政法类、文化传媒类、地方发展类、行业类、国际问题类。随着皮书品种的丰富，原六大类的分类过于粗略，所以，在实际分类评价时，我们进行了进一步细化（见表 3）。

表 3　皮书内容分类及其细化分类

原分类	细化分类	示例
经济类	宏观经济、区域与城市经济、产业经济	“经济蓝皮书”“京津冀蓝皮书”“新能源汽车蓝皮书”
社会政法类	社会、政法	“社会蓝皮书”“法治蓝皮书”“政治参与蓝皮书”

续表

原分类	细化分类	示例
文化传媒类	文化（含公共文化、文化产业）、传媒	“文化蓝皮书”“新媒体蓝皮书”
地方发展类	地方经济、地方社会、地方文化	“广州蓝皮书”“黑龙江蓝皮书”“甘肃蓝皮书”
行业类	行业及其他（含单一行业报告、行业融合）	“休闲绿皮书”“数字经济蓝皮书”
国际问题类	国际问题与全球治理、国别与区域	“世界经济黄皮书”“日本蓝皮书”“中亚黄皮书”

从表 3 中可见，原经济类大类细化为宏观经济、区域与城市经济、产业经济三大类；原社会政法类大类细化为社会、政法两类；原文化传媒类大类细化为文化（含公共文化、文化产业）、传媒两类；原地方发展类大类细化为地方经济、地方社会、地方文化三类；原行业类更名为行业及其他（含单一行业报告、行业融合）两类；原国际问题类大类细化为国际问题与全球治理、国别与区域两类。

将 1997~2018 年版皮书进行主题内容分类后可见，首先，在 3132 种皮书中，地方发展（经济）类皮书从 2001 年开始有第一种后，发展迅速，到 2018 年共出版了 610 种，占比近 20%；其次，是行业类（含行业及其他类），出版了 564 种；最后，社会政法类皮书出版的也比较多，共计 434 种（见表 4）。

表 4　皮书按内容分类的品种数

单位：种

版号	产业经济	地方发展–经济	地方发展–社会	地方发展–文化	国别	国别与区域	国际问题	国际问题与全球治理	行业	行业及其他	宏观经济	经济	区域经济	区域与城市经济	社会政法	文化传媒	总计
1997	0	0	0	0	0	0	0	0	0	0	0	1	0	0	0	0	1
1998	0	0	0	0	0	0	1	0	0	0	1	1	0	0	2	0	5
1999	0	0	0	0	0	0	3	0	0	0	1	3	0	0	2	0	9

续表

版号	产业经济	地方发展–经济	地方发展–社会	地方发展–文化	国别	国别与区域	国际问题	国际问题与全球治理	行业	行业及其他	宏观经济	经济	区域经济	区域与城市经济	社会政法	文化传媒	总计
2000	0	0	0	0	0	0	1	0	0	0	1	5	0	0	2	0	9
2001	0	1	0	0	0	0	5	0	1	0	2	4	0	0	3	0	16
2002	0	1	0	0	0	0	5	0	5	0	1	4	0	0	2	1	19
2003	0	2	0	0	0	0	5	0	5	0	1	6	0	0	2	1	22
2003	0	2	0	0	0	0	3	0	6	0	1	9	0	0	6	1	28
2005	0	4	1	0	0	0	4	0	10	0	1	11	0	0	3	4	38
2006	0	13	4	2	0	0	5	0	12	0	2	14	0	0	13	4	69
2007	0	19	4	3	0	0	7	0	16	0	1	18	0	0	14	5	87
2008	0	18	9	5	0	0	9	0	12	0	1	15	0	0	13	6	88
2009	0	26	8	7	0	0	12	0	18	0	1	21	0	0	14	6	113
2010	0	25	13	8	0	0	12	0	28	0	1	25	0	0	19	7	138
2011	0	37	18	8	0	3	11	1	36	1	1	26	0	0	27	14	185
2012	1	41	17	11	0	0	22	0	44	1	1	34	0	0	35	20	227
2013	0	41	26	15	0	1	21	0	43	0	3	34	0	0	47	25	256
2014	0	56	32	20	0	0	27	0	53	1	1	38	0	0	47	22	297
2015	0	76	40	17	0	0	31	0	56	1	1	37	0	0	41	29	327
2016	1	71	50	22	0	0	34	0	71	1	1	41	0	0	47	23	362
2017	23	89	42	23	13	3	0	32	0	66	16	0	9	0	50	27	393
2018	26	86	65	27	0	30	0	20	0	77	14	0	0	18	45	33	441
总计	51	610	329	168	13	37	218	53	416	148	53	347	9	18	434	228	3132

注：本表饮食所有皮书内容类别，包括早期分类和后期细化分类。

（2）按皮书报告的研究功能及研究方法分类

按皮书报告的研究功能及研究方法来分类，可以将皮书分为分析预测型、评估评价型、发展报告型三个类型。从表 5 可以看出，这三种类型的皮书分别具有不同的特征，在撰写方法上也略有不同。其中，分析预测型侧重于对上一年度总体发展形势的分析，对本年度以及下一年度发展态势的预测与展望；评估评价型则侧重于原创的模型或评价指标体系的构建；发展报告型侧重于对区域（或领域）整体的现状描述、问题分析及对策建议的提出。表6~表8分别概括了三种类型皮书研创内容的构成元素。

表5 皮书按研究功能及研究方法分类的特征

分类	特征	示例
分析预测型	主要是对上一年度本地区的经济、社会、文化、政治、国际形势等领域研究问题总体发展形势的回顾，对发展中面临的主要问题或挑战进行总结，对本年度以及下一年度的发展态势进行预测与展望，并提出可行性思路和对策建议	《世界经济黄皮书：2018年世界经济形势分析与预测》《社会蓝皮书：2018年中国社会形势分析与预测》
评估评价型	构建模型、评价指标体系（可以包括不同级别），通过实证分析对某一领域的发展现状或问题进行分析、排名，并揭示其内在规律和特征，也可依据分析结果提出政策建议	《中国省域竞争力蓝皮书：中国省域经济综合竞争力发展报告（2018-2019）》《公共服务蓝皮书：中国城市基本公共服务力评价（2018）》
发展报告型	侧重于对某一领域或区域发展态势的回顾、现状的描述，对新的进展进行总结，对存在问题进行分析并提出对策建议	《美国蓝皮书：美国研究报告（2018）》

表6 分析预测型皮书研创内容构成元素

组成元素	状态	研创形式举例
历史回顾	可选	总体形势回顾
		历史发展回顾
现状分析	必备	当前形势分析
		当前政策分析
未来预测	必备	发展态势分析
		预测和展望
		面临问题和挑战
		趋势和展望
		形势和展望
对策建议	可选	对策建议
		战略途径

表 7　评估评价型皮书研创内容构成元素

组成元素	状态	研创形式举例
研究方法	必备	评价指标的构建
		模型构建
研究过程	必备	数据来源及评价评级实证分析
		数据来源及模型分析
组成元素	状态	研创形式举例
研究结论	必备	依据实证分析得出结论
对策建议	必备	对策建议

表 8　发展报告型皮书研创内容构成元素

组成元素	状态	研创形式举例
现状分析	必备	发展综述
		总体状况评述
		基本情况分析
		运行情况分析
		存在主要问题分析
对策建议	必备	对策建议
		战略途径

（3）按照皮书封面颜色分类

按不同的封面颜色，皮书可以分为蓝皮书、绿皮书、黄皮书等（见图 3）。

蓝色，象征着严谨与科学，按照国际通行惯例，蓝皮书作为一种专业机构的出版物是智库产品的代表。在皮书系列中，经济类、社会政法类、行业类等 90%左右的品种为蓝皮书。代表皮书有“经济蓝皮书”“法治蓝皮书”“新能源汽车蓝皮书”等。

绿色，意味着生命与未来，关注人类的可持续发展是绿皮书的宗旨。因此，与生态、环境、农村、旅游等主题相关的品种为绿皮书，在皮书系列中占比7%左右。代表皮书有“农村绿皮书”“气候变化绿皮书”“旅游绿皮书”“环境绿皮书”等。

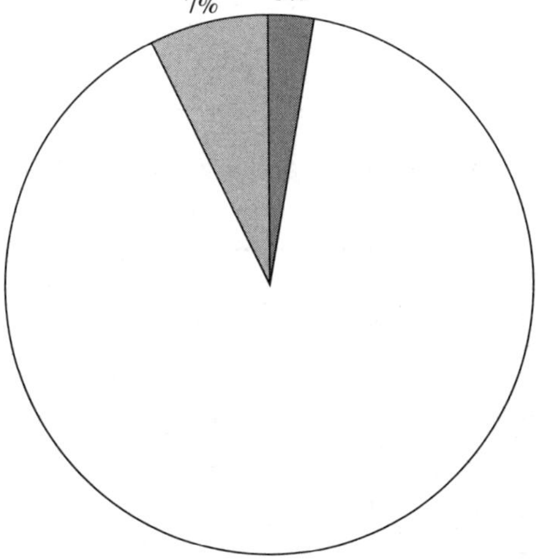

图 3 不同颜色皮书占比

资料来源：皮书研究院统计。

黄色，代表着开放与包容，关注国际问题是黄皮书的宗旨，黄皮书多是以国际区域性政治、经济等问题为主题的研究报告，在皮书系列中占比约3%。代表皮书有“非洲黄皮书”“拉美黄皮书”“中东黄皮书”“俄罗斯黄皮书”等。

3. 皮书内容资源总量及字数

1997年以来，皮书的内容资源不断增加，本报告以皮书字数为指标分析皮书及皮书报告内容资源总量的增长及其趋势。从表9可见，随着皮书品种的增加，皮书字数逐年增长。从单种皮书的平均字数来看，2001年以前，皮书平均字数在30万字以内；2002~2010年，平均字数逐渐增长，一度达到453万字。2010年以后，随着皮书规范的推广、皮书评价工作的促进，字数控制成为皮书规范管理中的重要环节。为提升皮书作为智库报告的可读性及其信息传递的有效性，社科文献在第1版《皮书操作手册》中开始明确规定，单种皮书的总字数不得超过40万字，建议控制在35万字以内。此后，皮书的平均字数得到了一定程度的控制，但仍然有继续精简的空间。

表9　皮书总字数及平均字数的变化

单位：千字

序号	年份	总字数	平均字数
1	1997	305	305.00
2	1998	1304	260.80
3	1999	2485	276.11
4	2000	2405	267.22
5	2001	4687	292.94
6	2002	5358	315.18
7	2003	7215	327.95
8	2004	—	—
9	2005	—	—
10	2006	25875	386.19
11	2007	38199	439.07
12	2008	39737	451.56
13	2009	51184	452.96
14	2010	61449	445.28
15	2011	72799	393.51
16	2012	87712	386.40
17	2013	94368	368.63
18	2014	107916	363.35
19	2015	113482	344.93
20	2016	122380	338.07
21	2017	132230	336.46
22	2018	150294	340.80
合计		1121384	358.04

注：2004年、2005年字数为个位数的数据居多，为异常值，共计63个，未计算；其他年份字数为个位数（千字）的共计11个（可忽略影响）。

资料来源：皮书数据库、社会科学文献出版社皮书研究院皮书统计系统。

4. 皮书系列品种数及皮书研创机构分类分析

根据皮书研究院统计数据，截至 2019 年 6 月，皮书共有 830 种不同系列，其中 4 种皮书系列因研创机构信息缺失，暂未纳入统计。在实际统计的 826 种皮书系列中，已淘汰的皮书系列为 124 种；尚未淘汰的有 702 种。将研创机构分为九大类，其数量及占比见表 10、图 4。其中，中国社会科学院有 129 种，占比 13%；高校有 279 种，占比 28. 13%；地方社会科学院有 159 种，占比 16. 03%；党政部门智库有 186 种，占比 18. 75%；行业协会有 58 种，占比 5. 85%；社会智库有 77 种，占比 7. 76%；企业和企业智库有 90 种，占比 9. 07%；媒体和媒体智库有 9 种，占比 0. 91%；其他有 5 种，占比 0. 5%。

表 10　皮书系列研创机构分类及数量

单位：种

序号	研创机构分类	品种数
1	中国社会科学院	129
2	高校	279
3	地方社会科学院	159
4	党政部门智库	186
5	行业协会	58
6	社会智库	77
7	企业和企业智库	90
8	媒体和媒体智库	9
9	其他	5
10	合计	992

注：部分皮书的研创机构为 2 家及以上，由此，合计大于 826。

资料来源：皮书研究院数据统计。

从不同年份皮书研创机构的数量变化趋势来看，皮书研创机构队伍的扩大是随着皮书品种增加的步伐，几乎同步开始的。在增长较快的几个时间节点上，也与皮书品种增长的时间保持一致。当然，由于多个研创机构都不只主编或研创一种皮书，所以在总量上，研创机构的数量略低于当年皮书品种数（见图 5）。

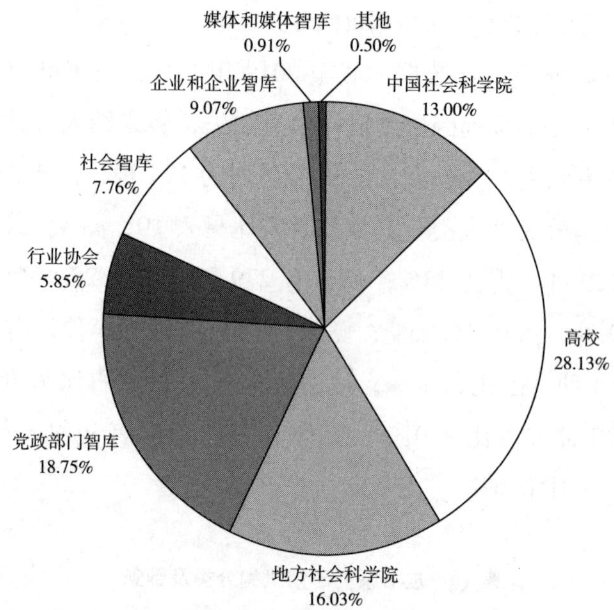

图 4　皮书研创机构总量的分类占比

资料来源：皮书研究院数据统计。

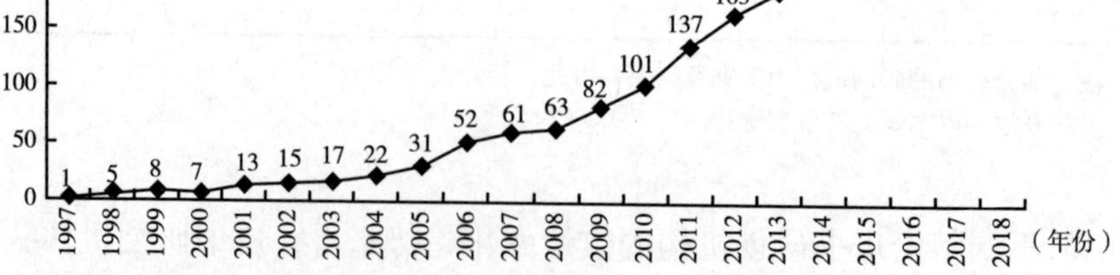

图 5　皮书研创机构数量的变化趋势（1997~2018 年）

5. 皮书报告及作者信息分析

皮书是智库报告的聚合，皮书报告是指每种皮书中相对独立的研究报告。随着皮书品种的增多，皮书报告的数量增长明显。从 1997 年的 41 篇独立报告到 2018 年的 8832 篇，增长了 214 倍（见图 6）。

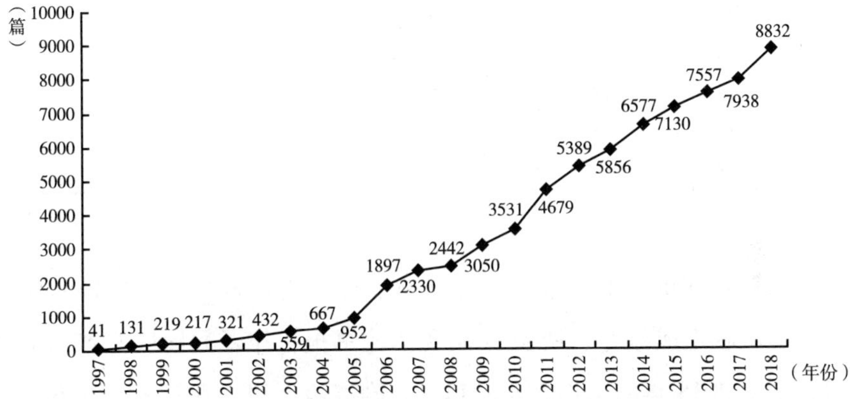

图 6　皮书报告数量的变化趋势（1997~2018 年）

表 11　皮书作者数量及其职称、学历分布（1997~2018 年）

单位：人

版号	年份	作者数量	副高级及以上职称作者数量	博士研究生学历作者数量
1	1997	60	12	8
2	1998	153	58	26
3	1999	224	79	27
4	2000	180	47	24
5	2001	299	115	59
6	2002	420	198	98
7	2003	537	261	162
8	2004	629	339	182
9	2005	897	478	251
10	2006	1917	995	520
11	2007	2333	1231	695
12	2008	2720	1626	848
13	2009	3337	2051	1123
14	2010	3766	2505	1467
15	2011	4544	2784	1682
16	2012	5571	3594	2111

续表

版号	年份	作者数量	副高级及以上职称作者数量	博士研究生学历作者数量
17	2013	6099	4089	2526
18	2014	7161	4676	2965
19	2015	7903	5162	3193
20	2016	8769	5676	3742
21	2017	9845	7535	4082
22	2018	11422	7335	4659

本文统计的皮书报告作者是指皮书中有规范署名的所有报告的作者、执笔人、课题组成员等。从表 11 可见，皮书报告作者数量从 1997 年的 60 人增长到了 2018 年的 11422 人，其中，副高级及以上职称作者数量从 12 人（1997 年）增长到 7335 人（2018 年）；博士研究生学历作者数量从 8 人（1997 年）增长到 4659 人（2018 年）。

6. 皮书同行影响力数据分析

图书尤其是学术图书的被引频次通常可反映图书的学术质量和同行影响力，对于成果管理、成果社会效益评价、学者个人成果评价、图书馆优化馆藏、推荐读者阅读等都有非常重要的参考价值。对于智库成果而言，学术同行的影响力也是评价其社会影响力的重要衡量指标。在此报告发布之前，受数据采集渠道所限，在现行的皮书综合评价中，皮书的被引用频次尚未纳入评价指标。

为补充采集并分析皮书被引相关信息，本报告将首次使用中国知网的《中国图书引证统计分析数据库》①，对该数据库中可查询到的目前已出版

① 《中国图书引证统计分析数据库》发布了 1949 年至今中国（不包括港澳台地区）出版的图书的被引频次。收录范围为中国版本图书馆收录的所有图书（截至目前为 456 万余册），统计源为中国知网收录的《中国期刊全文数据库》（截至目前为 4873 万篇期刊论文）、《中国优秀硕士学位论文全文数据库》、《中国博士学位论文全文数据库》（截至目前为 333 万余篇学位论文）和《中国重要会议论文全文数据库》（截至目前为 215 万余篇会议论文）。累计引用图书的总被引频次为 4813 万次。

皮书的图书被引用情况进行统计、归纳，以有效分析皮书的同行影响力。

经过数据上传、导出及数据清洗，在已出版的3000多种皮书中，通过《中国图书引证统计分析数据库》可查询到被引频次超过1次的图书共计922种（见图7）。其中，被引频次在10次及以下的，为438种；被引频次在11~39次的，为238种；被引频次在40~99次的，为130种；被引频次在100次及以上的，为116种。

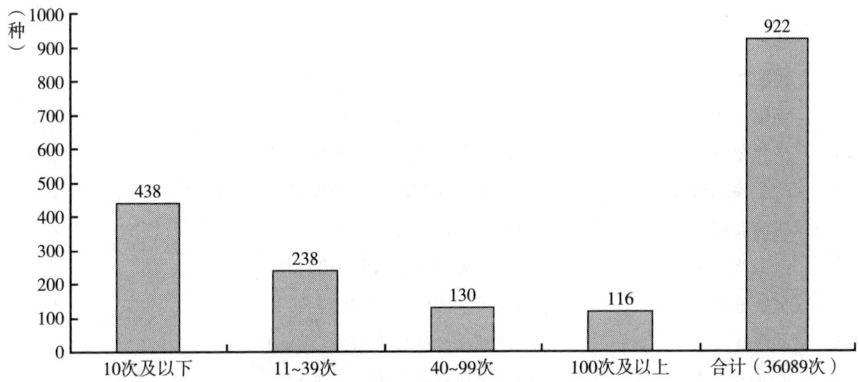

图7 不同被引频次区间的图书品种数

注：数据采集日期为2019年6月12日。
资料来源：《中国图书引证统计分析数据库》。

从表12可见，在被引频次前20位的皮书书目中，被引频次均在560次以上。其中，被引频次最高的皮书品种为《社会蓝皮书：中国社会形势分析与预测》，共有19种“社会蓝皮书”被引用。合计引用次数达到2041次（见表13）。

表12 皮书被引频次排名前20位的品种

单位：次

序号	丛书名	书名	被引频次
1	社会蓝皮书	中国社会形势分析与预测	2041
2	能源蓝皮书	中国能源发展报告(2008)	1380

续表

序号	丛书名	书名	被引频次
3	电子政务蓝皮书	中国电子政务发展报告(2008)	1243
4	私营企业蓝皮书	中国私营企业发展报告(No. 3 · 2001)	1216
5	社会保障绿皮书	中国社会保障发展报告(1997~2001)	1196
6	人才蓝皮书	中国人才发展报告(2009)	1082
7	民营经济蓝皮书	中国民营经济发展报告(2003)	1045
8	农村经济绿皮书	中国农村经济形势分析与预测(2007~2008)	936
9	农村经济绿皮书	1997~1998 年:中国农村经济形势分析与预测	936
10	慈善蓝皮书	中国慈善发展报告(2009)	892
11	民间组织蓝皮书	中国民间组织报告(2008)	840
12	新媒体蓝皮书	中国新媒体发展报告(2010)	802
13	文化蓝皮书	中国公共文化服务发展报告(2007)	670
14	社会福利黄皮书	中国社会福利与社会进步报告(1998)	649
15	法治蓝皮书	中国法治发展报告(2003)	626
16	金融蓝皮书	中国金融发展报告(2010)	615
17	金融蓝皮书	2004 年:中国金融发展报告	615
18	动漫蓝皮书	中国动漫产业发展报告(2011)	597
19	企业蓝皮书	中国企业竞争力报告(2007)	586
20	中国区域发展蓝皮书	中国区域经济发展报告(2003~2004)	569

注：数据采集日期为 2019 年 6 月 12 日。

资料来源:《中国图书引证统计分析数据库》。

表 13 “社会蓝皮书” 被引书目及频次

单位：次

序号	书名	被引频次
1	2005 年中国社会形势分析与预测	274
2	2006 年:中国社会形势分析与预测	265
3	2012 年中国社会形势分析与预测	165
4	2002 年:中国社会形势分析与预测	157
5	2009 年中国社会形势分析与预测	147
6	2014 年中国社会形势分析与预测	133
7	2010 年中国社会形势分析与预测	130
8	2013 年中国社会形势分析与预测	95
9	2011 年中国社会形势分析与预测	89

续表

序号	书名	被引频次
10	2015年中国社会形势分析与预测	74
11	2001年:中国社会形势分析与预测	74
12	2000年:中国社会形势分析与预测	74
13	2017年中国社会形势分析与预测	70
14	2003年:中国社会形势分析与预测	70
15	2016年中国社会形势分析与预测	68
16	2008年中国社会形势分析与预测	67
17	1998年:中国社会形势分析与预测	56
18	2004年:中国社会形势分析与预测	18
19	2018年中国社会形势分析与预测	15
合计		2041

注：数据采集日期为2019年6月12日。
资料来源：《中国图书引证统计分析数据库》。

二 2018年版皮书研创内容及数据库影响力分析

（一）2018年版皮书①研究对象热词分析

截至2019年5月，社科文献出版的2018年版皮书共计441种，含独立的皮书报告8832篇。为对单篇报告的研究对象进行内容的文本分析，如图8所示，本文将所有报告的篇名在热词软件②中进行热词分析，发现结果如下。

第一，2018年版皮书报告的年度性特征明显，表示时间节点的2017年、2018年在报告热词分析中出现频次较高。

第二，“创新”“经济”“社会”“文化”“产业”“服务”“城市”

① 本报告分析的2018年版皮书是指封面版号明确为2018年，且出版时间范围在2017年11月到2019年3月的皮书。

② 热词软件网址为https：//minitagcloudcn/createhtml#/？k=jwiwm39d。

图 8　2018 年版皮书热词云图

注：本图使用热词软件，网址为 https：//minitagcloudcn/createhtml#/？k = jwiwm39d。

“企业”“治理”“中国”“政策”“改革”“安全”“国家”等主题出现频次较高。

第三，“实践”“评价”“竞争力”等词语出现频次较高，说明在皮书报告中关于评价及竞争力研究较多，对策研究、模式总结的报告类型也较多。

（二）2018年版皮书数据库影响力分析

在本书的专题篇报告《从图书品牌到智库平台——皮书数字化发展报告（2019）》一文中，笔者对单篇皮书报告在皮书数据库中的使用情况进行了数据分析，从使用深度、使用量两个维度建立了评价指标体系，选择排名前 100 篇的报告进行数据解读，以直观展示统计周期内皮书报告的网络影响力。从排名靠前的皮书报告来看，在皮书数据库中影响力较大的报告呈现以下特点：①内容越新越受关注；②社会政法、行业、经济类报告更受青睐；③数据类报告独具魅力；④好报告源自好皮书；⑤皮书总报告出类拔萃。①

为对2018年版皮书的数据库影响力做更精准的分析，本报告采集了皮书数据库中426种2018年版皮书报告的使用数据（每种皮书包括其所含单篇报告的访问量、阅读量、下载量）。从图9可知，截至2019年3月15日，426种2018年版皮书的总访问量达到了12万次以上，总阅读量为57579次，总下载量为65839次。

从单种皮书的数据库下载量频次分布来看，如图10所示，下载量在1~49次的皮书品种最多，为133种；其次是下载量在100~199次的皮书品种，为104种；之后是下载量在50~99次的皮书品种，为85种；然后是下载量在200~499次的皮书品种，为61种；最后是下载量在500次及以上的皮书品种，为22种。值得注意的是，还有21种皮书下载量为0次。

按照总下载量进行的单种书排名结果如表14所示。其中，《2018年中国广州经济形势分析与预测》《中国广州文化发展报告（2018）》下载量排名靠前；《2018年中国社会形势分析与预测》《2018年中国经济形势分析与预测》等皮书的下载量排在前10位。

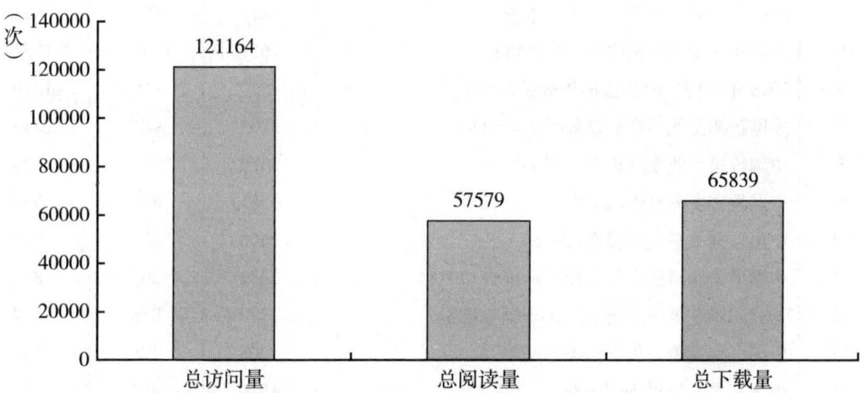

图9　2018年版皮书数据库使用情况

注：数据采集时间为2019年3月15日。

资料来源：皮书研究院根据皮书数据库数据整理。

① 参见本书专题篇报告《从图书品牌到智库平台——皮书数字化发展报告（2019）》。

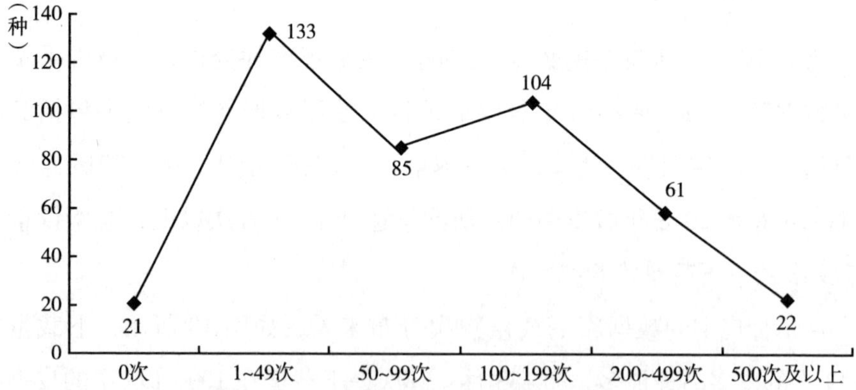

图 10　2018 年版皮书的数据库下载量频次分布

表 14　2018 年版总下载量排名前 22 位的皮书（下载频次 500 次以上）

单位：次

排名	书名	总访问量	总阅读量	总下载量
1	2018 年中国广州经济形势分析与预测	1465	235	2343
2	中国广州文化发展报告(2018)	2314	46	2253
3	2018 年中国社会形势分析与预测	4941	3068	1942
4	2018 年中国经济形势分析与预测	3416	1847	1532
5	中国新媒体发展报告 No. 9(2018)	2619	1196	1353
6	2018 年中国广州社会形势分析与预测	1520	115	1310
7	中国新能源汽车产业发展报告(2018)	2293	961	1246
8	中国传媒产业发展报告(2018)	2424	1177	1224
9	中国教育发展报告(2018)	1755	807	935
10	中国公共关系发展报告(2018)	1666	819	899
11	中国广州城市建设与管理发展报告(2018)	2489	207	813
12	2017~2018 年中国旅游发展分析与预测	1379	855	727
13	中国医院竞争力报告(2017~2018)	1203	498	688
14	中国慈善发展报告(2018)	1616	964	641
15	中国房地产发展报告 No. 15(2018)	1089	675	636
16	中国城乡老年人生活状况调查报告(2018)	1723	1351	634
17	世界信息技术产业发展报告(2017~2018)	1090	499	602
18	2018 年世界经济形势分析与预测	1017	650	571

续表

排名	书名	总访问量	总阅读量	总下载量
19	中国法院信息化发展报告 No. 2(2018)	1798	1112	560
20	中国新能源汽车动力电池产业发展报告(2018)	986	320	541
21	全球政治与安全报告(2018)	1165	612	510
22	日本研究报告(2018)	1029	543	508

三　皮书发展的机遇与挑战

（一）皮书发展迎来新时代

1. 中国发展、中国经验为皮书研创提供动力与广阔空间

党的十八大以来，以习近平同志为核心的党中央，提出治国理政的新理念、新思路、新战略，在经济、政治、文化、社会和生态文明五大方面做出全面的战略部署，并明确提出繁荣发展中国特色哲学社会科学，实现文化强国的战略目标。

中国特色社会主义新时代的中国发展、中国道路需要哲学社会科学工作者的记录与总结。新时代必将孕育新思想。皮书是对当前中国与世界热点问题进行年度监测并对中国经济社会发展起到积极推动作用的中国社会科学研究的一种重要成果表达形式，是社会科学工作者服务于中国特色社会主义现代化建设的重要载体，是有关中国发展、中国经验、中国道路的哲学社会科学重要研究成果。中国特色社会主义进入新时代、中国特色社会主义的伟大实践为皮书的大繁荣、大发展提供了思想的沃土。

2. 中国特色新型智库建设为皮书研创搭建利好平台

治世兴邦、强国富民。作为现代国家治理体系中的重要角色，中国特色新型智库的作用日益凸显。在全球化面临转折的时代背景下，不确定性

成为当今世界的重要特征。而消除不确定性应该是智库研究者、皮书研创者的责任所在，也是皮书得以进一步被接受，其功能得到进一步放大的基础条件。正是因为充满了不确定性，才为皮书研创者提供了巨大的施展空间。

皮书作为一种专题性研究报告，以定期连续发布的方式，通过媒体的话语转换和传播，影响社会精英，引导社会舆论，凝聚大众共识，进而引起决策者的关注和吸纳，最终影响决策。它基本上涵盖了智库的主要功能和作用方式。在这样的时代背景下，皮书成为时代宠儿，成为社会科学工作者特别是智库研究者的利器。皮书研创成为智库建设的主要抓手和落脚点。可以说，研创一部好的皮书和创建一个好的智库，具有相同的意义。也因此，皮书得到了全国智库研究人员和哲学社会科学研究机构的广泛重视，很多智库都将其放在为党和国家的大局服务、为中国特色社会主义建设服务、为传播我国哲学社会科学成果服务的战略位置。

3. 助力中国话语体系建设成为皮书研创者的重要使命

习近平总书记在 2013 年全国宣传思想工作会议上指出，要加强话语体系建设，着力打造融通中外的新概念、新范畴、新表述，增强在国际上的话语权。当下哲学社会科学研究的一个重要使命就是：植根中国、面向世界、开放包容、融通中外，努力构建充分体现中国特色、中国风格、中国气派的哲学社会科学话语体系，增强中国学术的国际话语权。皮书作为智库产品，在中国话语体系建设、参与国际话语体系构建中可做出更大贡献。

皮书为其研创者提供了一个向国内外发声的平台。随着皮书影响力的不断扩大，皮书研创者的思想和声音在世界范围内传播。对内，他们以自己的思想影响社会；对外，他们发出中国学者对于国际事务的观点，影响参与人思考问题和解决问题的方向。皮书的出版，有助于中国学者提高国际话语能力。

4. 大数据时代的来临为皮书研创提供信息与方法

互联网、大数据正深刻地改变着世界、改变着人类的生活，皮书创作的信息来源、数据资源更加丰富。大数据时代的来临，客观上为皮书的研创和成果呈现、传播提供极大无限的提升空间。

一方面，基于大数据的智能化信息抓取与分析工具，能够更加快捷地把不断增长的海量数据资源转化为数据库。当信息、知识不断增长，研究范式与知识体系更新变化频率加快，大数据智能分析为知识体系的动态构建提供支持，为信息时代的学术生产提供强有力的指导与支撑，催生大量个性化的研究成果。另一方面，预测功能是大数据最重要的价值之一，依据记录、抓取的数据科学建模，达到预测未来的目的，实现数据价值增值。预测性分析结果是在长期监测的海量数据的基础上得出的，能够对事物的发展趋势做出较为准确的预测。

（二）当前皮书存在的问题和不足

1. 皮书品种结构失衡

皮书品种的结构失衡体现在两个方面。一方面，部分研究领域分类过细，导致不同品种皮书报告的选题可能出现重复的情况；另一方面，部分研究领域选题空缺。比如，部分行业领域的皮书仍然空缺。以“一带一路”倡议题材为例，国际问题与全球治理类皮书会就此议题出现大量的需求，所以，以此为研究对象的皮书品种也在短时间内增多。中国了解世界、了解其他国家的需求日益迫切，通过研创皮书来推动新国别的研究是最佳途径，国别研究类的皮书品种也可以进一步开拓。

2. 部分皮书专业化程度不够，社会影响力不足

从序列号来统计，截至 2019 年 6 月，已有皮书序列号的皮书数量达到 832 种。按照版本统计，2018 年版皮书为 441 种，随着皮书品种数量的增长，不同皮书品种的质量出现了参差不齐的情况。一方面，从本书的内容评价报告结果来看，部分皮书在要件体例、报告水平上与皮书的规范要求仍有距离，缺乏专业性；另一方面，从本书的媒体评价报告结果来看，部分皮书对于皮书品牌影响力的培育重视程度不够，缺乏主体意识，仍然

存在不召开皮书发布会、不重视皮书新媒体影响力等问题。

3. 一手调查数据使用比例不高，原创性仍有待提升

经过20多年的专业化运行，用数据说话已成为皮书研创者所达成的共识。从2018年版400多种皮书来看，很多皮书都积累了很好的原始数据，有的还开发了具有原创价值的数据库。但部分皮书使用原始数据和一手数据的比例仍然有所欠缺。皮书研创者开发原创的指标体系对于研究对象进行分析是保障皮书原创性的有效研究方法，而有的皮书在此方面还有待进一步提高。

从本书的内容重复率检测报告可发现，虽然皮书内容重复率整体上看是逐年递减，但仍有部分皮书存在提前发布皮书内容、过多引用公开文件资料、数据分析框架重复等问题。

4. 皮书研创出版学术共同体运作机制尚待完善

2014年，广州大学广州发展研究院的涂成林教授率先在广州市成立蓝皮书研究会，在广州市蓝皮书研究会的基础上，2017年又组建了广东省区域发展蓝皮书研究会。这是全国首个省级以蓝皮书研创为主题的社会团体，是广东省社会组织管理、研创蓝皮书的一个创新。可以预见，专业社会团体的建立将有助于广东省皮书研创整体水平的提升，同时，也会成为一个新的智库平台，成为整合、分享皮书研创资源的枢纽。就全国范围来讲，社科文献对于皮书研创出版学术共同体运作机制的完善有着义不容辞的责任。2019年，皮书研究院正式成立理事会。皮书研究院理事会由社科文献担任理事长单位，每年为理事会注入数十万元经费，资助皮书评价、评奖及研究工作。未来，期待皮书研创出版的学术共同体在全国范围内尽快建立起成熟的运作机制，发挥更大作用。

5. 皮书研创出版规范的推广和实施有待加强

《皮书手册：写作、编辑出版与评价指南》是为皮书研创制定统一出版规范与标准的工具书。自2016年首次出版以来，《皮书手册：写作、编辑出版与评价指南》获得了皮书作者、读者的广泛关注与支持。很多读

者、手册的使用者给社科文献提出了很好的建议。在广大读者的激励下，社科文献已经修订了第三版，希望通过对皮书研创规范、出版规范的精益求精，进一步助力智库成果的专业化。

作为《皮书手册：写作、编辑出版与评价指南》研制课题组的责任单位，社科文献将加快推进皮书写作模式的创新。作为一种连续性出版物，单种皮书的主题、版式相对固定，研创者重复相同的工作造成效率低下。因此，社科文献正在开发皮书编撰软件，将可以由机器解决的问题交给机器，而研创者将精力投入到研究工作中，在规范流程、保护皮书个性研创的前提下，全面提高皮书编撰效率。

四 2019年皮书发展预测及建议

（一）以消除“不确定性”为研创宗旨，以是否提供专业的有效信息为衡量皮书原创内容质量的基本标准

皮书的研创价值在于有效筛选互联网大数据时代的海量信息。如果不经过专家的整理，人们在当今的信息世界往往会被大量无效信息轰炸直至崩溃。把消除不确定性作为每本皮书的研创宗旨，这是皮书与学术论文的最大区别。皮书是在有深厚学术功底的前提下所形成的智库产品，应提供专业、有效的信息，并且有一套研创内容的质量标准。因此，在使用方法上，皮书是使用归纳法而非演绎法。皮书报告是以提供有效信息作为标准，没有有效信息的报告会被剔除，这也是“优秀皮书奖”和“优秀皮书报告奖”的评定标准。

（二）以专业化、主题化作为皮书研创出版的基本定位，以数据分析作为皮书研创的基本要义

专业化是皮书得以存在的立足之本，主题化使得皮书能够引起广泛的

注意力，能够得到广泛的传播，能够发挥皮书的真正功能。因此，以专业化、主题化作为皮书研创出版的基本定位，“专”比“全”更加重要。在研创单篇报告时，课题组就该领域发生的事情进行分析、评价并且涵盖基本观点、要素。如果是以主题为核心，以专业化为导向，多数皮书的时效性就不够强。其实，皮书研创未必需要很强的时效性，有些数据获取的时间较晚，在评价时可以考虑皮书能否坚持出版，而不是评价数据的时效性不强。

（三）以“调结构、补短板”为抓手，积极推动皮书品种的优化

新时代皮书研创的重点方向应是专业性、行业性、专题性的。范围相对较窄的皮书也不应采取“一刀切”的办法，设置规则，让其在质量方面展开竞争，减少因类型冲突而造成同一主题重复出版的问题。补短板的重点在专题性和专业性领域，主要体现在行业类皮书和国际问题类皮书上。比如，鼓励高校教师转型做国别区域研究，因为有很多国家仍然从未被研究过，而对于需要与中国合作的对象国的了解是时代的需要、国家的需要，也是高校学科建设的需要。此外，还应鼓励积极实施第三方评价的行业类皮书和国际问题类皮书。尤其关注已出台的政策、规划，以及习近平总书记提出的要在2020年全面建成小康社会。研创者可就皮书中涉及全面建设小康社会的若干个指标开展第三方评价，此类皮书应制定新的评价标准，给予其更多的鼓励。

（四）全面推进皮书数字化、国际化发展战略

互联网时代，以科研人员为主体、以实验室为载体的学术研究活动正转向以用户为中心、以社会实践为舞台、以共同创新和开放创新为特点的用户参与的创新2.0模式。“信息技术”使规模数据的快速获取与多样使用、基于用户需求的供需快速精准匹配成为可能。一方面，在信息化智能时代，出版机构应与主编机构共同推进写作模式的创新。作为一种连续性

出版物，单种皮书的主题、版式相对固定，年度性的创作要求可能导致研创者要持续重复相同的工作，从而造成效率低下。因此，可考虑开发皮书编撰软件，将可以由机器解决的问题交给机器，而促使研创者将精力投入到内容创新中，在规范流程、保护皮书个性研创的前提下，全面提高皮书编撰效率。另一方面，当“流量”成为新一代衡量用户关注度和参与度的重要评价指标，成为打造互联网时代竞争力的关键要素，出版机构与研创机构应积极构建皮书成果的全面“引流”平台。皮书研创者、出版者即所有皮书人必须全方位确立和提升流量意识，把流量作为衡量皮书社会影响力的基本指标；充分利用网络、微信、微博引流；发挥社科文献的平台功能，构建皮书学术共同体，全方位、最大限度地聚合流量；着力完善社科文献的平台功能，构建以皮书流量分析统计作为基础的智库报告评价体系。

以皮书为代表的学术成果的国际化，已成为传递中国发展、中国经验、中国道路的载体。一方面，倡导具备国际化战略的研创机构，密切利用好皮书研创平台。另一方面，探索通过国际发布、参加国际学术研讨会、组织皮书作者到海外进行学术交流访问等多种方式提高皮书的国际影响力以及中国学术和中国学者的国际影响力。

（五）推进皮书出版学术共同体建设

在皮书研创、出版工作的基础上，进一步推进学术共同体和互动社区建设。以皮书出版为平台，围绕皮书研创这一核心环节，促进皮书作者、皮书机构、皮书受众之间的交流认知以及在问题关怀、价值取向、研究方法、学术标准等方面形成共识，进而建立起一个公共学术生活空间。为了真正把学术共同体的机制创建起来，社科文献做了很多平台建设的工作，包括一年一度的皮书年会、一年两期的皮书研创高级研修班。从这两年来看，皮书研创高级研修班的成效显著。专业化授课不仅对提升皮书的研创水平有很大帮助，“皮友们”还可以通过参加皮书研究院举办的高级研修班的方式在平台聚集、讨论、分享信息。

单一品种的皮书很难完成针对某个问题的调查和研究，对皮书内容进行分割、重组，形成需要的新成果，将有助于解决上述问题。现实中，这种需要将更加频繁。皮书研创机构每年要举办很多学术会，还包括皮书发布会，也可以考虑邀请相关领域的“皮友”参加。未来，我们期待，越来越多的“皮友们”共同来参与皮书各类平台的建设，共同推进皮书出版学术共同体的建设。通过学术共同体的建设，从而打通皮书研创与智库建设、学科建设、话语体系建设、人才建设的节点，形成五位一体的平台。

（六）推广《皮书手册：写作、编辑出版与评价指南》，实现皮书研创出版发布的全流程专业化管理

作为独特的应用对策型智库成果，不同类型皮书的研究对象相互独立，研究内容个性特征明显。然而，作为一种旨在传播更加便捷、交流更加顺畅的出版形态，皮书需要的是一套统一的、通用的规范，为数以万计的皮书研创者、读者实现沟通交流提供科学便捷的标准。

正如美国心理协会出版人格雷·范登博思博士在第六版《APA 格式》前言中所述：“统一的写作体例能够帮助我们迅速从文章中提炼出要点和研究发现……写作体例能够帮助大家恰当表述定量研究的结果，选择与分析方法最匹配的图表，以准确且令人感到体面的语言描述有关个体。”鉴于此，社科文献从 2009 年起开始每年发布《皮书操作手册》（2013 年起改版为《皮书研创·编辑·出版·评价手册》），作为内部工作指南，并于 2015 年正式出版。这些手册为规范皮书研创出版起到了很好的参考作用，也受到了皮书作者、编辑的广泛好评。未来，皮书出版机构将进一步通过推广《皮书手册：写作、编辑出版与评价指南》，不断规范皮书写作体例。

参考文献

谢曙光主编《皮书研究：理论与实践》，社会科学文献出版社，2011。

谢曙光、王文军、蔡继辉主编《中国智库成果名录 No. 1》，社会科学文献出版社，2018。

谢曙光等：《学术出版研究——中国学术图书质量与学术出版能力评价》，社会科学文献出版社，2018。

谢曙光、吴丹：《皮书与当代中国研究》，《出版广角》2016 年第 13 期。

谢曙光主编《皮书手册：写作、编辑出版与评价指南》，社会科学文献出版社，2015。

P5-42
中国皮书高质量发展报告（2020）*

摘　要： 皮书在推动中国特色新型智库建设中发挥了咨政建言、引导舆论、促进国际交流、打造学术共同体等重要作用。经过结构调整与优化，皮书品种数快速发展的态势得到有效控制，研创机构持续增长，作者数量保持稳定。截至2019年，每年连续出版的皮书近450种，皮书总字数达到12.6亿字，皮书作者总数近3万人，参与皮书研创的智库数量近千家。截至2020年6月30日，皮书数据库内容资源达到44.7亿字，累计机构用户超过1500家、个人用户达16.6万人。自2007年起，多种皮书以英文、俄文、日文、韩文等语种在海外出版，截至2020年7月，外文版及中文繁体字版的皮书出版总数达232部。皮书研创出版下一步的任务是：全面落实高质量发展要求，突出智库成果的公共性，以研究重大理论和实际问题为主攻方向；积极利用数据平台、智能平台，创新皮书内容生产、发布方式；高度重视皮书的写作规范；建立科学的皮书评价体系，推动智库共同体的成长。

关键词： 皮书　智库　智库成果　智库影响力

* 本文为《智库成果蓝皮书：中国皮书发展报告（2020）》总报告，载于谢曙光主编：《智库成果蓝皮书：中国皮书发展报告（2020）》，社会科学文献出版社，2020，第1~33页。

党的十八大以来，随着中国特色社会主义建设进入新时代，中国特色新型智库建设也进入新的发展阶段。党的十九大报告进一步提出要“深化马克思主义理论研究和建设，加快构建中国特色哲学社会科学，加强中国特色新型智库建设”。[①] 在顶层设计利好的背景下，中国智库迎来了发展的黄金机遇期，传统智库加速整合、转型，新型专业智库不断涌现。社会科学文献出版社牵头研发的第四版《中国智库名录》，收录了中国内地1537家智库[②]。

在2016年5月17日的哲学社会科学工作座谈会上，习近平总书记指出：“近年来，哲学社会科学领域建设智库热情很高，成果也不少，为各级党政部门决策提供了有益帮助。”[③] 四年过去了，国家和社会对智库的认知和需求日渐深入。作为现代国家治理体系中的重要组成部分，中国特色新型智库的作用日益凸显。习总书记同时还指出：“有的智库研究存在重数量、轻质量问题，有的存在重形式传播、轻内容创新问题，还有的流于搭台子、请名人、办论坛等形式主义的做法。智库建设要把重点放在提高研究质量、推动内容创新上。”[④] 在如火如荼的“智库建设”“智库评价”的“热浪”中，智库成果始终是体现智库价值的重要表达方式，能否持续产出高质量的智库成果也成为决定智库影响力大小的主要因素。

伴随改革进入攻坚期和深水区，中国所面临的风险和考验更为复杂和

---

① 习近平：《决胜全面建成小康社会　夺取新时代中国特色社会主义伟大胜利》，人民出版社，2017，第41~42页。

② 《中国智库名录》是由社会科学文献出版社皮书研究院组织编写的收录中国智库基本信息的机构名录，自2015年开始出版，根据智库的变化情况，每年更新再版。收录范围包括党政系统智库、科研机构、研究院所、主要高校智库、社会智库、合作智库等。《中国智库名录No.4》收录中国智库1537家，相比于《中国智库名录No.3》，《中国智库名录No.4》新增智库189家，补充、修改信息的智库451家。参见谢曙光、蔡继辉主编《中国智库名录No.4》，社会科学文献出版社，2020。

③ 习近平：《在哲学社会科学工作座谈会上的讲话》，人民网，http//politics.people.com.cn/n1/2016/0518/c1024-28361421-4.html。

④ 习近平：《在哲学社会科学工作座谈会上的讲话》，人民网，http://politics.people.com.cn/n1/2016/0518/c1024-28361421-4.html。

严峻，面对全球各种思想文化交流中有碰撞、融合中有交锋的新态势，当今社会思想观念和价值取向日趋多元，迫切需要中国智库用中国风格、中国气派、中国话语提供高水平的理论和智力支持。

皮书是对当前中国与世界热点问题进行年度监测并对中国经济社会发展起到积极推动作用的一种重要的智库成果表达形式，是中国智库服务于中国特色社会主义现代化建设的重要载体，也是有关中国发展、中国经验、中国道路的哲学社会科学重要研究成果。本报告以 2019 年版皮书为主要研究对象，以数据为主要依据，旨在呈现 2019 年公开出版的智库成果发展图景，并总结在推动智库成果高质量发展过程中，智库平台所做的努力和取得的成效，以期为中国智库成果评价、智库评价，乃至中国特色智库建设厘清基础数据、勾画未来趋势，为提升中国哲学社会科学“学科体系、学术体系、话语体系”贡献智慧。

一 2019年版皮书数据特征：高质量发展

自 1991 年底出版第一部蓝皮书——“经济蓝皮书”《1992 年中国：经济形势分析与预测》以来，特别是自 1997 年起社会科学文献出版社对皮书进行专业化、系列化、品牌化运作以来，皮书的数量、影响力都得到了大幅提升。截至 2020 年 6 月，皮书已累计出版 900 多种，合计 3700 多部，总字数达到 13.6 亿字。

中国社会科学院院长谢伏瞻在 2019 年召开的第二十次全国皮书年会上明确要求皮书研创出版要走“高质量发展”路径。自此，以皮书为代表的智库成果开始步入高质量发展阶段。

2019 年全年共公开出版智库成果 1875 部，皮书 391 部，占 20.85%[①]。除社会科学文献出版社出版的皮书以外，还有五家出版社出版

① 数据来源于社会科学文献出版社“智库成果名录”课题组，为与其他图书保持一致，此处皮书品种是以自然年为统计口径，与本报告分析的版本数据略有差异。

智库成果较多，分别为中国金融出版社、中国社会科学出版社、科学出版社、中国经济出版社、中国农业出版社。

（一）皮书报告总量控制有效

从皮书品种数来看，自 2019 年 10 月起，皮书研创的准入门槛越来越高，皮书出版的标准也越来越高。皮书数量增长过快的态势得到了有效控制（见图 1）。如表 1 所示，由社会科学文献出版社正式出版的 2019 年版皮书共计 427 部①。与 2018 年（441 部）相比，下降 14 部。截至 2019 年，皮书一共出版了 3559 部。

表 1 皮书品种出版数量（1997~2019 年）

单位：部

版本	出版数量
1997	1
1998	5
1999	9
2000	9
2001	16
2002	19
2003	22
2004	28
2005	38
2006	69
2007	87
2008	88
2009	113
2010	138
2011	185
2012	227

① 为保持统计口径的延续性，本报告使用的品种统计以皮书封面标记的版本年份为准，与以图书实际出版年份的统计方法所得数据略有差异，但总趋势是一致的。

续表

版本	出版数量
2013	256
2014	297
2015	329
2016	362
2017	393
2018	441
2019	427
合计	3559

数据来源：皮书研究院。

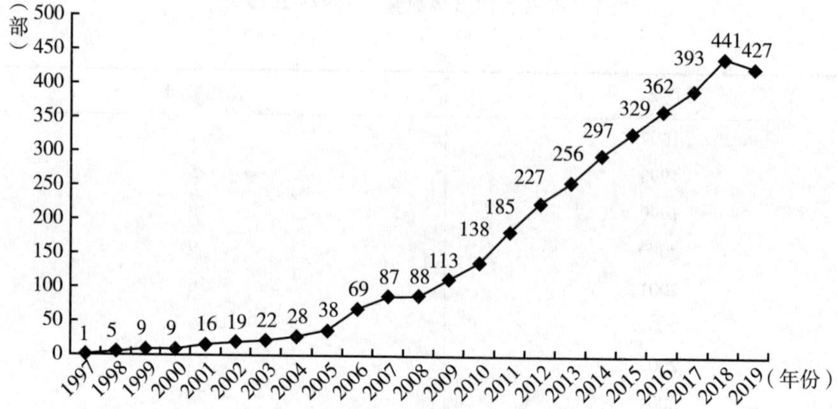

图 1　皮书品种数量的变化趋势（1997~2019 年）

数据来源：皮书研究院。

从图 2 可见，随着皮书品种数的下降以及整部皮书精简内容“瘦身”要求，皮书报告数量也呈下降态势，由 2018 年的 8832 篇下降到 2019 年的 8264 篇。

从皮书的字数来看，每部皮书平均字数基本从 2016 年起就保持在 34 万字左右；截至 2019 年，皮书总字数达到 12.6 亿字（见表 2）。

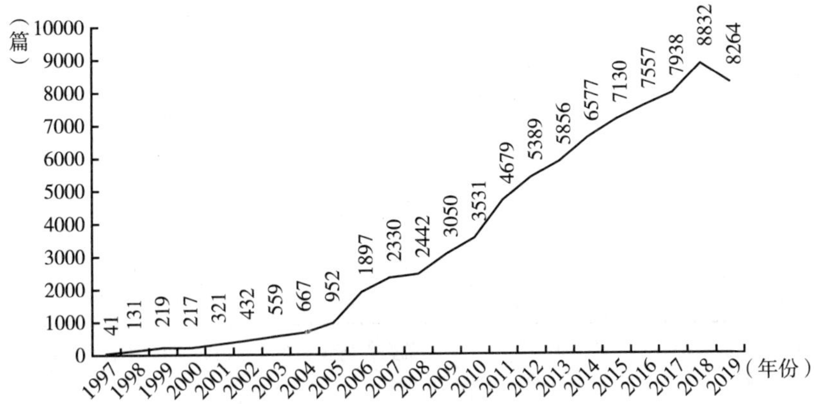

图 2　皮书报告数量的变化趋势（1997~2019 年）

数据来源：皮书研究院。

表 2　皮书总字数及平均字数的变化（1997~2019 年）

单位：千字

版本	总字数	平均字数
1997	305	305. 00
1998	1304	260. 80
1999	2485	276. 00
2000	2405	297. 22
2001	4687	292. 94
2002	5358	315. 18
2003	7215	327. 95
2004	—	—
2005	—	—
2006	25875	386. 19
2007	38199	439. 07
2008	39797	451. 56
2009	51184	452. 96
2010	61449	445. 28
2011	72799	393. 51
2012	87712	386. 40
2013	94368	368. 63
2014	107616	363. 35

续表

版本	总字数	平均字数
2015	113482	344.93
2016	122380	338.07
2017	132230	336.46
2018	150294	340.80
2019	141567	348.00
合计	1259947	353.95

注：2004 年、2005 年字数为个位数（千字）的数据居多，为异常值，共 63 个，未计算；其他年份字数为个位数（千字）的共计 11 个，可忽略影响。

数据来源：皮书研究院。

（二）皮书研创机构持续增加

皮书研创机构是一本皮书的策划者、发起机构，往往对皮书发展起关键性作用。有的皮书由领域内多家权威机构合作研发，有的研创机构策划多种皮书，制定了关于皮书发展的激励性制度，对推动皮书的高质量发展起到了重要作用。2019 年版皮书的研创机构继续增加，达到了 452 家（见表 3）。

表 3　2019 年版皮书的研创机构统计

单位：家

序号	研创机构分类	数量
1	中国社会科学院智库	41
2	高校和高校智库	138
3	地方社会科学院智库	43
4	党政部门及其智库	128
5	行业智库	27
6	社会智库	25
7	企业和企业智库	43
8	媒体和媒体智库	6
9	其他	1
合计		452

数据来源：皮书研究院。

从历年的研创机构新增数据来看，2011 年起，每年新增机构在 50 家以上，2018 年一度超过 100 家，2019 年增速有所回落（见表 4）。

表 4 2010~2019 年版皮书新增研创机构统计

单位：家

版本	新增研创机构数量
2010	26
2011	55
2012	64
2013	54
2014	60
2015	72
2016	69
2017	85
2018	104
2019	90

数据来源：皮书研究院。

我们把皮书研创机构分成中国社会科学院智库、高校和高校智库、地方社会科学院智库、党政部门及其智库、行业智库、社会智库、企业和企业智库、媒体和媒体智库、其他共 9 大类，这 9 类机构研创皮书（2019 年版）数量如表 5 所示。其中，高校和高校智库、地方社会科学院智库、党政部门及其智库研创的皮书最多。中国社会科学院作为首批 25 家高端智库之一，其研创的皮书品种在单体智库中数量最多。

表 5 皮书研创机构研创皮书数量（2019 年版）

单位：部

序号	研创机构分类	数量
1	中国社会科学院智库	72
2	高校和高校智库	138
3	地方社会科学院智库	104
4	党政部门及其智库	101

续表

序号	研创机构分类	数量
5	行业智库	30
6	社会智库	27
7	企业和企业智库	47
8	媒体和媒体智库	6
9	其他	1

数据来源：皮书研究院。

（三）皮书报告作者相对稳定

对皮书报告作者的统计，本报告沿用一贯的统计方法，即统计皮书中有规范署名信息所有报告的作者、执笔人、课题组成员。在2019年版皮书中，受皮书品种及报告数量控制的影响，皮书报告作者的总人数、副高及以上职称及具有博士研究生学历的作者人数，与上年相比均有所下降（见表6）。

表6　皮书作者数量及其职称、学历分布（1997~2019年）

单位：人

版本	作者数量	副高及以上职称作者数量	博士学历作者数量
1997	60	12	8
1998	153	58	26
1999	224	79	27
2000	180	47	24
2001	299	115	59
2002	420	198	98
2003	537	261	153
2004	629	339	182
2005	897	478	251
2006	1917	995	520
2007	2333	1231	695

续表

版本	作者数量	副高及以上职称作者数量	博士学历作者数量
2008	2720	1626	848
2009	3337	2051	1123
2010	3766	2505	1467
2011	4544	2784	1682
2012	5571	3594	2111
2013	6099	4089	2526
2014	7161	4676	2965
2015	7903	5162	3193
2016	8769	5676	3742
2017	9845	7535	4082
2018	11422	7335	4659
2019	11048	6676	3441

数据来源：皮书数据库，皮书研究院采集数据并进行数据清洗。

从每一版本皮书的新增作者数量来看，自 2011 年开始，每一年度新增作者都超过 1200 人，自 2014 年起，超过 1500 人。2010~2019 年，十年合计新增作者超过 15000 人（见表 7）。目前，皮书报告作者累计近 30000 人。

表 7　2010~2019 年新增皮书作者数量

单位：人

版本	新增作者数量
2010	917
2011	1318
2012	1440
2013	1267
2014	1501
2015	1659
2016	1616
2017	1755
2018	1827
2019	1776
合计新增	15076

数据来源：皮书研究院。

二 2019年版皮书研创内容及影响力分析

（一）皮书热词：2019年版皮书研创热点

本报告对2019年版皮书单篇报告的题目、摘要、关键词进行词频分析，分别考察宏观经济、产业经济、区域与城市经济、社会政法、文化传媒、地方发展-经济、地方发展-社会、地方发展-文化、国别区域与全球治理共9类皮书报告的研究热点。使用微词云在线热词分析工具计算热词频数并生成各类皮书报告的词云图。

为更准确分析核心词，对内容相似的词语进行了合并，如“农村”和“乡村”、“房地产”和“房地产市场”等；同时删除了一般性高频词，如“问题”“研究”“发展”等。

如表8、图3所示，2019年版皮书热词体现了皮书在选题上的特点：经济综合竞争力、高质量发展是经济领域关注较高的，在整体上排名前两位。

表8 2019年版皮书热词TOP 10

排名	1	2	3	4	5	6	7	8	9	10
2019年版皮书热词	经济综合竞争力	高质量发展	新能源汽车	同比增长	乡村振兴	要素竞争力	文化	年总人口	交通	人工智能

注：该表格结果由微词云软件生成，皮书研究院统计。

表9呈现了各分类皮书热词：宏观经济类皮书最关注经济综合竞争力，同比增长、要素竞争力、人均GDP、竞争力指标、地区生产总值等是经济数据分析的重要指标，对外开放也是经济类皮书关注的重要热点（见图4）；在产业经济类皮书中，新能源汽车、智能网联汽车、人工智能、房地产市场、自动驾驶、交通、大数据是热点领域，“一带一路”成

表 9　2019 年版皮书各分类热词排名

皮书类别		1	2	3	4	5	6	7	8	9	10
宏观经济类		经济综合竞争力	同比增长	要素竞争力	人均GDP	竞争力指标	地区生产总值	年总人口	自治区经济综合竞争力	可持续发展排名	对外开放
产业经济类		新能源汽车	一带一路	智能网联汽车	市场规模	大数据	交通	智能化	人工智能	房地产市场	自动驾驶
区域与城市经济类		长江经济带	高质量发展	粤港澳大湾区	中心城市	上海	新动能培育	一带一路	产业新城	工业	产业集聚
社会政法类	社会发展类	社会形势	居民收入	就业	社会心态	志愿服务	社会保险	社区养老	社会组织	慈善事业	青年发展
	公共服务类	减税降费	社区治理	教育改革	电子政务	医疗改革	养老服务	生态文明	公共舆情	互联网服务	垃圾分类
	法治建设类	法治中国	民事法治	司法改革	知识产权	人权	机构改革	扫黑除恶	土地承包	营商环境	法院信息化
文化传媒类		网络	内容	市场	技术	互联网	平台	数据	视频	行业	经济
地方发展-经济类		高质量发展	河南	广州	上海	煤改电	改革	供给侧结构性改革	三农	乡村振兴	城市
地方发展-社会类		社会治理	乡村振兴	教育	祁连山	立法	社会组织	创新	社会情绪	社区治理	农民工
地方发展-文化类		文化产业	版权	城市	北京	公共	融合	甘肃	时代	建议	品牌
国别区域与全球治理类		合作	形势	关系	政策	日本	丝绸之路	挑战	文化	政治	俄罗斯

注：该表格结果由微词云软件生成，皮书研究院统计。

图 3　2019 年版皮书热词云图

注：该图由微词云软件生成。

为产业经济中的重要布局，市场规模是产业经济数据分析的重要指标（见图 5）；在区域与城市经济类皮书中，长江经济带、粤港澳大湾区、中心城市、上海、“一带一路”是重点关注的地域，高质量发展、新动能培育、产业新城、工业、产业集聚是城市经济分析中的重要指标（见图 6）；在地方发展-经济类皮书中，高质量发展、煤改电、改革、供给侧结构性改革、三农、乡村振兴、城市是被高度关注的主题，而河南、广州、上海三地地方类皮书较多（见图 7）；在地方发展-社会类皮书中，最广泛被关注的是社会治理、乡村振兴、教育、立法、社会组织、创新、社会情绪、社区治理、农民工等领域（见图 8）；在地方发展-文化类皮书中，文化产业、版权、城市、融合、时代、品牌等是关注度比较高的热词。

（二）2019年版皮书及报告的数据库影响力分析

2019 年以来，皮书数字化能力持续提升，以皮书数据库、中国皮书

图 4　2019 年版宏观经济类皮书热词云图

注：该图由微词云软件生成。

图 5　2019 年版产业经济类皮书热词云图

注：该图由微词云软件生成。

图 6　2019 年版区域与城市经济类皮书热词云图

注：该图由微词云软件生成。

图 7　2019 年版地方发展-经济类皮书热词云图

资料来源：该图由微词云软件生成。

图 8　2019 年版地方发展-社会类皮书热词云图

资料来源：该图由微词云软件生成。

网、皮书电子书、皮书音视频共同服务于用户的皮书数字化业务格局基本形成，带来了良好的市场叠加效应，以内容、服务和运营创新为核心动能的动力机制正在形成。截至 2020 年 6 月 30 日，皮书数据库收录图书突破 1 万本，字数达到 44.7 亿字，内容涉及 41 个一级学科 100 多个行业，覆盖 80 余个国家、30 个国际区域及国际组织，以及中国的 34 个省级行政区；用户遍及 12 个国家，机构用户已超过 1500 家，个人用户近 16.6 万人；累计页面浏览量达 2102 万次，各项指标较上年度都有较大提升。①

伴随着皮书数据库使用人数的持续增加，皮书报告在皮书数据库中的使用数据将进一步凸显报告在业界的影响力。本报告采集了皮书数据库中 427 部 2019 年版皮书及其报告的使用数据（每部皮书的使用数据包括其所含单篇报告的访问量、阅读量、下载量）。截至 2020 年 5 月 23 日，427 部 2019 年版皮书的总访问量达到了 20 万次以上，总阅读量达到了 197338

① 刘姝：《皮书数字化发展报告（2020）》，《智库成果蓝皮书：中国皮书发展报告（2020）》，2020，第 262 页。

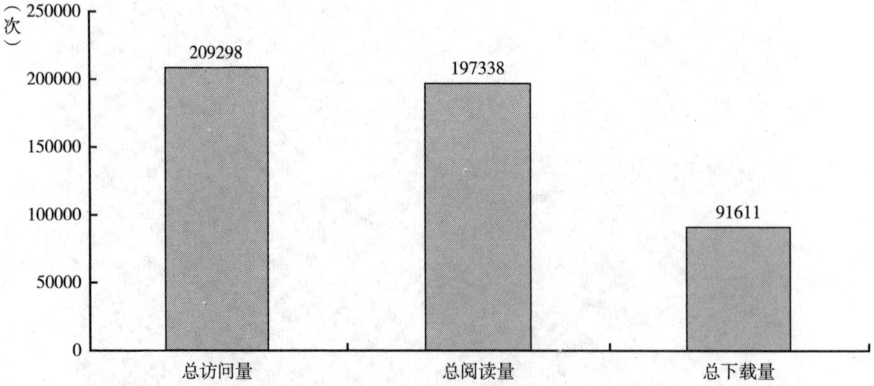

图 9　2019 年版皮书数据库使用情况

注：数据采集时间为 2020 年 5 月 23 日。

数据来源：皮书数据库。

次，总下载量为 91611 次（见图 9）。从单部皮书的下载量频次分布来看，下载量在 100～199 次的皮书最多，达 128 部；其次是下载量在 200～499 次，为 121 部；再次是 50～99 次，有 62 部；只有 2 部皮书下载次数为 0（见图 10）。与 2018 年版数据相比，2019 年版皮书的整体访问量、阅读量、下载量有了全面提升。

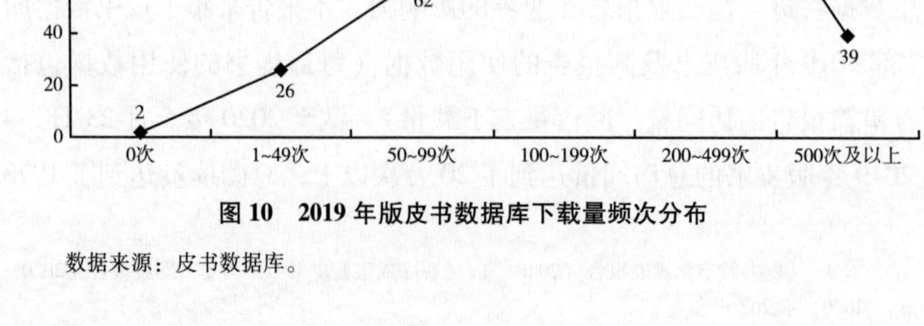

图 10　2019 年版皮书数据库下载量频次分布

数据来源：皮书数据库。

按照下载量对2019年版皮书进行排名，结果如表10所示。其中，《中国传媒产业发展报告（2019）》总下载量居第一位。《中国新能源汽车产业发展报告（2019）》《中国新媒体发展报告 No.10（2019）》《2019年中国社会形势分析与预测》《2019年中国经济形势分析与预测》《中国区块链发展报告（2019）》《中国区块链应用发展研究报告（2019）》及《中国省域经济综合竞争力发展报告（2017~2018）》的总下载量都超过了1000次。

表10 总下载量500次及以上的2019年版皮书

单位：次

排名	书名	总访问量	总阅读量	总下载量
1	中国传媒产业发展报告(2019)	3367	2743	1868
2	中国新能源汽车产业发展报告(2019)	2397	1599	1590
3	中国新媒体发展报告 No. 10(2019)	2805	2297	1577
4	2019年中国社会形势分析与预测	5006	4067	1425
5	2019年中国经济形势分析与预测	3298	1621	1423
6	中国区块链发展报告(2019)	2564	1311	1420
7	中国区域链应用发展研究报告(2019)	1653	748	1090
8	中国省域经济综合竞争力发展报告(2017~2018)	2108	1497	1052
9	中国医院竞争力报告(2018~2019)	2338	1372	955
10	中国慈善发展报告(2019)	3346	4549	933
11	中国移动互联网发展报告(2019)	1456	902	849
12	中国制药工业发展报告(2019)	1447	1567	847
13	全球政治与安全报告(2019)	1690	868	838
14	中国教育发展报告(2019)	1910	1387	829
15	中国房地产发展报告 No. 16(2019)	1150	692	719
16	中国社会保障发展报告(2019) No. 10	1882	2043	708
17	“一带一路”建设发展报告(2019)	1486	1310	702
18	2019年中国本科生就业报告	3143	3460	676
19	粤港澳大湾区建设报告(2019)	1351	1557	667
20	2018~2019年中国旅游发展分析与预测	1679	1290	627
21	中国文旅产业发展报告(2019)	1760	1535	617
22	河南法治发展报告(2019)	979	485	596

续表

排名	书名	总访问量	总阅读量	总下载量
23	2019 年世界经济形势分析与预测	1159	506	590
24	全球数字经济竞争力发展报告(2019)	1273	1473	589
25	深圳经济发展报告(2019)	956	1108	577
26	中国传媒经济发展报告(2019)	1210	768	569
27	新兴产业发展报告(2018~2019)	726	461	560
28	国际城市发展报告(2019)	1334	1209	548
29	中国互联网经济发展报告(2019)	1245	1319	546
30	中国健康管理与健康产业发展报告 No. 2(2019)	1013	851	541
31	中国电子政务发展报告(2018~2019)	1228	1391	537
32	人工智能发展报告(2018~2019)	742	376	535
33	中国未成年人互联网运用报告(2019)	1300	1153	534
34	数字经济发展报告(2018~2019)	986	661	531
35	中国土地政策研究报告(2019)	770	413	528
36	中国信息化形势分析与预测(2018~2019)	996	903	520
37	中国医疗人工智能发展报告(2019)	1059	802	516
38	中国智能网联汽车产业发展报告(2019)	1199	1400	507
39	中国金融发展报告(2019)	1055	851	500

数据来源：皮书数据库。

（三）2019年版皮书报告同行影响力分析

本报告使用中国知网的《中国图书引证统计分析数据库》① 统计的皮书被引频次来分析皮书在学术共同体中的同行影响力。通过查询该数据库内的皮书转引情况，导出结果并进行人工数据清洗，最后发现，截至 2020 年 7 月 24 日，可查询被引皮书共 1423 部，总计被引频次为 46035 次。其中，被引频次在 0~9 次的，有 852 部；被引频次在 10~39 次的，

① 《中国图书引证统计分析数据库》发布了 1949 年至今中国出版的图书的被引频次。图书收录范围为中国版本图书馆收录的所有图书（截至 2020 年 7 月为 539 万余种），统计源为中国知网收录的《中国学术期刊（网络版）》（截至 2020 年 7 月为 5610 万余篇期刊论文）、《中国优秀硕士学位论文全文数据库》和《中国博士学位论文全文数据库》（截至 2020 年 7 月为 440 万余篇学位论文）、《中国重要会议论文全文数据库》（截至 2020 年为 240 万余篇会议论文）。图书的总被引频次为 5934 万次。

有310部；被引频次在40~99次的，有143部；被引频次在100次及以上的有118部（见图11）。与2019年同期相比，被引皮书数量从922部增长到1423部，总被引频次从36089次增长到46035次，可见，一年以来，被引皮书的数量及被引频次都明显得到了提升。从这一指标来看，皮书的学术影响力获得了有效提升。

表11中，统计了截至2020年7月总被引频次排前20位的单品牌皮书品种。其中，每个品种连续出版均在5年及以上，总被引频次均超过了400次；被引频次最高的为“社会蓝皮书”，合计被引用2883次；“新媒体蓝皮书”“能源蓝皮书”“传媒蓝皮书”“房地产蓝皮书”“人才蓝皮书”“民营经济蓝皮书”，总被引频次达到1000次以上。

截至2020年7月单部皮书的被引频次排前20位的如表12所示，《能源蓝皮书：2006中国能源发展报告》被引频次最高，达到1411次；随后，《房地产蓝皮书：中国房地产发展报告（No. 1）》《人才蓝皮书：中国人才发展报告（No. 1）》《民营经济蓝皮书：中国民营经济发展报告（2003）》《慈善蓝皮书：中国慈善发展报告（2009）》排在第2~5位，被引频次分别为1335次、1093次、1036次、965次。

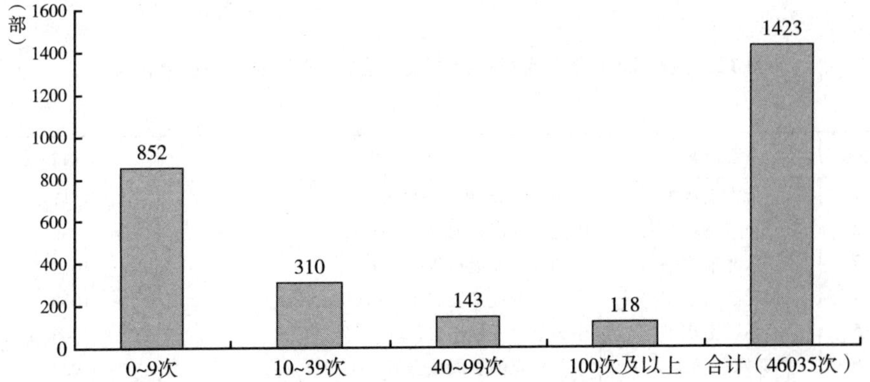

图11 不同被引频次区间的皮书数量

注：数据采集日期为2020年7月24日。

数据来源：皮书研究根据《中国图书引证统计分析数据库》统计。

表 11　截至 2020 年 7 月总被引频次排前 20 位的单品牌皮书目录

序号	品牌名	连续出版(年)	总被引频次(次)
1	社会蓝皮书	23	2883
2	新媒体蓝皮书	10	1790
3	能源蓝皮书	11	1418
4	传媒蓝皮书	16	1396
5	房地产蓝皮书	17	1335
6	人才蓝皮书	11	1093
7	民营经济蓝皮书	11	1079
8	就业蓝皮书	12	996
9	慈善蓝皮书	11	965
10	民间组织蓝皮书-文化产业	10	866
11	文化蓝皮书	13	758
12	城市蓝皮书	12	683
13	区域蓝皮书	17	673
14	文化蓝皮书-公共文化服务	5	653
15	动漫蓝皮书	7	613
16	金融蓝皮书	16	606
17	互联网金融蓝皮书	7	456
18	社会心态蓝皮书	8	441
19	企业社会责任蓝皮书	11	428
20	越南蓝皮书	13	415

注：数据采集日期为 2020 年 7 月 24 日。

数据来源：皮书研究院根据《中国图书引证统计分析数据库》整理。

表 12　截至 2020 年 7 月总被引频次排名前 20 位的单部皮书目录

单位：次

序号	品牌名	书名	总被引频次
1	能源蓝皮书	2006 中国能源发展报告	1411
2	房地产蓝皮书	中国房地产发展报告(No. 1)	1335
3	人才蓝皮书	中国人才发展报告(No. 1)	1093
4	民营经济蓝皮书	中国民营经济发展报告(2003)	1036
5	慈善蓝皮书	中国慈善发展报告(2009)	965
6	新媒体蓝皮书	中国新媒体发展报告 No. 4(2013)	928
7	民间组织蓝皮书	中国民间组织报告(2008)	866
8	新媒体蓝皮书	中国新媒体发展报告(2010)	746
9	城市蓝皮书	中国城市发展报告(No. 1)	683
10	动漫蓝皮书	中国动漫产业发展报告(2011)	613

续表

序号	品牌名	书名	总被引频次
11	传媒蓝皮书	2004~2005年:中国传媒产业发展报告	610
12	金融蓝皮书	中国金融发展报告(No. 1. 2004)	608
13	区域蓝皮书	中国区域经济发展报告(2003~2004)	552
14	文化蓝皮书	中国公共文化服务发展报告(2007)	493
15	互联网金融蓝皮书	中国互联网金融发展报告(2013)	431
16	传媒蓝皮书	中国传媒产业发展报告(2014)	383
17	舆情蓝皮书	中国社会舆情与危机管理报告(2012)	377
18	宗教蓝皮书	中国宗教报告(2008)	368
19	金融蓝皮书	中国商业银行竞争力报告(2006)	350
20	社会心态蓝皮书	中国社会心态研究报告(2012~2013)	347

注：数据采集日期为2020年7月24日。

数据来源：皮书研究院根据《中国图书引证统计分析数据库》整理。

三　皮书研创成为推动中国特色新型智库建设的重要抓手

皮书作为重要的智库成果，在推动中国特色新型智库建设中发挥了重要作用。本报告呈现了不同类型智库研创皮书的数量。如表13所示，1996年至今，国家高端智库研创皮书1060部，地方社科院智库研创皮书926部，政党、政府系统智库研创皮书550部，重点高校（双一流）智库研创皮书267部（见表13）。

表13　各类智库机构出版皮书数量（1996~2020年）

单位：部

智库类别	研创皮书数量
国家高端智库	1060
地方社科院智库	926
政党、政府系统智库	550
重点高校(双一流)智库	267

注：数据采集日期为2020年7月24日。

数据来源：皮书研究院。

从首批国家高端智库建设试点单位来看，截至2019年，24家国家高端智库中①，有12家出版了皮书（见表14）。未出版皮书的12家国家高端智库中，中山大学粤港澳发展研究院、综合开发研究院（中国·深圳）已有其他类型智库报告在社会科学文献出版社出版并收入皮书数据库。

表14　国家高端智库出版皮书情况

已出版皮书	尚未出版皮书机构
中国社会科学院国家金融与发展实验室	北京大学国家发展研究院
国务院发展研究中心	复旦大学中国研究院
商务部国际贸易经济合作研究院	清华大学国情研究院
上海社会科学院	中共中央编译局
武汉大学国际法研究所	中国工程院
新华社	中国人民大学国家发展与战略研究院
中共中央党校(国家行政学院)	中国人民解放军国防大学
中国国际经济交流中心	中国人民解放军军事科学院
中国宏观经济研究院	中国社会科学院亚太与全球战略研究院
中国科学院	中国现代国际关系研究院
中国社会科学院	中山大学粤港澳发展研究院
中国石油经济技术研究院	综合开发研究院(中国·深圳)

其中，研创皮书数量最多的是中国社会科学院，出版了879部皮书；其次是上海社会科学院，出版了118部；国务院发展研究中心、中共中央党校（国家行政学院）分别研创出版了28部、18部皮书（见表15）。

表15　国家高端智库出版皮书数量（1996~2020年）

单位：部

高端智库	出版皮书数量
中国社会科学院	879
上海社会科学院	118

① 2015年12月，国家高端智库建设试点工作正式启动，25家机构成为首批国家高端智库建设试点单位，在2018年党和国家机构改革中，中央党校和国家行政学院的职责整合，组建新的中共中央党校（国家行政学院），因此25家试点单位现变更为24家。

续表

高端智库	出版皮书数量
国务院发展研究中心	28
中共中央党校(国家行政学院)	18
中国科学院	5
中国社会科学院国家金融与发展实验室	4
中国国际经济交流中心	3
商务部国际贸易经济合作研究院	2
中国石油经济技术研究院	2
武汉大学国际法研究所	1
新华社	1
中国宏观经济研究院	1
合计	1062

注：中国石油经济技术研究院研创的两部皮书是与中国社会科学院数量经济与技术经济研究所共同研创的，故总数为1062部皮书。

数据来源：皮书研究院。

从已公开出版的皮书成果来看，皮书在咨政建言、理论创新、舆论引导、国际交流、智库共同体建设等方面发挥了中国特色新型智库的重要价值。

（一）咨政建言，提升智库决策影响力

皮书作为应用型智库成果，服务于中央及地方政府的政策领域。皮书所提供的对于公共政策的研究、分析和建议为政府机构提供了重要的决策参考。组织撰写皮书的研创单位，也通过皮书这一成果的广泛应用而扩大了智库影响力。

一方面，皮书通过提供重要数据与事实，描述发展现状，预测未来发展趋势；另一方面，皮书通过理论创新，将创新理念转化为高质量的政策建议。从具体皮书品类来看，“经济蓝皮书”“社会蓝皮书”等多种皮书的研究结论和政策建议受到中央领导的批示；每年全国“两会”期间，都会有数十个皮书品种入选“两会”代表的推荐书目，受到了“两会”

代表的极大欢迎；皮书系列中的“法治蓝皮书”“城市蓝皮书”等一系列知名皮书，受到地方政府相关部门的极大关注，并对地方治理体系建设提出了积极的建议；各地方类皮书也大多在地方“两会”期间发布，皮书的研究选题、政策建议常常入选“两会”代表提交的议案和提案。

（二）引导舆论，培育智库公共话语权

为社会公众提供与政策相关的知识和信息，也是中国特色新型智库的主要任务，而皮书恰恰能够发挥这一重要功能。皮书报告基于专业性、独立性和前瞻性的立场与观点，较易获得社会公众与媒体的信任和认同。过去二十多年，皮书成为智库与媒体联络的桥梁。

一方面，皮书的持续发布，使智库机构与媒体建立起了良好的合作与信息传播平台。新华社、中新社、中央电视台、中国网、人民日报社、光明日报社等国内主流媒体多年来跟踪报道重点皮书，不仅起到了良好的舆论引导作用，而且对建立社会公众了解并参与智库所倡导的公共政策互动机制意义重大。

另一方面，皮书的持续发布，有效提升了智库机构的“议题设置”能力，通常在公共政策出台前，有利于起到塑造和引导舆论的作用，在公共政策实施期间，有利于推动社会公众对政策的参与，及时对政策进行评估、跟进。通过一系列传播、互动，为智库机构获得该领域的话语权提供了有效渠道。

（三）促进国际交流，提升智库国际化水平

参与国际学术交流、传播中国学术理念，提升国际化水平，乃至联合国际智库开展针对全球性重大问题的研究，是提升中国智库国际影响力的重要路径。皮书系列中十多种品牌（合计 200 多部）持续以英文、俄文等多语种形式出版，实现了中国学术“走出去”，为智库提升国际影响力提供了平台。有 300 多年历史的荷兰 BRILL 学术出版公司专门以“CASS

Yearbook”为丛书名，自 2007 年开始每年出版多种英文版皮书，扩大了中国智库在海外的学术影响力。同时，多位皮书主编在国际大型书展发声、演讲，实现了与国际学术界的对话与交流。

2019 年，社会科学文献出版社皮书国际化工作进一步开展，除“中国社会形势分析与预测”“中国经济形势分析与预测”“中国人口与劳动问题报告”等十余种延续性选题外，新增“‘一带一路’建设发展报告”（阿尔巴尼亚文版，合作机构为阿尔巴尼亚的 OMBRA GVG 出版社）。该皮书的国际化，丰富了皮书国际化的系列、类别、语言、地区分布以及合作机构。

皮书中外籍学者数量也体现了皮书的国际影响力。2019 年版皮书中，来自全球 16 个国家的 54 位外籍学者参与了皮书研创，为皮书提供了更加丰富、多元的国际化视野（见表 16）。

表 16　2019 年版皮书外籍作者人数统计

作者国籍	人数(人)
日本	9
蒙古	8
巴西	7
德国	7
澳大利亚	5
以色列	3
马来西亚	2
美国	2
葡萄牙	2
印度	2
英国	2
俄罗斯	1
法国	1
韩国	1
加拿大	1
西班牙	1
合计	54

（四）打造学术共同体，智库平台建设取得丰硕成果

近年来，以皮书为依托的学术共同体、智库共同体建设成果丰硕。全国皮书年会自 2000 年 8 月在辽宁省葫芦岛市首次举办以来，已成为皮书人共同的学术家园，不仅对皮书研创产生了巨大影响，也为皮书成为中国乃至世界知名的智库成果品牌发挥了不可替代的作用。2019 年，皮书年会迎来了 20 周年盛典。本次皮书年会在黑龙江哈尔滨市召开，以“皮书与学术共同体建设”为主题，与会专家围绕学术共同体的特点与价值、皮书在学术共同体建设中的作用、皮书与学术共同体建设的未来、学术共同体建设的方法等主题进行了热烈讨论。中国社会科学院院长谢伏瞻等领导出席会议。来自中国社会科学院、地方社会科学院、高校、企业等的近 300 个皮书课题组 500 多人参加了皮书年会，皮书年会的影响力达到了新的高度。

2014 年，社会科学文献出版社在原“皮书评价研究中心”基础上正式成立“皮书研究院”。皮书研究院旨在建设服务于中国智库建设与学术出版的独具特色的社会智库平台。2019 年 8 月 8 日，皮书研究院理事会成立大会在黑龙江省哈尔滨市召开，皮书研究院及其理事单位将联合建立起中国特色新型智库的合作平台。未来，将在信息采集，数据共享，智库成果研创、评价，智库及其评价研究等领域展开更多合作。

2016 年 12 月，首期皮书研创高级研修班在广州开班，开启了又一个以皮书主编及作者为主要参与者的智库共同体。出版社依托优渥的皮书智库平台，集结强大的师资力量（来自知名智库的知名学者），在总结多年皮书出版与管理经验的基础上，研究设计了一套科学、完整的课程体系，切实帮助皮书研创机构及皮书作者提升皮书研创能力。截至 2019 年底，已举办 6 期专题研修班及皮书主编论坛，分别涵盖“皮书出版规范与标准”“地方发展类皮书研创”“区域国别及全球治理类皮书研创”“行业类皮书研创”“数与未来：皮书研创中的数据应用”“皮书选题的设计与

总报告的撰写”等主题，有针对性地解决了各类皮书研创团队在科研实践中存在的主要问题，获得广泛好评。

2018 年 5 月，广东省区域发展蓝皮书研究会在广州成立。这是全国第一个关于皮书的区域性研究智库。广东省区域发展蓝皮书研究会成立以来，组织或参与组织召开了“地方蓝皮书研创与新型智库建设”研讨会、“2018 广州学与全球城市发展国际论坛”，以及“广州蓝皮书”系列发布会等大型学术会议，组织研创了“广州蓝皮书”“粤港澳大湾区蓝皮书”等多部皮书成果。

四 “十四五”期间皮书发展规划及建议

2020 年初暴发并持续在全球蔓延的新冠肺炎疫情，彻底打破了人类原有的生产、生活状态和秩序，这一状况与近年国际上反全球化、保守主义、民粹主义等因素叠加，给人类发展增加了巨大的不确定性；互联网、大数据、人工智能和区块链技术的长足进步与广泛使用，又为人们精准把握外部世界、消除不确定性提供了无限的可能和想象空间。所有这一切，都成为皮书研创者和出版者必须面对和应对的时代课题。

2020 年是中国全面建成小康社会的收官之年，同时也是“十三五”规划的收官之年。新时代、新征程、新任务，2021 年中国特色社会主义现代化将开启新征程。皮书研创出版应从以下几个方面聚焦和发力。

（一）继续坚持正确的政治方向、学术导向和价值取向

皮书是服务党和国家决策，服务社会、服务行业发展的重要载体，要继续坚持正确的政治方向、学术导向和价值取向。做好皮书的研创出版首先要提高政治站位，在思想上、政治上、行动上都与以习近平同志为核心的党中央保持高度一致。要旗帜鲜明讲政治，全面贯彻党的基本理论、基本路线、基本方略，既不走封闭僵化的老路，也不走邪路，皮书决不能出

现与党中央精神不一致的言论，决不能为错误思潮提供传播阵地。要坚持马克思主义的指导地位，特别是用习近平新时代中国特色社会主义思想指导皮书发展，不断提高运用这一重要思想分析和解决实际问题的能力，以更宽广的视野、更长远的眼光来思考、把握新时代皮书研创出版工作。要落实意识形态工作责任制，做到守土有责。守土负责、守土尽责，在意识形态领域不出问题是皮书的底线和红线，既要坚持正面宣传阐释马克思主义和党的方针政策，又要旗帜鲜明地批评历史虚无主义等错误思潮。[①]

（二）全面落实“调整结构、优化选题”的皮书书目管理制度

在“调整结构、优化选题”上，要认真落实2019年全国皮书年会提出的“皮书高质量发展”要求，控数量、调结构、补短板，严格实施目录管理[②]，进一步完善准入和退出机制。从准入环节来说，2019年1~12月，皮书研究院全年组织专家评审皮书立项选题12次，评审皮书申请项目180个，通过皮书项目102个，暂缓及否决78个，通过率为56.67%。皮书项目的准入评审机制从源头上为控制皮书选题质量提供了保障。从退出环节来看，皮书的退出机制是皮书控制数量、调整结构的重要措施。自2019年起，皮书的退出也开始实施定期动态管理。定期淘汰出版不规律、内容质量不高的皮书品种，每月淘汰通过准入但超过1年未能正式出版的皮书选题。2019年，共淘汰皮书161种，淘汰皮书选题59个。

今后，在皮书的准入环节，一方面要进一步发挥皮书学术共同体、智库共同体的作用，严格实施每本皮书的同行评审；另一方面，在皮书退出环节，要进一步把皮书评价结果与退出管理相结合，全面落实皮书的书目管理制度。

---

① 参见《中国社会科学院院长谢伏瞻在第二十次全国皮书年会开幕式上的讲话》，皮书数据库，http://www.pishu.cn/descqgpsnh/kmsfy/536462.shtml。

② 从2020年起，社会科学文献出版社每年根据上年出版皮书的评价结果，按规定程序发布“皮书书目”，未进入书目的，将不能以“皮书”名义出版。具体规定详见谢曙光主编《皮书手册：写作、编辑出版与评价指南》（第四版），社会科学文献出版社，2020。

（三）突出智库成果的公共性，以研究重大理论和实际问题为主攻方向

皮书研创要具有前瞻性。对于智库而言，只有聆听时代的声音，回应时代的呼唤，认真研究解决重大紧迫问题才能真正把握住历史脉络，找到发展规律，推动理论创新。在逆全球化浪潮愈演愈烈的背景下，人类如何团结合作，共建人类命运共同体等全球治理问题，尤其需要中国智库发声，需要中国智库提供科学的研究成果作为决策支撑。

皮书研创要具有问题意识。中国特色社会主义进入新时代，社会主要矛盾发生深刻变化，统筹推进“五位一体”总体布局，协调推进“四个全面”战略布局，推进国家治理体系和治理能力现代化，实现“两个一百年”奋斗目标，开启全面建成社会主义现代化强国新征程提出了一系列全新的重大理论和现实问题，迫切需要深入研究并做出有说服力的科学解答，这些都为皮书的研创出版提供了丰富的素材和广阔的空间。皮书的研创出版必须始终着眼坚持和发展中国特色社会主义大局，贴近党和国家决策需求，以研究和回应新时代重大理论和实践问题为主攻方向，推出更多对政策制定有重要参考价值、对事业发展有重要推动作用的优秀成果，要注意补足短板，发掘更多有价值的研创主题，将皮书研究与时代要求、与经济社会发展趋势紧密结合。

（四）积极利用数据平台、智能平台，创新皮书内容创作、生产、发布方式

2019 年 11 月，党的十九届四中全会通过的《中共中央关于坚持和完善中国特色社会主义制度　推进国家治理体系和治理能力现代化若干重大问题的决定》指出：“健全劳动、资本、土地、知识、技术、管理、数据等生产要素由市场评价贡献、按贡献决定报酬的机制。”该决定首次提出把数据纳入生产要素，可见数据已经对人类社会的生产方式、生活方式产

生了巨大影响。

《关于加强中国特色新型智库建设的意见》把是否具备“功能完备的信息采集分析系统”① 作为新型智库的8个基本标准之一，可见数据、信息已成为智库的基础要素。在数据采集、信息处理上，以数据说话为特征的皮书研创仍有提升的巨大空间。目前，皮书的数据来源包括：公开发布的官方数据、电子商务等网络平台产生的消费型数据、自有调研数据（一手数据）、行业数据（部门数据）、新闻时政数据、学术论文研究资料等。但相当部分皮书的数据来源相对单一，还是以公开发布的官方统计数据为依据，缺乏自有的数据库建设。各皮书研创机构应开拓数据采集渠道，构建细分领域的专业数据库，确立稳定的、细分化、专业化的数据来源。一方面，除了公开发布的官方统计数据以外，与决策咨询部门建立良好互动关系，全面收集部门数据、行业数据；另一方面，也是更重要的，加大自有数据库建设力度，以数据、流量作为皮书研创的基本抓手，采取自采、合作、外包或购买等方式整合数据。

在研究方法上，要使用好数据库和数据资源，积极创造条件建构指标体系，研发本领域、本行业、本专业或专题指数。互联网、人工智能技术的飞速发展使人类社会无时无刻不在产生数据，大量数据在被生产的同时，并未被有效合理使用。皮书研创机构应依托数据资源，在皮书研创中要保证准确把握时局、引导政策走向就必须未雨绸缪，以数据事实为依据，进行持续性的数据采集工作，及时、全面捕捉各类情报信息，进而加工整理为有价值的决策资料。

在组织研创、报告发布上，要积极使用企业微信、腾讯会议等线上会议工具，推进皮书研创过程中相关会议的线上召开；要创新皮书线上发布模式，可召开视频发布会或语音发布会，并充分利用短视频、微信公众号文章等形式在线发布皮书成果。要以引流为目标，努力促进皮书成果转化。

① 《关于加强中国特色新型智库建设的意见》，中国政府网，http：//www. gov. cn/xinwen/2015-01/20/content_ 2807126. htm。

（五）把质量作为皮书的“生命线”，高度重视报告的写作规范

《皮书手册：写作、编辑出版与评价指南》（第三版）对智库报告的定义为，“智库报告是指由专业智库撰写，基于公共事务领域，对政治、经济、外交、国防、科技、社会等宏观问题或微观问题进行专题研究，旨在为决策机构估计形势、确定目标、制定政策提供建设性的决策依据和行动建议的研究性文献”①。从此定义可见，智库报告的写作应遵循公共性、咨政性、研究性、思想性等特点。

目前，皮书中单篇报告写作的规范问题集中体现在两种形式。第一种，“工作报告式”。有的皮书报告作者来自行业或部门的一线机构，行业数据、部门数据都很丰富，价值很高。但报告写作中，往往忽视了智库报告的独立性、思想性、咨政性，如果拘泥于本部门的工作经验总结、未来工作思路，就容易把智库报告写成部门或行业的工作总结报告，失去了研究性，尤其是丢失了智库应有的第三方客观立场，其价值大打折扣。第二种，“学术论文式”。有的皮书报告具备科学的研究范式，通过大型社会调查，采集了大量鲜活的一手数据，但报告写作却遵循的是“学术论文”的范式，往往以“研究综述—研究方法—研究结论—研究不足及未来展望”为框架，数据处理方法占据了智库报告的大量篇幅，数据分析及结论却流于表面，未能揭示大型调查数据背后对于公共政策的实际价值。“学术论文式”报告在皮书中大量出现，皮书就会沦为“论文集”，而失去了其咨政价值。

《皮书手册》是为皮书研创制定统一出版规范与标准的工具书，自2015年首次出版以来，获得了皮书作者、读者的广泛关注与支持。2020年，《皮书手册：写作、编辑出版与评价指南》将完成修订并发布第四版。通过对皮书研创规范、出版规范的精益求精，助力皮书主编、皮书作

① 谢曙光主编《皮书手册：写作、编辑出版与评价指南》（第三版），社会科学文献出版社，2018，第1~2页。

者推动智库成果的专业化，尽可能避免“工作报告式”“学术论文式”报告的出现。

（六）建立科学的皮书成果评价体系，推进智库共同体成长

目前，智库成果在科研人员评价体系中受重视程度仍然不高。很多皮书研创单位对于学者参与以皮书为代表的智库成果写作激励不够，有的不能作为个人考核成果，有的即便可以作为成果，但权重占比很低，与实际研究付出的努力及成果所产生的影响力不成正比。各智库及研究机构应从制度设计上重视智库成果研创。一方面，制定激励智库成果研创的考核制度，把优秀智库成果作为研究人员的成果及代表作认定依据。另一方面，制定提升智库成果管理质量的相关制度。社会科学文献出版社开发运维的皮书数据库，自2020年起，每季度公布皮书报告的浏览、下载、使用结果，并实现了可按照各皮书研创机构查询结果，从而为皮书的社会影响力评价提供客观数据支持。

以皮书研究院理事会、皮书年会和皮书研创高级研修班为抓手，深度推进皮书研创出版平台建设。要切实采取有效措施，鼓励、支持各地区、领域、系统皮书研创课题组开展研创交流与合作，实现皮书学术共同体数据、资源以及流量共享。要牢固树立平台意识，以皮书课题组为支撑，通过皮书研创出版活动，构建专业和专题领域智库平台，最大限度吸纳国内外本学科领域专家参与皮书研创工作。

参考文献

谢曙光主编《皮书手册：写作、编辑出版与评价指南》（第三版），社会科学文献出版社，2018。

谢曙光主编《智库成果蓝皮书：中国皮书发展报告（2019）》，社会科学文献出版社，2019。

王文涛、刘燕华：《智库运行和智库产品的评价要点》，《智库理论与实践》2016 年第 2 期。

〔美〕詹姆斯 · G. 麦甘：《美国智库与政策建议：学者、咨询顾问与倡导者》，肖宏宇、李楠译，北京大学出版社，2018。

P5-43
中国皮书高质量发展报告（2021）*

摘　要：皮书是每年持续发布的重要的智库成果代表。2020年，皮书、皮书主编、皮书作者通过不断发布报告和智库成果，为充满“不确定性”的世界持续提供“可确定”的理性分析与判断。截至2021年4月，皮书数据库累计机构用户超过1500家，遍及13个国家。皮书报告在皮书数据库中的阅读量、访问量、下载量持续上升。皮书发布的形式更加多元，网络发布、视频发布、直播间发布等多种创新形式影响深远。皮书高质量发展中仍然面临“不确定性”成为常态、智库及其成果成为“刚需”等挑战与机遇。未来，在宏观层面，要在国家治理体系中确立鼓励智库参与决策的刚性、规范机制，理顺政府购买智库思想产品、咨询服务的流程；在智库层面，要发挥专业优势，构建完善的数据体系和成果推广平台；就智库报告本身而言，要坚持高质量发展要求，加强规范性建设，着力提升皮书报告的国际传播力和影响力，使之真正成为中国影响世界和世界了解中国的最真实、可信的平台。

关键词：皮书　高质量发展　智库

* 本文为《智库成果蓝皮书：中国皮书发展报告（2021）》总报告，社会科学文献出版社，2021，第1~31页。

刚刚过去的“十三五”时期，中国取得了全面建成小康社会、历史性地解决了绝对贫困问题等一系列伟大成就，实现了第一个百年奋斗目标。2020 年以来，百年未有之大变局叠加新冠肺炎疫情，正在深刻地改变着世界政治、经济、社会。新冠肺炎疫情防控常态化下的中国智库发挥了积极的建言献策功能，针对经济社会发展宏观规律、重大公共安全卫生事件，在回应“时代之问”，寻求“破解之道”中努力探索，形成了大量的智库成果，对专业领域、政府决策、社会公众都产生了重要的社会影响。

从 2020 年以来皮书出版的数据来看，2020 年版皮书数量稳定，新增皮书研创机构、报告作者数量保持持续增长。从重点研究领域来看，皮书既高度关注“高质量发展”“工业化进程”“一带一路”等有关中国经济发展战略和国际化倡议的议题，也对“互联网”“区块链”“大数据”“人工智能”等前沿领域进行了趋势性研究。不同类型智库机构的皮书成果关注领域呈现明显的差异化特征，智库的专业属性进一步彰显。

截至 2021 年 4 月，皮书数据库共收录图书 1.2 万部、报告 21.5 万篇，内容规模已接近 50 亿字；涉及 41 个一级学科、100 多个行业，覆盖 80 余个国家和地区以及中国的 34 个省级行政区；内含皮书报告的研创机构近千家，报告作者数万人。皮书数据库累计机构用户超过 1500 家，遍及 13 个国家。累计 PV① 量达 2934 万次。

一 2020年版中国皮书数据特征分析

皮书是每年持续发布的重要的智库成果代表。通过皮书出版数据呈现皮书发展特征，乃至寻求智库发展路径是本报告的研创初衷。2020 年年初，新冠肺炎疫情突袭而至，给全球的经济社会发展带来了前所未有的冲

① PV 即页面浏览量，是评价网站流量最常用的指标之一，页面被刷新一次计算一次，多次打开同一页面则浏览量累计。

击。伴随着疫情防控的常态化，这场疫情改变了人类的生活方式、工作方式和研究方式。从皮书出版数据我们可以看到，在疫情防控常态化期间，皮书、皮书主编、皮书作者通过不断发布报告和智库成果，为充满“不确定性”的世界持续提供“可确定”的理性分析与判断。

1. 2020年版皮书总量保持稳定

从皮书品种数量来看，虽然由于疫情影响，皮书研创机构的线下调研活动难以开展，研究进度受到居家办公等因素影响，2020 年版皮书延迟出版的品种增多，但仍然出版了 416 部，仅比上一年减少 11 部（见表 1）。各研究机构通过积极开展线上调研、远程会议等方式完成了皮书研创，社会科学文献出版社采取各种积极措施，顺利完成了出版。1997～2020 年皮书出版数量变化趋势见图 1。

表 1　1997～2020 年每年皮书出版数量

单位：部

序号	版本年份	出版数量	序号	版本年份	出版数量
1	1997	1	14	2010	138
2	1998	5	15	2011	185
3	1999	9	16	2012	227
4	2000	9	17	2013	256
5	2001	16	18	2014	297
6	2002	19	19	2015	329
7	2003	22	20	2016	362
8	2004	28	21	2017	393
9	2005	38	22	2018	441
10	2006	69	23	2019	427
11	2007	87	24	2020	416
12	2008	88	合计		3975
13	2009	113			

数据来源：皮书研究院。

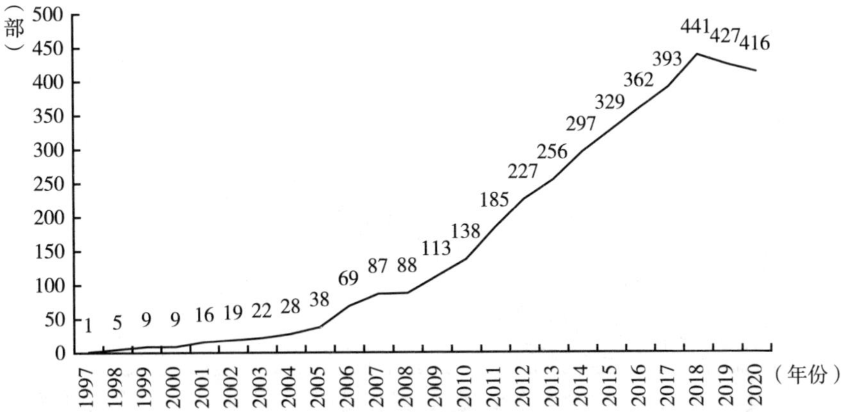

图 1　1997~2020 年皮书出版数量变化趋势

数据来源：皮书研究院。

从皮书报告数量来看，总的发展趋势与皮书数量的变化趋势保持一致，2020 年版报告数量比上一年减少 329 篇（见表 2、图 2）。

表 2　1997~2020 年皮书报告数量

单位：篇

年份	报告数量	年份	报告数量
1997	41	2010	3531
1998	131	2011	4679
1999	219	2012	5389
2000	217	2013	5856
2001	321	2014	6577
2002	432	2015	7130
2003	559	2016	7557
2004	667	2017	7938
2005	952	2018	8832
2006	1897	2019	8264
2007	2330	2020	7935
2008	2442	合计	86946
2009	3050		

数据来源：皮书数据库。

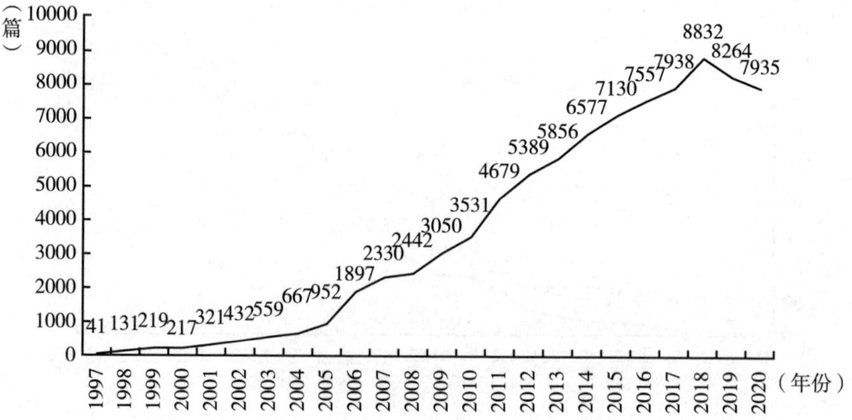

图 2　1997~2020 年皮书报告数量变化趋势

数据来源：皮书数据库。

从单部皮书的平均报告数量来看，2016 年以来，每部皮书报告数量基本稳定在 20 篇左右（见表 3）。

表 3　2016~2020 年版单部皮书平均报告数量

单位：篇

年份	平均报告数量
2016	21
2017	20
2018	20
2019	19
2020	19

数据来源：皮书研究院。

从皮书总字数来看，2020 年版皮书单部皮书字数控制有效。2020 年版皮书的平均字数在 2019 年基础上，继续回落（见表 4）。

表 4 1997～2020 年皮书总字数及单部皮书平均字数的变化

单位：千字

序号	年份	总字数	单部皮书平均字数
1	1997	305	305.00
2	1998	1304	260.80
3	1999	2485	276.11
4	2000	2405	267.22
5	2001	4687	292.94
6	2002	5358	282.00
7	2003	7215	327.95
8	2004	—	—
9	2005	—	—
10	2006	25875	375.00
11	2007	38199	439.07
12	2008	39737	451.56
13	2009	51184	452.96
14	2010	61449	445.28
15	2011	72799	393.51
16	2012	87712	386.40
17	2013	94368	368.63
18	2014	107916	363.35
19	2015	113482	344.93
20	2016	122380	338.07
21	2017	132230	336.46
22	2018	150294	340.80
23	2019	141567	331.54
24	2020	110829	266.42
合计		1373780	347.54

数据来源：皮书研究院。

从 2020 年版皮书内容分类来看，品种数最多的是地方发展-经济类，共有 66 种；其后依次为社会政法类 64 种，行业及其他类 62 种，地方发展-社会类 58 种，国别与区域类 36 种，等等（见图 3）。

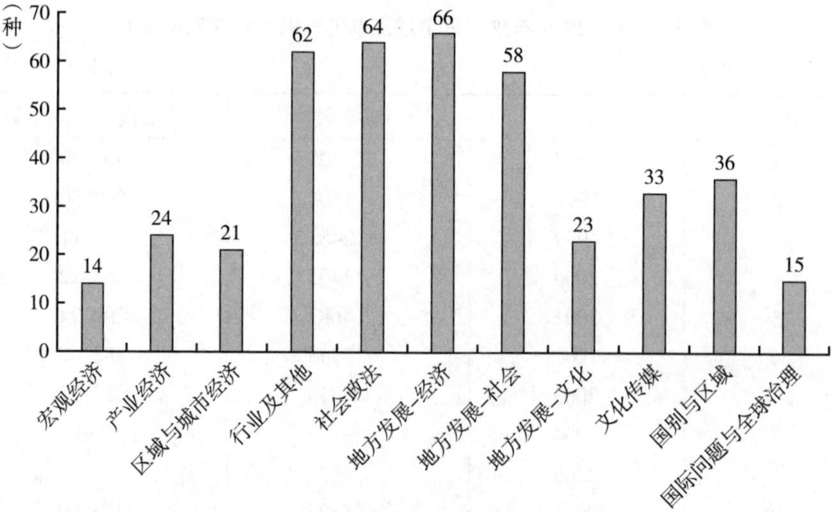

图 3　2020 年版皮书按照内容分类的数量

数据来源：皮书研究院。

从新品种皮书增长来看，在 2020 年版皮书中，47 部为首次出版皮书（见表 5），占比为 11.3%。从 2020 年首次出版皮书书目的选题方向来看，社会政法领域较多，有 15 部；产业经济和行业类的选题合计共有 13 部，也是近年来增长较快的领域。

表 5　2020 年版首次出版皮书书目（47 部）

序号	丛书名	书名	内容分类
1	刺梨产业蓝皮书	中国刺梨产业发展报告(2020)	产业经济
2	钧瓷产业蓝皮书	中国钧瓷产业发展报告(2020)	产业经济
3	马拉松蓝皮书	中国马拉松产业发展报告(2019~2020)	产业经济
4	汽车工业蓝皮书	中国商用汽车产业发展报告(2020)	产业经济
5	生态林业蓝皮书	中国特色生态文明建设与林业发展报告(2019~2020)	产业经济
6	自动驾驶蓝皮书	中国自动驾驶产业发展报告(2020)	产业经济
7	集体经济蓝皮书	中国农村集体经济发展报告(2020)	宏观经济

续表

序号	丛书名	书名	内容分类
8	城市休闲和旅游竞争力绿皮书	中国城市休闲和旅游竞争力报告（2020）	区域与城市经济
9	粤港澳大湾区蓝皮书	中国粤港澳大湾区改革创新报告（2020）	区域与城市经济
10	粤港澳大湾区蓝皮书	粤港澳大湾区协同发展报告（2020）	区域与城市经济
11	珠江－西江经济带蓝皮书	珠江－西江经济带发展报告（2019）	区域与城市经济
12	法治现代化蓝皮书	中国法治社会发展报告（2020）	社会政法
13	黄河流域蓝皮书	黄河流域生态保护和高质量发展报告（2020）	社会政法
14	健康法治蓝皮书	中国健康法治发展报告 2020	社会政法
15	美好生活蓝皮书	中国民众美好生活研究报告（2020）	社会政法
16	少数民族发展蓝皮书	中国少数民族事业发展报告（2019～2020）	社会政法
17	事业单位蓝皮书	中国事业单位发展报告（2020）	社会政法
18	数字城市蓝皮书	中国城市互联网发展报告（2020）	社会政法
19	医改蓝皮书	中国医改发展报告（2020）	社会政法
20	医疗保障蓝皮书	中国医疗保障发展报告（2020）	社会政法
21	语文教育蓝皮书	中国语文教育发展报告（2020）	社会政法
22	粤港澳大湾区蓝皮书	粤港澳大湾区会展旅游酒店发展报告（2020）	社会政法
23	粤港澳大湾区蓝皮书	粤港澳大湾区旅游业发展报告（2020）	社会政法
24	政信蓝皮书	中国政信发展报告（2019～2020）	社会政法
25	中国关心下一代蓝皮书	中国关心下一代研究报告（2020）	社会政法
26	中国涉案财物制度改革蓝皮书	中国刑事涉案财物制度改革发展报告 No. 1（2020）	社会政法
27	传媒蓝皮书	中国音频传媒发展研究报告（2020）	文化传媒
28	文化蓝皮书	中国普洱茶产业发展报告（2019～2020）	文化传媒
29	冰球运动蓝皮书	中国冰球运动发展报告（2019～2020）	行业及其他
30	品牌蓝皮书	中国旅游住宿品牌发展报告（2019～2020）	行业及其他
31	汽车蓝皮书	中国汽车经销服务业发展报告（2020）	行业及其他
32	体育场馆蓝皮书	中国体育场馆发展报告（2019～2020）	行业及其他

续表

序号	丛书名	书名	内容分类
33	体育旅游绿皮书	中国体育旅游发展报告(2019~2020)	行业及其他
34	行业及其他	粤港澳大湾区水资源研究报告(2020)	行业及其他
35	中医药传承创新蓝皮书	中国中医药传承创新发展报告(2020)	行业及其他
36	太平洋岛国蓝皮书	太平洋岛国发展报告(2020)	国别与区域
37	意大利蓝皮书	意大利发展报告(2019~2020)	国别与区域
38	中东欧文化蓝皮书	中东欧国家文化发展报告(2020)	国别与区域
39	北京产业蓝皮书	北京产业发展报告(2020)	地方发展-经济
40	北京交通蓝皮书	北京交通发展报告(2020)	地方发展-社会
41	北京教师发展蓝皮书	北京教师发展报告(2020)	地方发展-社会
42	成都志愿服务蓝皮书	成都志愿服务发展报告(2020)	地方发展-社会
43	河北青年蓝皮书	河北青年发展报告 2020	地方发展-社会
44	湖南创新发展蓝皮书	2020 年湖南科技创新发展报告	地方发展-社会
45	深圳志愿服务蓝皮书	深圳志愿服务发展报告(2020)	地方发展-社会
46	湖南传统工艺蓝皮书	湖南传统工艺振兴发展报告(2020)	地方发展-文化
47	文化科技蓝皮书	北京文化科技融合发展报告(2019~2020)	地方发展-文化

数据来源：皮书研究院。

2. 2020年版皮书研创机构持续增加

从 2020 年版皮书新增研创机构和新增作者来看，与 2019 年相比，新增皮书研创机构 98 家，新增皮书报告作者 1792 名（见表 6）。

表 6　2020 年版皮书新增作者数量和研创机构数量

单位：名，家

年份	新增作者数量	新增研创机构数量	年份	新增作者数量	新增研创机构数量
2010	917	26	2016	1616	69
2011	1318	55	2017	1755	85
2012	1440	64	2018	1827	104
2013	1267	54	2019	1776	90
2014	1501	60	2020	1792	98
2015	1659	72			

数据来源：皮书数据库。

本报告继续沿用2019年的分类原则，将研创机构分为9大类。从研创皮书数量来看，中国社会科学院，研创皮书67部；高校及高校智库，研创皮书134部；地方社会科学院，研创皮书103部；党政部门智库，研创皮书97部；行业协会，研创皮书27部；社会智库，研创皮书25部；企业和企业智库，研创皮书35部；媒体和媒体智库，研创皮书3部；其他智库（课题组），研创皮书1部（见表7）。

表7 2020年版皮书研创机构研创皮书数量

单位：部

序号	智库机构分类	研创皮书数量
1	中国社会科学院	67
2	高校及高校智库	134
3	地方社会科学院	103
4	党政部门智库	97
5	行业协会	27
6	社会智库	25
7	企业和企业智库	35
8	媒体和媒体智库	3
9	其他	1

注：地方社会科学院包括省级地方社科院（含社科联）；部分皮书研创单位有两家以上，故研创机构总数超过皮书品种数。

数据来源：皮书研究院。

3. 2020年版皮书报告研究实力进一步提升

皮书报告作者是报告研究实力的保障。近年来，皮书报告作者数量、具有高级职称及高学历作者数量均进一步增加。皮书报告作者数量从1997年的60名增长到了2020年的11967名，其中，副高级及以上作者数量从12名（1997年）增长到7246名（2020年），博士研究生学历作者数量从8名（1997年）增长到3910名（2020年）（见表8）。

表8　1997~2020年皮书作者数量及其职称、学历分布

单位：名

序号	年份	作者数量	副高级及以上职称作者数量	博士研究生学历作者数量
1	1997	60	12	8
2	1998	153	58	26
3	1999	224	79	27
4	2000	180	47	24
5	2001	299	115	59
6	2002	420	198	98
7	2003	537	261	153
8	2004	629	339	182
9	2005	897	478	251
10	2006	1917	995	520
11	2007	2333	1231	695
12	2008	2720	1626	848
13	2009	3337	2051	1123
14	2010	3766	2505	1467
15	2011	4544	2784	1682
16	2012	5571	3594	2111
17	2013	6099	4089	2526
18	2014	7161	4676	2965
19	2015	7903	5162	3193
20	2016	8769	5676	3742
21	2017	9845	7535	4082
22	2018	11422	7335	4659
23	2019	11048	6676	3441
24	2020	11967	7246	3910

数据来源：皮书数据库，数据采集时间为2021年7月5日。

二　2020年版皮书研创热点分析

1. 2020年版皮书热词分析

本报告对2020年版皮书单篇报告的篇名、摘要、关键词进行词频分析。为更准确地提炼出核心词频，在分析过程中对内容相似的词语进行了

人工处理，如“农村”与“乡村”相关，统一合并为“农村”；“房地产”与“房地产市场”相关，统一合并为“房地产”。同时，对一般性高频词进行了删除，如“问题”“发展”“建设”“研究”等。

从 2020 年版皮书报告的热词分析来看，2020 年版皮书的研究主题体现了中国当下经济社会发展的热点领域。在 2020 年版皮书热词排名前 20 位中，“工业化进程”“一带一路”“高质量发展”“十四五”居热词的前四位，体现了 2020 年版皮书对国家战略的关注；“互联网”“区块链”“大数据”“人工智能”等热词排名均在前 20 位，体现了 2020 年版皮书对数字社会问题的探讨；同时，在疫情防控常态化背景下，2020 年版皮书对疫情的影响也进行了多维度的关注，“新冠肺炎疫情及防控”位于热词榜单的第 10 位；“乡村振兴”“社会治理”“脱贫攻坚”“营商环境”“文旅融合”“科技创新”等领域也是 2020 年版皮书研创中关注的热点（见图 4、表 9）。

图 4　2020 年版皮书热词云图

数据来源：本图使用微词云软件制作，数据来自皮书研究院。

表 9　2020 年版皮书热词 TOP 20

序号	热词	序号	热词
1	工业化进程	11	社会治理
2	"一带一路"	12	大数据
3	高质量发展	13	走出去
4	"十四五"	14	人工智能
5	文化及文化产业	15	脱贫攻坚
6	互联网	16	"三农"
7	区块链	17	营商环境
8	乡村振兴	18	文旅融合
9	经济	19	同比增长
10	新冠肺炎疫情及防控	20	科技创新

数据来源：皮书研究院。

2. 按照研创机构智库类别分类的热词分析

为呈现不同研创单位、不同智库的关注热点，本报告将 2020 年版皮书报告的研创单位分为 8 类①，分别为中国社会科学院、高校及高校智库、地方社会科学院、党政部门智库、行业协会、社会智库、企业和企业智库、媒体和媒体智库。本报告使用微词云在线热词分析工具计算热词频数并生成各类研创机构的皮书报告词云图，分析了 8 类研创单位的研究热点（见表 10）。

从热词分布结果来看，不同类型智库关注的热点、研究的重心呈现差异化特征，智库专业化的属性进一步彰显。

中国社会科学院研创的皮书报告热词集中于"工业化进程""一带一路"等国家宏观战略与倡议；同时，对营商环境、社会治理较为关注；对新冠肺炎疫情的分析也较多，相关主题词位于中国社会科学院热词排名的第 4 位。高校及高校智库关注的领域有高质量发展、"一带一路"、互联网、经济、文化产业、"走出去"、外交等。地方社会科学院关注的热

① 因前文所述 9 类中的"其他"仅包括 1 家智库，故此处未作分析。

表 10　2020 年版皮书各类研创单位热词排名 TOP 10

研创单位类别	1	2	3	4	5	6	7	8	9	10
中国社会科学院	工业化进程	“一带一路”	营商环境	新冠肺炎疫情	社会治理	国有企业	未成年人	高质量发展	经济发展	乡村振兴
高校及高校智库	高质量发展	“一带一路”	中国	互联网	经济	广州	北京	文化产业	“走出去”	外交
地方社会科学院	乡村振兴	文化产业	脱贫攻坚	“十四五”	“十三五”	广州	陕西	河北	河南	社会治理
党政部门智库	政务服务	“放管服”	服务体系	接诉即办	互联网	大数据	“三农”	社会治理	乡村振兴	人工智能
行业协会	区块链	建筑业	自动驾驶	文化产业	旅游住宿业	媒体融合	大数据	文化金融	可持续发展	供应链
社会智库	民办教育	流动儿童	中国企业	“走出去”	旅游	志愿服务	生态治理	社会	互联网运用	医疗保障
企业和企业智库	新能源汽车	监管科技	动力电池	金融科技	大数据	上市公司	可持续发展	汽车安全	医院	煤改电
媒体和媒体智库	移动互联网	健康城市	人工智能	新基建	健康中国	直播带货	网络安全	数字经济	小程序	短视频

数据来源：皮书研究院。

点领域有乡村振兴、文化产业、脱贫攻坚、“十四五”、“十三五”、社会治理等；同时，“广州”“陕西”“河北”“河南”等区域热词出现频次较多。党政部门智库关注的主要领域有政务服务、“放管服”、服务体系、接诉即办、互联网、大数据、“三农”、社会治理、乡村振兴、人工智能等，明显对党政行政实践的重点工作较为关注。行业协会重点关注区块链、建筑业、自动驾驶、文化产业、旅游住宿业、媒体融合、大数据、文化金融、可持续发展、供应链等行业发展热点。社会智库重点关注民办教育、流动儿童、中国企业、“走出去”、旅游、志愿服务、生态治理、社会、互联网运用、医疗保障等社会领域的热点。企业和企业智库主要关注新能源汽车、监管科技、动力电池、金融科技、大数据、上市公司、可持续发展、汽车安全、医院、煤改电等相对较为具体的企业、机构热点问题。媒体和媒体智库主要关注领域是移动互联网、健康城市、人工智能、新基建、健康中国、直播带货、网络安全、数字经济、小程序、短视频，充分体现了对媒体行业发展热点的关注（见图 5～图 12）。

图 5　研创机构为“中国社会科学院”的 2020 年版皮书报告热词云图

数据来源：本图使用微词云软件制作，数据来自皮书研究院。

图 6　研创机构为“高校及高校智库”的 2020 年版皮书报告热词云图

数据来源：本图使用微词云软件制作，数据来自皮书研究院。

图 7　研创机构为“地方社会科学院”的 2020 年版皮书报告热词云图

数据来源：本图使用微词云软件制作，数据来自皮书研究院。

图 8　研创机构为“党政部门智库”的 2020 年版皮书报告热词云图

数据来源：本图使用微词云软件制作，数据来自皮书研究院。

图 9　研创机构为“行业协会”的 2020 年版皮书报告热词云图

数据来源：本图使用微词云软件制作，数据来自皮书研究院。

图 10　研创机构为“社会智库”的 2020 年版皮书报告热词云图

数据来源：本图使用微词云软件制作，数据来自皮书研究院。

图 11　研创机构为“企业和企业智库”的 2020 年版皮书报告热词云图

数据来源：本图使用微词云软件制作，数据来自皮书研究院。

图 12　研创机构为“媒体和媒体智库”的 2020 年版皮书报告热词云图

数据来源：本图使用微词云软件制作，数据来自皮书研究院。

三　2020年皮书影响力分析

1. 2020年皮书及报告的数据库影响力分析

从本年度皮书数据库相关使用数据来看，2020 年版皮书报告在皮书数据库中的总访问量为 293434 次，总阅读量为 256124 次，总下载量为 150489 次，与上一年度同期数据相比，这三个指标均有较大的提升（见图 13）。从下载量区间来看，下载在 200~499 次的皮书数量最多，达到 149 部；之后是下载频次在 100~199 次区间的皮书，共有 104 部；下载频次在 100 次以上的，合计 328 部，占全部皮书品种的 80.8%（见图 14）。

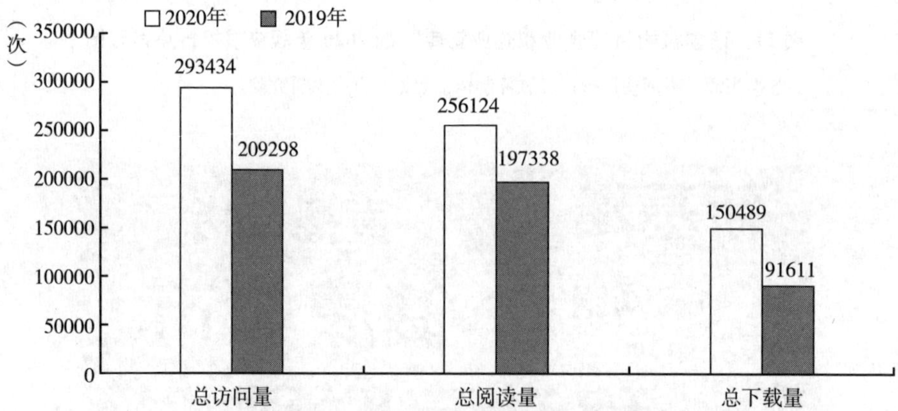

图 13　2019 年版皮书、2020 年版皮书在皮书数据库中使用情况对比

注：2019 年版皮书数据采集时间为 2020 年 5 月 23 日，2020 年版皮书数据采集时间为 2021 年 7 月 5 日。

数据来源：皮书数据库。

从单品种皮书来看，总下载量在 500 次以上的皮书共有 75 部，其中，既有中国经济、社会、文化领域的热点报告，如中国经济、社会、教育、就业、社会组织等相关发展报告，也有区域国别类皮书，如叙利亚、美国、欧洲相关国别发展报告；既有文化产业和文化热点主题，如传媒、新

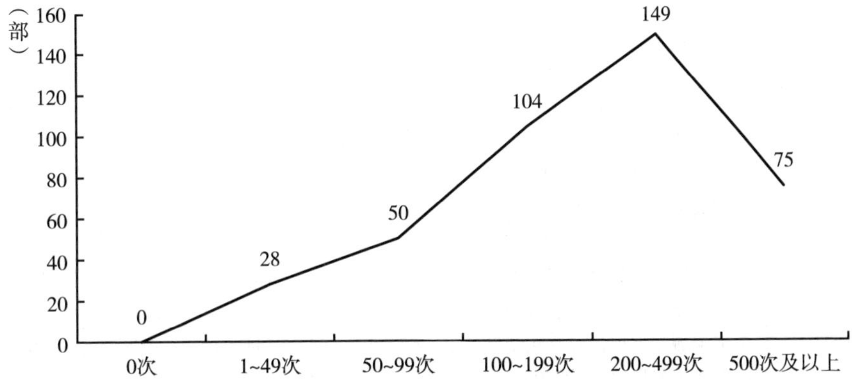

图 14　2020 年版皮书数据库下载量频次分析

数据来源：皮书数据库，数据采集时间为 2021 年 7 月 5 日。

媒体、媒体融合，又涵盖了新能源汽车、旅游、移动互联网、大数据等行业热点（见表 11）。

表 11　2020 年版总下载量排名前 75 位的皮书（下载频次在 500 次以上）

单位：次

排名	书名	浏览量	阅读量	下载量
1	叙利亚发展报告(2020)	12732	9757	9047
2	中国传媒产业发展报告(2020)	6466	4589	3653
3	中国新能源汽车产业发展报告(2020)	5078	3785	3518
4	中国新媒体发展报告 No. 11(2020)	6470	5490	3181
5	2020 年中国经济形势分析与预测	6003	4154	2641
6	2020 年中国社会形势分析与预测	5629	4889	2536
7	中国教育发展报告(2020)	3976	2955	1964
8	2020 年中国本科生就业报告	7498	7114	1956
9	2020 年世界经济形势分析与预测	3999	2848	1874
10	中国社会组织报告(2020)	2397	1366	1551
11	2019~2020 年中国旅游发展分析与预测	3604	2684	1517
12	中国未成年人互联网运用报告(2020)	3498	3656	1371
13	全球政治与安全报告(2020)	3417	2979	1313
14	中国移动互联网发展报告(2020)	2073	1409	1199
15	全球数字经济竞争力发展报告(2020)	2052	1719	1195

续表

排名	书名	浏览量	阅读量	下载量
16	中国产业竞争力报告 No. 9(2020)	1873	1054	1175
17	中国健康管理与健康产业发展报告 No. 3(2020)	1920	2020	1150
18	中国区块链发展报告(2020)	1423	608	1109
19	中国粤港澳大湾区改革创新报告(2020)	1678	1143	1069
20	中国医改发展报告(2020)	1473	975	1034
21	中国流动儿童教育发展报告(2019~2020)	1858	1615	1010
22	中国跨境电商发展报告(2020)	2252	2585	1002
23	黄河流域生态保护和高质量发展报告(2020)	1981	1933	1001
24	中国慈善发展报告(2020)	2272	2554	977
25	中国国民心理健康发展报告(2019~2020)	4498	8012	942
26	中国养老金融发展报告(2020)	1820	1975	916
27	中国社会保障发展报告 No. 11(2020)	2088	1833	907
28	河北农业农村经济发展报告(2020)	663	213	894
29	中国医疗保障发展报告(2020)	1442	901	865
30	中国媒体融合发展报告(2020)	1745	1702	861
31	中国人力资源发展报告(2020)	1673	1748	856
32	中国企业社会责任研究报告(2020)	2950	2771	855
33	中亚国家发展报告(2020)	1740	1626	851
34	中国农村经济形势分析与预测(2019~2020)	1899	1518	838
35	中国区域经济发展报告(2019~2020)	1386	1099	832
36	中国法院信息化发展报告 No. 4(2020)	1779	1076	831
37	中国儿童发展报告(2020)	1723	2449	810
38	中国国际文化贸易发展报告(2020)	2459	3309	782
39	国际城市发展报告(2020)	1197	546	777
40	中国法治发展报告 No. 18(2020)	1670	1061	774
41	中国文化发展研究报告(2017~2020)	1366	983	772
42	广州创新型城市发展报告(2020)	1099	567	769
43	中国大数据发展报告 No. 4	1146	619	757
44	中国汽车工业发展报告(2020)	1656	1659	741
45	2020 年中国经济前景分析	1189	1205	715
46	中国房地产发展报告 No. 17(2020)	1633	935	701
47	广州数字经济发展报告(2020)	1138	760	692
48	中国邮轮产业发展报告(2020)	1740	1542	685
49	中国制药工业发展报告(2020)	1053	476	672
50	中国自动驾驶产业发展报告(2020)	1162	806	668
51	中国就业发展报告(2020)	1410	1412	663
52	应对气候变化报告(2020)	1117	549	663

续表

排名	书名	浏览量	阅读量	下载量
53	中国医院竞争力报告(2019~2020)	1113	531	621
54	中国海洋经济发展报告(2019~2020)	825	694	615
55	中国人口与劳动问题报告 No. 21	1028	924	613
56	中国金融发展报告(2020)	1005	452	608
57	中国企业全球化报告(2020)	1212	752	602
58	广州经济发展报告(2020)	785	300	601
59	中国医疗人工智能发展报告(2020)	991	926	601
60	世界能源发展报告(2020)	985	1021	594
61	中国新能源汽车动力电池产业发展报告(2020)	905	805	587
62	中国智能网联汽车产业发展报告(2020)	965	830	587
63	美国研究报告(2020)	1270	688	586
64	2020 年中国高职生就业报告	1404	766	580
65	中国健康城市建设研究报告(2020)	881	581	577
66	中国电子政务发展报告(2019~2020)	1275	1114	569
67	欧洲发展报告(2019~2020)	879	474	568
68	国家中心城市建设报告(2020)	933	602	564
69	中国生态治理发展报告(2019~2020)	1155	1293	548
70	中国监管科技发展报告(2020)	1203	1285	546
71	全球电影产业发展报告(2020)	1092	884	543
72	“一带一路”建设发展报告(2020)	999	750	531
73	中国金融科技发展报告(2020)	1060	957	511
74	中国文旅产业发展报告(2020)	909	817	508
75	中国省域经济综合竞争力发展报告(2018~2019)	1133	1099	501

数据来源：皮书数据库，数据采集时间为 2021 年 7 月 5 日。

2. 2020年版皮书报告同行影响力分析

皮书报告在已发表学术成果中的被引频次体现了皮书在学术同行中的影响力。随着皮书持续发布的时间越来越长，皮书同行影响力的积累越来越深厚。根据中国知网“中国图书引证统计分析数据库”①，如图 15 所示，截至 2020 年 7 月 19 日，可查询到的被引皮书共 1662 部，总计被引频次为 52216

① “中国图书引证统计分析数据库”发布了 1949 年至今中国（不含港澳台数据）出版的图书的被引频次。图书收录范围为中国版本图书馆收录的所有图书（截至 2021 年 7 月为 539 万余种），统计源为中国知网收录的“中国学术期刊（网络版）”（截至 2021 年 7 月为 5610 万余篇期刊论文）、“中国优秀硕士学位论文全文数据库”“中国博士学位论文全文数据库”（截至目前为 440 万余篇学位论文）和“中国重要会议论文全文数据库”（截至目前为 240 万余篇会议论文）。

次。其中，被引频次在 0~9 次的，有 1025 部；被引频次在 10~39 次的，有 356 部；被引频次在 40~99 次的，有 157 部；被引频次在 100 次及以上的，有 124 部。

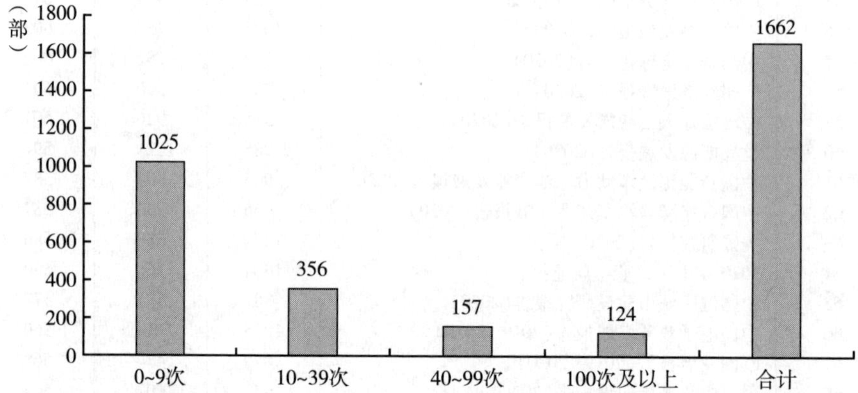

图 15　不同被引频次区间的皮书数量

注：数据采集时间为 2021 年 7 月 19 日。

资料来源：皮书研究院根据“中国图书引证统计分析数据库”统计。

与 2019 年同期数据相比，被引皮书数量增加了 239 部，皮书的总被引频次增加了 6181 次（见图 16）。

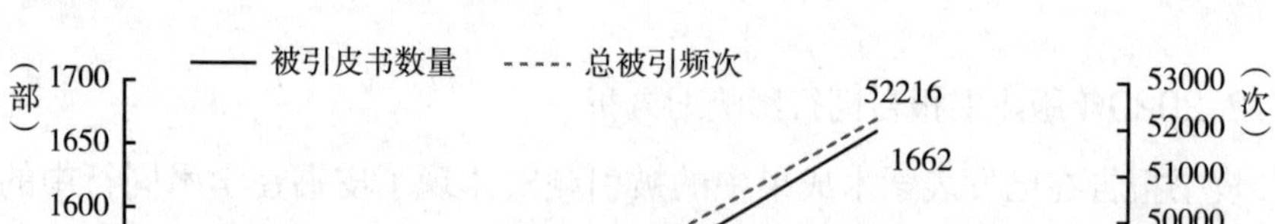

图 16　皮书被引数据 2019 年与 2020 年同期对比

注：数据采集时间为 2021 年 7 月 19 日。

资料来源：皮书研究院根据“中国图书引证统计分析数据库”统计。

从单品种皮书被引情况（见表12）来看，被引频次达到100次以上，排名前十位的皮书均持续出版10年或以上。其中，连续发布30年的“社会蓝皮书”总被引频次超过了3000次。可见，持续性的研究有助于皮书积累在学术界的影响力。

表12 截至2021年7月总被引频次排名前20位的单品种皮书目录

序号	丛书名	书名	连续出版(年)	总被引频次(次)
1	社会蓝皮书	中国社会形势分析与预测	30	3024
2	新媒体蓝皮书	中国新媒体发展报告	12	1876
3	传媒蓝皮书	中国传媒产业发展报告	16	1512
4	能源蓝皮书	中国能源发展报告	11	1445
5	就业蓝皮书	中国大学生就业报告	13	1437
6	房地产蓝皮书	中国房地产发展报告	17	1362
7	人才蓝皮书	中国人才发展报告	10	1122
8	民营经济蓝皮书	中国民营经济发展报告	11	1086
9	慈善蓝皮书	中国慈善发展报告	12	1062
10	社会组织蓝皮书	中国社会组织报告	10	1038
11	文化蓝皮书	中国文化发展研究报告	14	787
12	城市蓝皮书	中国城市发展报告	13	732
13	区域蓝皮书	中国区域经济发展报告	18	724
14	文化蓝皮书	中国公共文化服务发展报告	4	711
15	社会心态蓝皮书	中国社会心态研究报告	9	641
16	金融蓝皮书	中国金融发展报告	16	631
17	西部蓝皮书	中国西部经济发展报告	16	600
18	金融科技蓝皮书	中国金融科技发展报告	8	510
19	企业社会责任蓝皮书	中国企业社会责任研究报告	12	478
20	越南蓝皮书	越南国情报告	14	463

注：数据采集时间为2021年7月19日。

数据来源：皮书研究院根据“中国图书引证统计分析数据库”统计。

从单部皮书的被引情况来看，如表13所示，被引频次最高的依然是《能源蓝皮书：2006中国能源发展报告》，达到1437次；被引频次超过1000次的，共有6部皮书。

表 13　截至 2021 年 7 月总被引频次排名前 20 位的单部皮书目录

序号	丛书名	书名	被引频次(次)
1	能源蓝皮书	2006 中国能源发展报告	1437
2	房地产蓝皮书	中国房地产发展报告 No. 1	1362
3	人才蓝皮书	中国人才发展报告 No. 1	1122
4	新媒体蓝皮书	中国新媒体发展报告 No. 4(2013)	1100
5	慈善蓝皮书	中国慈善发展报告(2009)	1062
6	民营经济蓝皮书	中国民营经济发展报告(2003)	1041
7	民间组织蓝皮书	中国民间组织报告(2008)	910
8	新媒体蓝皮书	中国新媒体发展报告(2010)	776
9	城市蓝皮书	中国城市发展报告 No. 1	732
10	金融蓝皮书	2004 年:中国金融发展报告	614
11	传媒蓝皮书	2004~2005 年:中国传媒产业发展报告	610
12	中国区域发展蓝皮书	中国区域经济发展报告(2003~2004)	557
13	文化蓝皮书	中国公共文化服务发展报告(2007)	540
14	传媒蓝皮书	中国传媒产业发展报告(2014)	477
15	互联网金融蓝皮书	中国互联网金融发展报告(2013)	469
16	社会心态蓝皮书	中国社会心态研究报告(2012~2013)	442
17	民营企业蓝皮书	中国民营企业竞争力报告 No. 1	413
18	舆情蓝皮书	中国社会舆情与危机管理报告(2012)	410
19	宗教蓝皮书	中国宗教报告(2008)	409
20	汽车蓝皮书	中国汽车产业发展报告(2008)	392

注：数据采集时间为 2021 年 7 月 19 日。

数据来源：皮书研究院根据“中国图书引证统计分析数据库”统计。

3. 2020年皮书发挥社会影响力路径的新探索

皮书发布会是在皮书出版后，向媒体及公众发布主要观点、发挥社会影响力的有效途径。多年来，社会科学文献出版社深耕媒体资源，联合皮书主编机构共同推动智库成果发布，取得了显著成效。从表 14 可以看出，近五年来，除 2016 年和 2020 年外，皮书发布会的召开比例均在 60%以上，自 2017 年起，每年召开发布会均在 200 场以上，基本每个工作日都有皮书发布。受疫情影响，2020 年召开发布会品种占比略有下降，但也超过了 50%。

表 14 2016~2020 年皮书出版与召开发布会情况统计

项目	2016 年	2017 年	2018 年	2019 年	2020 年
出版总量(部)	332	374	426	419	416
开发布会的皮书数量(部)	197	239	263	253	214
开发布会占比(%)	59. 34	63. 90	61. 74	60. 38	51. 44

数据来源：皮书研究院。

值得一提的是，2020 年召开皮书发布会的品种数量虽然下降，但是皮书发布的形式更加多元化，很多皮书的发布不再拘泥于线下会议，而是探索了网络发布、视频发布、直播间发布等多种新形式（见图 17）。2020 年 3 月 28 日，“邮轮绿皮书”主编针对新冠肺炎疫情对邮轮业的影响进行了一场直播发布活动，当天有 8. 7 万人线上观看了直播，加上回放量，总观看量达到了 9. 4 万人次。

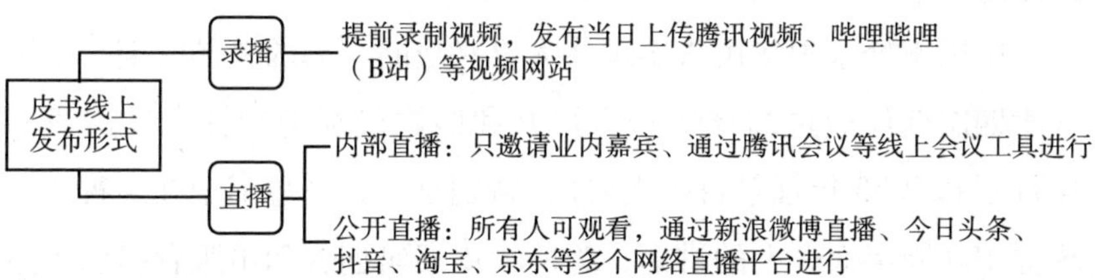

图 17 皮书线上发布会形式

数据来源：社会科学文献出版社学术传播中心。

四 皮书高质量发展中的机遇与挑战

2021 年是中国共产党建党百年，习近平总书记在庆祝中国共产党成立 100 周年大会上发表重要讲话，向全国人民发起了迈向新时代中国特色社会主义新征程的总动员。“十四五”时期是乘势而上开启全面建设社会主义现代化国家新征程、向第二个百年奋斗目标进军的第一个五年，同时也是我国积极应对国内社会主要矛盾变化和国际经济政治格局深刻变化的战略机遇期和加快推进生态文明建设与经济高质量发展的攻坚期。

中国踏上了新的征程，中国智库也站在了新的起点上。作为新型智库建设重要抓手和内容的皮书研创出版，与当下中国所有建设、发展领域一样，面临新趋势、新挑战和新任务。

1. “不确定性”成为常态，智库及其成果成为“刚需”

当今世界正处于百年未有之大变局，持续数百年的传统全球化进程正处于转型、转折中，民粹主义、极端主义盛行，新冠肺炎疫情在全球肆虐，严重影响人类经济和社会生活……所有这一切，都说明世界的复杂性和风险正在积聚、叠加，以“黑天鹅”和“灰犀牛”为标引的“不确定”成为高频词，对各领域的“不确定”，急需智库专家和专业人士展开全方位的专业研究，提供专业指导和服务。因此，以消除“不确定性”为特征的皮书研创和出版将成为“刚需”。

当代中国正处于中华民族实现伟大复兴战略全局的关键时期，十三届全国人大四次会议通过的《中华人民共和国国民经济和社会发展第十四个五年规划和2035年远景目标纲要》，特别是习近平总书记在庆祝中国共产党成立100周年大会上的讲话，为广大皮书研创者和出版者提供了新的研究课题和巨大的研究空间，政府、社会和企业对皮书这一智库产品的需求必将进一步放大，同时对皮书的质量要求也将进一步提高。这对皮书人来说，既是一种机遇和荣誉，更是一份沉重的使命和责任！

面对皮书研创出版的新趋势、新挑战、新任务，广大皮书人应自觉提升皮书意识，明确自身的责任，发挥自己的专业优势，主动承担为世界减少乃至消除不确定性的责任，为担负起“十四五”规划和2035远景目标的重任，持续不断地研创出版高质量的皮书和皮书报告。

2. 数字化浪潮下，皮书研创面临机遇，也迎来挑战

在新的时代背景下，智库面临着前所未有的数字机遇与数字挑战。从机遇来看，第一，对人类社会各种微观活动的数字化记录和统计，以及智库研究的内容、行业交流的过程及方式、科研成果等各式各样的“数字足迹”分散于各类数据平台，这一切都为智库提供了宝贵的数据资源，开辟了智库研究的新领域。第二，快速发展的信息技术，为智库研究提供了更加高效的工具。第三，无所不在的新媒体、融媒体，为智库影响力的发挥提供了更加多元的平台。

从挑战来看，数据越来越多，效率却并不是始终能够提高，有时反而还会降低，有效信息隐藏在大量的数据之中；同时，面对浩瀚的信息与数据，智库也面临着研究方法的革新，组织架构的变化，数字资源建设的技术鸿沟，数据使用的伦理风险，深刻、严谨的研究成果较难获得关注等挑战。

人类社会已经进入数字社会，数据成为重要资产和基本生产资料，充分利用大数据、云计算、人工智能展开智库研究也成为必然趋势。作为以数据表述为基本特征的皮书，是否有效使用专业数据，成为该皮书能否持续研创、发布的必备条件。

五　2022年皮书高质量发展路径及建议

1. 宏观层面：国家引领与制度支持

党的十八大以来，中国特色社会主义进入新时代，党的十八大报告明确强调：“坚持科学决策、民主决策、依法决策，健全决策机制和程序，发挥思想库作用，建立健全决策问责和纠错制度。”① 2013 年 4 月，习近平总书记作出批示，首次提出建设“中国特色新型智库”的目标②，并将其提高到国家战略的高度。中国共产党第十八届中央委员会第三次会议通过《中共中央关于全面深化改革若干重大问题的决定》，明确要“加

① 《胡锦涛文选》第 3 卷，人民出版社，2016，第 636 页。

② 《习近平为何特别强调“新型智库建设”?》，人民网，http://theory.people.com.cn/n/2014/1029/c148980-25928251.html，最后检索时间：2021 年 8 月 19 日。

强中国特色新型智库建设，建立健全决策咨询制度。”2015 年 1 月中共中央办公厅、国务院办公厅印发《关于加强中国特色新型智库建设的意见》（以下简称《意见》），成为我国改革开放以来第一份筹划智库未来发展的纲领性文件。《意见》明确把中国特色新型智库作为“党和政府科学民主依法决策的重要支撑”“国家治理体系和治理能力现代化的重要内容”“国家软实力的重要组成部分”。①

中国特色社会主义新型智库在习近平总书记的全局谋划和宏观部署下，发展、壮大、兴盛，各类智库纷纷涌现，热度不减，为建设中国特色社会主义事业提供思想产品和决策咨询服务。皮书是重要的智库成果，伴随智库建设的热潮，皮书出版的数量、质量都得到了进一步提升。未来，在智库成果的高质量产出上，政府应如何引导《意见》这一顶层设计有效落地？本报告提出以下建议。

第一，进一步完善智库及成果参与政策制定的制度，在国家治理体系中确立鼓励智库参与决策的刚性、规范机制。进一步开放政府决策过程，尤其是明确对于决策过程中科学性、专业性、技术性较强的论证性工作交由具备相应资质的智库来完成。② 政府及相关决策方向智库提出更为广泛的需求，将从需求端有效推动智库高质量成果的产出。

第二，进一步规范智库思想产品市场，理顺政府购买智库思想产品、咨询服务的流程。智库作为受托方依法通过项目委托与政府建立基于项目合同的合作关系。建设并完善不同智库的专业智库成果进入决策体系的渠道，并使之规范化、多元化、常态化。当智库的思想产品市场发展逐步成熟后，智库成果将面临一个多元的、竞争的态势，这也会使真正有价值的智库成果脱颖而出。

---

① 《中共中央办公厅、国务院办公厅印发〈关于加强中国特色新型智库建设的意见〉》，中国政府网，http：//www.gov.cn/zhengce/2015-01/20/content_ 2807126.htm，最后检索时间：2021 年 8 月 19 日。

② 张伟：《新型智库基本问题研究》，中共中央党校出版社，2017，第 165 页。

2. 中观层面：智库机构的专业化发展

对智库机构而言，要产出高质量的智库成果，就必须推动自身的专业化发展。

第一，精准定位，发挥专业优势，提升智库成果的有效性。智库机构要以问题为导向，紧紧围绕本专业全领域的重大问题、热点问题，确定本年度皮书的选题，深入研究问题，做出相关预测并提出相应的对策建议。要坚持皮书研创出版的主题化、专业化方向，坚决杜绝皮书论文集化、年鉴化、年度工作报告化趋向。

第二，注重实证，以事实为依据，构建完善的数据体系。围绕皮书研创开发构建专题或主题数据库，为皮书和皮书报告的写作提供强大的数据支撑。各皮书研创课题组均应根据自身的研创需求建构专题数据库。采取自采、合作或购买方式获取数据，评价评估和指标指数型皮书，必须要有相对应的数据库做支撑，在这方面，学术出版机构的数字学术平台（如社会科学文献出版社皮书数据库）应当发挥好集成平台的功能。

第三，各皮书研创单位（智库）与出版单位通力合作，利用多媒体方式推广发布每一部皮书和每一篇皮书报告。通过皮书数字化平台的推送，着力提升智库成果流量（阅读量、浏览量和下载量），扩大智库成果的同行影响力，鼓励并组织皮书人开展直播和短视频推送，最大限度发挥智库成果的社会影响力。

3. 微观层面：智库报告的时代使命

就皮书报告的质量提升而言，近年来，皮书出版机构、皮书主编、皮书作者、皮书读者共同努力，探索了很多行之有效的方法。

第一，坚持皮书研创出版高质量发展的方针，统筹运用皮书目录管理、皮书编辑前端管理和皮书评价等工具手段，完善准入退出机制，努力实现“控数量、提质量、补短板”的皮书高质量发展目标，积极引导原有地方、部门类皮书向新领域、新业态转型，加强对国别、区域和全球治理类皮书研创的支持力度，鼓励第三方参与评价评估和指标指数型皮书和皮书报告的研创。

第二，不断完善并严格执行皮书研创出版规范，通过书稿内容重复率检测、文稿预处理，以及皮书评价等专业流程进一步提升皮书报告的规范水平；通过皮书高级研修班、皮书年会等皮书相关平台加大皮书规范的推广力度，使之成为所有智库报告写作、发表的普遍性规范。

第三，着力提升皮书报告的国际传播力和影响力，使之真正成为中国影响世界和世界了解当下中国的最真实、可信的平台，从而为中国的国际传播能力建设做出皮书人独特的贡献。一是要最大限度地利用好学术出版机构（社会科学文献出版社）在国际出版和传播方面与施普林格、泰勒·弗朗西斯等世界著名学术出版公司已经建立的良好合作关系，出版更多的专题化外文版皮书；二是进一步加大皮书数据库的海外推广力度，进一步提升数据库的用户数量和浏览下载率；三是与智能翻译技术公司合作研发皮书数据库多语种阅读浏览器，全面提升皮书数据库的全球覆盖率。

参考文献

谢曙光主编《皮书手册：写作、编辑出版与评价指南》（第四版），社会科学文献出版社，2020。

谢曙光主编《中国皮书发展报告（2020）》，社会科学文献出版社，2020。

李凤亮：《中国特色新型智库建设研究》，中国经济出版社，2016。

李国强：《创新中国智库建设》，中国财政经济出版社，2020。

〔美〕詹姆斯·G. 麦甘（James G. McGann）：《美国智库与政策建议：学者、咨询顾问与倡导者》，肖宏宇、李楠译，北京大学出版社，2018。

附 录

附录一
皮书名词术语

皮　书

所谓“皮书”，特指20世纪末以来由中国社会科学院所属社会科学文献出版社出版的蓝皮书、绿皮书、黄皮书等的简称。通行的定义为：对中国与世界发展状况和热点问题进行年度监测，以专业的角度、专家的视野和实证研究方法，针对某一领域或区域现状与发展态势展开分析和预测，具备原创性、实证性、专业性、连续性、前沿性、时效性等特点的公开出版物，由一系列权威研究报告组成。皮书是智库报告的主要形式之一，是同一主题或同一机构（团队）智库报告的聚合。

皮书系列

“皮书系列”是社会科学文献出版社打造的知名图书品牌，以客观专业的视角，连续对当下中国的发展状况和热点问题进行年度分析预测，研究内容主要涉及经济、社会政法、文化传媒、地方发展、行业、国际问题六大类。

皮书系列号

皮书作为一种正式出版物，每本都有一个在国家注册出版行政管理部门申请编发的统一书号，即ISBN号码，如《经济蓝皮书：2020年中国经济形势分析与预测》的书号为978-7-5201-9401-3。为使皮书准确区分于其他图书，强化对皮书的统一管理，社会科学文献出版社按不同研创主题对所有在该社出版的皮书编制了统一的皮书系列号码。

蓝皮书

以蓝色为封面颜色的皮书，印有专门涉及并正式申请登记注册的logo，如《经济蓝皮书》的皮书系列号为P2021110937：

经济、文化、社会相关领域等为主题全部皮书，其数量占到总体的90%以上，是皮书的主体。

代表性皮书：《经济蓝皮书》《社会蓝皮书》《法治蓝皮书》《新媒体蓝皮书》等。

绿皮书

与生态、环境、农村、旅游等可持续发展主题相关的全部皮书品种，约占总数的7%。

代表性皮书有：《气候变化绿皮书》《农村绿皮书》《旅游绿皮书》《环境绿皮书》等。

黄皮书

以国际政治、经济等问题为主题的皮书，在总量中约占3%。

代表性皮书以黄色为封面颜色的皮书，内容以全球或区域政治经济为主，如《世界经济黄皮书》《国际形势黄皮书》《拉美黄皮书》《G20 国家创新竞争力黄皮书》等。

白皮书

白皮书是政府或议会正式发表的以白色封面装帧的重要文件或报告书的别称。大多作为一种官方本公开发布或出版，代表政府立场，讲究事实清楚、立场明确、行文规范、文字简练，没有文学色彩。

白皮书已经成为国际上公认的正式官方文书。但各国文件分别有其惯用的颜色，英国、美国官方文书都用白色，1992 年中国出版行政主管部门规定白皮书由国家行政部门统一使用。也有的国家官方文书封面用其他颜色，如西班牙，欧盟官方使用蓝皮。

皮书编辑

社会科学文献出版社自 1998 年第二次创业以来，逐渐形成并完善了专业编辑制度体系，皮书编辑是专门为皮书编辑出版营销设计的一种编辑出版分工，它在一般编辑要求的基础上专门为皮书编辑设定了一套资格要求，并每年对有资质的皮书编辑实行年检，根据年检结果评选出优秀皮书编辑，不合格者取消皮书编辑资格。

皮书分社

皮书出版分社是社科文献出版社核心品牌产品——“皮书系列”的主要编辑出版部门。2005 年正式组建为分社，是社会科学文献出版社下设的实行目标责任制管理的 15 个二级分社（中心）之一。主要负责维护皮书系列中的《经济蓝皮书》《社会蓝皮书》《世界经济黄皮书》《农村绿皮书》《新媒体蓝皮书》等核心品牌皮书。出版新书300余种，分社下设国情、产业经济、经济和社会发展三个编辑室，共15人，形成了以“皮书”为主打品牌，同时观照产业经济、宏观经济、国情调研、教育、文化等领域前沿学术成果。目前分社年出版“皮书”约160种。约占全部皮书年出品种数的三分之一。其他分社（中心）也按其学科专业分工承担皮书编辑出版任务。

皮书研究院

于2014年正式成立，谢寿光曾任创始院长，属于社会科学文献出版社直属的企业智库，与科研办、博士后工作站合署办公。它是皮书编辑出版的品控部门，也是皮书学术共同体的日常维护平台，负责皮书准入、退出等目录管理，皮书规范修订维护，皮书网、皮书评价、皮书年会、皮书编辑培训年检，研制年度《中国皮书发展报告》《皮书研究》及《皮书通讯》等。是服务于皮书与皮书学术共同体的“智囊团”，也是服务于中国特色新型智库建设的社会智库，始终致力于为皮书研究、智库成果研创、智库研究、智库共同体建设等各项智库事业提供智力支持。

皮书规范

社科文献出版社为皮书系列研创、编辑、发布传播和评价所制订的一套原则、体例、流程，即技术标准等规范体系。最初作为一般编辑体例的组成部分，随后独立成为《皮书手册》在内部使用，经不断修订完善于2016年公开出版，正式书名为《皮书手册——写作、编辑出版与评价指南》。

皮书手册

皮书研创出版发布者必备的手头工具书，全名为《皮书手册——写作、编辑出版与评价指南》，由多年在内部使用的“皮书编辑体例”修改完善而成，正式出版于2016年，至2020年累计修订出版第四版。全书分皮书导论，皮书研创规范，皮书编辑出版规范，皮书发布与推广，皮书法律规范、权利责任与版权管理，皮书评价与评奖，皮书数字出版，皮书国际出版，共8个部分。

皮书评价

一项针对皮书内容质量和社会影响力等设计的一套主客观指标体系，是进行定量和定性计分测定的制度性安排。它是社会科学文献出版社经过多年探索总结形成的皮书品牌品控的有效手段之一，被纳入中国和社科院创新工程评价体系，并得到大多皮书研创机构的认同和采纳。《皮书手册——写作、编辑出版与评价指南》对皮书评价的指标体系、评价方法及程序、评价主体以及评价结果的使用等做了详细的规范性说明。

皮书奖

针对每年发行的皮书系列出版物设置的一种奖项，旨在激励皮书研创团队和编辑向社会发布更多优质皮书。皮书奖分优秀皮书奖和优秀皮书报告奖两大项，每项分一二三等次，连续出版3年以上的皮书均可参评。优秀皮书，优秀皮书报告则根据当年在皮书上发表的单篇报告参评。评奖具体工作由皮书出版方即社会科学文献出版社组织，先由社内组织专人根据对上年出版的全部皮书的评价计分结果按类比例进行初选，然后组织全国相关专家进行复评，终评由社科院科研局召集皮书学术委员会投票完成，最终结果上报中国社科院备案。获奖结果在每年召开的“全国皮书年会”上发布，奖项由社科文献出版社提供。

皮书网

皮书网（www. pishu. cn）皮书研创出版发布官方网站，由皮书出版者—社会科学文献出版社于 2015 年设置并召集运作。

皮书说

由社会科学文献出版社创建的服务于皮书研创出版和发布传播的微信公众号，客服号为皮皮子。皮书说从 2013 年开始运作，主要功能定位是对传统媒体传播渠道进行补充，以增加皮书内容的学术影响力。公众号突破传统的报道方式，在图片、文字、音视频等多模态传播上进行尝试，并不断拓展与用户和读者的互动。截至 2022 年 5 月皮书说微信公众号已拥有 5. 5 万粉丝数。

皮书致敬人物

2017 年 8 月在西宁“第十七次全国皮书年会”上，为纪念皮书专业化 20 年，社会科学文献出版社设定若干标准并按规范程序遴选推荐了 20 位对中国皮书发展做出特殊贡献的人物致以敬意。按姓氏笔画排列，他们分别是：蔡昉、陈光金、范广伟、黄茂兴、李闽榕、李培林、李扬、陆学艺、孙海悦、唐绪军、涂成林、汪同三、王爱丽、王健、王开玉、王力、王斯敏、王亚南、邬书林、吴大华、谢寿光、张季凤、郑麦荣。其中 3 位加框者已先后去世。

皮书博物馆

2017年社会科学文献出版社为纪念皮书专业化20年，专门在北京办公楼设立皮书博物馆，全面收集、整理、收藏了皮书问世以来所有的正式出版物、文献资料及广告宣传样品等。

皮书学术共同体

由皮书研创者、编辑出版及传播者自然形成的非正式组织的称谓，称皮书人、皮友（网络称谓），主要通过皮书研创出版传播活动形成连接，遵循皮书规范，以皮书年会、皮书高级研修班、皮书数据库、皮书网、皮书说微信公众号、《皮书研究》辑刊、《皮书通讯》（内刊）等为共同体的平台和载体。

皮书数据库

全名为中国与世界经济社会发展数据库，以知名图书品牌皮书系列为基础，持续整合当下中国与世界发展变迁的学术著作、智库报告、学术资讯、调研数据等形成的大型专业数据库，内容涉及经济、社会政法、地方发展、行业、国别区域与全球治理六大类别。截至2020年5月，数据规模总数50亿字，20余篇专题研究报告、1万余种图书、60余万张图片图表，涵盖中国34个省级行政区、20个区域经济体，200多个地级以上行政区，80余个国家和地区，涉及国家行业20个一级分类。有海内外近500家机构正式用户，个人用户近25万人。荣获包括政府出版奖提名奖在内的诸多奖项。

皮书主编

皮书研创的第一责任人，对皮书内容文本负全责。皮书主编本为职务行为，每部皮书主编一般不得超过 3 人，《皮书手册——写作、编辑出版与评价指南》对主编的任职资格条件和权利、义务做了明确规定。

皮书目录管理

社会科学文献出版社为推动皮书高质量发展，在原有皮书准入、退出规定基础上，根据每年皮书质量评价结果所实施的一项制度。其原则是“控数量、调结构、补短板、提质量”，即每年按不超过 500 种的品种规模，根据上年出版的皮书评价结果公布目录，后未列入皮书目录的不得以皮书以名出版，新增皮书选题与淘汰退出皮书挂钩，有空额不允许新皮书选题进入准入论证程序。2020 年正式实施皮书目录管理后，首次公布的皮书目录共 465 种。

皮书准入

社会科学文献出版社对“皮书系列”出版物于 2008 年起实施的一项皮书选题论证制度。该制度规定，新申报皮书的出版选题，必须由出版社按分社或编辑中心与研创机构申领填写准入申请，经由皮书研究院组织的皮书编辑委员会论证通过后推入出版社编辑委员会论证程序，审查通过后皮书选题方可正式立项。

皮书年会

全称为“第“XX 次全国皮书年会”，由社会科学文献出版社发起，联合皮书研创机构组织的皮书研创出版传播者的年度盛会。首次会议于2000 年 8 月在辽宁省葫芦岛市召开，会议名称为“中国经济社会形势分析与预测暨全国皮书工作研讨会”，由中国社会科学院科研局、辽宁省社会科学院、社会科学文献出版社和葫芦岛市委、市政府联合主办，近 50 人出席。首次会议取得成功会后决定每年都在 8、9 月份举办一次。从2011 年 8 月安徽合肥召开的第十二次全国皮书年会起，主办方升格为中国社会科学院。2018 年 8 月在青海西宁召开的“第十八次皮书年会”主题是“皮书专业化二十年”，时任中国社科院院长王伟光、青海省人民政府省长王建华等数位省部级现任领导出席开幕式，参会人数突破 500 人。2019 年 8 月在哈尔滨召开了“第二十次全国皮书年会”，时任中国社会科学院院长谢伏瞻、黑龙江省委书记张庄伟等领导出席开幕式，并设置专门仪式，隆重致敬了 20 年来为皮书年会做出突出贡献的 20 位（家）个人和单位。皮书年会已成为皮书学术共同体建设的重要平台，是所有皮书人、“皮友”的学术嘉年华。

皮书课题组

皮书研创团队的基本组织方式，由皮书研创机构中若干专门人员组成，具体负责皮书的总体设计。总报告和重要报告的研究和撰写以及全书的研究组织和协调工作。课题组组长通常由学科或该研究领域的知名专家担任。是皮书研创的实际负责人，一般担任主编或副主编，课题组主要成员应相对固定。

皮书总报告

皮书是由若干相关主题或专题研究报告聚合而成的专著，一般由一个总报告若干分报告或专题报告组成。总报告是全书的核心，代表研创机构或主编对该研究领域或主题的基本观点，它在很大程度上决定了该皮书的研究水平和质量。总报告字数一般在2万字以上，署名方式参照《皮书手册——写作、编辑出版与评价指南》(第四版)。

皮书扑克牌

社会科学文献出版社为皮书品牌推广设计推广的一种广告物品。《经济蓝皮书》《社会蓝皮书》封面分别设计为大小王，其他花色牌均为皮书系列图书中的核心皮书封面。皮书扑克牌自1999年首次发放以来，累计设计制订了数十种版本，总数超过100万副，在皮书宣传推广活动场所精准投放，深受皮书爱好者的欢迎，在皮书品牌建设中发挥了积极的作用。

皮　伞

皮书广告伞的简称。社会科学文献出版社为皮书品牌推广设计制订的一种功能性广告物品。伞面为蓝色，图案包含诸多皮书标识性元素，先后设计制作多种款式，累计在皮书年会和皮书宣传推广场所投放数万把。

皮书纸巾

2001年春天谢寿光在日本参加国际书展时，在街头发现有商家在街上免费发放面巾纸，外包装上带有商品广告。所以启发社会科学文献出版社，找厂家制作了一批包装上带有皮书标识的面巾纸，在中央党校学员餐厅、京西宾馆餐厅等皮书核心阅读人群中散发，达到预期的广告效果。

皮　水

皮书饮用水的简称。社科文献为推广皮书品牌向正规饮用水生产商订制的一款外带皮书广告贴的小瓶饮用水，长年用于与皮书推广活动有关的场所。

皮　历

皮书年历的简称。社科文献在创立皮书系列图书品牌早期就开始设计制作并持续逐年更新的一种年历记事本蓝色封面，每年更新有关皮书发展的内容，年底印制分发新版本。皮书年历的简称。

皮　袋

皮书简易手提袋的简称。蓝色用环保材料制作，印有皮书标识及广告，有多种规格，是皮书品牌推广的常用广告物品。

皮书旅行箱

社会科学文献出版社于 2019 年为纪念皮书年会 20 周年设计制作的一款以皮书为主题功能性旅行箱，以蓝皮书、绿皮书和黄皮书封面颜色为色调分为蓝、绿、黄三款。

皮书故事

一部以《杜仲绿皮书》研创出版发布，带动起杜仲产业发展为题材的皮书。反映皮书研创者、出版者精心协力打造皮书品牌，进而推动产业发展的故事影片。影片创作、出演和拍摄全部由社科文献出版员工完成，导演为时任副社长胡鹏光。影片于2011年1月在社科文献“迎新春暨年度总结表彰大会”上正式上演。

皮书预处理

社会科学文献出版社为确保皮书的出版质量，在国家对出版程序规定的“三审三校”之前，设置了一个预处理环节，即皮书进入相关专业分社、编辑之前，统一由研究院根据皮书规范要求做预审并审查，通过后才正式进入专业编辑部门做“三审三校”。

皮书之歌

一首为《皮书的故事》影片创作谱写的主题之歌，作词为佟英磊，时任社科文献社会学编辑；作曲胡鹏光，时任社会科学文献出版社副社长；演唱者为社科文献合唱团。《皮书之歌》问世后，不仅在社科文献内部传唱，而且得到广大皮书人的高度认同，成为皮书的主题歌。

绚丽的梦想

——《蓝梦交响曲——皮书的故事》主题歌歌词

绿色、黄色、蓝色的海洋
历史、现在、未来的诗行
是它，用文字谱写
中国故事壮丽的篇章

人文、社科、经典的殿堂

智识、文献、学术的方向
是它，用岁月托起
你我年轻遥远的梦想

那是我们一生不变的理想
推动人文社科发展的巨浪
规范，在这里凝练
智库，在这里翱翔
我们从不停歇
挥洒理想在学术领域每个地方
我们从不放弃
推动社科文献梦绚丽绽放

追求、开拓、前沿的声响
青春、奋斗、拼搏的力量
我们，用生命铸就
人文社科跨时代的辉煌

用心、专业、坚强的臂膀
创新、共享、宽广的胸膛
我们，用灵魂托起
中国学术飞翔的翅膀

那是我们凝注心血的梦想
推动中华文明传遍四方
思想，在这里书写
学术，在这里闪光

我们从不停歇
挥洒理想在学术领域每个地方
我们从不放弃
推动社科文献梦绚丽绽放

附录二
皮书大事记*

1990年

按照中央领导指示，中国社会科学院成立课题组，对中国经济形势进行分析与预测，同年底，《1991 年中国经济形势分析与预测》成果作为内部出版物印制传阅，封面为蓝色，简称蓝皮书。

1991年

11 月　《1992 年中国：经济形势分析与预测》首次以公开出版物的形式发行，开启皮书出版之路。“中国经济形势分析与预测”课题组的研究成果在国内外产生了重大影响，为中央宏观经济决策提供了科学的参考依据。

---

* 皮书大事记根据皮书研究院整理的“皮书大事记”为底稿，收录本书时，作者做了部分修订。

1992年

由中国社科院组织研制的《社会蓝皮书：中国社会形势分析与预测》《农村绿皮书：农村经济形势分析与预测》持续正式出版。

1996年

11 月　《1997 年：中国经济形势分析与预测》正式由社会科学文献出版社出版发行。由广东一民营书商主导发行，封面加腰封：1997：中国经济。

1997年

9 月　谢寿光调入社会科学文献出版社，任副社长兼副总编，主持日常工作，开启了皮书市场化、专业化、品牌化运作之路。

12 月　《经济蓝皮书：1998 年中国经济形势分析与预测》《社会蓝皮书：1998 年中国社会形势分析与预测》，持续以全新的开本和装帧设计正式出版。

1998年

12 月　《1998 年：中国经济形势分析与预测》被中国书刊发行业协会评选委员会评选为第十一批全国优秀畅销书（经济类）。

1999年

1月　社会科学文献出版社公开出版发行的皮书达10种。

2000年

8月　由社会科学文献出版社主办，辽宁省社会科学院、中共葫芦岛市委、葫芦岛市政府承办的“首次全国皮书工作会议”在辽宁省葫芦岛市召开，首开皮书工作研讨会先河。本次会议以“规范皮书原创，维护皮书品牌”为主题，“皮书”作为一个名词正式确立，开始从社会科学文献出版社内部使用的工作词语上升为一个专门的概念，作为一种学术成果出版形态进入公共话语体系。

2000年

12月　社会科学文献出版社出版的《2001年：中国经济形势分析与预测》《2001年：中国社会形势分析与预测》等5种图书被中国书刊发行业协会评选委员会评选为第十三批全国优秀畅销书。其中，《2001年：中国经济形势分析与预测》荣登全国十大社科类优秀畅销书第七名。

2001年

8月　“第二次全国皮书工作会议”在山东泰安举行。

皮书形成“分析与预测”“发展报告”“学术前沿报告”三大产品系列，成为社会科学文献出版社的标志性产品之一。

2002年

8月10~11日 “2002年中国经济社会形势分析与预测暨第三次全国皮书工作会议”在浙江省湖州市举行。会议主要对2002年全国经济社会形势进行分析与预测，总结、交流各省市蓝皮书编撰工作经验并讨论全国蓝皮书编撰工作的合作机制。中国社会科学院学术委员会委员陆学艺、中国社会科学院数量经济与技术经济研究所所长汪同三、国务院发展研究中心社会发展部部长丁宁宁分别对2002年的中国社会、经济形势做了分析与预测报告。

11月 社会科学文献出版社成立皮书事业部，专门负责皮书的编辑与出版。

2003年

9月 由社会科学文献出版社主办、上海社会科学院承办的“2003年经济形势分析与预测暨全国蓝皮书年会”在上海召开，这是第四次皮书工作会议，会议的主题是“探讨皮书的特征和特性问题以及如何进一步科学规范皮书”。“经济形势分析与预测”课题组负责人、中国社会科学院数量经济与技术经济研究所所长汪同三，“社会形势分析与预测”课题组负责人、中国社会科学院学术委员会委员陆学艺等专家分别就2003年前8个月的经济运行态势、社会发展状况，以及当前经济是否过热、当前社会中存在的突出矛盾等问题做了专题演讲。在本次会议上，谢寿光社长首次对皮书的定义进行了阐释。

2003年12月，皮书首次开发出版数据库光盘（SSDB），光盘首先随2004年“经济蓝皮书”和“社会蓝皮书”免费赠送，此后每册皮书均免费附带光盘。该光盘实现了不同年份皮书的智能累加与检索，大大提高了皮书使用的便捷性。“皮书系列”的数字出版之路开启。

2004年

7月17~19日　由社会科学文献出版社主办、黑龙江省社会科学院联合承办的“全国第五次皮书工作会议暨中国经济社会形势报告会”在黑龙江省哈尔滨市召开。“中国经济形势分析与预测”课题组负责人、中国社会科学院数量经济与技术经济研究所所长汪同三，“中国社会形势分析与预测”课题组负责人、中国社会科学院研究员陆学艺、李培林等，在会上分别就2004年前6个月的经济运行态势、社会发展状况，以及当前经济是否过热、当前社会中存在的突出矛盾等问题做了专题演讲。

2005年

5月19日　中国社会科学院党组向中共中央常委汇报工作时，将社会科学文献出版社的皮书作为值得提及的贡献，皮书成为中国社会科学院的学术品牌。

7月　社会科学文献出版社重组皮书事业部，成立皮书出版中心。

8月15~17日　由社会科学文献出版社主办、河南省社会科学院承办的“第六次全国经济形势分析与预测暨第六次全国皮书工作会议”在河南省郑州市举行。会议围绕如何进一步提升皮书的内在质量，明确皮书的内容特色和出版编辑的技术规范进行了研讨。中国社会科学院数量经济与技术经济研究所所长汪同三和中国社会科学院社会学所所长李培林分别就当前中国经济和社会的状况及运行态势作了专题报告。在本次会议上，皮书的定义有了较为完整的表述。

12日　中国皮书网（www. pishu. cn）开通，为皮书的编创、出版、信息发布、媒体报道、读者查询购买等提供了一个全方位的服务平台。

2006年

2日 皮书LOGO以及“经济蓝皮书”“社会蓝皮书”等皮书名称在国家工商行政管理总局商标局登记注册，社会科学文献出版社合法拥有了其商标专用权。自2007年版皮书起，皮书开始刊登保护商标专有权的法律声明。

8月12~14日 由社会科学文献出版社主办、西北大学承办的“第七届全国经济社会形势分析与预测报告会暨第七次全国皮书工作会议”在陕西省西安市召开。会议围绕如何进一步提高皮书的质量，如何提升皮书品质，树立皮书品牌，增强皮书在国内外的影响力进行了研讨。同时，与会专家对由社会科学文献出版社起草的《皮书系列图书准入标准》《皮书技术标准及体例规范》《皮书系列准入标准若干说明》进行讨论，并提出修改、补充意见。本次皮书工作会议首次由高校承办。

8月 社会科学文献出版社和具有330年历史的荷兰博睿学术出版社签订协议，由该公司以中国社科院年度报告为名出版皮书英文版。

8月 社会科学文献出版社公开出版发行的皮书达50种。

10月13~15日 谢寿光社长在新闻出版总署举办的“中国数字出版年会”上做了《专业出版是数字出版的突破点》的主题演讲，引起与会领导及同行对我社数字出版的高度关注。新闻出版总署柳斌杰副署长在年会上对“皮书系列”SSDB3.0产品给予了高度赞赏。

12月 社会科学文献出版社组建皮书文稿编辑室，负责皮书的编辑工作。皮书文稿编辑室隶属于皮书出版中心。

2007年

1月 社会科学文献出版社公开出版发行的皮书达100种。

5 月　在上海市“第八次图书节”期间，上海市图书馆专门举办了为期一个月的“皮书展”。

5 月　社会科学文献出版社第 1 本英文版皮书：《环境绿皮书——中国的环境危局与突围》由荷兰博睿学术出版社出版，并在全球范围公开发行。该书的出版标志着我社的国际化战略步入快速发展时期。

7 月　皮书数据库个人用户版建成发布，数据库雏形初具。

8 月 24~26 日　由社会科学文献出版社主办、深圳市社会科学院承办的“2007 年中国经济社会形势分析暨第八次全国皮书工作研讨会”在广东省深圳市召开。本次会议的主题是“皮书的功能及社会影响”。深圳市市委宣传部副部长吴忠、深圳市社科院院长乐正、中国社会科学院数量经济与技术经济研究所所长汪同三、中国社会科学院社会学所所长李培林出席了会议。在本次会议上，《皮书操作手册》（内部版）正式发布，以此来规范皮书的编撰格式和装帧设计。会议提出，“皮书系列”已经成为一种新的出版型态。

8 月 30 日　社会科学文献出版社与荷兰博睿学术出版社在中国国际展览中心联合签署了“框架合作协议”与“合作出版协议”，与我社以“中国社会科学院年度报告系列丛书”为总名合作出版“皮书系列”英文版。这不仅是我社在“走出去”的道路上迈出的成功一步，也标志着“皮书”系列将带着中国发展改革过程中的最真实数据，走到世界读者面前。

11 日　在 CSSCI 指导委员会第七次会议上，经过引文数据的定量评价和专家、学者的定性评价，“社会蓝皮书”成为来源集刊。

2008年

4 日　社会科学文献出版社出版的《人口与劳动绿皮书：中国人口与劳动发展报告 No. 8》入选新闻出版总署第二届“三个一百”原创图书出版工程。

2008年

5月 中国社会科学院常务副院长王伟光听取了社会科学文献出版社关于进一步加强“皮书系列”编写、出版工作的报告后指出，要把“皮书系列”品牌建设纳入中国社会科学院哲学社会科学创新体系建设的一个重要组成部分，把“皮书系列”打造成一个国家工程，为发挥社科院的“智囊团”“思想库”作用开辟更广阔的路径，并鼓励开展皮书评奖活动。

8月 社会科学文献出版社与荷兰博睿学术出版社合作出版的《环境绿皮书——中国的环境危局与突围》（英文版）荣获由国际合作出版工作委员会、中国出版科学研究所、中国出版工作者协会、出版参考杂志社联合颁发的“2007年度输出版优秀图书奖”。

9月19~20日 由社会科学文献出版社主办、广西社会科学院承办的“中国经济社会形势分析和预测报告会暨第九次全国皮书工作研讨会”在广西南宁市召开。本次会议的主题是“加强皮书品牌化建设，规范皮书编写出版”。中国社会科学院数量经济与技术经济研究所所长汪同三、中国社会科学院社会学所所长李培林、广西壮族自治区党委宣传部部务委员李海荣以及广西社会科学院院长吕余生等领导和专家出席了会议。会议正式颁布了皮书系列准入标准。

10月15日 社会科学文献出版社第一本韩文版皮书——《房地产发展报告（2007~2008）》由韩国数字传媒研究中心出版，并在韩国发行。

10月 在由中国出版工作者协会、中国出版科学研究所组织的“2008全国出版业网站评选”中，中国皮书网荣获“最具商业价值网站奖”。

11月 为了更好地服务机构用户，社会科学文献出版社推出了皮书数据库机构版。同年，随着皮书数据库产品建设日趋成熟并逐步进入销售市场，随书附赠的电子光盘被面值100元的皮书数据库阅读卡取代。

2009年

1月 皮书评价研究中心成立，这是出版业内成立的首家对一个图书品牌进行日常评价与发展研究的部门。主要从事皮书的评估、研究及组织皮书年度学术研讨会等工作，负责制定全社皮书出版的长期计划和年度计划。

5月15日 上午，皮书数据库（机构用户版）网络版在第五届深圳文博会期间举行的“中国社会科学院皮书数据库发布会”上正式发布。

7月9日 皮书数据库在“第三届中国数字博览会”上荣获“2008~2009年度数字出版知名品牌奖”。

8月14~16日 由社会科学文献出版社主办、辽宁省社会科学院承办的“2009年中国经济社会形势分析和预测暨第十次全国皮书工作研讨会”在辽宁省沈阳市和丹东市召开。本次会议的主题是“中国皮书发展十年：品牌与创新之路”。这是继第一届之后，皮书工作研讨会又一次在辽宁召开。中国社会科学院副院长李扬、辽宁省委宣传部常务副部长马祥图、中国社会科学院数量经济与技术经济研究所所长汪同三、中国社会科学院社会学所所长李培林等领导和专家出席了会议。中国社会科学院院领导首次参加皮书工作会议。

8月 首届“优秀皮书奖”颁发。“农村经济绿皮书”“经济信息绿皮书”获得“最佳经济类皮书奖”，“法治蓝皮书”“教育蓝皮书”获得“最佳政法社会类皮书奖”，“世界经济黄皮书”“越南蓝皮书”获得“最佳国际类皮书奖”，“区域蓝皮书”“辽宁蓝皮书”获得“最佳区域类皮书奖”，“城市竞争力蓝皮书”“中国省域竞争力蓝皮书”获得“最佳影响力奖”，“经济蓝皮书”“社会蓝皮书”获得“最佳品牌奖”，《2009年中国大学生就业报告》《中国经济发展和体制改革报告 No. 1》《中国商业发展报告（2008~2009）》获得“2009年度皮书创新奖”。

10月 由德国阿登纳基金会、社会科学文献出版社、荷兰博睿学术出版社共同主办的，中国著名学者汪同三和蔡昉学术演讲活动在法兰克福书展中国主题馆举行，皮书英文版参与展示。这是皮书系列作者向海外学术界及海外读者介绍中国经济发展与中国学术思想的一次重要活动。

12 月 从“经济蓝皮书”开始的 2010 年度皮书系列中，每本纸质皮书附赠的产品从先前的电子光盘变为更具价值的皮书数据库阅读卡。

2009年

社会科学文献出版社第一本俄文版皮书——《2008 年中国经济形势分析与预测》由俄罗斯科学出版社出版，并在俄罗斯发行。

2010年

5 月 中国皮书网正式改版上线。中国皮书网作为皮书系列出版物数字化的支持平台、皮书信息的发布和展示平台、与各皮书课题组开展互动交流的网络平台，在皮书系列的宣传和推广上发挥了重要作用。

9 月 10 日 社会科学文献出版社成立了“皮书学术委员会”，王国刚等 17 位知名专家学者受聘担任第一届学术委员会委员，对全国的皮书进行指导，进一步规范皮书的准入标准，不断完善皮书的评价指标和评估。

9 月 18~19 日 由社会科学文献出版社主办，福建师范大学、福建省政府发展研究中心承办的“2010 年中国经济社会形势报告会暨第十一次全国皮书工作研讨会”在福建福州举行。本次会议的主题是“皮书价值的实现：皮书出版的创新与转型”。出席会议的专家学者和编辑首次达 300 人。

2011年

2 月 由中国社会科学院主办的“2011 年全国皮书主编会”在北京

京西宾馆举行。本次会议以“皮书研创、出版、发布的规范与创新”为主题，围绕贯彻落实中国社会科学院院长陈奎元和常务副院长王伟光关于加强皮书研创、出版和发布的指示精神，中国社会科学院和原新闻出版广电总局领导、各皮书课题组、出版社就全面规范皮书的研创、出版和发布工作，大力提高皮书内容质量，强化皮书系列的整体品牌效应等方面达成了共识。会议通过了《皮书主编工作条例》和《皮书编辑出版工作条例》。这次会议标志着皮书及皮书研创出版从一个具体出版单位的出版产品和出版活动上升为由中国社会科学院牵头的国家哲学社会科学智库和创新活动。

3 月　整合个人用户版、机构用户版的皮书数据库（二期）上线运营，在产品建设理念、技术平台建设方面取得了质的飞跃。

3 月　《皮书主编工作条例》和《皮书编辑出版工作条例》正式颁布实施，成为皮书研创、编辑的重要操作规范之一，为皮书内容质量的提升起到了积极推动作用。

5 月　社会科学文献出版社公开出版发行的皮书达 200 种。

8 月 26~27 日　由中国社会科学院主办，社会科学文献出版社、安徽省合肥市政协、安徽省社会科学院共同承办的“第十二次全国皮书年会”在合肥举行。本次会议的主题是“皮书研创出版的结构优化和分类管理”。中国社会科学院副院长李扬、安徽省社会科学院院长陆勤毅、中共合肥市市长吴存荣、中国社会科学院社会学所所长李培林、社会科学文献出版社社长谢寿光等领导和专家出席了会议。本次皮书工作会议首次升格为由中国社会科学院主办，并决定自 2011 年起，将往届会议名称“皮书工作研讨会”正式更名为“皮书年会”。

8 月　第二届优秀皮书奖颁发，《经济蓝皮书：2010 年中国经济形势分析与预测》《世界经济黄皮书：2010 年世界经济形势分析与预》等 10 种皮书获得“优秀皮书奖”，《农村经济绿皮书：中国农村经济形势分析与预测（2009~2010）》《人口与劳动绿皮书：中国人口与劳动问题报告

No. 11》等 20 种皮书获得“优秀皮书奖·提名奖”。

11 月 在中国出版协会和中国新闻出版研究院主办的“2011 年第五届全国新闻出版业网站年会”上，中国皮书网在 2011 年全国新闻出版业网站荣誉评选中荣获“2011 最具商业价值网站”。社会科学文献出版社新版英文网站获得“2011 年出版业最具发展潜力网站”的荣誉称号。

12 日 皮书系列正式列入新闻出版总署“十二五”国家重点出版规划项目，并有《经济蓝皮书》《社会蓝皮书》等 40 余种精品皮书入选由中国社会科学院承担的“国家哲学社会科学创新工程”项目。

2012年

4 月 社会科学文献出版社与荷兰博睿学术出版社联合组织邀请中国社会科学院欧洲研究所所长、“欧洲蓝皮书”主编周弘，中国社会科学院社会学所所长、“社会蓝皮书”主编李培林在荷兰莱顿大学进行专题演讲。

4 月 在伦敦书展期间社会科学文献出版社发布了《中国金融发展报告》《应对气候变化报告》《全球政治与安全》等英文版皮书，并举办了“全球经济失衡与中国发展”的主题学术活动。中国社会科学院副院长李扬出席会议并发表了题为“全球经济失衡与中国经济发展”的主题演讲，中国社会科学院社会学所所长李培林、中国社会科学院财经战略研究院院长高培勇、中国社会科学院世界经济与政治研究所所长张宇燕等专家学者参加了活动。

6 月 社会科学文献出版社第一本繁体版皮书《香港发展报告（2012）》由中国和平图书有限公司（香港）出版，并在港澳台地区和海外华人华侨聚居区发行。

9 月 社会科学文献出版社成立了“第二届皮书学术委员会”，进一步规范皮书的准入标准，不断促进皮书的研创质量。

9 月　社会科学文献出版社公开出版发行的皮书达 300 种。

9 月 21～22 日　由中国社会科学院主办，社会科学文献出版社和江西省社会科学院共同承办的“第十三次全国皮书年会（2012）”在江西南昌隆重举行。本届年会的主题是“皮书的内容创新与学术规范”。中国社会科学院常务副院长王伟光，江西省委常委、常务副省长凌成兴，中国社会科学院副院长李扬，全国哲学社会科学规划办副主任赵川东，江西省社会科学院院长汪玉奇，中国社会科学院社会学研究所所长李培林，社会科学文献出版社社长谢寿光等领导和专家出席了会议。与会课题组代表围绕“皮书的内容创新与出版规范”这一主题进行热烈讨论，并取得了丰硕的研讨成果。

9 月　继 2009 年、2011 年颁发“优秀皮书奖”后，第三届“优秀皮书奖”首次对皮书中的单篇报告进行了评选。本次评奖工作是经皮书主编或课题组推荐，2009～2011 年出版的 436 种皮书、8000 篇报告中推选出 356 篇参与评奖。其中《加速转型中的中国城镇化与城市发展》《全国省域经济综合竞争力总体评价报告》《中国经济形势分析与预测——2010 年秋季报告》等 11 篇报告获得一等奖，《中国的低生育水平及有关认识问题》《西部经济十年发展报告及 2009 年经济形势预测》等 22 篇报告获得二等奖。

12 月　《中国社会科学院皮书资助规定（试行）》颁布执行。

12 月　在由中国出版协会、中国新闻出版研究院主办的 2012 全国新闻出版业网站年会上，中国皮书网在 2012 年全国新闻出版业网站系列荣誉评选中荣获“出版业网站百强”。

社会科学文献出版社第一本日文版皮书——《低碳经济发展报告（2011）》由日本密涅瓦出版社出版，并在日本发行。

皮书评价研究中心在实践的基础上，对皮书内容质量评价指标不断进行摸索和修正，修改后的评价指标包括：研究主题价值与意义、编写体例、内容质量（科学性、实证性、前沿性、时效性、专业性）、评价评级加分、重复率减分。实现指标分级、皮书分类评价、并将重复率评价引入强调学术道德。针对皮书的特点开始实行差异化评价。

2013年

3月　为进一步加强皮书学术规范，提升皮书质量，维护好皮书品牌，社会科学文献出版社制定并颁布了《关于严格控制皮书内容重复率的规定》。该规定指出，皮书内容重复率合格标准为，整本皮书和单篇报告中引用政府公文、媒体报道、他人论文、著作，作者本人已发表或部分发表报告的字数占该报告总字数的百分比不超过15%。

2013年

3月22日　社会科学文献出版社与荷兰博睿学术出版社在美国共同举办了“中国研究视角系列图书的发布会暨招待会”，发布了《人口与劳动绿皮书》《环境绿皮书》《教育蓝皮书》等书的英文版。

6月　由中国社会科学院科研局主办的“2013年度中国社会科学院皮书工作会议”在京举行。中国社会科学院副秘书长、科研局局长晋保平，科研局副局长朝克，科研局成果处处长薛增朝，美国研究所、农村发展研究所、社会学研究所、宗教研究所等获得皮书资助的皮书主编和所属研究所科研处领导，以及社会科学文献出版社皮书相关领导近80人参加了本次会议。晋保平副秘书长、薛增朝处长、谢寿光社长以及部分皮书主编围绕皮书资助、成果发布、出版管理等内容进行了发言。会议公布了2013年拟资助的40种皮书名单。

7月　在第五届中国数字出版博览会上，皮书数据库荣获“2012～2013年度数字出版·优秀品牌”奖。

8月24～25日　由中国社会科学院主办，甘肃省社会科学院、社会科学文献出版社共同承办的“第十四次全国皮书年会（2013）”在甘肃省兰州市隆重召开。本次会议的主题是“皮书研创与智库建设”。中国社会科学院副院长李扬、李培林，国家新闻出版广电总局副局长邬书林，甘肃省省委常委、宣传部部长连辑，国家哲学社会科学规划办副主任姜培茂，中国社会科学院副秘书长、科研局局长晋保平，甘肃省委宣传部副部长、甘肃社会科学院书记范鹏，甘肃省社会科学院院长王福生，社会科学文献出版社社长谢寿光等领导和专家出席了会议。与会课题组代表围绕皮书研创与智库建设、一流智库建设与皮书研创、地方智库创新与皮书研创、高校智库功能与皮书研创、智库影响力与皮书研创、文化大繁荣与智库影响力等主题进行热烈讨论，就如何研创高质量的皮书，建设一流智库达成了高度的共识，各皮书课题组将加强合作，共同推动全球智库交流和推广平台的建立。

8月　第四届优秀皮书奖颁发，《社会蓝皮书：2012 年中国社会形势分析与预测》《温州蓝皮书：2012 年温州经济社会形势分析与预测》等 9 种皮书获得一等奖；《新媒体蓝皮书：中国新媒体发展报告 No. 3（2012）》《广州蓝皮书：2012 年中国广州社会形势分析与预测》等 15 种皮书获得二等奖；《河南经济蓝皮书：2012 年河南经济形势分析与预测》《拉美黄皮书：拉丁美洲和加勒比发展报告（2011~2012）》等 12 种皮书获得三等奖。

8月　为了进一步提高皮书的质量，扩大影响，把中国社会科学院关于皮书科研管理和科研创新的机制推广到院外皮书的研创出版中，应广大院外皮书课题组的要求，《院外皮书使用中国社会科学院创新工程学术出版项目标识的规定（试行）》于 2013 年 8 月 9 日正式颁布实施，择优、分批分步在院外皮书上标注“中国社会科学院创新工程学术出版项目”字样。

8月　《气候变化绿皮书——中国应对气候变化的政策与行动》（英文版）荣获由中国出版协会、国际合作工作委员会、中国新闻出版研究院、出版参考杂志社联合颁发的“2012 年度输出版优秀图书奖”。

皮书数据库荣获“第三届中国出版政府奖·网络出版物奖”提名奖。

皮书评价的媒体影响力指标进行了再次调整，相对完善。按照媒体的性质分传统媒体影响力、新媒体影响力、学术期刊影响力三项指标。

2014年

1 月 《食品安全绿皮书》《全面小康蓝皮书》等 44 种首批淘汰皮书名单公布。此后，为加强皮书的日常化管理，出版社将根据皮书评价结果、皮书连续出版情况，定期公布皮书淘汰名录。

1 月 “2013（第七届）全国新闻出版业网站年会”在北京举办，本届年会以“战略制胜　管理创新”为主题。中国皮书网获“最具商业价值网站”。

1 月 社会科学文献出版社在原皮书评价研究中心的基础上组建了皮书研究院，作为皮书品牌的品控机构全面统筹皮书学术规范、评价评奖、品牌发展等管理工作。

3 月 28 日 社会科学文献出版社与福建师范大学、联合国大学在美国纽约联合国大厦共同举办了“利用创新：培育国家创新竞争力以推动全球发展”国际学术研讨会。会上发布了由福建师范大学经济学院研创、社会科学文献出版社和施普林格出版集团联合出版的《世界创新竞争力发展报告》（英文版）。联合国副秘书长大卫·马龙博士出席并主持了会议开幕式。来自联合国机构、部分国家驻联合国使团、一些国家高校和著名智库、中国社会科学院、福建师范大学等机构人员参加了本次研讨会。

3 月 28 日 社会科学文献出版社联合荷兰博睿学术出版社和美国东方瞭望信息服务集团公司在美国费城亚洲年会上共同举办了“2014 年社会科学文献出版社外文出版物发布暨招待会”，发布了《人口与劳动绿皮书》《低碳发展蓝皮书》《社会蓝皮书》《环境绿皮书》《教育蓝皮书》

《气候变化绿皮书》等书的英文版。

4 月 出台《社会科学文献出版社关于加强皮书编审工作的有关规定》《社会科学文献出版社皮书责任编辑管理规定》《社会科学文献出版社关于皮书准入与退出的若干规定》，为严格把关皮书质量，提高皮书的专业性提供了规范。

5 月 全面升级完善的新版皮书数据库上线。新版皮书数据库基于学术研究脉络构建子库产品，追踪社会热点推出学术专题，依托皮书研创力量建设学术共同体，提供以满足用户需求为目标的文献查询和知识服务。

6 月 社会科学文献出版社与北京报刊发行局签订合同，将部分重点皮书纳入邮政发行系统。2015 年起，《经济蓝皮书》《社会蓝皮书》等 65 本皮书获得邮发号码正式进入全国邮发征订目录。此举不仅有利于出版社构建完整的图书发行综合服务平台，更好地服务公共文化传播和文化产业发展，而且能够及时有效地向读者传递我国经济、社会、文化传媒、行业及国别与地区发展的最新动态，进一步扩大皮书的品牌影响力。

6 月 《中国社会科学院皮书管理办法》正式颁布实施。《中国社会科学院皮书管理办法》对中国社会科学院创新工程皮书资助、院外皮书使用创新工程标识、皮书成果发布等进行了规范。

6 月 社会科学文献出版社公开出版发行的皮书达 400 种。

7 月 22 日 第三届皮书学术评审委员会成立仪式暨第五届“优秀皮书奖”评审会在京召开。中国社会科学院副院长李扬、副院长李培林、国家新闻出版广电总局原副局长、中国出版协会常务副理事长邬书林、中国社会科学院科研局局长马援等领导参加了本次会议。本届优秀皮书奖首次同时评选优秀皮书和优秀皮书报告。经分学科评审和大会汇评，最终匿名投票评选出第六届“优秀皮书奖”和“优秀皮书报告奖”各 39 个。此外，该委员会还根据《中国社会科学院皮书管理办法》，审议并投票评选出 2014 年纳入中国社会科学院创新工程项目的皮书和 2015 年使用“中国社会科学院创新工程学术出版项目”标识的院外皮书。

8月 《私营企业蓝皮书》《宜居城市蓝皮书》等27种第二批淘汰皮书名单公布。

8月15~16日 由中国社会科学院主办，贵州省社会科学院、社会科学文献出版社承办的“第十五次全国皮书年会（2014）”在贵州省贵阳市隆重召开。本次会议的主题是“大数据时代的皮书研创”。中国社会科学院副院长李扬，贵州省副省长何力，贵州省政协副主席孔令中，国家新闻出版广电总局原副总局长、中国出版协会常务副理事长邬书林，全国哲学社会科学规划办公室副主任姜培茂，社会科学文献出版社社长谢寿光，贵州省社会科学院党委书记金安江，贵州省社会科学院院长吴大华，中国社会科学院科研局副局长陈文学，国家新闻出版广电总局出版管理司副巡视员袁越伦等领导和专家出席了会议。会议围绕“大数据时代的皮书研创”进行了充分的讨论。

8月 第五届优秀皮书奖颁发。自本届开始，“优秀皮书奖”每年同时评选优秀皮书和优秀皮书报告。《经济蓝皮书：2013年中国经济形势分析与预测》《北京蓝皮书：北京公共服务发展报告（2012~2013）》等8种皮书获得“优秀皮书奖”一等奖；《亚太蓝皮书：亚太地区发展报告（2013）》《反腐倡廉蓝皮书：中国反腐倡廉建设报告 No. 3》等13种皮书获得“优秀皮书奖”二等奖；《宏观经济蓝皮书：中国经济增长报告（2012~2013）》《华侨华人蓝皮书：华侨华人研究报告（2013）》等18种皮书获得“优秀皮书奖”三等奖；《推进农业转移人口市民化的总体战略》《从高速增长转向高效增长：经济转型和供给机制改革》等8篇报告获得“优秀皮书奖报告奖”一等奖；《前景广阔的中国移动互联网》《工资上涨的两难：干预市场还是矫正市场》等13篇报告获得“优秀皮书奖报告奖”二等奖；《我国社会信用体系建设的总体分析》《积极应对人口老龄化成为中央的战略部署》等18篇报告获得“优秀皮书奖报告奖”三等奖。

10月 皮书数据库和列国志数据库双获由北京市新闻出版广电总局

颁发的“音像、电子、网络出版物奖励扶持专项资金”。

10月27日 中国社会科学院2014年度纳入创新工程后期资助名单正式公布，相关资助措施进一步落实。《社会蓝皮书：2014年中国社会形势分析与预测》等42种皮书纳入2014年度“中国社会科学院创新工程学术出版资助项目”。

12月 社会科学文献出版社在皮书出版中心的基础上成立皮书出版分社，全面负责我社皮书品牌维护及策划、管理工作。

2015年

3月27日 社会科学文献出版社联合荷兰博睿学术出版社和美国东方瞭望信息服务集团公司在美国芝加哥亚洲年会上共同举办了“2015年社会科学文献出版社外文出版物发布暨招待会”，发布了《社会蓝皮书》《气候变化绿皮书》等书的英文版。

4月28日 第三届皮书学术评审委员会第二次会议暨第六届“优秀皮书奖”评审会在京召开。中国社会科学院副院长李培林、蔡昉出席会议并讲话，国家新闻出版广电总局原副局长、中国出版协会常务副理事长邬书林等30位委员出席本次会议。经分学科评审和大会汇评，最终匿名投票评选出第六届“优秀皮书奖”和“优秀皮书报告奖”书目。此外，该委员会还根据《中国社会科学院皮书管理办法》，审议并投票评选出2015年纳入中国社会科学院创新工程项目的皮书和2016年使用“中国社会科学院创新工程学术出版项目”标识的院外皮书。

8月7~8日 由中国社会科学院主办，社会科学文献出版社和湖北大学共同承办的“第十六次全国皮书年会（2015）”在湖北省恩施州召开。本次会议的主题是“皮书研创与中国话语体系建设”。中国社会科学院副院长李培林，国家新闻出版广电总局原副总局长、中国出版协会常务副理事长邬书林，湖北省委宣传部副部长喻立平，中国社会科学院科研局局长马援，国家新闻出版广电总局出版管理司副司长许正明，中共恩施州委书记王海涛，社会科学文献出版社社长谢寿光，湖北大学党委书记刘建凡等领导和专家出席了会议。

8月 第六届优秀皮书奖在“第十六次全国皮书年会”上颁发。《法治蓝皮书：中国法治发展报告 No. 12（2014）》《京津冀蓝皮书：京津冀发展报告（2014）》等8种皮书获得“优秀皮书奖”一等奖；《房地产蓝皮书：中国房地产发展报告 No. 11（2014）》《日本经济蓝皮书：日本经济与中日经贸关系研究报告（2014）》等13种皮书获得“优秀皮书奖”二等奖；《教育蓝皮书：中国教育发展报告（2014）》《上海蓝皮书：上海经济发展报告（2014）》等18种皮书获得“优秀皮书奖”三等奖；《城市化率达到50%以后：拉美国家的经济、社会和政治转型》《国际人才在中国流动的壁垒与突破》等8篇报告获得“优秀皮书奖报告奖”一等奖；《安徽社会阶层结构的现状与发展趋势》《社会文化价值观与社会现状感知》等13篇报告获得“优秀皮书奖报告奖”二等奖；《科技背景下文化产业的业态裂变与跨界融合》《2013年幸福感调查报告——基于中国11个中心城市的调查》等18篇报告获得“优秀皮书奖报告奖”三等奖。

11月 《皮书手册：写作、编辑出版与评价指南》正式出版发行。该手册为皮书（智库报告）的写作、编辑、出版、评价提供了一整套通用规范。

11月3日 中国社会科学院2015年度纳入创新工程后期资助名单正式公布，《社会蓝皮书：2015年中国社会形势分析与预测》等41种皮书纳入2015年度“中国社会科学院创新工程学术出版资助项目”。

12月 社会科学文献出版社公开出版发行的皮书达500种，外文版皮书达100余种，涉及英文、韩文、俄文、日文，以及繁体版等。

皮书研究院对皮书内容质量评价指标进行再次调整，形成了一套比较完整的评价指标体系。调整后的评价指标包括：研究主题价值与意义、编写体例、内容质量（科学性、实证性、前沿性、时效性、专业性）、加分（评价评级、社会调查、模型预测）、重复率减分、下载率。突出数据的原创性以及数据分析的复杂性，同时添加了文献计量指标。

2016年

3月 皮书数据库荣获由中央网信办指导，人民网、新华网、中国网等联合举办的“搜索中国正能量 点赞2015”科技创新奖。

4月1日 社会科学文献出版社联合博睿学术出版社和美国东方瞭望信息服务集团公司在美国西雅图亚洲年会上共同举办了“2016年社会科学文献出版社外文出版物发布暨招待会”，发布了与博睿学术出版社合作出版的英文版皮书——《人口与劳动绿皮书》《环境绿皮书》《气候变化绿皮书》。此外，社会科学文献出版社与美国东方瞭望信息服务集团公司合作出版的第一本英文版皮书《测绘地理信息蓝皮书》也在本次招待会上发布。

4月20日 第四届皮书学术评审委员会成立仪式暨第七届“优秀皮书奖”评审会在京召开。第四届皮书学术评审委员会近30位委员参加了本次会议。中国社会科学院副院长蔡昉出席会议并讲话。会议分别由中国社会科学院科研局局长马援、社会科学文献出版社社长谢寿光、中国社会科学院科研局副局长张国春主持。会议举行了第四届皮书学术评审委员会成立仪式。经分学科评审和大会汇评，最终匿名投票评选出第七届“优秀皮书奖”和“优秀皮书报告奖”书目。此外，皮书学术评审委员会还根据《中国社会科学院皮书管理办法》，审议并投票评选出2016年纳入中国社会科学院创新工程项目的皮书和2017年使用“中国社会科学院创新工程学术出版项目”标识的院外皮书。

5月17日 国家新闻出版广电总局发布通知，实施《“十三五”国家重点图书、音像、电子出版物出版规划》。“皮书系列”入选“十三五”

国家重点出版规划项目，皮书数据库被列入电子出版物骨干工程。

5 月 25 日 中国社会科学院 2016 年度纳入创新工程后期资助名单正式公布，《社会蓝皮书：2016 年中国社会形势分析与预测》等 41 种皮书纳入 2016 年度“中国社会科学院创新工程学术出版资助项目”。

7 月 5 日 2017 年使用“中国社会科学院创新工程学术出版项目”标识的名单正式公布。《中国省域竞争力蓝皮书：中国省域经济综合竞争力发展报告》等 55 种皮书，自 2017 年 1 月 1 日起，使用该标识。

8 月 5~6 日 由中国社会科学院主办，社会科学文献出版社、河南省社会科学院、河南大学共同承办的“第十七次全国皮书年会（2016）：皮书研创出版”在河南省郑州市、开封市召开。本次会议的主题是“专业化与规范性”。中国社会科学院副院长蔡昉，河南省委常委、宣传部部长赵素萍，中国出版协会常务副理事长邬书林，中国社会科学院科研局局长马援，国家新闻出版广电总局出版管理司副司长许正明，社会科学文献出版社社长谢寿光，河南省社会科学院党委书记魏一明、院长张占仓，河南大学常务副书记赵国祥等领导和专家出席了会议。围绕会议主题进行了热烈的讨论，与会代表就如何提高皮书的专业化与规范性进行充分交流，并提出了建设性的意见，会议取得了丰硕的成果。

8 月 在本届年会上第七届优秀皮书奖颁发。《美国蓝皮书：美国研究报告（2015）》《北京蓝皮书：北京公共服务发展报告（2014~2015）》等 8 种皮书获得“优秀皮书奖”一等奖；《城市蓝皮书：中国城市发展报告 No. 8》《日本蓝皮书：日本研究报告（2015）》等 13 种皮书获得“优秀皮书奖”二等奖；《金融蓝皮书：中国金融发展报告（2015）》《德国蓝皮书：德国发展报告（2015）》等 17 种皮书获得“优秀皮书奖”三等奖；《“十三五”时期中国人口发展战略研究》《广州青年就业发展研究报告》等 8 篇报告获得“优秀皮书奖报告奖”一等奖；《2014~2015 年西北地区经济社会发展形势分析与预测》《宏观经济紧缩的财政制度基础》等 13 篇报告获得“优秀皮书奖报告奖”二等奖；《浦东新区综合配套改革试点中的政府职能转变情况评估》《新常态下的社会体制改革——2014～2015年黑龙江省社会形势分析与预测》等18篇报告获得“优秀皮书奖报告奖”三等奖。

9月，《煤炭市场蓝皮书》《“两化”融合蓝皮书》等46种第三批淘汰皮书名单公布。皮书退出机制常态化。

12月12～13日　第一期皮书研创高级研修班开班典礼在广州隆重举行。中国社会科学院新闻与传播研究所所长唐绪军、中国社会科学院社会学研究所所长陈光金、中国社会科学院欧洲研究所编审沈雁南，以及大数据领域专家中国社会科学院社会发展战略研究院副研究员陈华珊作为讲师代表参加开班典礼。社会科学文献出版社社长谢寿光、广州大学广州发展研究院院长涂成林代表主办方、承办方出席并致辞。广州市委宣传部副巡视员贺忠出席开班仪式。开班典礼由社会科学文献出版社副总编辑、皮书研究院院长蔡继辉主持。

12月20日　皮书研究院被授予“全国科普工作先进集体”称号。

12月　社会科学文献出版社公开出版发行的皮书达600种。

2017年

1月　随着微博、微信等新媒体在提升皮书社会影响力中起到了越来越重要的作用，皮书媒体影响力指标做了最新调整，增加了新媒体运营能力这一指标，该项指标重点考察了课题组运营微博、微信以及微信群的能力，对皮书的影响力传播渠道不断进行了挖掘。

4月12日　第四届皮书学术评审委员会第二次会议暨第八届“优秀皮书奖”评审会在京召开。第四届皮书学术评审委员会主任、中国社会科学院副院长李培林出席会议并讲话。中国社会科学院国际研究学部主任张蕴岭、中国人民大学副校长贺耀敏、贵州省社会科学院院长吴大华、北京师范大学经济与工商管理学院院长赖德胜等27位委员参加了本次会议。

经分学科评审和大会汇评，最终匿名投票评选出第八届“优秀皮书奖”和“优秀皮书报告奖”书目。此外，皮书学术评审委员会还根据《中国社会科学院皮书管理办法》，审议并投票评选出2017年纳入中国社会科学院创新工程项目的皮书和2018年使用“中国社会科学院创新工程学术出版项目”标识的院外皮书。

5月　《皮书手册：写作、编辑出版与评价指南》第二版正式出版发行。该手册在第一版的基础上，对皮书的写作、编辑、出版、评价进行了更为详细的指导。

为了实现皮书品牌的可持续发展，进一步提升皮书的学术影响力和社会影响力，搭建起皮书研创交流的新平台，推动中国特色新型智库建设，促进皮书类智库报告的研创、出版和传播，社会科学文献出版社于2017年5月举办了第二期皮书研创高级研修班，研修班侧重“皮书策划与智库平台建设”主题，邀请了长期参与和负责皮书研创的地方社科院系统、党校系统、高校系统专家，与55位学员与讲师面对面互动交流和讨论。

皮书在线投约稿平台建成，以此为基础，皮书数据库实现单篇智库报告的在线投约稿、编辑加工及在线优先出版。

随着“皮书”及LOGO进行商标注册的完成，社会科学文献出版社不断进行品牌保护，现保护类别已涵盖图书、数据库、出版服务等全品类。

7月　社会科学文献出版社启动皮书预审预处理工作。预审工作是编辑出版的前提，要决定稿件取舍，为学术传播把关；要向作者提出修改意见，提高稿件质量；要向文稿编辑提出审稿重点。

8月4~5日　由中国社会科学院主办，社会科学文献出版社、青海省社会科学院共同承办的“第十八次全国皮书年会（2017）”在青海省西宁市召开。中国社会科学院院长王伟光，青海省委副书记、省长王建军，国家新闻出版广电总局副局长吴尚之，青海省委常委、宣传部部长张西明，中国出版协会常务副理事长邬书林，国家哲学社会科学规划办公室主任余志远，青海省人民政府秘书长、办公厅主任张黄元，中国社会科学院国际合作局局长王镭，社会科学文献出版社社长谢寿光，青海省社会科学院院长陈玮等领导出席开幕式。与会代表围绕“皮书专业化二十年”的主题进行深入研讨和交流。中国社会科学院副院长李培林、蔡昉等 20 余位学者被授予“皮书专业化二十年·致敬人物”称号。

8 月 4 日　第八届优秀皮书奖在“第十八次全国皮书年会”上颁发。《美国蓝皮书：美国研究报告（2016）》《新媒体蓝皮书：中国新媒体发展报告 No. 7（2016）》等 9 种皮书获得“第八届优秀皮书奖”一等奖；《日本经济蓝皮书：日本经济与中日经贸关系研究报告（2016）》《德国蓝皮书：德国发展报告（2016）》等 14 种皮书获得“第八届优秀皮书奖”二等奖；《国际形势黄皮书：全球政治与安全报告（2016）》《俄罗斯黄皮书：俄罗斯发展报告（2016）》等 19 种皮书获得“第八届优秀皮书奖”三等奖。《2016 年大选：美国内政外交风向标》《广州市民间信仰及其管理办法调研报告》等 9 篇报告获得“第八届优秀皮书报告奖”一等奖；《难民危机对于德国政治、经济与社会的影响》《中国企业在非洲：成就、问题与对策》等 14 篇报告获得“第八届优秀皮书报告奖”二等奖；《英国脱欧公投与英欧关系：进程、结果与影响》《2015 年中亚形势及发展趋势》等 17 篇报告获得“第八届优秀皮书报告奖”三等奖。

2018年

3 月 15 ~ 16 日　“2017 年版皮书评价暨第九届优秀皮书报告奖复评会”在京召开。经济行业、社会政法等相关学科专家学者，核心期刊编辑、资深媒体人等 28 位评委出席本次评审会。会议依据《中国社会科学院皮书管理办法》，按照同行评审的要求，本着科学、客观、公正的原则，对 2017 年出版的 374 种皮书以及参评“第九届优秀皮书报告奖”的 332 篇候选报告进行了复评。中国社会科学院科研局局长马援、社会科学文献出版社社长谢寿光出席评审会开幕式并致辞，社会科学文献出版社副总编辑、皮书研究院院长蔡继辉主持评审会。

4月19~20日 由社会科学文献出版社、河南省社会科学院联合主办的题为“智库参与全球治理与‘一带一路’建设暨国别区域和全球治理类皮书的研创”的第三期皮书研创高级研修班在河南郑州举办。社会科学文献出版社社长谢寿光、河南省社会科学院副院长袁凯声代表主办方分别致辞，河南省社会科学院原院长张占仓、云南民族大学党委副书记刘荣作为代表讲师发言，中国社会科学院郑州市人民政府郑州研究院常务副院长郑秉文、郑州大学副校长张倩红出席开班典礼。

5月4日 2017年版皮书评价复核会在社会科学文献出版社金鼎召开，会议对部分皮书的研究主题的价值与意义、科学性、前沿性、出版时间和数据资料的时效性、加分项等主观指标，对同一系列的2016年版皮书与2017年版评价得分差别较大的皮书进行复核，以保证皮书评价得分的准确性和科学性。

6月8日 第五届皮书学术委员会成立仪式暨第一次全体会议、第九届优秀皮书奖终评会在京召开。第五届皮书学术委员会主任、中国社会科学院副院长李培林，副院长蔡昉出席会议并讲话。中国社会科学院社会学研究所所长陈光金、西南政法大学校长付子堂、中国人民大学副校长贺耀敏等26位委员参加了本次会议。经分学科评审和大会汇评，最终匿名投票评选出第九届“优秀皮书奖”和“优秀皮书报告奖”书目。此外，皮书学术评审委员会还根据《中国社会科学院皮书管理办法》，审议并投票评选出2018年纳入中国社会科学院创新工程项目的皮书和2019年使用“中国社会科学院创新工程学术出版项目”标识的院外皮书。会上，中国社会科学院副院长李培林、中国社会科学院科研局局长马援、社会科学文献出版社社长谢寿光共同为皮书博物馆揭牌，标志着皮书博物馆实体馆正式对外开放。

7月 《皮书手册：写作、编辑出版与评价指南》第三版正式出版发行。该手册对皮书的写作、编辑、出版、评价进行了更为详细的指导。

8月3日　第十九次全国皮书年会（2018）在山东省烟台市召开，会议由中国社会科学院主办，社会科学文献出版社、山东社会科学院和鲁东大学联合承办，本次年会的主题是“新时代的皮书：未来与趋势”。中国社会科学院副院长、党组副书记王京清，山东省副省长孙继业，中国社会科学院副院长、党组成员蔡昉，中国出版协会常务副理事长邬书林，山东省政协副主席、山东社会科学院党委书记唐洲雁，中国社会科学院科研局局长马援，社会科学文献出版社社长谢寿光，鲁东大学党委书记徐东升等领导出席开幕式。年会共设置了7个分论坛，各分论坛围绕各自的主题进行深入研讨，为新时代皮书的研创和智库平台的建设提供了思路和方向。

8月3日　第九届优秀皮书奖在“第十九次全国皮书年会”上颁发。《北京旅游绿皮书：北京旅游发展报告（2017）》《法治蓝皮书：中国法治发展报告（No. 15・2017）》等10种皮书获得“优秀皮书奖”一等奖；《城市蓝皮书：中国城市发展报告No. 10》《德国蓝皮书：德国发展报告（2017）》等15种皮书获得“优秀皮书奖”二等奖；《安徽蓝皮书：安徽社会发展报告（2017）》《房地产蓝皮书：中国房地产发展报告（No. 14・2017）》等24种皮书获得“优秀皮书奖”三等奖。《2016～2017年贵州法治发展现状及对策》《关注阶层心态，提高民众获得感》等10篇报告获得“优秀皮书报告奖”一等奖；《2016～2017年“三农”互联网金融发展：回顾、总结与展望》《2017年：山东省社会形势分析与预测》等13篇报告获得“优秀皮书报告奖”二等奖；《“安全文明”：非传统安全研究新视角》《2016～2017年中国区域经济发展形势与展望》等19篇报告获得“优秀皮书报告奖”三等奖。

11月26～28日　第四期全国皮书研创高级研修班在中共温州市委党校开班。研修班的主题为：提升行业类皮书研创质量，搭建全国性的行业研究交流新平台，加强行业研究的平台建设与人才培养，促进各行业领域的基础研究、智库报告等成果的研创、出版和传播，推动行业智库建设，提高各行业研究中心的建言咨政能力。为更好地发挥皮书主编的主体责任，在第四期皮书研创高级研修班的课程前增加了皮书主编论坛，召集相关领域的皮书主编就智库建设、智库成果专业化进行了一场思想的交锋。

12 月 2019 年版皮书封面设计正式采用软精装。软精装是相对于硬壳精装而言的一种软面精装形式，工艺相对复杂，且装帧更具特色。采用圆脊软精装形式，封面相对柔软，且为锁线装订，书籍可以直接摊开阅读，阅读体验更佳。同时，增加了前、后勒口，使书籍不易变形，翘曲。这些需要一定的设备条件方可制作，仿造成本提高，增加了盗版及模仿的难度，皮书品牌的国际化程度进一步加强。

2019年

3 月 7~8 日 “2018 年版皮书评价暨第十届优秀皮书报告奖复评会”在京召开。相关领域学者、行业专家、核心期刊编辑、资深媒体人等 32 位评委出席了本次评审会。依据《中国社会科学院皮书管理办法》的相关规定，按照同行评审的要求，本着科学、客观、公正的原则，评委们对 426 种 2018 年版皮书以及参评“第十届优秀皮书报告奖”的 407 篇候选报告进行了复评。中国社会科学院科研局局长马援、社会科学文献出版社社长谢寿光出席评审会开幕式并致辞，社会科学文献出版社副总编辑、皮书研究院院长蔡继辉主持评审会。

3 月 26 日 汽车类蓝皮书主编会议在社科文献蓝厅召开。谢寿光社长、蔡继辉副总编辑、汽车类蓝皮书课题组主编或代表、各部门汽车类蓝皮书项目负责人等 20 余人参加了会议。此次会议是第一次针对某一行业召开的专门讨论会议，旨在同各皮书课题组的主编们讨论交流，共同商讨汽车类皮书的未来规划，提升汽车类蓝皮书的质量。会议就规范汽车相关蓝皮书品牌信息、对汽车相关蓝皮书实施分类管理、进一步探索不同类别蓝皮书的研创规范、搭建不同类别蓝皮书的合作平台等议题进行研讨。

6月3日　第五届皮书学术委员会第二次全体会议暨第十届优秀皮书终评会在京召开。中国社会科学院副院长蔡昉、高培勇，中国人民大学副校长贺耀敏、贵州省社会科学院院长吴大华等28位学术委员会委员参加了本次会议。第五届皮书学术委员会主任李培林出席会议并讲话。经分学科评审和大会汇评，最终匿名投票评选出第十届“优秀皮书奖”和“优秀皮书报告奖”书目。此外，皮书学术评审委员会还根据《中国社会科学院皮书管理办法》，审议并投票评选出2020年纳入中国社会科学院创新工程项目的皮书和2020年使用“中国社会科学院创新工程学术出版项目”标识的院外皮书。

8月9~10日　由中国社会科学院主办，社会科学文献出版社和黑龙江省社会科学院承办的第二十次全国皮书年会（2019）在黑龙江省哈尔滨市顺利召开。本次年会的主题是“皮书与学术共同体建设”。中国社会科学院院长、党组书记谢伏瞻；黑龙江省委书记、省人大常委会主任张庆伟；中国社会科学院副院长、党组成员蔡昉；黑龙江省委常委、省委秘书长、办公厅主任张雨浦；黑龙江省委常委、宣传部部长贾玉梅；全国人大常委会委员、社会建设委员会副主任委员，中国社会科学院原副院长李培林；中国出版协会常务副理事长、原国家新闻出版广电总局副局长邬书林；中国社会科学院科研局局长马援；全国哲学社会科学工作办公室主任姜培茂；中宣部出版局副局长许正明；黑龙江省社会科学院（省政府发展研究中心）党委书记周峰；黑龙江省社会科学院（省政府发展研究中心）党委副书记、院长董伟俊；社会科学文献出版社社长谢寿光；社会科学文献出版社总编辑杨群等领导出席开幕式。开幕式由中国社会科学院副院长、党组成员蔡昉主持。

10月23日　社会科学文献出版社召开2019年皮书工作会议。会议主题为“进一步加强皮书管理，推动皮书高质量发展”，议题涵盖了皮书的出版、评价、效益、编辑转型、市场营销、装帧设计等各个方面，对当前皮书工作存在的问题进行总结和讨论，并提出了皮书未来发展的思路和建议。谢寿光社长、杨群总编辑参加会议并讲话。各皮书相关分社社长、编辑室主任、业务部门负责人，及皮书编辑 80 多人参会。会议由蔡继辉副总编辑主持。会议强调以控制皮书总量为抓手，严格实行淘汰机制，通过品种结构调整和优化，真正实现皮书高质量发展。

11 月 26 日　发布《社会科学文献出版社关于进一步加强皮书管理的有关规定》，就皮书总量控制、严格执行准入退出机制、严把准入关和审稿关、各内容部门实行专业化分工、皮书管理前置等进行明确规定。

11 月 28~30 日　由社会科学文献出版社与广州市社会科学院联合主办的第六期全国皮书研创高级研修班在广州顺利召开。本期研修班的主题为“皮书选题的设计与总报告的撰写”，重点探讨皮书总报告的撰写规范、撰写技巧、结构要求和优秀范式。来自全国各地的 60 余名皮书研创者（主编、执行主编、副主编、皮书报告作者）及皮书编辑参加了研讨培训。

12 月 17 日　皮书投约搞系统一期通过验收，可正式上线运营。

12 月 24 日　发布《社会科学文献出版社皮书编辑管理规定》，就皮书编辑的分类、资格要求与资格申请、岗位职责、培训与考核、奖惩办法等进行修订。

2020年

3 月 16 日　启动并研发皮书在线评价系统。

5 月 19~25 日　“2019 年版皮书评价暨第十一届优秀皮书报告奖复评会”在线上召开。相关领域学者、行业专家、核心期刊编辑、资深媒体人等 29 位评委参加了本次评审会。依据《中国社会科学院皮书管理办法》的相关规定，按照同行评审的要求，本着科学、客观、公正的原则，评委们对 435 种 2019 年版皮书以及参评“第十一届优秀皮书报告奖”的 646 篇候选报告进行了复评。中国社会科学院科研局局长马援、社会科学文献出版社社长谢寿光参加评审会线上启动会（企业微信会议）并致辞，社会科学文献出版社副总编辑、皮书研究院院长蔡继辉主持线上评审会。

8月7日　第五届皮书学术委员会第三次会议暨第十一届优秀皮书奖终评会在京召开。第五届皮书学术委员会主任、中国社会科学院副院长蔡昉，中国社会科学院副院长高培勇，第五届皮书学术委员会主任、中国社会科学院原副院长李培林，中国出版协会常务副理事长邬书林，西南政法大学校长付子堂，中国人民大学副校长贺耀敏，贵州省社会科学院党委书记吴大华，山东社会科学院院长张述存等32位皮书学术委员会委员参加了本次会议。会议由第五届皮书学术委员会副主任、社会科学文献出版社社长谢寿光主持。参会委员按照学科分组，审定了2019年版皮书评价结果，评选第十一届优秀皮书奖，评选2021年进入中国社会科学院创新工程后期资助皮书。经过匿名投票，共评选出51部优秀皮书和40篇优秀皮书报告，40种皮书获得2021年中国社会科学院创新工程后期资助。

为进一步推动皮书的前端管理，2020年起，皮书正式启动书目管理制度。

8月19日　公布了首批目录皮书，共计465种。皮书书目实施动态管理，每年调整、定期公布。未进入皮书目录的，如出版需重新准入。

9月25~26日　由中国社会科学院主办，社会科学文献出版社和云南大学承办的第二十一次全国皮书年会（2020）在云南省昆明市顺利召开。本次年会的主题是“高质量发展场景下的皮书研创、出版与传播”。中国社会科学院秘书长、党组成员赵奇，北京市政协副主席、北京市社科联主席牛青山，中共云南省委宣传部副部长、云南省社会科学院院长杨正权，中国社会科学院科研局副局长王子豪，全国哲学社会科学工作办公室副主任徐春生，中宣部出版局二级调研员王为衡，云南大学党委常委、常务副校长李晨阳，社会科学文献出版社社长谢寿光等领导出席开幕式。会议分为10个平行论坛，围绕大会主题进行研讨，通过腾讯会议方式进行线上同步直播会议，会议还公布了2021年院创新工程皮书名单，颁发第十一届优秀皮书奖。

11 月 3 日 社会科学文献出版社召开中层以上干部大会，中国社会科学院秘书长赵奇代表院党组宣布谢寿光退休，由王利明接任社长职务。由此，皮书品牌创始人退出一线岗位。11 月 17 日，2020 年皮书编辑出版工作会议在社会科学文献出版社召开。会议分析了皮书发展的良好态势，对当前皮书编辑出版工作中存在的问题进行了全面的总结和深入讨论，并对 2021 年的皮书编辑出版工作进行部署。社长王利民、原社长谢寿光、总编辑杨群、相关分社社长及全体皮书编辑等 91 人参加了会议。

2021年

3 月 23 日 由皮书研究院和人力资源部共同组织的皮书编辑培训在蓝厅举行，培训由副总编辑蔡继辉主讲，培训主题为“皮书的学术规范和审稿的基本要求”，围绕学术规范、皮书的学术规范、皮书审稿的基本要求三个方面展开。皮书编辑、有意愿编辑皮书、申报皮书编辑资格人员，及其他感兴趣人员共 82 人参加。皮书研究院执行院长吴丹主持本次培训。

4 月 27 ~ 28 日 “2020 年版皮书评价暨第十二届优秀皮书报告奖复评会”在北京召开，相关领域学者、行业专家、核心期刊编辑、资深媒体人等 28 位评委参加了本次评审会。按照同行评审的要求，本着科学、客观、公正的原则，评委们对 418 种 2020 年版皮书以及参评“第十二届优秀皮书报告奖”的 388 篇候选报告进行了复评。中国社会科学院科研局局长崔建民、社会科学文献出版社社长王利民参加评审会开幕式并致辞，社会科学文献出版社副总编辑、皮书研究院院长蔡继辉主持评审会。

5 月 公布了第六批淘汰皮书名单，108 种皮书被淘汰。

6 月 2021 年版皮书目录公布，429 种皮书入选。此外，107 种皮书进入备选目录。

9月15日　第六届皮书学术委员会成立仪式暨第十二届优秀皮书奖终评会在京召开。会议成立了第六届皮书学术委员会。委员会主任由中国社会科学院副院长、党组成员高培勇，中国社会科学院秘书长、党组成员赵奇担任，副主任由中国社会科学院科研局局长崔建民、社会科学文献出版社社长王利民担任。共有来自中国社会科学院20多个研究所（院）及全国26家重点高校和科研机构的51位学者担任委员。中国社会科学院副院长、党组成员高培勇；中国社会科学院秘书长、党组成员赵奇；全国人大常委会委员、社会建设委员会副主任委员，中国社会科学院学部委员李培林；中国出版协会常务副理事长邬书林；中国社会科学院学部委员张宇燕、李林；中国人民大学副校长刘元春；社会科学文献出版社社长王利民等32位皮书学术委员会委员参加了本次会议。中宣部出版局图书处处长王为衡出席会议并讲话。委员会审议了2020年版皮书评价结果、评审进入2022年中国社会科学院创新工程后期资助项目的皮书书目、评选第十二届优秀皮书奖。

9月24~25日　由中国社会科学院主办、社会科学文献出版社和广州市社会科学院联合承办的第二十二次全国皮书年会（2021）在广州市顺利召开。本次年会主题为“全面建设社会主义现代化国家新征程中皮书发展的新任务、新目标”，围绕皮书在经济社会发展、国家治理以及智库建设中的作用等议题进行讨论。中国社会科学院秘书长、党组成员赵奇，全国人大常委会委员、社会建设委员会副主任委员，中国社会科学院学部委员李培林，广州市政协党组书记、主席李贻伟，广东省社会科学院党组书记郭跃文，社会科学文献出版社社长王利民，广州市社会科学院党组书记、院长张跃国等领导出席开幕式。中国社会科学院副院长、中国社会科学院大学党委书记高培勇；全国人大常委会委员、社会建设委员会副主任委员，中国社会科学院学部委员李培林为大会做学术报告。会议分为6个平行论坛，围绕大会主题进行了研讨。

图书在版编目(CIP)数据

皮书论稿 / 谢寿光著 . --北京：社会科学文献出版社，2023.3

ISBN 978-7-5228-0996-0

Ⅰ.①皮… Ⅱ.①谢… Ⅲ.①研究报告-文集 Ⅳ.①G31-53

中国版本图书馆 CIP 数据核字（2022）第 205388 号

皮书论稿

著　　者 / 谢寿光

出 版 人 / 王利民
责任编辑 / 丁阿丽
文稿编辑 / 孙慧娟
责任印制 / 王京美

出　　版 / 社会科学文献出版社 · 皮书研究院（010）59367092
地址：北京市北三环中路甲 29 号院华龙大厦　邮编：100029
网址：www. ssap. com. cn
发　　行 / 社会科学文献出版社（010）59367028
印　　装 / 三河市东方印刷有限公司

规　　格 / 开 本：787mm × 1092mm　1/16
印 张：28.5　字 数：397 千字
版　　次 / 2023 年 3 月第 1 版　2023 年 3 月第 1 次印刷
书　　号 / ISBN 978-7-5228-0996-0
定　　价 / 158.00 元

读者服务电话：4008918866